드라마를 읽는 세 가지 키워드

포스트휴먼, 신자유주의, 그리고 징후(徵候)

저자약력

박명진
중앙대학교 국어국문학과 교수

김강원
고려대학교 문화창의학부 강사

김민영
남서울대학교 교양대학 강사

강성애
경민대학교 교양과 강사

드라마를 읽는 세 가지 키워드
: 포스트휴먼, 신자유주의, 그리고 징후(徵候)

초판 인쇄 2023년 11월 17일
초판 발행 2023년 12월 1일

지은이 박명진·김강원·김민영·강성애 **ㅣ 책임편집** 권효진 **ㅣ 편집** 강지영·심지혜
펴낸이 박찬익 **ㅣ 펴낸곳** ㈜박이정
주소 경기도 하남시 조정대로45 미사센텀비즈 8층 F827호
전화 031)792-1195 **ㅣ 팩스** 02)928-4683
홈페이지 www.pjbook.com **ㅣ 이메일** pijbook@naver.com
등록번호 2014년 8월 22일 제2020-000029호 **ㅣ ISBN** 979-11-5848-917-5 (93680)
가격 24,000원

*이 저서는 2017년 대한민국 교육부와 한국연구재단의 지원을 받아 수행된 연구임.
 (NRF-2017S1A6A3A01078538)

드라마를 읽는
세 가지 키워드

포스트휴먼, 신자유주의, 그리고 징후(徵候)

박명진·김강원·김민영·강성애 지음

박이정

지금은 많이 나아졌지만 얼마 전까지만 해도 TV드라마를 진지하
게 연구한다는 것이 낯설게 보였던 시기가 있었다. 희곡이나 연극, 또
는 영화 텍스트를 학문적으로 분석하는 것은 자연스럽게 받아들였던 반
면, TV드라마를 깊이 있게 분석하는 것에 대한 학문적인 가치나 위상
은 상대적으로 낮게 평가되곤 했다. 소위 명작이라고 평가받고 있는 희
곡이나 영화 텍스트는 시대를 초월해서 반복적으로 감상되고 지속적으
로 분석될 만한 것으로 간주되었다. 그런데 과연 TV드라마를 희곡이
나 영화처럼 몇 번이고 반복해서 감상하거나 분석하는 경우가 많았던가?
과연 TV드라마는 그럴 만한 가치가 있는 텍스트들인가? 그것은 광고나
유행가처럼 스쳐 지나가는 소모성 통속 문화에 불과한 것은 아닌가?

이 책의 필자들은 이러한 의심 섞인 질문들에 대해 진지하게 "꼭 그렇지
만은 않다!"고 대답하고 싶다. 안토니오 그람시는 대중예술의 중요성에 대
해 강조하면서 다음과 같이 말한 바 있다. "'신념이 없으면 용기도 있을 수
없다. 그리고 문화가 결핍되어 있는 한 신념 또한 결핍될 수밖에 없다.' 하

지만 '문화'라는 말은 무슨 뜻일까? 의문의 여지없이 이 말은 완결적이고 통일적이며 민족 전체에 널리 퍼져있는 '인생관과 인간관', '세속적인 종교', '문화'가 된 철학, 윤리, 생활 방식, 시민적-개인적 행동규범을 창출할 수 있는 철학을 의미하고 있다."(『그람시와 함께 읽는 문화』, 17쪽.) 그의 시각에 기댄다면 TV드라마야말로 이 시대의 가장 예민한 '세속적인 철학'이 아니겠는가. TV드라마는 그 시대의 철학, 윤리, 생활 방식, 시민적-개인적 행동규범을 창출하거나 재현한다. 필자들이 꾸준하게 TV드라마를 연구하는 것은 이런 이유 때문이다.

21세기는 아마도 AI 기술을 선보이고 그 영역을 확장한 시기로 기억될 것 같다. 인류의 긴 역사에서 끊임없이 기술이나 기계가 발명되고 그것이 실용화되어 왔다. 구석기나 신석기 또는 청동기의 도구 발명, 종이와 문자의 발명, 인쇄나 증기기관의 발명 등은 인류의 역사에서 선명한 결절점을 보여주었다. 그러나 인터넷을 포함한 인공지능 기술 개발은 역사상 가장 극적인 전환점을 마련해 준 것 같다. 산업혁명 초기 노동자들이 기계들을 부숴버리자고 일어선 러라이트 운동 배경에는 '인간↔기계'라는 이항대립적 구도가 자리 잡고 있었다. 그러나 인터넷이나 AI는 기계처럼 태워버리면 사라지는 것도 아니며, 인간과 기계 또는 인간과 기술 사이의 선명한 대립 구도도 당연시되지 않는 시대가 온 것 같다. 인간의 생활이 인터넷 환경이나 AI 기술로부터 분리될 수 없는 것이라면, 전통적인 철학 논의에서처럼 인간 주체와 자연 객체를 모순의 대립항으로만 대치시킬 수 있을까. 데카르트의 주장처럼 인간이 사유하기 때문에 존재하는 것이라고 주장할 수 있을까.

인간의 영역이라고 간주했던 글쓰기, 그림 그리기, 음악 만들기를 AI 기술이 보란 듯이 내보일 때 인간에 대한 정의와 인간의 존재 가치는 재고(再考)될 필요가 있어 보인다.

이 책의 I장 '포스트휴먼'에 실린 4편의 글은 TV드라마 속에서 재현된 AI 로봇의 재현 방식들을 고민하고 있다. 가장 대중적인 매체 중의 하나인 TV드라마가 인간과 기계, 인간과 기술 문제를 중심으로 '인간이란 무엇인가?'를 깊이 있게 취급해 주기를 기대하는 것은 무리일지도 모른다. TV드라마는 AI 로봇과 인간의 관계를 단지 재미있게 표현하기 위해 철학적 주제를 극히 피상적으로 다룬 것으로 간주될 수도 있다. TV드라마가 본격적인 철학 논설이 될 수는 없다. 그러나 중요한 것은 TV드라마가 텍스트를 통해 새로운 사회적 변화에 대해 민감하게 반응했다는 사실, 그 반응의 태도가 대중의 욕망이나 무의식을 매우 날카롭게 건드리고 있다는 사실이다. TV드라마는 철학적인 테제나 인간 존재의 본질적인 문제의식을 증명하는 매체가 아니다. 그것은 단지 시청자에게 권할 뿐이다. 이를테면 '인간이란 무엇인가에 대해 한 번 생각해볼까?' 또는 '새로운 기술에 의해 사회가 급변했다면 인간 존재와 사회는 어떤 감각으로 느껴져야 할까?'와 같은 사유에의 권유일 것이다.

II장의 두 가지 키워드는 '신자유주의'와 '권력'이다. 이 장은 신자유주의 시대의 사회적인 징후와 파국적인 감각, 그리고 그러한 시대의 권력과 담론의 특징을 주로 고민했다. 파울 페르하에허는 『우리는 어떻게 괴물이 되어가는가』에서 신자유주의 시대의 계급 문제를 다음과 같이 표현했다. "부자는 가난한 자들에게 선물을 주어야 한다. 하지만 가난한 자들은 계속 가난해야 한다. 도움은 물질적 궁핍을 줄여주는 데 국한된다. 사회적 해방은 절대 안 된다."(157쪽.) 모든 불행이나 차별의 원인을 각자 자신의 탓으로 돌려버리게 만드는 체제, 모든 이에게 무한한 자유가 주어진 것처럼 보이지만 실제로는 자유와 평등과 행복의 획득 자체가 원천봉쇄된 체제, 이러한 체제 속에서 사회적 해방을 상상하는 것은 보기보다 어려운 일이다.

　Ⅱ장의 〈상속자들〉과 〈풍문으로 들었소〉에 대한 글 두 편은 신자유주의 시대 빈부 격차, 계급 차별, 자본과 정보를 통한 권력의 팽창 문제를 다루고 있다. 이 두 드라마는 사회적 배려 대상자 학생이 학교에서 경험하는 계급 차별, 그리고 서민의 딸이 명문가에 며느리로 들어가면서 겪게 되는 계급 차별을 풍자한다. 이 두 여주인공은 재력이나 권력을 쥔 계급으로부터 동정심과 시혜의 대상에 머물지 않고 이 사회에 팽배해 있는 미시권력, 계급 담론의 비인간성과 허위의식을 고발한다. 한편 〈마을〉과 〈지옥〉에 대한 두 편의 글은 신자유주의 시대에서 인간성과 사회체가 어떻게 망가지고 있으며, 국민에 대한 국가의 공적 책무가 신자유주의적 시스템의 폭력성 속에서 어떻게 붕괴되고 있는지를 분석한다. 국가 안전망이 개인을 보호하지 않을 때 개인은 배타적인 증오심과 혐오감에 노출된 채 악무한의 경쟁 체제로 쫓겨간다.

　Ⅲ장은 '징후(徵候)'라는 키워드로 드라마들을 살펴보려 했다. 이 키워드는 해당 드라마의 주제어로 볼 수도 있지만 TV드라마의 속성 그 자체로도 간주될 수 있다. 이는 TV드라마가 매체 속성상 매우 '징후적'이라는 말이기도 하다. 극히 예외적인 경우도 존재하지만 예술은 직접적이든 간접적이든 창작 시기의 사회 상황이나 일반 국민들의 욕망과 무의식으로부터 자

유롭지 못하다. 일회용품, 또는 소모품 정도로 평가받았던 TV드라마는 가정에서의 TV드라마 시청(TV수상기이든 컴퓨터 모니터이든 스마트폰 액정 화면이든)을 통해, 그리고 집 밖에서 스마트폰이나 태블릿으로 하는 감상을 통해 일상화되어 있다. 일상 속에서 감상자의 관심을 소구하기 위해서는 당연히 텍스트가 감상자의 감각이나 욕망에 민감해져야 한다. 시청자가 TV드라마를 소환하기도 하지만 TV드라마가 시청자를 소환하기도 한다. TV드라마는 일상성의 감각을 토대로 시청자와 시대적 욕망이나 무의식을 주고받는다. 특정 시기에 특정한 소재나 주제 또는 스타일과 장르가 인기를 얻는다면, 이는 거칠게 말해서 그 시기의 대중의 욕망에 결핍이 존재하고 TV드라마의 스타일과 장르가 그 결핍을 채워주고 있다고 할 수 있다. 시청자의 욕망과 TV드라마의 만남은 그 시대의 무의식과 욕망을 대변한다. 그런 의미에서 '징후적'이라고 표현했던 것이다.

판타지 장르에 속하는 〈주군의 태양〉은 죽은자와 산자의 경계를 겹침으로써 현실에 대한 왜상(歪像)과 불안 의식을 드러내고 있다. 이는 불안감과 공포심으로 팽배해진 이 시대 이 사회의 그림자, 어두운 무의식의 징후를 대변하는 것이라 할 수 있다. 〈비밀의 문〉, 〈붉은 달〉, 〈사도〉 등은 동일한 소재를 각기 다른 방식으로 풀어낸 작품들이다. 그런데 이 일련의 작품들은 방영 당시 한국 사회의 무의식 속에 웅크리고 있던 세대 담론의 불안한 징후를 보여준다. 〈킬미, 힐미〉와 〈사이코지만 괜찮아〉는 다중인격과 사이코패스라는 비정상적 심리 현상을 다룬다. 두 작품은 각각 자본주의의 분열증과 비인간적 사회 속의 괴물성이라는 시대적 징후를 내포하고 있다.

필자들은 TV드라마에 대해 함께 공부하고 토론하면서 상호 자극을 받아왔다. TV드라마에 대한 생각이나 접근 방식은 각기 달랐지만 TV드라마가 단순히 일회용 소모품에 불과한 시간 때우기 상품이 아니라는 점에는 인식을 같이 했다. 또한 미셸 드 세르토의 주장처럼 "독자는 타자의 텍스트 속에 즐거움과 재전유의 책략들을 슬그머니 끼워넣는다. 그는 거기서 밀렵하고, 거기로 옮겨가고, 신체의 소음처럼 거기서 자신을 복수형(複數形)으로 만든다."(『일상의 발명』, 56쪽)는 사실에 합의하기도 했다. TV드라마가 시청자를 변화시키기도 하지만 시청자도 TV드라마를 변형시키고 전유한다. 필자들은 이 치열한 헤게모니 투쟁 국면을 외면하지 않기 위해 나름대로 노력했다. 이 책을 구상하고 편집하면서 필자들은 책 전체의 흐름에 각자의 글을 가능한 한 통일시키려고 노력했다. 이 책은 중앙대학교 인문콘텐츠연구소 HK+ 인공지능인문학 사업단의 출판 지원을 받았다. 그런만큼 고마움도 크고 책임감도 크다. 이 책의 출간을 위해 꼼꼼하게 신경써준 출판사 박이정에게도 감사의 마음을 전한다.

2023년 8월
필자들을 대표하여 박명진 씀

III장 징후(徵候)

I 장

포스트휴먼

〈보그맘〉(MBC, 2017)
: 기술적 대상으로서의 AI 로봇과 모성 이데올로기*

박명진

1. AI 시대의 TV드라마와 환상성

매체철학자 키틀러의 주장에 따른다면 텔레비전은 그것이 개발되기 전에 아무도 그것을 꿈꾼 사람이 없었기 때문에 문학이나 환상과 연관 지을 수 없다.[1] 그러나 텔레비전이 "전쟁용 전자공학에서 파생된 민간용 부산물"[2]에 불과한 건조한 역사를 가지고 있음에도 불구하고 "인쇄술이 한때 정치, 신앙, 사업, 교육, 법 등 중요한 사회적 의사를 어떻게 관리할지 지시했듯이 이제는 텔레비전이 지휘를 맡"[3]고 있는 상황 자체를 외면할 수는 없다. 게다가 텔레비전이 현실적인 삶과 환상 속의 삶 모두에서 인간의 실제 경험에 긴밀하게 연루되는 매체라는 점에서 그 중요성은 크다고 볼 수 있다.[4] 이는 텔레

---

* 이 글은 아래 논문을 수정 보완한 것임.
박명진, 「AI 소재 드라마에 나타난 기술적 대상과 객체화의 재현 양상-TV드라마 〈보그맘〉을 중심으로」, 『문화와 융합』 41-1, 한국문화융합학회, 2019.

1 프리드리히 키틀러, 『광학적 미디어』, 윤원화 옮김, 현실문화, 2011, 318쪽.

2 위의 책, 같은 곳.

3 닐 포스트먼, 『죽도록 즐기기』, 홍윤선 옮김, 굿인포메이션, 2014, 149쪽.

4 마이클 오쇼네시, 「대중 텔레비전과 헤게모니」, 앤드루 굿윈·게리 훼널 엮음, 『텔레비전의 이해-제도, 텍스트, 그리고 수용자』, 하종원·김대호 옮김, 한나래, 1995, 123쪽.

비전이 "우리 사회의 명백한 현실성을 표상하는 것이 아니라 그 표면의 기저에 깔린 심층적인 가치와 관계의 구조를 반영"[5]하기 때문에 문화 분석에 있어 제외될 수 없음을 시사해준다. 그리고 좋은 싫든 "공기를 싫어한다고 해서 공기를 마시지 말라고 할 수 없는 것처럼, 텔레비전이라는 미디어를 좋아하지 않는다고 해서 텔레비전에 대해 불평하지 말고, 텔레비전을 보지 말라고 명령할 수 없"[6]는 것도 사실이다.

초창기 영화가 연극 무대를 모방하면서 성장했듯이 TV드라마는 라디오 드라마나 영화의 문법과 전통을 모방하거나 전유하면서 성장해왔다. 그러나 TV드라마는 시청각적 콘텐츠로서 현대인의 일상생활에 전면적으로 노출되어 있다는 점 때문에, 그리고 그 내용과 형식이 상업적이고 통속적이라는 이유 때문에 희곡이나 영화 연구에 비해 진지하게 학문적으로 접근된 경험이 상대적으로 빈약한 편이다. 시청자들이 주체적으로 TV드라마를 본다기보다는, 오히려 TV드라마가 시청자를 호명하고 통제한다는 인식 때문에 그것은 많은 시청자들에게 순기능보다는 악영향을 끼치는 주범으로 받아들여지기도 한다. 일종의 '정크 아트(Junk[7] Art)'로서의 TV드라마는 상업 지향성, 통속성, 상투성, 선정성, 퇴행적 이데올로기 때문에 저급문화의 범주에서 벗어나기가 매우 어려웠다. 그러나 역설적이게도 TV드라마의 이러한 부정적인 면모가 시청자들의 일상생활에 밀접하게 연루되어 있다는 사실로 인해 진지한 연구의 대상이 될 필요가 있다. 왜냐하면 TV드라마의 포맷 설

---

5 존 피스크·존 하틀리, 『TV 읽기』, 이익성·이은호 옮김, 현대미학사, 1997, 28쪽.
6 노명우, 『텔레비전, 또 하나의 가족』, 프로네시스, 2008, 44쪽.
7 이 글에서는 Junk를 "쓸모없는 물건, 폐물, 쓰레기" 등의 의미로 사용한다.

정과 기획, 드라마 작가와 PD의 메시지 전달 전략, 가능한 한 많은 시청자들에게 소구(訴求)하기 위한 드라마의 전략, 드라마와 접속하는 시청자의 정동(情動)과 취향과 감각 등에 대한 독해와 분석이 당대의 감정구조에 대한 '두껍게-읽기(thick reading)'로 안내할 수 있기 때문이다.

앞에서 키틀러는 텔레비전이 환상과 연결되기 힘든 매체라고 지적했다. 그러나 그의 진단과는 달리 TV드라마는 고유의 환상성을 토대로 시청자들의 일상생활과 내면성에 대한 영향력을 지속적으로 증대시켜 왔다. 이때의 영향력은 TV드라마가 발휘하는 특유의 환상성 때문에 가능했다. 이는 텔레비전이 집중하며 바라보기보다는 산만한 환경 속에서의 힐끗 보기에 국한되는 매체라 해도 변하지 않는 사실이다. 중요한 것은 이러한 영향이 시청자의 의식에 포착되지 않고 일상적으로 반복된다는 사실이다. 여기에서 '반복'은 중요한데 왜냐하면 이 '반복'이야말로 시청자들의 일상생활에 개입하여, 또는 일상생활과 함께 텔레비전에 대한 투명성과 자명성의 감각과 의식을 확대 재생산하기 때문이다. 그러나 여기에서 '반복'이 획일적인 동일성에 갇혀 있는 것만은 아니라는 사실을 기억하는 것이 필요하다.

현대는 시뮬라크르(simulacres), 곧 허상(虛像)들의 세계이다. 이 세계에서 인간은 신보다 오래 존속하지 않으며, 주체의 동일성은 실체의 동일성보다 오래 존속하지 않는다. 모든 동일성은 흉내 낸 것에 불과하다. 그것은 차이와 반복이라는 보다 심층적인 유희에 의한 광학적 '효과'에 지나지 않는다. 우리는 차이 자체를, 즉자적 차이를 사유하고자 하며 차이소(差異素: 인용자 주)들의 상호 관계를 사유하고자 한다. 이는 차이나는 것들을 같음

으로 환원하고 부정적인 것들로 만들어버리는 재현의 형식들에서 벗어나
야 가능한 일이다.[8]

　　우리의 일상에 노출되어 있는 TV드라마는 '반복'에 얽매여 있고 따라서
상투성에서 벗어나지 못한 채 '동일성'에 속박될 뿐이라고 간주하는 것은
'반복'이 '차이'를 생산하는 것을 간과하게 만들 수 있다. 드라마와 시청자의
정동(情動)과 감정구조는 끊임없이 '차이'를 생산해 내는 콘텍스트와 단절될
수 없다. 자본주의의 이윤 창출 욕망은 상품에서 끝없는 '차이'를 발명함으
로써 '생산과 소비'의 사이클을 지속시킴으로써 유지될 수 있다. 이는 TV드
라마가 기계와 기술의 작동 방식을 숨기면 숨길수록 성공적으로 전달된다
는 사실을 암시하고 있다. 기술과 기계의 발전에 따라 시청자들은 보다 쉽
게 보다 많이 드라마를 감상할 수 있는 환경 속에 놓이게 되었다. 그것이 인
공 지능이 탑재된 스피커이건, 이와 연동된 스마트 텔레비전이건, 또는 스마
트폰이나 태블릿 PC이건 TV드라마에 대한 접근 가능성은 날이 갈수록 높
아지고 있다. 어떤 의미에서 시청자가 텔레비전의 전원을 켠다기보다는 텔
레비전이 시청자의 감각을 켠다. 사회의 욕망 또는 집단 무의식의 '거울'로
서의 TV드라마는 시청자의 감정구조를 자극하고 그들을 정동(情動)시킨다.
　　그런 의미에서 2010년대 이후 텔레비전에서 연달아 방영된 AI 소재 판
타지 드라마들은 다분히 징후적이라 할 만하다. 〈보그맘〉(MBC, 2017)[9],

8　질 들뢰즈, 『차이와 반복』, 김상환 옮김, 민음사, 2016, 18쪽.
9　극본 박은정·최우주, 연출 선혜윤, MBC, 2017.09.15.~2017.12.01. (12부작)

〈로봇이 아니야〉(MBC, 2017)[10], 〈너도 인간이니?〉(KBS, 2018)[11]와 같은 일련의 판타지 드라마는 이세돌과 AI 프로그램인 알파고와의 바둑 대국 장면이 2016년에 생방송으로 전파된 지 1년 6개월 후에 방영되었다. 흥미로운 사실은 MBC에서 〈보그맘〉이 종방(終放)되자마자 〈로봇이 아니야〉를 방영했다는 것이다. 알파고에게 4패 1승으로 패배한 이세돌을 바라보는 시청자의 마음속에는 안타까움과 경이로움, 그리고 정체를 알 수 없는 두려움이 일어났다. '딥 러닝 알고리즘(Deep Learning Algorithm)'으로 무장한 컴퓨터 프로그램이 한국 바둑의 최고수를 이겼다는 사실은 AI의 존재를 대중적으로 확산시키는 결정적인 계기가 되었다. 이 3편의 드라마는 이세돌과 알파고의 대국 장면에서 느꼈음 직한 유토피아와 디스토피아에 대한 감상문처럼 보인다.

이 글은 AI 로봇 소재의 드라마 중에서 〈보그맘〉을 중심으로 논의를 전개한다. 세 편 다 AI 로봇을 소재로 삼고 있지만, 〈보그맘〉이 착한 AI 로봇을 통해 가족의 복원 서사라는 포스트 휴먼적 판타지를 시도하고 있다는 점에서 눈에 띈다. 〈로봇이 아니야〉는 '인간 알레르기' 때문에 여자를 사귀지 못하는 남자가 AI 로봇을 통해 치유되는 드라마이고, 〈너도 인간이니?〉는 AI 로봇이 재벌가의 암투 속으로 뛰어들면서 벌어지는 사건들을 그린 드라마이다. 이 드라마들은 우리 시대가 이른바 포스트 휴먼 사회로 진입하고 있다는 인식에 대한 보고서들이다. 이 글에서 주목하고자 하는 것은 AI 로봇을 중심으로 펼쳐지는 가족 복원 서사의 판타지성, 또는 완벽한 '슈퍼맘'

---

10 극본 김선미·이석준, 연출 정대윤, MBC, 2017.12.06.~2018.01.25. (32부작)
11 극본 조정주, 연출 차영훈, KBS2, 2018.06.04.~2018.08.07. (36부작)

을 설정함으로써 위축된 남성의 대리 만족을 채워주는 멜로 서사의 판타지성이다. 이런 판타지성은 오랜 기간 동안 악화되고 있는 국가 경제 시스템 하에서 심화되고 있는 대중의 불안감과 공포심을 위무(慰撫)하고 있다는 점에서 주목을 요한다.

2. 실재의 왜상(歪像), 또는 프로그래밍으로서의 모성(母性)

이 드라마는 세계적인 천재 과학자 최고봉(양동근 분)이 7년 전에 죽은 아내 이미소(박한별 분)의 외모를 그대로 재현한 AI 로봇 보그맘(박한별 분)을 만들어 외아들 율(조현호 분)과 만나게 해주는 이야기로 시작된다. 최고봉의 동네 동생인 한영철(최정원 분)이 세상 물정에 어두운 최고봉을 대신해 율을 한국 최고 명문인 '버킹검 유치원'에 입학시키고, 이에 따라 보그맘이 유치원의 비밀 엄마 모임인 '엘레강스' 회원으로 영입되면서 발생하는 엄마들 사이의 갈등으로 전개된다. 이미소는 최고봉이 최연소 대학교수로 부임한 해 인연을 쌓게 되어 그와 결혼하지만 7년 전에 율을 출산하다가 사망한다. 국정원의 비밀 국책 사업인 사이보그 제작 프로그램에 참가한 최고봉은 죽은 아내와 똑같이 생긴 로봇을 만들면서 아들에게 결핍된 모성애를 채워주려 한다. 사이보그 제작에 대한 민심이 우호적이지 않을 것을 우려해 국정원은 최고봉의 실험이 극비리에 진행되도록 통제하고 끊임없이 그를 감시한다.

그러나 여기에서 국정원의 '사이보그' 프로젝트나 최고봉이 자신의 제작품에게 보그맘이라고 명칭을 부여한 것은 정확한 표현이 아니다. 왜냐하면,

'사이보그'란 "기술적으로 개조된 인체, 곧 기계와 유기체의 합성물"을 의미하며 "생물과 무생물이 결합된 자기조절 유기체"[12]를 뜻하기 때문이다. 따라서 이 드라마의 제목 〈보그맘Borg Mom〉은 〈로보맘Robo Mom〉이나 〈안드로이드맘Android Mom〉 정도로 호명해야 보다 적절할 것이다.[13] 이는 곧 국정원이 최고봉에게 비밀 프로젝트를 맡긴 것이 AI 기능을 탑재한 로봇 기계 제작을 위한 것이었기 때문이다. 이는 또한 드라마의 제목 〈보그맘〉이 '사이보그(cyborg)'의 '보그(borg)'와 엄마를 뜻하는 '맘(mom)'의 합성어라서 최고봉이 실제로 제작한 로봇과는 전혀 다른 종(種)에 대한 명칭이기 때문이기도 하다.[14]

드라마 〈보그맘〉의 서사는 크게 두 갈래로 볼 수 있다. 로봇인 보그맘이 유치원 원생의 엄마들과 만나면서 겪게 되는 학부모 수난극 서사가 하나이고, 시간이 흐를수록 보그맘에 대한 최고봉의 감정이 과학자(또는 기술적 대상의 제작자)의 입장에서 남편(또는 남자)의 입장으로 변함으로써 '가정의 결함'을 '상상적으로 봉합'하는 서사가 다른 하나이다. 국정원은 최고봉에게 로봇에 오류가 발생하면 곧바로 폐기하라는 명령을 하달한다. 따라서 이 드라마에는 보그맘을 단순한 기계로 보는 국가(국정원)와, AI 로봇에게 애틋한 감정을 느끼게 되는 최고봉 사이의 갈등이 배경으로 놓여 있다.

AI 프로그램 메모리칩을 정수리에 장착한 보그맘은 슈퍼 컴퓨터에 준하

---

12 크리스 그레이, 『사이보그 시티즌』, 석기용 옮김, 김영사, 2016, 6쪽.

13 안드로이드는 언어적 수행이나 동작, 기능적 동작 등에서 인간과 구별이 안 되는 로봇, 곧 '인조인간'을 의미한다. 반면 사이보그는 뇌를 제외한 다른 신체, 즉 수족, 내장 등을 부분적으로 기계로 대체한 '개조인간'을 의미한다. (안숭범, 『SF, 포스트휴먼, 오토피아』, 문학수첩, 2018, 43쪽.)

14 그런데 〈보그맘〉이라는 호칭법이 틀린 또 다른 이유는, 사이보그(cyborg)가 '인공두뇌학'을 의미하는 cybernetic과 '유기체'를 뜻하는 organism의 합성어로 '보그(borg)'라는 단어 자체는 독립된 의미의 단어로 성립될 수 없기 때문이다.

는 계산력, 정보 기억력, 정보 검색 능력을 지니고 있을 뿐만 아니라, 요리, 청소, 빨래, 가정교육, 춤과 노래, 모창(模唱) 실력 등에서 초인적인 성능을 자랑하는 로봇이다. 게다가 보그맘은 율을 제1순위로 보호하라는 명령어를 입력받아 절대적인 모성애를 수행하는 로봇이다. 또한 보그맘은 죽은 이미소의 뛰어난 미모를 그대로 재현한 로봇이기 때문에 아름다운 슈퍼맘의 자격을 획득한다. 그러나 보그맘에게 '내면성'의 존재는 드라마 속에서 무성의하게 처리된다.

> 내면성은 피부에 감싸인 신체 속에 몰래 숨겨진 '정신적인 것'이기 전에, 형상을 만들어냄에 따라 출현하는 무언가이다. 즉 내면과 외면의 차이 그 자체가 형상의 조작에 따라서 정립된다.[15]

위의 글에 기댄다면 AI 로봇 보그맘의 내면성은 최고봉이 제작한 로봇의 형상화, 즉 보그맘이라고 하는 AI 로봇의 외면과 내면 사이의 차이에서 출현한다. 만약 보그맘에게 어떤 내면성이 존재한다면, 그것은 인간과 똑같이 생긴 외면과 최고봉의 첨단 과학기술로 이루어진 기계적 요소들 사이의 차이 때문이다. 따라서 보그맘의 내면성은 알튀세르적 의미에서 호명(Interpellation)에 의해 '구성된 무엇'이 될 것이다. 그것은 최고봉의 컴퓨터 기계 언어에 의해 계획되고 작동되는 것이기 때문이다. 그런 의미에서 최고봉은 보그맘의 진정한 창조자의 위치에 서 있다. (물론 최고봉 뒤에는 대타자인 국가

15　사카이 나오키(酒井直樹), 「정동의 정치학」, 신현아 옮김, 『문화과학』 87, 문화과학사, 2016, 371쪽.

가 버티고 서 있다.) 지젝은 "절대적이고 헤아릴 수 없는 타자성과 순수한 기계의 일치는 여인에게 기괴하고 괴물스러운 성격을 부여한 것"[16]이라고 주장한다. 그러나 지젝의 이 말은 보그맘에 대해서는 절반만 진실이다. 드라마 속에서 재현되고 있는 보그맘은 지나친 자기 과시욕과 상호 질투심에 사로잡혀 있는 엘레강스 멤버들에게는 '절대적이고 헤아릴 수 없는 타자성'이지만, 보그맘에게 호감을 지니고 있는 인물들에게는 보그맘으로부터 '기괴하고 괴물스러운 성격'이 감지되지 않기 때문이다.

보그맘은 지나치게 겸손하고 순종적인 행동 양상과 아름다운 외모로 인해 신화화된 모성 이미지를 지닌 대상으로 호명된다. 그런데 엘레강스 멤버들은 율의 인간 생명체로서의 엄마와 대면하고 있는 것인가, 아니면 이미소를 모방한 AI 로봇을 대면하고 있는 것인가. 그들이 대면하고 있는 보그맘의 눈동자는 보그맘의 두부(頭部) 속의 뇌(실제로는 정수리에 장착된 메모리칩)에 국한되는 깊이만을 지니지 않는다. 보그맘의 응시는 전파를 타고 최고봉의 컴퓨터 모니터까지 연장되는 거의 무한대의 깊이를 지니고 있다. 그리고 최고봉의 AI 로봇 관리는 국정원(국가)의 개입 하에 이루어지기 때문에 개인과 가정의 영역을 넘어 개인과 국가 사이의 인터페이스까지 확장된다. 엘레강스 멤버들 앞에 서 있는 보그맘의 광학적 시선은 편재하고 있는 데이터 시스템으로 발산된다. 따라서 보그맘이라는 기술적 대상은 엘레강스 멤버들 바로 앞에 존재하는 것이면서 이 세상 어디에서도 그 기원을 찾아보기 힘든 유령과 같다. 결국 보그맘/이미소라는 존재는 어디에도 있고 어디에도 없다. 이러

---

16 슬라보예 지젝, 『향락의 전이』, 이만우 옮김, 인간사랑, 2001, 179쪽.

한 존재/비존재의 동시성은 텔레비전이라는 매체 자체에도 해당되는 특성이다. 텔레비전에서 발산되는 이미지들의 정보는 시청자의 입장에서 실제로 존재하는 것으로 받아들여짐과 동시에, 그 정보들의 실제 대상은 텔레비전 모니터 속에 존재하지 않기 때문이다. 최고봉과 한영철 등 극소수의 사람과 국정원을 제외한 극중 대부분의 등장인물들에게 보그맘은 이미소로 인지되고 감각된다. 그러나 극중 대부분의 사람들이 대면하는 대상은 생물학적 개체(個體)로서의 인간 이미소가 아니다. 그것은 인간 이미소라고 상상되는 것으로서의 접근 불가능하고 비가시적인 실재(the Real), 또는 기계로 구체화된 유령일 뿐이다.

> 인공지능의 여성 성별화는 이중적인 기제이다. 인공지능이라는 새롭고 불확실한 "기술에 대한 불안감"은 한편으로는 여성의 "타자성(alterity)"에 "괴물 같은 기술(the monstrous technology)"에 대한 불안감을 투사하는 반면, 그 기술을 '덜' 위협적인 것으로 길들이기 위해 여성을 끌어들인다. (…) 기술에 대한 재현이 여성, 특히 과잉과 비체(卑體, abject:인용자 주)로서의 "모성적인 것과 끈덕지게 연루"되어 있으며 "기술과 여성성의 결합은 매혹과 욕망의 대상이자 또한 불안의 대상"이다.[17]

위의 인용문을 통해 유추할 수 있듯이, 〈보그맘〉은 슈퍼맘에 대한 남성적

---

17 이시연, 「The (Artificial) Mind Has No Sex?」, 『인공지능 시대, 인간성의 재해석-인공지능 시대의 문화주체』(제1회 인문콘텐츠연구소 HK+ 사업단 전국학술대회 자료집), 중앙대학교 인문콘텐츠연구소 HK+사업단, 2018.3.10, 43쪽.

판타지를 유감없이 드러내는 드라마이다. 여기에서 드라마의 분열증을 엿볼 수 있는데, 드라마가 무의식 중에 보그맘을 '매혹과 욕망의 대상이자 또한 불안의 대상'으로 재현하고 있기 때문이다. 현재의 과학 기술 수준으로는 실현 불가능한 수준의 AI 로봇이라는 존재, 그리고 현실적으로는 남성적 판타지로만 존재할 수밖에 없는 '만능 엄마 = 슈퍼맘'이라는 존재, 이 두 존재들은 현실에서는 실현 불가능한 상황을 제시하고 있다는 점에서 이중적으로 환상적이다. 드라마가 "'진정한' 현실을 반영하는 거울이라고 간주된다면, 그 거울은 매우 왜곡적인 거울, 보다 심각하게 말해 '현실의 일그러진 거울'"[18]이라 할 수 있다. 〈보그맘〉은 21세기 초 대한민국 젊은 주부(主婦)들의 실제 삶에 대해 일그러지고 왜곡된 재현을 선보인다.

　드라마 〈보그맘〉은 환상 속에서나 가능한 로봇 엄마를 만듦으로써 슈퍼맘의 능력만 유지된다면 가족의 행복이 가능해질 것이라는 희망 서사를 건넨다. 드라마는 인간에게(특히 가족에게) 해를 끼치지 않는 착한 로봇에 희생과 봉사를 숙명으로 여기는 유교적 현모양처의 이미지를 덧씌운다. 이는 드라마 〈보그맘〉의 메시지가 "가족은 인간 행복의 이상적인 요람으로 간주"[19]되어야 함을 강변하고 있음을 시사한다. 그런데 "더 많은 비인간들이 인간과 함께 존재를 공유할수록 집합체는 더욱 인간적이게 된다."[20]고 한다면 이 말은 드라마의 등장인물 중 최고봉에게만 해당되는 사항이다. 보그맘을 통해 오만한 성격의 최고봉이 보다 배려심이 깊은 남성으로 변화하기 때문이

18　이엔 앙, 『댈러스 보기의 즐거움』, 박지훈 옮김, 나남, 2018, 77쪽.

19　위의 책, 122쪽.

20　브뤼노 라투르, 『판도라의 희망』, 장하원·홍성욱 옮김, 휴머니스트, 2018, 52쪽.

다. "기술은 그것을 만들거나 소유한 인간을 개조"할 수밖에 없는데, 그것은 "가장 기본적인 능력(자연의 세계에서 생존하는 능력)이 바뀌었기 때문"[21]이다. 그러나 불공평하게도 보그맘의 가사노동과 율에 대한 육아 및 교육 관련 노동에는 일체의 보상이 지불되지 않는다. 보그맘은 불평하거나 지치지 않고 일하는 부불(不拂) 노동자이다.

> (남성 이론가들은 보지 못할) 출산, 육아, 요리, 쇼핑, 교육, 청소, 간호, 정서 유지, 즉 '가사노동'이라는 노동과정이 없다면, 노동력은 아침에 일하러 나갈 준비가 되어 있지 못할 것이다. 이렇게 극히 중요한 재생산 노동은 전통적으로 여성의 영역이자 '임금이 지불되지 않는'(부불(不拂)) 영역으로 치부되어왔으며, 남성 생계부양자에게 종속되어왔다.[22]

그런데 이러한 서사적 욕망은 최고봉이 연출한 보그맘의 연극에 드라마 속 인물들이 속아 넘어간다는 전제에서 가능해진다. 따라서 보그맘을 만난 사람들이 보그맘을 능력 있는 여자로 착각할 수밖에 없는 것은 그 사람들이 형상(모양)과 질료(바탕)를 동일시하기 때문이다. 즉 사람들이 바라보고 있는 것이 (그렇지만 그들 앞에 현존하는 것으로 간주할 수 없는) 보그맘의 동작 시스템 또는 사전에 입력된 컴퓨터 프로그램임에도 불구하고 그들은 보그맘을 살아있는 인간 이미소로 인식한다. "기술 안에서는, 기술적 대상이 모양의 특성들로 보존했

---

21 제이 데이비드 볼터, 『튜링스 맨 – 컴퓨터 시대의 문화 논리』, 김상우 옮김, 커뮤니케이션북스, 2017, 380쪽.
22 닉 다이어-위데포드, 『사이버-맑스』, 신승철·이현 옮김, 이후, 2003, 153~154쪽.

고 고정시켰던 것이 익명의 낯선 바탕, 아무 바탕이나 만나"[23]게 된다는 사실을 고려한다면, 보그맘이 이미소라는 인간 생물체의 형상을 지니고 있음에도 불구하고 사람들이 보그맘을 '익명의 낯선 바탕'과 만난 존재임을 인식하지 못함을 간파할 수 있다. 이러한 가면무도회는 아들을 위한 최고봉의 전략이기도 하고 남성 판타지를 충족시키기 위한 이 드라마의 서사 전략이기도 하다.

드라마 〈보그맘〉 속의 등장인물들은 보그맘을 "어떤 매체를 통해서 현실화된 실재"[24]로 바라본다기보다는 탄소로 구성된 생명체(인간 또는 생물)로 착각한다. 그렇다면 보그맘은 "아직 현실화되지 않은 잠재적 현실"[25]을 구체화하는 '매체'라 할 만하다. 매체의 형상은 매체의 본질이 아니다. 매체의 본질은 '인간-도구-자연'을 연결시켜 주는 구체적인 상황 속에서 구현된다. 달리 말하면 매체의 본질과 속성은 그 매체의 인식 가능한 물질적 형상이 아니라 매체의 작동 원리와 그 작동이 가능할 수 있는 앙상블에 놓여 있다. "기술적 대상은 결코 완전하게 인식되지 않는다. 같은 이유로, 그것은 매우 드문 우연의 일치가 아니고서는 결코 완전하게 구체화되지 않는다."[26] AI 로봇 보그맘은 대부분의 사람들에게 기술적 대상으로 온전하게 인식되지 못하고 생물체 인간으로 오인(誤認)된다. 그런 의미에서 이 드라마는 기계와 인간을 혼동하는 분열증적 증상을 내포할 수밖에 없다. 그럼에도 불구하고 TV드라마 〈보그맘〉은 '인간적 로봇/비인간적 인간', '인간성/비인간성'이라는 이

---

23 질베르 시몽동, 『기술적 대상들의 존재양식에 대하여』, 김재희 옮김, 그린비, 2011, 245쪽.
24 이종관, 『포스트휴먼이 온다』, 사월의 책, 2017, 80쪽.
25 위의 책, 같은 곳.
26 질베르 시몽동, 앞의 책, 53쪽.

항대립 구도를 통해 이 드라마가 내장하고 있는 분열증적 증상을 가부장적, 휴머니즘적 상상력으로 봉합한다.

이 작품에서 그나마 인간성을 대표하는 존재는 보그맘과 유치원 교사 권현빈(권현빈 분) 정도이다. 반면에 비인간성을 보여주는 인물은 버킹검 유치원의 학부모들, 그 중에서도 '엘레강스'의 서열 1위인 도도혜(아이비 분)이다. 보그맘이 도도혜를 유치원에서 처음 만났을 때 보그맘은 도도혜의 표정을 분석한다. 그 결과는 "95% 증오, 5% 두려움"이다. 도도혜는 보그맘(사실은 과거의 이미소)에 대한 질투, 증오, 복수심 때문에 보그맘을 유치원 조직에 불러들여 파멸시키려 한다. 그러나 도도혜의 증오심은 이미소의 '특정한 행위' 때문에 발생한 것이 아니다. 이 증오심은 과거에 도도혜가 남학생들에게 애정을 표시했지만, 그 남학생들이 도도혜에게 모욕을 주며 이미소에게만 애정을 표시했기 때문에 발생된 것이다. 따라서 이미소에 대한 도도혜의 정동은 증오이기보다는 열등감이나 열패감에 더 가깝다. 이는 엘레강스 멤버들의 경우에도 거의 동일하게 적용될 수 있다. 보그맘에 대한 도도혜의 이러한 정동은 열등감에서 혐오로 옮겨진다. 스포츠 센터에서 운동을 하던 엄마들, 즉 도도혜, 부티나(최여진 분), 구설수지(황보라 분), 유귀남(정이랑 분) 등 4명은 보그맘을 '포커페이스'라면서 흉을 본다. 그리고 끊임없이 음모를 꾸며 보그맘을 곤경에 빠뜨린다.

4명의 엄마들은 보그맘의 "상징 불가능한 중핵인 대상a-욕망의 대상 원인"[27]을 공격하고 황폐화시키고자 한다. 이는 보그맘에 대한 유치원 엄마들의 "부러움과 굴욕감과 무력감의 강렬한 혼합으로 생겨난 타자의 존재에 대

---

27   레나타 살레클, 『사랑과 증오의 도착들』, 이성민 옮김, 도서출판 b, 2003, 194쪽.

한 실존주의적 혐오"[28]를 말해준다. 이때 이러한 폄하와 비하의 폭력성은 "역설적으로 사회적 존재(existence)가 될 수 있는 어떤 가능성"[29]을 열어놓을 수도 있다. 그러나 드라마의 내러티브 속에서 보그맘에게는 인간만이 가지고 있다고 여겨지는 감정, 정동, 느낌 등이 입력되지 않았기 때문에 엘레강스 회원들의 폭력적 행위에 심리적인 상처를 받지 않는다. 또한 1회에서 최고봉의 내레이션으로 전달되는 호명인 "여기, 세상 유일무이한 엄마가 … 내 손에서 태어났다. 최첨단 인공지능 휴머노이드 사이보그 … 보그맘."은 보그맘을 고정된 의미로 규정지을 수 없게 만든다. 왜냐하면 보그맘은 율의 엄마이자 동시에 최고봉이 개발한 로봇이기 때문이다. 그러나 드라마는 끝끝내 보그맘에게 '사회적 존재가 될 수 있는 어떤 가능성'을 허용하지 않는다. 보그맘은 철저하게 국가(또는 국정원)로부터 시민(市民)이기보다는 기계로 처리되기 때문이며, 극의 후반부에서는 최고봉만의 은밀한 소장품으로 고정되기 때문이다. 따라서 보그맘은 인간과 앙상블을 이룰 수 있는 비인간 주체가 될 가능성도 보장받지 못한다. 왜냐하면 로봇으로서의 보그맘의 "개체는 더 이상 "개체화된 주체", "경제적 주체(인적 자원, 기업가형 자아), 또는 "시민"으로 설정"되지 못하며, 대신 ""기업"과 "금융 시스템"의 배치, 미디어의 배치, "복지국가"의 배치에 속하는, 그리고 이런 배치들의 집합적 제도(학교, 병원, 박물관, 극장, 텔레비전, 인터넷 등)에 속하는 하나의 기어, 톱니, 부품"[30] 등으로만 간주되기 때문이다.

---

28 판카지 미슈라, 「경멸 시대의 정치학: 계몽주의가 남긴 어두운 유산」, 지그문트 바우만 외, 『거대한 후퇴』, 박지영 외 옮김, 살림, 2017, 196쪽.

29 주디스 버틀러, 『혐오 발언』, 유민석 옮김, 알렙, 2016, 13쪽.

30 마우리치오 랏자라또, 『기호와 기계』, 신병현·심성보 옮김, 갈무리, 2017, 34쪽.

이 드라마에서 보그맘에 대해 경계심과 질투심과 증오심을 품고 있는 엘레강스 멤버들은 인간의 추악한 내면을 대표한다. 그러나 이들 역시 보그맘처럼 가면을 쓴 연기자들이다. 왜냐하면 한국 최고 명문 유치원의 엄마들, 게다가 이 유치원에서 최고의 권력을 가진 엄마들의 모임인 엘레강스의 멤버들은 경제력과 정보력을 통해 다른 학부모들로부터 동경의 대상이 되지만, 실제로 이들의 과거는 매우 추레한 것이기 때문이다.

도도혜는 고등학교 시절 남학생들에게 접근하지만 못생긴 얼굴 때문에 번번이 무시당한다. 그녀는 성형수술을 통해 전혀 다른 얼굴로 사람들 앞에 서고 모든 엄마들로부터 동경의 대상이 되지만 절대로 사람들과 샤워를 하거나 스파(spa)에 가는 법이 없다. 도도혜가 고급스러운 저택에서 혼자 욕조 속에 몸을 담글 때 카메라는 그녀의 등 전체에 그려져 있는 문신을 관음(觀淫)한다. 서열 2위인 부티나에게는 젊은 시절에 짝퉁 명품 의류를 몰래 팔다가 적발되어 감방 신세를 진 과거가 있다. 서열 3위인 구설수지는 한때 아이돌 가수 출신이었지만 포르노 영화(pornographic film)계의 여신(女神)으로 군림했던 경력이 있다. 또한 녹즙 가게를 운영하는 유귀남은 엘레강스 멤버에 들어가기 위해 온갖 노력을 다하지만 과거에 심각한 도박 중독자였다. 따라서 드라마 〈보그맘〉은 보그맘과 엘레강스 멤버 사이의 연기(演技) 대결로 이해될 수 있다. 이는 곧 인공 보철을 얼굴 피부 속에 삽입한 도도혜의 가면과 인간 형상의 인공 피부를 덮어쓴 보그맘의 가면 대결로 볼 수 있다. 가면이 "현기증, 흥분 및 유동성(流動性)이라는 권위의 공백기"[31]에 출몰하는 것이라

---

31 로제 카이와, 『놀이와 인간』, 이상률 옮김, 문예출판사, 2018, 131쪽.

면, 아쉽게도 이들의 연극 속 가면의 대결에는 '권위의 공백기'라는 정치·경제적인 콘텍스트가 누락되어 있다.

> 기술이 야기한 유토피아뿐 아니라 노스탤지어 또는 디스토피아는 지금 현재의 물질적 조건을 소홀하게 만드는 경향이 있으며, 경제적이고 정치적인 이해 그리고 이와 연관되어 발생하는 사회적 불평등과 억압을 간과하고 있다.[32]

흥미롭게도 이 드라마는 엘레강스 멤버들의 재력 축적 과정이나 그 기원에 대해서는 거의 말하지 않는다. 마지막 회에서 도도혜가 돈 많은 남자와 정략결혼을 했다는 사실이 폭로되긴 하지만, 도도혜의 과거 행적을 감안했을 때 정략결혼이라는 단어는 어울리지 않는다. 게다가 부티나와 구설수지가 어떤 과정을 거쳐 대한민국 최고의 명문 유치원에 자식들을 입학시킬 만한 부를 축적했는지에 대해서 언급되지 않는다. 국회의원이나 장관의 자식들도 들어가기 힘들다는 버킹검 유치원에 어떻게 이들이 자녀들을 입학시켰는지, 그리고 어떻게 이들이 유치원의 학부모 최고 권력 단체인 엘레강스의 멤버가 되었는지에 대한 상황 설명은 누락되어 있다. (아니, 설명하지 못하거나 설명하기를 회피하고 있다.)

---

32 슈테판 헤어브레히터, 『포스트휴머니즘』, 김연순·김웅준 옮김, 성균관대학교 출판부, 2012, 34쪽.

3. 인간과 기술적 대상의 앙상블, 또는 실현 불가능성에 대한 판타지

질베르 시몽동에 의하면, '기술적 대상'은 '요소-개체-앙상블'의 계보학적 전이(轉移) 과정을 밟는다. TV드라마 〈보그맘〉의 경우, 최고봉 박사가 제작한 AI 로봇 보그맘의 복잡한 부품들은 '요소'들에 속한다. 이를테면 최고봉 박사의 홍채 인식을 담당하는 렌즈, 그의 지문 인식을 통해 부팅(booting)되는 귀걸이 버튼, 복부(腹部)에 들어있는 음식물 처리기, 인공 피부와 특수 철제 뼈 등은 모두 보그맘이라는 하나의 '개체'를 구성하고 있는 요소들이다. 최고봉을 포함하여 드라마에 등장하는 인물들은 유기체적 생물체에 속하는 각각의 유기체로서의 '개체'들이고 보그맘은 최고봉 박사가 비밀리에 제작한 기술적 '개체'이다. 그러나 보그맘이 인간의 모습을 띠고 인간과 같은 행위를 계속할 때 그 개체는 콘텍스트(context)에서의 '앙상블'로부터 자유롭지 못하다. 왜냐하면 보그맘이라고 하는 하나의 개체가 가능하기 위해서는 최고봉 박사의 뛰어난 컴퓨터 프로그래밍 작업과 함께 여러 선진국에서 개발한 첨단 제품의 조합에 기대야 했기 때문이다. 또한 최고봉과 보그맘에 대한 국가(국정원)의 지속적인 감시와 통제, 엘레강스 회원들과의 만남에서 보그맘의 학교 시스템에 적응하기와 학부모로서의 역할 찾기는 보그맘이 기술적 대상으로서의 '개체'에 머물지 않고 콘텍스트와의 '앙상블'에 깊이 연루되어 있음을 보여주는 것이라 하겠다.

보그맘이라는 개체를 이루고 있는 요소들은 각기 다른 분야에서 각기 다른 목적을 위해 개발한 과학자와 기술자, 그리고 정치가와 경제인들, 그리고 국가의 욕망이 기입된 결과물들이다. 따라서 보그맘의 정체성은, 그녀/

그것의 개체를 구성하는 요소들이 결합된 종합이라는 점에서, 다국적이고 혼종된 것으로서의 특징을 내재하고 있다. 보그맘의 존재 자체는 그녀/그 것이 인간과 기계의 이항대립적인 구분을 흔들어놓는 것과 동시에 그녀/그 것의 기원(또는 국적(國籍))을 혼란스럽게 만든다. 그녀/그것은 최고봉의 것이 면서 동시에 국가에 귀속되는 존재이다. 따라서 보그맘이라고 하는 '기술적 대상'은 최고봉만의 소유물인 것이 아니라 앙상블의 결과물, 또는 '자연스레 결정화하는 아상블라주의 연쇄'이다.

> 기술적 미디어는 결코 천재적 개인의 발명품이 아니다. 오히려 그것은 때때로 합심해서 뭉치고 때때로 (…) 자연스레 '결정화'하는 아상블라주의 연쇄로 나타난다.[33]

위의 글에서 키틀러가 말한 '기술적 미디어'를 '기술적 대상으로서의 인공 지능 로봇'으로 바꿔 읽어도 될 것이다. 최고봉이 자신이 만든 기계에 대해 인간에게 느끼는 연정(戀情)을 갖게 됨에 따라 그녀/그것의 정체성은 극도로 모호해진다. 그럼에도 불구하고 국정원과 최고봉은 젠더와 인종 그리고 인 격체에 있어서 혼란스러운 대상인 보그맘을 각기 다른 방식으로 고정시키 려 한다. 즉 국정원에서는 보그맘을 비밀리에 추진하고 있는 사이보그 프로 젝트 결과물로서의 '국가-기계'로 정의하고, 최고봉은 보그맘을 율의 '유사 엄마-기계'이자 자신의 '유사아내-기계'로서 규정하려 한다. 그런데 문제는

---

33 프리드리히 키틀러, 앞의 책, 236쪽.

최고봉이 최첨단 AI 기술의 딥러닝 기능을 보그맘에게 입력시켜 놓았음에도 불구하고 보그맘이 자신의 정체성에 대해 성찰하는 능력은 거의 지니고 있지 않다는 것에 있다.

최고봉이 개발한 딥러닝 프로그램은 실패한 프로젝트에 지나지 않는다. 딥러닝 알고리즘이 탑재된 AI 로봇이라면 자가 학습을 통해 스스로 오류를 수정할 수 있는 가장 적합한 해결 방식을 도출하는 것이 상식적이다. 그렇다면 소위 최첨단 AI 로봇으로서의 보그맘은 스스로 자신의 오류를 수정할 수 있는 방법도 찾아내야 한다. 그러나 아이러니하게도 보그맘은 유치원 학부모들에게 로봇이라는 것이 탄로 나지 않을 정도로 완벽하게 인간 흉내를 내는 성능에도 불구하고 자신이 먹은 음식물을 스스로 배출하는 능력조차 없다. 최고봉의 홍채 인식을 통해 복부(腹部)의 문이 열리고, 최고봉이 손수 '음식물 처리기'를 꺼내 음식물을 비워내야만 한다는 점은 상식적으로 받아들여지기 어려운 부분이다. 초인간적인 능력을 발휘하는 보그맘에게 자체 충전 능력과 음식물 처리 능력을 부여하지 않은 것은 최고봉의 과학적인 능력 부족에서 기인한다기보다는 이 드라마의 가족 서사의 판타지를 완성하기 위한 작가의 미봉책에 불과하다. 작가는 인간과 기계의 정동(情動) 커뮤니케이션을 선보이는 것처럼 내러티브를 구성하지만, 최고봉이 완벽한 로봇을 제작하지 못한 것처럼 작가는 인간과 보그맘의 앙상블을 완벽하게 제작하지 못한다.

보그맘은 인간적 활동에 준하는 수행성(遂行性, performativity)에 있어서는 경이적인 능력을 지니고 있지만, 동력(動力)을 얻기 위해서는 안마의자에 앉아 전기 충전을 하거나 보조 배터리 구두를 신어야만 한다.[34] 그녀/그것은 태양광 전지로 동력을 얻을 수도 없고, 음식물을 섭취함으로써 동력을 취할 수도 없으며, 와이파이(Wireless Fidelity)를 통한 동력의 충전을 하지도 못한다. 그런 의미에서 보그맘이라는 개체는 인공지능 프로그램을 장착한 전기 자동차나 인공지능 청소기보다 뛰어난 개체는 아니다. 오히려 그보다 더 낮은 버전의 기계일 뿐이다.

보그맘   저기, 율이 아빠. 오늘 밤엔 꼭 해야 되겠습니다.

최고봉   (놀라서) 뭐? … 뭘?

보그맘   더 이상은, 더 이상은 못 참겠어요.

최고봉   (바짝 긴장된 표정) …….

보그맘   터질 것 같아요.

보그맘은 당황해 하는 최고봉의 손을 잡고 재빨리 안방으로 끌고 들어간다. 잠시 후 침대에 앉아있는 보그맘과 그 앞에 서있는 최고봉. 최고봉을 올려다보는 보그맘과 보그맘을 내려다 보는 최고봉.

최고봉   보그맘 상태를 보니 못 참겠어.

최고봉이 급하게 보그맘의 상의를 벗기다가,

---

34 "(육체적 행위로서의) 수행적 행위는 이미 주어진 것, 내적인 것, 실체, 심지어는 그 행위가 외부로 표현한 것과도 연관되지 않는다는 점에서 '비참조적(non-referential)'이다. 말하자면 외부로 표현 가능한, 고정적이고 불변하는 정체성은 없다." 이는 곧 보그맘의 기계적인 행위가 고정적이고 불변하는 정체성을 지닐 수 없음을 말해준다. (에리카 피셔-리히테, 『수행성의 미학』, 김정숙 옮김, 문학과지성사, 2018, 50쪽.)

최고봉	미안. 내가 급했어. (두 손으로 보그맘의 뺨을 잡으며) 눈 감지 말고 나를 봐. 이제 열어줄까?
보그맘	네, 잘 부탁드려요, 율이 아빠.

최고봉이 두 손을 보그맘의 뺨에 대고 얼굴을 가까이 댄다. 보그맘, 최고봉의 홍채를 인식한다.

보그맘	음식물 처리기통이 열렸습니다.

최고봉이 보그맘의 복부(腹部)에서 음식물 처리기통을 꺼낸다. 쓰레기통에 음식물을 버리고 다시 보그맘의 배 속에 통을 집어넣는다.

(4회: 대사정리 인용자)

위의 장면은 시청자들에게 보그맘이 'Sex Robot'으로도 상상될 수 있는 선정적인 설정이다. 'Sex Robot'의 성기(性器)에서 보그맘의 음식물 쓰레기통으로의 이러한 이미지 급전(急轉)은 씁쓸한 웃음을 남기는 허무 개그에 속하게 된다. 극 중에서 보그맘은 최고봉이 AI 기능 탑재 자동차와 AI 청소기, 그리고 AI 스피커와 대화하는 것을 부러워한다. 보그맘이 그러한 상황들을 부러워하는 것은 아이러니컬하게도 보그맘이 그 기계들보다 최고봉으로부터 더 소외된 존재라는 것을 말해준다. 그럼에도 불구하고 보그맘은 최고봉의 아들 율, 그리고 유치원 친구들과 어머니들, 유치원 선생인 권현빈에게 경탄의 대상이 된다. 그러나 이들은 보그맘이 자기 스스로 충전을 하지 못하고 자체적으로 음식물을 처리하지 못한다는 사실을 알지 못한다. 이는 결국 그들이 보그맘의 연극에(실제로는 최고봉이 연출한 연극에) 완전히 매료된 관객임을 말해준다. 그들은 최고봉이 입력한 프로그램에 의해 움직이는 기계를 마주하며 완벽한 엄마, 완벽한 아내, 완벽한 학부모의 모습만을 인지한다.

> 각각의 기계는 나름의 개성-아마도 우리가 알고 있고 또 느끼고 있는 어떤 사물의 직관적 총체로 규정될 수도 있는 그런 독특한 개성-을 지니고 있다. 이 개성은 끊임없이 변하는데, 대개 나쁜 쪽으로 변한다. 하지만 어쩌다 놀랍게도 좋은 쪽으로 변하는 경우도 있다.[35]

드라마는 보그맘이라는 기계를 '좋은 쪽'으로 재현해 내려 노력한다. 그러나 이때의 '좋은 쪽'은 최고봉과 율 등과 같은 수혜자에게만 해당된다. 보그맘이 비록 개체일 수는 있지만 결코 주체가 될 수 없다는 것은 이 드라마를 이해하는 데에 있어 매우 중요하다. 그녀/그것은 사람의 얼굴을 관찰하고 매우 정확하게 감정을 분석해 낼 수 있지만, 그녀가 관찰한 모든 영상과 청각 자료는 온전히 최고봉의 컴퓨터에 전송되고 저장되고 해석된다. 다시 말해 보그맘은 세계를 보거나 듣는 것이 아니다. 보그맘은 세계와의 대면에 대한 축적된 정보를 다시 끄집어내 작동될 수 있지만 그 정보를 해석하고 프로그램에게 명령하는 주체는 오로지 최고봉뿐이다. 최고봉은 자신이 만든 조각상 갈라테아(Galatea)를 사랑하게 된 피그말리온(Pygmalion)[36]이다.

---

35 로버트 M. 피어시그, 『선(禪)과 모터사이클 관리술』, 장경렬 옮김, 문학과지성사, 2014, 92쪽.
36 자기가 만든 상아 모양의 조각상을 연모한 키프로스 섬의 조각가. 그는 키프로스 섬의 타락한 여성들을 혐오해 독신으로 살다가 이상적인 여성상의 조각을 만든다. 그가 미(美)의 여신인 아프로디테(Aphrodite)에게 조각을 아내로 맞고 싶다는 간절한 기도를 한다. 어느 날 피그말리온이 조각상의 입술에 자신의 입술을 맞추자 인간으로 변했다. 인간이 된 조각상에게 그는 갈라테아(Galatea)라는 이름을 붙여준다.

그녀를 제작한 최고봉이 그녀의 귀걸이를 누르면 지문인식으로 부팅! <u>그녀를 깨울 수 있는 사람은 최고봉뿐이다.</u>[37] (강조 인용자)

남성주의 문화의 하나의 패러다임적 신화인 '피그말리온'은 사실 남성이 어떻게 여성을 그 자신의 욕망에 맞게 조형해 나가는가 하는 것에 대한 신화다. 여성은 오직 남성을 위한 성적(性的)인 의미에서만 그녀의 인간성을 획득하는 대상이 된다. 나아가 '피그말리온'은 전형적인 '잠자는 미녀' 주제를 구체화시킨 것이다. 왜냐하면 여성은 남성의 여성에 대한 정열적인 사랑을 통해서만이 생명으로 깨어나기 때문이다.[38]

이는 다음과 같은 사실을 말해준다. 즉 "남자들은 행동하고 여자들은 자신들의 모습을 보여준다. … 여자 자신 속의 감시자는 남성이다. 그리고 감시당하는 것은 여성이다. 그리하여 여자는 그녀 자신을 대상으로 바꿔 놓는다. 특히 시선의 대상으로."[39] 따라서 드라마는 다음과 같은 사실을 몰랐거나 자의적으로 은폐한다. 드라마는, "비인간은 객체성의 제약에서 두 번 벗어난다. 즉 그들은 주체에 의해 인식된 객체도 아니고, 지배자에 의해 조종되는 객체도 아니다. (물론, 그들은 스스로의 지배자도 아니다.)"[40] 라는 사실을 무시한다.

---

37 「<보그맘> 기획안」, 기승전결(Creative Writing Cafe), 5쪽.
(https://cafe.naver.com/forscenario)

38 해리엇 브로제트, 「여성과 텔레비전에 투영된 신화」, 캐더린 우셔 핸더슨·오셉 안소니 마제오 엮음, 『TV 속의 사회 사회 속의 TV』, 백선기 옮김, 커뮤니케이션북스, 2004, 149~150쪽.

39 존 버거, 『다른 방식으로 보기』, 최민 옮김, 열화당, 2014, 56쪽.

40 브뤼노 라투르, 앞의 책, 295쪽.

고도의 기술성을 부여받은 기계는 열린 기계다. 그리고 열린 기계들의 앙상블은 인간을 상설 조직자로, 기계들을 서로서로 연결시켜 주는 살아 있는 통역자로 상정한다. 노예 집단의 감시자이기는커녕, 인간은 마치 연주자들이 오케스트라의 지휘자를 필요로 하듯이 그를 필요로 하는 기술적 대상들 모임의 상설 조직자다.[41]

위의 글에 따른다면 최고봉 박사는 바람직한 지휘자나 상설 조직자는 아니다. 그는 보그맘과 AI 기능을 탑재한 가전(家電) 사이의 앙상블을 연출하지 못한다. 최고봉은 '노예 집단의 감시자'에 머문다. 게다가 보그맘은 여타의 기술적 대상들과 친족 관계를 맺지도 못하며 최고봉 가족과의 친족 관계도 실질적으로 책임질 수 없다.[42] 왜냐하면 보그맘이라는 개체는 최고봉이 소유하고 조종하고 일을 시키는 '연장(tool)'에 불과하기 때문이다.

자연의 정의에 따르면, 저자는 그저 어떤 담론을 자기 것이라고 부르는 자다. 여성들은 저자를 보좌하는 "활달한 주부"로 정의되며, 따라서 남편의 "정신적 작업"에 영감을 주는 것 이상은 달리 무엇도 자기 것이라고 부

---

41 질베르 시몽동, 앞의 책, 13쪽.

42 보그맘은 최고봉과 율이라는 가족 속에 인위적으로 삽입된 연장(tool)으로서 가족의 복원 서사를 위해 활용되지만, 정작 보그맘은 자신과 친족관계에 있는 인공지능 가전(家電)들과 앙상블을 만들어 내지 못한다. "시몽동에게 기술은 인간과 자연, 주체와 객체 사이에 존재하면서 기존의 이분법에 도전하는 존재였다. 반면에 그만큼 기술에 의존적인 인간은 기술성(technicity)을 가진 존재로 볼 수 있었다. 시몽동의 말대로 '나'라는 인간의 정체성을 구성하는 네트워크에는 내 가족, 친구, 동료, 독자, 학생, 사업상 만나는 지인 같은 인간만이 아니라, 내가 쓴 글, 책, 휴대폰, 컴퓨터, 메모장, 파워포인트, '흔글', 커피 등 다양한 종류의 비인간이 포함된다." (홍성욱, 「인간과 기계에 대한 '발칙한' 생각」, 브루노 라투르 외, 『인간·사물·동맹』, 홍성욱 옮김, 이음, 2010, 137~138쪽.)

르지 못한다.[43]

그런 의미에서 최고봉과 보그맘은, 둘 다 보그맘의 집안 노동과 육아 및 교육 노동에 대해서 각자 소외된 개체들에 속한다. 최고봉은 "기계에 기름칠을 하고, 쓰레기를 치우고, 부품들을 교체하면서, … 기계들을 돌보는 하인 역할을 하건, 아니면 기계들끼리의 관계를 조절해주는 관리자 역할"[44]에 머물게 됨으로써 노동의 주체가 아니라 노동과 기술적 대상으로부터 소외당한 자가 된다. 기술적 활동이 "인간과 기술적 대상 사이의 대칭적인 상호 협력적 관계를 전제할 뿐만 아니라, 기술적 대상들을 통해 소통하는 인간과 인간 사이의 평등한 상호 협력적 관계"[45]를 전제한다고 했을 때, 보그맘 역시 시몽동이 말한 '개체 초월적 관계(trans individual relation)'로부터 소외 당한다.

4. 응시의 정치학과 국가/가족의 도착증

한영철은 보그맘에 대해서 특별한 감정을 갖지 않는다. 그는 AI 청소기나 AI 스피커를 보듯이 보그맘을 지켜볼 뿐이다. 왜냐하면 그는 애초부터 보그맘의 정체를 알고 있었기 때문이다. 이 드라마의 서사가 진행되는 데에는 한영철의 역할이 결정적이다. 왜냐하면 율을 '버킹검 유치원'이라는 최고

---

43 프리드리히 키틀러, 『기록시스템 1800·1900』, 윤원화 옮김, 문학동네, 2015, 222쪽.

44 김재희, 「포스트휴먼 시대, 탈노동은 가능한가?」, 국립현대미술관. 이플럭스 건축 기획, 『슈퍼휴머니티: 인간은 어떻게 스스로를 디자인하는가』, 문학과지성사, 2017, 40쪽.

45 위의 글, 41쪽.

명문 학교에 입학서류를 제출함으로써 보그맘과 유치원생 엄마들과의 만남을 가능하게 만드는데, 이들 엄마들과의 만남에서 이 드라마의 중심 서사 하나가 전개되기 때문이다.

보그맘의 시선에 들어온 엘레강스 멤버들은 정확한 분석 결과에 따라 감정이 계산된다. 그러나 보그맘은 그녀들의 감정에 대한 어떤 해석이나 그에 따른 행동을 하지 못한다. 드라마 속에서 보그맘은 해석이나 행동의 주체가 아니라 최고봉의 기술적 연장(tool)에 머물 뿐이다. 최고봉을 긴장하게 만드는 정보는 보그맘의 시선에 포착된 엘레강스 멤버들이라기보다는 유치원 교사 권현빈에 대한 것이다. 보그맘을 짝사랑하게 된 권현빈이 보그맘과 만나 이야기하는 장면은 최고봉의 컴퓨터 모니터를 통해 응시되고 최고봉의 감정을 불안하게 만든다. 최고봉은 보그맘의 일상의 모든 것을 스크린(screen)[46]함으로써 그녀/그것의 앙상블을 훔쳐본다. 이를테면 보그맘의 일거수일투족은 여과 없이 최고봉의 응시에 포박된다. 이는 이미소의 아바타인 보그맘을 가운데 놓고 최고봉과 권현빈이 겨루고 있는 인정투쟁에 비유될 수 있다. 보그맘의 개체성은 CCTV나 자동차의 블랙박스 그 이상도 이하도 아니다. 그렇다면 보그맘의 응시는, 라캉의 어법에 기댄다면, 타자의 응시를 통해 형성되는 그 어떤 것이다. 최고봉과 권현빈은 최첨단 CCTV를 사이에 두고 서로 사랑싸움을 하는 물건 애호자이다. 자기가 제작한 로봇에 사랑을 느끼게 된 최고봉이나, 처음에는 인간인 줄 알았지만 후에 로봇임을 알게 됨에도 불구하고 보그맘을 좋아하는 권현빈은 말 그대로 '물신 숭배자

---

46 여기에서 스크린(screen)은 동사 "(적절한지) 확인하다, 가려내다."의 의미로 사용되었다.

(fetishist)'이다.

이때 최고봉과 권현빈은 시청자의 주체성과 어깨를 같이 하게 된다. 왜 냐하면 시청자들은 보그맘이 인간이 아니라 AI 로봇이라는 사실을 처음부 터 알고 있었기 때문이다. 물론 근본적인 차이는 있다. 최고봉과 권현빈이 보그맘을 로봇임을 알고 있음에도 불구하고 사랑한다면, 시청자는 로봇인 보그맘을 사이에 두고 최고봉과 권현빈이 겨루는 애정 싸움을 즐기고 있 다. 만약 시청자가 도도혜의 음모에 의해 보그맘이 반복적으로 위기에 처해 졌을 때 연민과 동정심을 느꼈다면 이 두 명의 남자와 같은 위치에 서게 되 는 것이다. 무엇보다 이 두 명의 남자들과 시청자들의 차이점은, 시청자들 은 두 남자가 보그맘과 펼치는 애정 행각을 응시하고 있다는 사실이다. 최 고봉은 보그맘의 렌즈를 통해 세상을 응시하며(또는 관음(觀淫)하며) 시청자는 그러한 최고봉의 행동을 응시한다(또는 관음(觀淫)한다.). 또한 대한민국의 국 정원이 최고봉과 보그맘을 응시한다. 물론 시청자들이 응시의 최종심급은 아니다. 왜냐하면 시청자들에 의한 시청률을 응시하는 또 다른 대타자가 숨 어 있기 때문이다. 그 대타자는 매체의 시스템이다. 이 매체 시스템의 응시 에 있어 진정한 최종심급은 제작 지원을 해주는 대신 극중에서 간접광고를 남발하는 회사 'BODYFRIEND'와 '볼보 자동차 코리아'라 할 수 있다.[47] 이때 드라마 〈보그맘〉이라는 플랫폼은 일종의 상가 임대지(賃貸地)로 기능한다.

---

47 물론 여기에는 세트 협조를 한 '영림 키친 바스'와 '영림 홈 앤 리빙', '영림 몰딩 도어', '우딘 숲 몰 딩 도어', '우딘 숲 보드', '중앙 리빙 샤시' 등과 같은 회사, 그리고 벽지 협조를 한 '디아이 벽지', 로 봇협조를 한 'ROBOTIS', 의상협조를 한 '리틀 스마트', '이누스', 'soyoo2', 소품협조를 한 'CYAN DESIGN', '수입가구 블랑슈아' 'WOODCO', 'HANESS', 'KAURI' 등과 같은 업체도 일부분 포함될 수 있다.

플랫폼이란 이를테면 누리꾼들로 와글거리는 상가 임대지와 흡사하다. 플랫폼 상가 소유주는 누리꾼들이 놀 전자 공간과 서비스 아이템만을 구비한 채 계약에 임할 입주자들을 불러 모은다. 흥미로운 점은 대부분의 입주조건이 자유계약에다 입주비용조차 없다는 사실이다. 상가 임대인은 미래 임차인들에게 입주 계약이 '공짜'라고 외치며, 정말로 입주자와 이용자에게 차별 없이 놀 자리를 깔아주고 서비스까지 제공한다. 은유적으로 보면, 임차인은 그날그날 꿀을 채집해 플랫폼 벌통을 채우는 본능의 일벌과 같다.[48]

B급 SF드라마로 보이게 만드는 보그맘의 충전 기계는 'BODYFRIEND'의 안마 의자이다. 그리고 등장인물들이 고급스러운 차를 몰고 유치원 교정에 모일 때 볼보 자동차가 제 역할을 다한다. 특히 안마 의자의 자본주의적 욕망은 노골적인데, 장면마다 나오는 보그맘의 충전 장치가 안마 의자인 것은 엉성한 소품 설정이라 할 만하다. 광고주와 제작팀, 그리고 시청자와 최고봉은 각기 다른 심급에서 보그맘과 세상을 관음(觀淫)한다. 여기에서 최고봉의 시선이 문제적이라 할 수 있는데, 그는 보그맘의 렌즈를 통해 세상을 몰래 관음하는 자이면서, 항상 국정원과 시청자의 시선 안에 포박되는 응시

---

48 이광석, 「데이터 사회의 형성과 대항 장치의 기획」, 『문화과학』 87, 문화과학사, 2016, 30쪽. 그런 의미에서 드라마 <보그맘>에 포함되어 있는 간접광고와 가상광고를 접하는 시청자는 "바깥 세계 익명의 누군가와 데이터를 '공유(sharing)'한다고 말하지만, 그것은 우리의 가치로 머물지 (공통자산화(the commons) 혹은 시민자산화 되지) 못한다. 데이터의 세계에서 이들 전 지구적 플랫폼 소유자는 해당 임차인들이 소작하면서 행하는 … 미세한 감정의 반응과 생체 정보까지 자신의 사적 재산으로 만들고 자원화한다. 벌꿀은 자연 생태의 회복력을 위한 것이 아니라 양봉을 치는 플랫폼 업자의 것이 된다."(같은 곳, 31쪽.)

대상이기 때문이다. 이는 시청자의 경우도 거의 동일하다. 시청자는 보그맘의 렌즈를 통해 보그맘과 세상을 관음하는 최고봉의 모습을 관음하면서, 시청률을 조사하고 관리하는 광고주와 제작팀 및 방송국으로부터 관음 당한다. 이러한 응시들의 중층결정 상황은 이 드라마의 정체성이 매우 복잡하고 외설적인 욕망의 시스템으로 이루어져 있음을 시사한다. 이들 각각의 주체들(subjects, 또는 종속된 자들)은 서로 응시하고 응시당하면서 외설적인 시선의 정치학을 드러내 보인다. 여기에서 시선의 정치학은 미디어에 대한 에너지적 해석으로 인도한다.

미디어에 대해 에너지적 해석을 한다는 것은, 기계를 횡단하는 외부 에너지들에 대한 묘사, 특히 잉여에 대한 새로운 개념을 제공한다는 것을 의미한다. 모든 체계는 그것(체계)을 작동하는 에너지의 초과에 의해 정의되어야 한다. 여기에서 잉여는 가장 유동적이고 거친 상태에 놓여 있는 과학기술과 관련된 모든 유형의 에너지의 일반 형태로 이해된다. 전기, 데이터, 정보, 소통, 지식, 형상물, 화폐, 노동, 욕망 등이 그것들이다.[49]

여기에서 〈보그맘〉에 대한 에너지적 해석은 외설성을 띨 수밖에 없는 것인데, 외설적이라는 표현을 쓴 첫 번째 이유는 '최고봉-보그맘-율'의 친족 관계에 대한 혼종성 때문이다. 1회 첫 부분에서 최고봉은 내레이션으로 자신이 보그맘을 만들었다고 선언한다. 그렇다면 최고봉은 보그맘의 아버지이

---

49 맛떼오 파스퀴넬리, 『동물혼』, 서창현 옮김, 갈무리, 2013, 97쪽.

다. 그러나 최고봉은 아들 율에게 보그맘을 율의 엄마로 소개한다. 그렇다면 보그맘은 최고봉의 딸/그것이자 동시에 아내/그것이고, 율에게는 엄마/그것이자 누이동생/그것이기도 하다. 이는 소포클레스의 비극 3부작에 나타난 '오이디푸스-이오카스테-폴뤼네이케스-안티고네'의 친족 관계와 같이 외설적일 수밖에 없다.[50] 버틀러가 "국가는 친족을 전제로 하고 친족은 국가를 전제로 할 뿐만 아니라, 하나의 원칙이라는 이름으로 수행된 '행동들'이 상대편의 어법(idiom)에서 발생"하기 때문에 "수사적인 층위에서 국가와 친족의 구분은 혼란스러워져서 이 둘 사이의 안정된 개념적 구분은 위태롭게"[51] 된다고 했을 때, 보그맘은 국가와 친족 사이의 원만한 통합체적 관계를 흔든다. 왜냐하면 보그맘은 국정원으로부터 '그것, 로봇'으로 명명되며, 율로부터는 '엄마'로 호명됨으로써 인간과 기계 사이의 구분을 해체시키기 때문이다. 이는 곧 본질이나 정체성이라는 것이 "육체적 기호나 다른 담론적 수단을 통해 꾸며지고 유지된 조작물"[52]에 불과하다는 사실을 시사한다.

　그러나 여기에서 외설성이라고 말하는 것에는 보다 본질적인 이유가 있다. "타인들의 내밀함에 익명으로 침투하는, 즉 '침범'이라는 용서할 수 없는 행위와 연루되어 있"[53]는 것이 포르노그라피적인 외설이라 할 수 있다면, 드라마 〈보그맘〉은 외설성으로 가득 찬 작품이라 할 수 있다. 최고봉은 보그맘의 동의 없이 그녀/그것의 일거수일투족을 전부 감시하며, 국정원은 최고

50　소포클레스의 비극 3부작인 「오이디푸스 王」, 「콜로노스의 오이디푸스」, 「안티고네」를 참조. (소포클레스, 『希臘 悲劇 소포클레스 篇』, 조우현 옮김, 현암사, 1982.)

51　주디스 버틀러, 『안티고네의 주장』, 조현준 옮김, 동문선, 2005, 31쪽.

52　주디스 버틀러, 『젠더 트러블』, 조현준 옮김, 문학동네, 2015, 341쪽.

53　슬라보예 지젝, 『진짜 눈물의 공포』, 오영숙 외 옮김, 울력, 2004, 128쪽.

봉과 보그맘 사이에 틈입하며 이들을 항상 미행하면서 감시한다. 게다가 도도혜는 보그맘의 허락 없이 그녀/그것의 내밀한 사생활에 익명으로 침범하여 감시한다. 미디어 경제라고 하는 것은 "전기는 데이터로, 데이터는 소통으로, 소통은 욕망으로, 욕망을 화폐로, 화폐는 지식으로, 지식은 과학기술" 등으로 변환시키며 "상이한 층들의 공생이며, 수평적, 수직적 교환들의 연속(체)이지만, 순수하게 협력적인 교환에 기초한 평평한 시장은 분명 아"[54]닌 상태로 운동한다. 시청자와 드라마 사이에서 발생하는 교환가치는 "물질적 기반시설 및 공유지의 가상적인 공간들(인터넷 그 자체, 우리를 둘러싼 수많은 하드웨어, 독점적인 사회적 네트워크들, 온라인 광고 등등)에 적용되는 지대(地代, rent)를 따라 생산"[55]하기 때문에, 즐거움의 정동(情動)을 욕망하는 시청자와 자본주의적 이윤을 욕망하는 미디어 제공자들 사이에는 투명하거나 평등한 교환 관계가 성립되지 못한다.

마르크스에 의하면 상품은 사용가치가 있을 때만이 교환가치를 가진다. 상품이 사용가치를 상실할 때 교환가치를 상실한다. 최고봉은 보그맘을 제작한 생산자이며 동시에 보그맘의 기계적 능력을 효과적으로 이용하는 소비자이다. 이는 "생산의 측면에서 생산물은 상품의 가치를 가지지만, 소비의 측면에서는 같은 생산물이 사용가치의 특성"[56]을 지닌다는 것을 의미한다. 문제는 보그맘이 최고봉과의 관계에 있어 그를 교환가치나 사용가치로 대할 수 없다는 사실이다. 그녀/그것은 완벽한 모성(母性)의 이미지를 선사

---

54 맷떼오 파스퀴넬리, 앞의 책, 117쪽.
55 위의 책, 161쪽.
56 이엔 앙, 앞의 책, 49쪽.

하면서 대신에 가부장주의의 지극히 오래된 남성중심주의적 이데올로기의 정당성을 소구한다.

보그맘은 율 앞에서 "내가 너의 엄마야."라고 말할 수 있는 존재이면서, 국정원의 기관원 앞에서는 관찰되고 분해되어야 할 부품들의 조합인 기계적 개체에 속하게 된다. 보그맘은 율을 가슴에 안을 수 있지만 국정원 기관원들 앞에서는 빈 의자에도 앉지 못하는 사이보그 프로젝트의 기술적 대상에 불과할 뿐이다. 인간과 기계, 주체와 객체, 프로그램과 감정, 이러한 이항대립적 데카르트적 상상력에서 보그맘은 매우 아름다우면서 모호한 괴물이다. 왜냐하면 보그맘을 제작한 "기술은 독특하고, 극복할 수 없는, 어디에나 편재하며, 뛰어난, 부주의한 산파를 이미 잡아먹고 우리 가운데 태어난 괴물"[57]일 것이기 때문이다.

> 우리는 실재를 직접 대면할 수 없는 '끔찍한 괴물'로 보는, 궁극적인 실재가 겹겹이 쌓인 상상적인 혹은 상징적인 베일에 감춰진 것이라 보는 표준적 비유를 포기해야 한다. 그 기만적인 외관 밑에 우리가 직접 쳐다보기에 너무나 두려운 궁극적 실재라는 괴물이 존재한다는 생각 자체가 바로 궁극적 외관이다. 이 '실재라는 괴물'은 그 존재를 통해 우리의 상상적 세계의 일관성을 보장하며, 따라서 그 구성요소인 비일관성('적대')과의 대면을 회피하게 해주는 환영적 유령일 뿐이다.[58]

---

57 브뤼노 라투르, 앞의 책, 283쪽.

58 슬라보예 지젝, 『실재의 사막에 오신 것을 환영합니다』, 이현우·김희진 옮김, 자음과모음, 2013, 49쪽.

임박한 위협이나 처벌의 신성한 기호로서 괴물은 다른 곳으로부터 온 진실을 전달했다. 연구와 실험의 대상으로서 우리가 그들을 설명하는 진실은 우리를 다른 곳으로 데리고 간다. 그러나 괴물은 우리에게 진실을 전달하거나 혹은 우리로부터 진실을 전달받는다. 그저 흐르는 방향이 변할 뿐이다. 진실은 항상 괴물을 거쳐 간다.[59]

위의 인용문에서 볼 수 있듯이 괴물성의 대상으로서의 '기술'과 '보그맘'은 상상과 상징의 범주 안에 머무는 수동적 대상이라기보다는 '실재'와 '진실'에 대한 질문을 시청자에게 던지는 행위자로 간주될 수 있다. 항상 텀블러에 들어있는 윤활유를 마셔야만 되고, 상대방의 얼굴 표정에서 정확하게 감정 분석을 수행할 수 있고, 수많은 사람들의 기억과 지식의 합을 초과할 정도의 정보 자료와 그것을 활용하는 보그맘은 정상적인 인간 개체라 보기 어렵다. 보그맘에게는 인간에게 해가 되는 행동을 하지 못한다는 '제1명령어'가 입력되어 있어 위험하지 않지만, 그녀/그것의 정보 검색 능력과 기계의 물리적인 힘은 초인적이기 때문에 경계의 대상이다. 따라서 보그맘을 바라보고 있는 인물들은 어느 정도 정신분열증 환자이다. 그들이 바라보고 있다고 확신하고 있는 대상은 인간인 이미소가 아니라 인공적인 기술적 대상이기 때문이다. "우리의 파악력을 피해서 항상 "결여하고" 있는 것이 시선"[60] 이라고 했을 때, 보그맘을 보는 드라마 속의 대개의 인물들은 '결여하고' 있

59 알랭 그로스리샤르, 「폴리페모스의 사례 또는 괴물과 그의 어머니」, 슬라보예 지젝 엮음, 『코기토와 무의식』, 라깡정신분석연구회 옮김, 인간사랑, 2013, 187~188쪽.
60 알렌카 주판치치, 「철학자들의 맹인 벽(癖)」, 슬라보예 지젝·레나타 살레츨 엮음, 『사랑의 대상으로서 시선과 목소리』, 라깡정신분석연구회 옮김, 인간사랑, 2010, 71~72쪽.

는 어떤 것을 보고 있다고 착각한다. 그들은 인간 이미소라고 생각하면서 바라보고 있지만 그 대상은 AI 로봇, 또는 그것의 질료(바탕)에 해당하는 기술적 시스템이다.

극중 인물들이 정작 대면하고 있는 대상은 이미소나 보그맘이라는 개체가 아니라, 보그맘을 인간처럼 보이게 만드는 비가시적인 기술 시스템, 또는 기술적 대상의 앙상블 그 자체이다. 따라서 그들이 실제로 마주하고 있는 것은 비가시적인 국가(또는 국정원)의 욕망, 과학자로서의 최고봉의 욕망, 남편으로서의 최고봉의 욕망이다. 물론 최고봉의 욕망 속에는 '이미' 국가, 경제, 정치, 과학이 연루된 복잡한 욕망들이 내재되어 있다. 국가(국정원)는 보그맘을 통해 로봇 전사(戰士)나 로봇 스파이를 욕망한다. 보그맘을 제작하도록 자금 지원을 해준 곳이 재벌이 아니라 국정원이라는 설정이 이 사실을 시사하고 있다. 보그맘의 안면 피부와 유방 표피를 개발한 프랑스와 독일의 기술연구소는 전쟁과 자본에 대한 욕망을 지니고 있다. 그런 면에서 최고봉의 욕망은 착종된 욕망이라 할 수 있는데, 그는 국가의 비밀 사이보그 프로젝트의 명령에 따라 하청업체의 임무를 수행하며 동시에 부재(不在)하는 아내를 보충해 줄 의사(疑似) 아내를 욕망하기 때문이다. 그것은 기술적 대상을 "닦아세움"의 대상으로 도구화한다.

사람들은 흔히 말하듯이 기술을 "정신적으로 장악하기를" 바란다. 사람들은 기술을 자유자재로 다루려 한다. 이처럼 기술을 지배하려는 의지는 기술이 인간의 통제를 벗어날 가능성이 커질수록 더욱 절박해질 것이다. … 현대의 기술은 속속들이 지배하고 있는 탈은폐는 도발적 요청이라는 의미의 닦아세움(Stellen)의 성격을 띠고 있다. 이 도발적 요청은 자연에 숨겨져 있는 에너지를 채굴하고, 캐낸 것을 변형시키고, 변형된 것을 저장하고, 저장된 것을 다시 분배하고, 분배된 것을 다시 한 번 전환해 사용함으로써 이루어진다.[61]

국가(또는 국정원)와 최고봉은 각기 다른 목적으로 보그맘을 지켜본다. 국가의 입장에서 보그맘의 정체는 극비(極祕)의 대상이다. 그러나 보그맘의 기계적 완성도를 시험하기 위해서는 인간 세계와의 접촉 빈도수가 많아야 한다. 결국 국가의 욕망은 무제한적으로 인간 사회에 노출되어도 아무도 보그맘이 로봇이라는 사실을 알아차리지 못할 정도의 완벽한 기술적 대상이다. 따라서 보그맘의 정체가 인간에게 발각되거나 기계상의 오류가 발생할 때에는 즉시 '폐기'의 대상이 되어야 한다. 여기에서 최고봉의 정동(情動)이 국가적 환상에 균열을 일으킨다. 자신이 만든 최신 기계에 대해 자부심을 가졌던 그는 시간이 흐를수록 보그맘에 대해 아내에게 느낄 법한 애정을 지니게 된다. 최고봉의 이러한 감정의 변이(變移)는 국가가 '최고봉-보그맘-율'로 구성되는 친족 관계에서 보그맘을 분리시키려는 욕망을 좌절시킨다. 그러나 드라마는 보그맘에 대한 최고봉의 연민과 애착이 기계에 대한 무조건적인 사랑인지, 인공지능 로봇을 죽은 아내로 인정한 뒤의 애정인지에 대해 명확한 설명을 하지 않는다.

보그맘은 최고봉의 자가용, AI 스피커, AI 청소기에게 부럽다고 고백한

---

61 마르틴 하이데거, 『강연과 논문』, 이기상·신상희·박찬국 옮김, 이학사, 2015, 11쪽; 23쪽.

다. 왜냐하면 보그맘의 입장에서 이 기계들이 최고봉에게 더 쓸모가 있고 관심을 받고 있다고 정보 해석이 되기 때문이다. 보그맘이 자신의 친족과 다름없는 이 기계들에 대해 연대의식을 갖기보다는 최고봉과 율에 대해서만 친족 의식을 갖는 것은 아이러니컬하다. 마지막 회에서 최고봉은 국정원의 눈을 따돌리고 이전보다 버전업된 보그맘과 비밀스럽게 가족생활을 영위한다. 최고봉 덕분에 보그맘은 국가에 의해 '버려지거나' '폐기'되지 않았다. 그러나 마지막 회 마지막 장면에서 볼 수 있는 보그맘과 최고봉의 미소는 과연 어떤 의미를 지니는가. 다시 말해서 최고봉과 보그맘은 각기 상대방에 대해서 어떠한 위치에 서게 되는가.

이 드라마의 엔딩 신은 화목한 가정의 복원으로 끝을 맺지만 최고봉과 보그맘이 각자 상대방으로부터 그리고 자기 자신으로부터 소외되었다는 점은 은폐한다. 왜냐하면 최고봉은 엔딩 신에서조차 자신의 지문 인식으로만 보그맘이 부팅되는 것으로 만족하고 있으며, 가정의 노예 로봇의 수준에서 더 이상 주목할 만한 획기적인 기능을 부여하지 않았기 때문이다. 또한 최고봉의 지문 인식으로 로딩이 된 보그맘은 자신이 한 가정의 아내이자 어머니 주체라고 오인(誤認)하기 때문이기도 하다. 보그맘이라고 하는 "'개체'가 개체화 작용의 결과물이면서 동시에 새로운 개체화를 위한 정보 매체로 기능한다면, '주체'란 개체와 이 개체에 연합된 자연의 하중으로 구성된 실재"[62]라는 차이점을 가진다. 이는 "발명하는 인간은 개체화된 개인이라기보

---

62 김재희, 「시몽동과 포스트휴먼 기술문화」, 이화인문과학원 & LABEX Art-H2H 연구소 엮음, 『포스트휴먼의 무대』, 아카넷, 2015, 30쪽.

다는 전(前)개체적 실재의 하중을 실어 나르는 어떤 '주체'라고 할 수 있"[63]다는 사실에서 더 정확히 알 수 있다. 최고봉은 보그맘을 첨단적이고 효율적인 연장(tool)으로 만족하고 있다. 즉 이 두 존재는 모두 소외된 존재들이다. 이때의 소외는 "노동에 관한 소외, 주인과 노예의 변증법에서처럼 세계와의 접촉에 관한 소외가 아니라, 바로 기술적 대상에 관한 소외"[64]라는 의미를 지닌다. 마르크스의 '대상적 활동(objective activity)'을 상기시키는 시몽동의 "기술적 활동(technical activity)"은 개별적 주체로서가 아니라 다양한 관계적 존재 혹은 '유적(類的) 존재'로서의 노동이나 활동을 의미한다.[65] 이 두 개체가 각각 소외를 겪고 있다면 이 둘이 유적 존재로서 평등한 앙상블을 형성해 내지 못했음을 말해준다.

기술성이 기술적 앙상블 수준으로 발전했음에도 불구하고 인간-기계가 여전히 연장 수준의 노동 패러다임에 묶여 있다는 것, 이것이 기술 발달에 따른 소외의 근본 문제인 것이다.[66]

드라마는 AI 로봇과 개발자 사이의 신뢰와 애정을 통해 가족 이데올로기의 환상을 복원시키고자 했지만 드라마는 스스로 그 논리적 정당성을 내

---

63 위의 글, 같은 곳.
64 질베르 시몽동, 앞의 책, 172쪽.
65 맑스와 시몽동의 '대상적 활동'과 '기술적 활동'에 대한 비교 설명은 다음을 참조.
김영호, 「맑스의 '대상적 활동'과 시몽동의 '기술적 활동':미래사회 노동소외 문제를 중심으로」, 『미래인문학의 양상들: 역사, 철학, 기술』(미래인문학연구소 봄 학술대회 자료집), 중앙대학교 영어영문학과 미래인문학연구소, 2018.05.11.
66 질베르 시몽동, 앞의 책, 26쪽.

파(內破)한다. 바로 이 부분이야말로 유토피아적인 미래에 대한 비전이 아니라 끔찍한 과거의 귀환을 알리는 장면이다. 다시 말하자면 드라마는 테크노크라시(technocracy) 시대의 유토피아적 미래상을 말하고 있지만, 그 내면에는 퇴행적이고 보수적인 가족 서사의 복원과 반복을 주장하고 있다. 보그맘은 세계 최고의 셰프를 능가하는 요리 실력, 한 치의 오차도 없이 빠른 시간 내에 집안 청소와 빨래를 해치우는 가사 노동 능력, 게다가 방대한 자료가 입력된 메모리칩을 통해 최고봉의 그 어떤 질문에도 가장 정확한 답을 제공할 수 있는 AI 비서의 사무 능력을 탑재하고 있다. 하루에 한 번씩 안마의자에 앉아 전기 충전만 하면 보그맘은 싫증도 내지 않고 지치지도 않으며 명령에 절대 복종하는 '착한' 로봇이다. 이는 드라마의 근본적인 욕망이 슈퍼맘에 맞춰져 있고, 이러한 슈퍼맘의 헌신적인 희생과 봉사가 없이는 행복한 가정이 불가능하다는 남성중심주의적 편견에 치우쳐 있음을 보여준다. 그것의 근거는 드라마에 등장하는 다음과 같은 대사에서 쉽게 찾아볼 수 있다.

① 최고봉(N) 신이 모든 곳에 있을 수 없어서 엄마를 만들었다고 한다.

　　　　　… 세상에서 유일무이한 엄마가 내 손에서 태어났다.

(2회)

② 율　　　　땡철이 삼촌이 말씀하셨지. 여자는 항상 보호해줘야 한다고.

피구 끝나고 운동장에 앉아 쭈쭈바를 먹는 아이들. 아까 그 여자아이가 쭈쭈바를 어떻게 먹을 줄 몰라 하자 율이 다가가서 쭈쭈바를 뺏어 꼭지를 떼어서 건네준다. 여자아이가 고맙다고 하자,

율	자, 이런 건 남자가 해주는 거야.

(2회)

③ 율이 안방으로 뛰어 들어오며 아래층 여자와 영철이 싸우고 있다고 말함.
　율은 보그맘에게 방에 혼자 있으라고 하면서
　"이 전쟁은 남자들이 해결해야 해. 돌격!"하면서 뛰어간다.

(2회)

④ 율의 방. 부부놀이를 하던 여자아이들이 서로 자기가 엄마 하겠다며 앞치마를 잡고 싸운다.
　도도혜의 아들 조지가 이 모습을 한심하다는 듯이 고개를 좌우로 흔들면서 쳐다본다.

조지	여자들이란 … 쯧쯧.

(5회)

⑤ 최고봉	<u>니 몸은 니 것이 아냐. 내 거야.</u> 앞으로는 이런 일 절대 없도록 해, 걱정되니까.
보그맘	(손을 뻗어 손바닥을 최고봉의 가슴에 대며) <u>네, 저는 율이 아빠 거.</u> 명심하겠습니다.

(5회)
(대사정리 및 강조 인용자)

　일부 인용한 위의 대사들만 보더라도 이 드라마가 남성과 여성에 대해 어떠한 입장을 취하고 있는지 명확하게 알 수 있다. 문제는 이러한 방식의 대사와 장면들이 드라마 전체에 차고 넘친다는 사실이다. 최고봉의 아들 율은 말버릇처럼 "땡철이 삼촌이 말씀하셨지."를 반복하며 남성의 주도적이고 권위적인 담론을 내보인다.[67] 그런 의미에서 땡철이 삼촌(한영철 분)은 율에게 있어 '상징적인 아버지'이다. 영철의 말은 율에게 절대 진리이며 정언명령으로 전수된다. 한영철은 특별한 직업 없이 여자들을 유혹하여 쾌락을 즐기는 바람둥이이다. 한영철에게 젊고 매력적인 여자들은 단지 그의 수집 목록에 횟수를 올려주는 숫자일 뿐이다. 절대 복종하고 한 치의 오차도 없이 가사와 육아 노동을 수행하며 오로지 남편의 명령에만 움직이는 슈퍼맘. 드라마 <보그맘>이 판타지 장르의 드라마라 한다면, 그것은 이 드라마가 거의 인간과 비슷한 AI 로봇을 주요 인물로 설정했기 때문이 아니라, 이 드라마가 보여주는 슈퍼맘에 대한 욕망이 말 그대로 환상에 불과한 것이기 때문이다. 보그맘을 제작한 사람은 최고봉 박사이지만 그에게 로봇을 만들라고 명령을 내린 주체는 국가이다. 그렇다면 국가는 '최고봉-보그맘-율'로 구성되는 가족을 만든 주체이기도 하다. 국가는 보그맘을 결코 최고봉의 아내나 율의 엄마로 인정하지 않지만, 역설적으로 국가는 최고봉 가족의 동의 없이 폭력적으로 그 가족 속으로 '침입'해 들어온다. 드라마의 해피엔딩 플롯도 이 불온한 응시의 정치학을 완전히 봉합시키지는 못한다.

---

67 이 대사는 한국에서도 인기리에 방영되었던 미국 드라마 <맥가이버(MacGyver)>에서 차용한 것이다. 극중 주인공인 맥가이버는 매회 "할아버지께선 말씀하셨지. 이럴 땐 ~하라고."를 반복하며 남근주의의 지속성을 보여준 마초주의 인물이다. 율은 한영철을 매개로 하여 맥가이버를 복제한다.(또는 시대 역행적으로 전유한다.)

5. 포스트 휴먼 시대의 외설적 상상력

드라마 〈보그맘〉은 AI 로봇을 중심으로 가정과 유치원에서 벌어지는 사건들을 다루고 있다. 기계라는 사실을 알아채지 못할 정도로 완벽한 수준의 로봇을 등장시킴으로 인해 이 드라마는 판타지 장르에 포함된다. 흥미로운 사실은 이 드라마가 한 가정의 '어머니'를 창조함으로써 모성 이데올로기에 대한 연상 작용을 유도한다는 것이다.

첫 회 최고봉의 내레이션처럼 보그맘은 최고봉에 의해 세계 최초로 로봇 엄마로 탄생한다. 물론 최고봉의 과학적 작업은 국가(국정원)의 비밀 프로젝트에 종속되지만, 최고봉은 국가의 욕망과는 달리 죽은 아내 이미소의 아바타를 욕망함으로써 국가와 최고봉 사이에 균열을 낸다. 보그맘은 율의 보호자로서 버킹검 유치원의 비밀 엄마 모임 엘레강스에 가입함으로써 끊임없는 곤경에 처한다. 엘레강스의 좌장인 도도혜는 이미소에 대한 증오심과 복수심 때문에 엘레강스 회원들을 부추겨 보그맘을 괴롭히게 만든다. 그러나 이들은 보그맘을 인간 이미소로 인식하고 있기 때문에 일종의 착시 현상 또는 왜상(歪像)에 대한 도착증을 보여준다.

최고봉이 만든 AI 로봇 보그맘은 가사노동과 육아노동에 최적화된 기계로서 초인적인 능력을 발휘한다. 그런 의미에서 〈보그맘〉은 포스트 휴먼 사회에 대한 경외심/두려움을 내재하고 있는 분열증적 드라마라 할 만하다. 주목해야 할 사실은 드라마의 서사가 보그맘을 통해 '만능 엄마, 슈퍼맘'을 제시함으로써 화목한 가정의 조건을 이데올로기화한다는 것이다. 보그맘은 자식들이나 남편이 꿈꾸는 환상 속의 존재이다. 왜냐하면 보그맘은 가사와 육아에 있어 완벽한 능력을 발휘하는데 이는 실제 현실에서는 불가능한 것이기 때문이다. 인간과 구별되지 않는 최신 로봇의 존재, 그리고 실제 현실에서는 실현이 불가능한 슈퍼맘의 존재, 이 두 가지의 존재 방식으로 인해 드라마 〈보그맘〉은 이중(二重)의 판타지를 선사한다. 그러나 이러한 판타지는 최고봉과 보그맘 사이, 또는 보그맘과 AI 기능을 탑재한 가전(家電)들이나 자가용 사이의 상호 소외를 담보로 한다.

보그맘에게는 인간의 표정을 관찰하고 정확한 감정 지수를 산출할 수 있는 능력이 있다. 그럼에도 불구하고 보그맘은 자신의 감정이나 상태를 평가하고 해석할 수 있는 능력을 갖고 있지 못하다. 심지어 보그맘은 섭취한 음식물을 스스로 처리할 수 없는 저성능의 AI 로봇에 머문다. 보그맘이 렌즈를 통해 관찰하거나 정보를 산출하는 결과는 그녀/그것의 소유물이 될 수 없다. 왜냐하면 그녀/그것이 포착한 이미지들은 그대로 최고봉의 컴퓨터에 연결되어 최고봉의 응시와 해석을 기다려야 하기 때문이다. 그러나 국가(국정원)가 최고봉과 보그맘의 일거수일투족을 응시하고 통제함으로 인해 최고봉이 욕망하는 화목한 가정의 판타지는 방해받는다. 이런 점에서 최고봉과 국가는 보그맘과 가정에 대한 탐욕스러운 관음증을 포기하지 못함으로써 외설스러운 응시의 정치학을 발산시킨다. 그런데 문제는 이러한 응시의 외설성에서 시청자들도 자유롭지 못하다는 것이다. 보그맘을 감시하는 최고봉, 최고봉을 감시하는 국가, 여기에 시청자를 감시하는 방송국과 광고주의 시선은 도착적이고 외설스러운 응시의 정치학으로 복잡하게 얽혀있다.

〈너도 인간이니?〉(KBS2, 2018)
: '알파고' 이후, 한국 TV드라마 AI 담론*

김강원

1. AI의 존재 실감과 담론의 발생

2016년 3월, 이세돌 9단과 AI '알파고 리(AlphaGo Lee)'의 대국(對局)은 그간 막연하게 인식되던 AI의 존재를 한국사회에 실감하게 한 사건이었다. 그간 대중들은 AI를 과학적 지식의 영역보다는 주로 SF장르라는 예술적 상상의 영역을 통해 소비해왔다. 개개의 작품에서 등장하는 AI 캐릭터나 그를 둘러싼 세계관들은 허황되거나, 낭만적이거나 혹은 기괴하게 그려졌지만, 그 차이의 기저에는 그것이 '지금, 여기'일리는 없다는 거리감이 공유되었다. 그 거리감 덕분에, 그것이 가능할지도 모르는 세계를 상상하는 것은 안전하고도 즐거운 경험이 될 수 있었다.

〈A.I.〉(2001)와 같은 영화에 등장하곤 하는, 인간과 완전히 동일한 수준의 휴머노이드(humanoid) AI 로봇이란 현대과학의 연금술과도 같은 것이었다. 달콤한 상상이긴 하지만 실현되기 어려워보였고, 그렇기 때문에 그것을 꿈

---

* 이 글은 아래 논문을 수정 보완한 것임.
김강원, 「'알파고'이후, 한국 TV드라마의 AI(인공지능)에 대한 담론 - <너도 인간이니?>를 중심으로」, 『이화어문논집』 50, 이화어문학회, 2020.

꾸는 사람들은 무모해 보이기도 했다. 그런데 2016년, 알파고의 등장으로 인해 한국 사회는 새로운 충격을 경험하게 되었다. SF영화가 아닌 뉴스의 화면에서, 공상 과학 소설이 아닌 신문의 기사를 통해서 AI가 등장하게 된 것이다. 이는 한국의 대중들은 AI가 더 이상 상상의 존재가 아닌 실체를 가진 존재임을 비로소 실감하게 된 것이기도 하다. AI 바둑프로그램인 알파고가 이처럼 강렬하게 대중에게 인지된 것은 인간과의 '대결'이라는 매우 자극적인 장치를 통해서였는데, 이러한 이벤트는 설명적인 성격이 강한 쇼케이스에 비해 존재감을 각인시키는 데 효과적이었다. 그 결과, 대중들은 AI의 존재에 대한 이해와 호기심에 앞서 인간을 패배시킨 AI의 존재에 대한 두려움을 느낄 수밖에 없었다.

알파고 이후, 뉴스의 보도를 넘어서 한국 대중문화의 각 영역에서 AI의 존재는 각인되고 확산되었다. 이를 기점으로 SF장르에서도 AI가 중요한 제재로 등장하였다. 통제가 되지 않는 초지능(superintelligence) AI에 대한 두려움을 이야기하는 영화나 TV드라마, SF소설 등에서는 과학적 사실에 근거하는 전망보다는 AI와 인간의 갈등을 선정적으로 다루는 경우가 대부분이다. 이는 AI에 대한 서사들이 사실(事實)에 기반한 사건보다는 존재의 의미라는 주제적 측면에서 담론화되는 경우가 많기 때문일 것이다. 그렇기 때문에 이러한 SF장르의 작품에는 그 시대 대중들의 시선과 욕망, 기대와 불안 등이 강하게 드러나 있다. 따라서 이 글에서는 AI에 대한 실감으로 인해 표출된 한국 대중과 대중문화의 정동을 들여다 보기 위해서, '알파고 리'를 계기로 한국사회가 AI의 존재를 실감하기 시작한 이후에 등장한, AI를 제재로 한 TV드라마에 관심을 갖고자 한다.

나이젤 새드볼트와 로저 햄프슨은 『디지털유인원』에서 "현대의 SF는 지금 시대를 반영해야 한다. 우리가 사는 시대는 과학적 사실이 날마다 시민을 놀라게 하는 시대"[1]라고 주장하였다. 그들은 영화 〈마이너리티 리포트 Minority Report〉(2002)와 〈그녀 Her〉(2013), 〈엑스마키나 Ex Machina〉(2015), 드라마 〈웨스트 월드 Westworld〉시리즈(2016, 2018, 2020)와 〈높은 성의 사나이 The man in the high castle〉시리즈(2015, 2016, 2018, 2019)를 직접 언급하면서, 이들이 "판타지를 영상화한 것이지만, (어쩌면 이미 살고 있을지도 모르지만) 우리가 곧 살아갈 방식에 대한 철학적 탐구이기도 하다"[2]고 덧붙이고 있는데, 이 글 역시 이러한 시각에 근거하여 논의의 방향성을 수립하고자 하였다.

한국 대중문화와 예술의 영역에 AI는 아직 생소한 주제이다. 이는 연구의 영역에서도 마찬가지이다. 공학의 영역을 벗어나 인문사회학적 측면에 초점을 맞춘다면, AI 관련 연구들은 아직도 초기 단계에 머물러 있다고 할 수 있다. 다행히도 2016년 이후, 이 부분에서 대한 관심이 고조되면서 관련 텍스트와 연구들이 이전에 비해 한층 활발하게 진행되고 있는 추세이기는 하다. 이 글 역시 아직 초기 단계인 관련 연구의 한 방향으로, 보다 포괄적이고 근본적인 의미에서 TV드라마를 통해 AI를 담론화하는 데 투영되는 시대의 징후를 조명하고자 한다.

장르와 매체의 속성으로 인해 TV드라마는 AI 관련 텍스트와 연구의 지형에서 가장 현재적이고 대중적인 방식의 담론을 재현할 수 있다. 한국의 TV드라마에서 AI를 담론화하는 방식은 우리 사회와 문화에서 가장 보편적

---

1   나이젤 새드볼트·로저 햄프슨, 『디지털 유인원』, 강명주 옮김, 을유문화사, 2019, 25쪽.
2   위의 책, 26쪽.

인 위치와 논점을 드러낼 수 있다고 볼 수 있기 때문이다. TV드라마는 TV라는 국가적 공공재를 매체로 하고 있는 만큼, 대중성의 가치가 가장 중요한 장르이다. 특히 편성이라는 사전시스템을 거치는 까닭에, 그 시대의 가장 보편적 인식과 담론에 기반한 작품들이 방영될 확률이 높다. 이러한 이유에서 여기에서는 알파고 등장 무렵의 공중파 TV드라마를 중심으로 논의해 보고자 하는 것이다.

한국의 대중들이 AI를 실감한 2010년대 후반 무렵, AI를 제재로 한 작품들이 영화에 비해 TV드라마의 영역에서 훨씬 활발하게 등장하고 있다는 점에 주목할 필요가 있다. 알파고의 등장 직후, AI를 제재로 제작·방영된 드라마들은 〈보그맘〉(MBC, 2017), 〈로봇이 아니야〉(MBC, 2017), 〈너도 인간이니?〉(KBS2, 2018), 〈굿-바이 내 인생보험〉(tvN, 2018), 〈절대그이〉(SBS, 2019)가 있다. 〈보그맘〉이 방영된 2017년도 이전에는 한국 TV드라마에서 AI가 주요한 제재나 등장인물로서 활용된 작품은 없던 것으로 보인다. 자료를 조사하는 과정에서 2011년 상반기 로봇드라마 방영을 목표로 하는 사업에 대해 보도한 2009년 기사자료를 확인할 수 있었으나,[3] 해당 사업 참여자인 SBS 방송

---

3 "SBS가 2011년 국내최초 로봇드라마를 방영할 예정이다. SBS는 과학창의재단의 주도로 10일 진행된 '로봇테마 스토리텔링 개발 워킹그룹 운영사업'의 결과 보고회에서 발표된 로봇 드라마를 지식경제부의 후원을 받아 2011년 상반기에 편성한다고 11일 밝혔다. 김영섭 SBS 책임프로듀서는 "드라마 시장도 앞으로 독특하고 신선한 소재가 발굴돼야 한다"며 "로봇드라마가 드라마 시장에 새 장을 열 것"이라고 전망했다." 권영전, 「SBS, 2011년 국내최초 '로봇드라마' 방영」, 『연합뉴스』, 2009.12.11. (https://n.news.naver.com/mnews/article/001/0003020768?sid=103)
"SBS는 지난 10일 과학창의재단의 주도하에 진행된 '로봇테마 스토리텔링 개발 워킹그룹 운영사업' 결과 보고회에서 나온 최종 2편에 대해 2011년 드라마 방영에 대한 편성의향서를 보내고 지원을 약속했다. (중략) SBS와 과학창의재단의 과학적 지식이 합쳐져 기획되는 '로봇드라마' 2편은 2011년 상반기에 시청자들과 만난다." 임혜선, 「SBS, 2011년 국내최초 '로봇드라마' 방영」, 『아시아경제』 2009.12.11.(http://www.asiae.co.kr/news/view.htm?idxno=2009121110214067435) 등의 기사자료 참고.

사의 편성내역과 기타 TV드라마 편성내역에서 이를 확인할 수 없었던 바, 이러한 시도는 무산된 것으로 보인다. 따라서 2016년 이세돌 9단과 AI 알파고의 대국 이전에 한국 TV드라마에서 AI에 대한 담론이란 부재했던 것임을 확인할 수 있었다. 이와 같이 이전의 TV드라마사(史)에서 AI를 중심인물이나 핵심적인 제재로 한 작품이 없었던 것에 비추어 본다면, 이 시기는 관련 작품들이 발생함과 동시에 급증하는 특징을 보임을 알 수 있다. 그러므로 알파고 이후 TV드라마의 가장 중요한 징후는 AI에 대한 담론의 발생이라고 할 수 있다.

〈너도 인간이니?〉[4]는 2018년에 방영된 작품으로, 비슷한 주제로 방영되었던 작품들에 비해 높은 시청률과 대중성을 확보하고 있다.[5] 방영시기를 기준으로 한다면, AI가 중심인물로 등장하는 최초의 한국 TV드라마는 2017년 9월에 방영을 시작한 〈보그맘〉이다. 그러나 〈보그맘〉의 주인공 캐스팅이 방영 직전인 8월에 확정되었던 것에 비해,[6] 〈너도 인간이니?〉가 백퍼센트 사전촬영드라마이고, 2017년 6월에 촬영을 시작해 11월에 모두 마쳤다

4　극본 조정주, 연출 차영훈·윤종호, KBS2, 2018.06.04.~2018.08.07. (36부작) (36부작이기는 하지만, 중간광고의 형태로 60여분 방송을 2부로 나누어 구분하고 있어 2부씩을 묶어 하루에 방영하는 편성방식으로 일반적인 18부작 방영과 분량과 방영기간이 동일하다.)

5　최고시청률 9.9% (닐슨코리아 기준) / 수출실적 역시 상기의 TV드라마들에 비해 좋은 편이다. "프랑스 칸에서 열린 국제 방송 영상물 견본시 'MIPTV 2018'에서 메인 배너를 장식하며 글로벌 미디어 시장의 주목을 받았던 '너도 인간이니'. 이후 일본, 대만, 베트남, 태국, 몽골, 필리핀 및 동남아 전역에 수출되며 글로벌 시장의 관심을 입증했다. 특히 온라인 동영상 플랫폼인 드라마피버를 통해 미주, 유럽, 중동, 인도 등 150개국에 동시 전송되고 있는 '너도 인간이니'는 6월 첫 서비스 이래 현재까지 드라마피버의 조회 수 1위를 놓치지 않고 있다고. 서비스 시청자평가 역시 5점 중 4.8점의 높은 점수를 기록했다." 최윤나, 「너도 인간이니」, 글로벌 시장서 인정…150개국 동시 전송」, 『스포츠 동아』, 2018.08.07.(https://sports.donga.com/3/all/20180807/91412712/1) 외 관련 기사 참고.

6　이유나, 「보그맘」 측 "박한별×양동근 주연 확정…9월 첫 방송"」, 『스포츠조선』, 2017.08.08. (https://sports.chosun.com/news/ntype.htm?id=20170808010007467005199&servicedate=20170808)외 관련 기사 참고.

는 점에서[7] 제작사와 방송사측에서 강조하듯 "국내 최초로 기획된 AI 휴먼 로맨스 드라마"[8]임은 분명해 보인다. 이러한 시차는 "2년 이상의 기획 기간을 거쳐 100% 사전제작으로 진행된 '너도 인간이니'는 제작비 100억 이상 규모의 초대형 프로젝트"[9]인 까닭에 제작과 편성, 방영 단계를 거치는 과정에서 기민하게 진행하기 어려웠던 상황 때문으로 짐작된다. 어찌되었든 중요한 점은 이 시기에 AI가 한국의 TV드라마에 등장한 이유는 바로 대중들이 "인공지능 로봇은 더 이상 상상 속의 이야기가 아"[10]님을 실감하였기 때문이라는 것이다. 그간 TV드라마가 상상조차 하지 못하던 AI가 돌연 시급하고 중요한 이야깃거리로 급부상하였고, 〈너도 인간이니?〉의 제작진이 언급하였듯, 그제서야 "꼭 필요한 이야기"[11]가 된 것이다.

〈너도 인간이니?〉는 이렇듯 한국 TV드라마가 갖는 AI에 대한 담론의 출발이라는 시의성, 시청률과 화제성이라는 대중성, 그리고 작품 안에서 AI에 대해 가장 적극적으로 언급하고 활용하는 내러티브의 측면 등에서 매우 유

---

7 "지난 6월말 촬영을 시작해 11월말로 모든 촬영을 마무리한 '너도 인간이니'는 국내 최초로 기획된 AI 휴먼로맨스 드라마" 이지현, 「역대급 AI드라마가 온다」…서강준X공승연 '너도 인간이니' 크랭크업」, 『스포츠조선』, 2017.11.29. (https://sports.chosun.com/news/ntype.htm?id=201711300100260690018929&servicedate=20171129)

8 부수정, 「'너도 인간이니' 서강준 공승연…로봇-경호원 판타지 로맨스」, 『데일리안』, 2017.06.13. (https://www.dailian.co.kr/news/view/639804/?sc=naver) 이미지, 「서강준X공승연 '너도 인간이니' 촬영완료…韓최초 AI 휴먼로맨스」, 『헤럴드POP』, 2017.11.27. (http://www.heraldpop.com/view.php?ud=201711291038400268980_1) 이지현, 위의 기사 등 관련 보도 기사에서 공통적으로 명기하고 있는 문구이다.

9 이미지, 위의 기사.

10 제작진은 "인공지능 로봇은 더 이상 상상 속의 이야기가 아니다. 머지않아 우리와 함께 생활할 인공지능 로봇을 통해 인간성과 유대감, 사랑에 대한 질문을 던지고자 했다. 우리에게 꼭 필요한 이야기를 단내와 짠내나게 전해드리겠다."라고 보도자료를 통해 제작 의도를 밝힌 바 있다. 이지현, 앞의 기사.

11 위의 기사.

의미한 작품이다. 특히 이 작품은 AI에 관련된 갈등의 측면에서 다면적인 드라마가 내포되어 있기 때문에 관련한 담론의 지표로 가치가 크다. 통상 TV드라마에서 재현되는 AI 로봇과 인간의 갈등은 크게 "인간-비인간 갈등 (신체적 조건), 소유-탈취 갈등(한정된 자원 경쟁), 감정-알고리즘(감정에 대한 인지 방식의 차이), 규범-탈규범(이해 관계의 충돌)"[12]로 유형화 될 수 있는데, 〈너도 인간이니?〉는 이러한 네 가지의 갈등 유형을 모두 내포하고 있기 때문이다. 이글에서는 이러한 근거를 바탕으로 〈너도 인간이니?〉를 통해 알파고의 등장 이후, 한국의 TV드라마가 비로소 AI를 인식하고 담론화하는 방식과 내용, 그 의미를 연구해보고자 한다.

2. 변별로서의 몸, 모순된 몸의 가치

독일영화 〈메트로폴리스 Metropolis〉(1927)는 AI가 등장하는 최초의 영화로 볼 수 있다.[13] 사랑하는 여주인공의 정신을 이식받은 로봇 '마리아'의 등장이 그것인데, 이 영화가 주요하게 제기하였던 인간과 로봇을 구별하는 기준이 되는 '몸'과 '정신'에 대한 문제는 지금까지 이어져온다. 최초의 작품이 고민했던 문제가 여전히 유효하다는 것은 이 문제에 대한 답이 아직도 해결되지 않았음을 의미하는 것일 수 있다.

---

12 이지영·이재신, 「미국, 일본, 한국 드라마속 AI 휴머노이드 로봇과 인간의 갈등 유형 비교」, 『영상문화』 34, 한국영상문화학회, 2019, 287쪽.
13 인수형, 「영화 속 인공지능의 역할 변화에 대한 연구」, 『영화연구』 72, 한국영화학회, 2017, 78쪽.

제목에서부터 인간에 대한 존재론적 회의와 질문을 내포하는 〈너도 인간이니?〉는 인간과 로봇, 즉 AI[14]에 대한 차이와 공통점을 작품 전반에 걸쳐 지속적으로 비교하는 방식으로 각각의 존재를 규명하고자 한다. 그 중 가장 많은 비중을 차지하는 것이 '몸'에 대한 문제이다. 흥미롭게도 알파고 이후의 TV드라마에 등장하는 AI들은 로봇의 분류체계에 따르면 '의인화 로봇'에 해당한다.[15] 의인화 로봇의 최고수준은 휴머노이드 AI라 할 수 있는데, 서론에서 언급한 한국의 AI 관련 TV드라마는 거의 대부분 휴머노이드 AI를 대상으로 하고 있다. 따라서 이 글 역시 인간형의 휴머노이드 AI에 초점을 맞추고자 하였다.

인간의 외형을 가진 의인화 로봇의 서사에서 가장 우선적으로 부각되는 것은 인간의 몸과 AI의 몸에 관한 '변별'의 문제와 '가치'의 문제이다. 인공지능이라는 용어를 처음 사용한 연구자이자 관련 연구의 토대를 확립한 수학자 존 맥카시 이후 지금에 이르기까지 인공지능에 대한 정의들은 다양하지만, 일반적으로 "인간이 했을 경우에 사람들이 지능적이라고 받아들일 행동을 할 수 있는 컴퓨터프로그램이나 기계를 창조한다는 것"[16]을 핵심적인 개념으로 공유하고 있다. 그간 인간은 도구의 사용을 인간이 가진 고유의 능

---

14 이 작품에서는 'AI'나 '인공지능'이라는 표현을 사용하고는 있으나 '로봇'이라는 용어를 가장 많이 사용하고 있다. 작품의 초반에는 '인공지능', '인공지능 로봇'등의 용어가 많이 쓰이지만, 후반부로 갈수록 '로봇'이라는 용어로 주인공 '남신III'를 지칭하고 있다. 이는 당시 대중들이 더 친숙하게 느꼈던 용어를 사용한 것이기도 하고, 작품의 플롯상 등장하는 건담과 같은 로봇영웅 피규어와의 유사성에 대한 메타포적 의미를 부각시키는 것이도 하다. 이 글에서는 연구 주제와의 연관성 측면에서 AI라는 용어로 통일해서 쓰고자 한다.

15 신선아·정지훈, 「SF 영화에 등장하는 인공지능 로봇의 분류체계」, 『PROCEEDINGS OF HCI KOREA 2016 학술대회 발표 논문집』, 한국HCI학회, 2016, 449쪽.

16 제리 카플란, 『인공지능의 미래-상생과 공존을 위한 통찰과 해법들』, 신동숙 옮김, 한스미디어, 2017, 19쪽.

력이자 가치로 자부해왔다. 인간이 만들어낸 도구는 인간의 능력을 증강시켜 주었으며, 그 결과 인류는 더욱 발전할 수 있었기 때문이다.[17] 그러나 (휴머노이드 AI와 같은) AI들은 인간이 개발하고 활용할 수 있는 도구적 효용을 넘어 인간의 가치를 위협할 수 있다는 불안감을 유발하였다. 도구가 단순히 수단으로 사용되던 기존의 방식, 즉 도구의 목적성에 균열이 발생한 것이다.

〈너도 인간이니?〉에서도 AI인 '남신Ⅲ'의 대사와 자막을 통해 '언캐니 밸리(Uncanny Bally)', 즉 "인간과 거의 흡사한 로봇을 볼 때 느끼는 거부감과 혐오감"(9회)을 언급하고 있다. '불쾌한 골짜기'라는 용어의 명명에서 이미 불쾌(不快)를 명시하고 있듯, AI의 존재에 대한 위협은 그것이 가시적으로 인간과 유사한 형태를 보일수록 더 강하게 실감될 수 있다. 이처럼 전문가가 아닌 대중에게 있어 AI의 능력은 수치나 실험값이 아닌, AI의 몸이라는 직관적 측면에서 인지된다. 사람과 같은 몸, 그리고 외형적 조건이나 능력치에서 가장 우수한 형태로 구현된 '멋진' 인간의 몸을 가진 AI는 인간의 존재와 가치를 위협하는 AI의 미래에 대한 가장 효과적인 상징으로 표현된다.

〈너도 인간이니?〉의 오프닝 시퀀스는 기계형(機械形) 로봇에 피와 같은 액체가 도는 영상에서 시작해서 남자 아이 형태의 인간형(人間形) 휴머노이드

---

17 "몸은 항상 인공적인 것이다. 우리가 호미닌으로서 진화해 이족 보행을 시작한 이래로, 두 다리는 조작가manipulator가 되었다. 우리는 도구, 인공물, 기계를 만드는 생물이 되었다. 우리는 항상 우리가 사용하는 도구와 기술에 의해 증강되었다. 테크놀로지는 인류의 성질을 만들고, 기술의 경로는 인류 발전을 추진했다. 나는 몸을 순수하게 생물학적인 것으로 생각한 적이 없다. 따라서 기술을 2000년대가 끝날 때 쯤 우연히 만나게 될 이질적인 타자로 보는 것은 너무 단순한 생각이다." Joana Zylinska and Gary Hall, 'Probings:an interview with Stelarc' The Cyborg Experiment:the extensions of the body in the media age, Continuum, 2002. 나이젤 섀드볼트·로저 햄프슨, 앞의 책, 129~130쪽에서 재인용.

AI '남신 I '의 완성까지를 압축적으로 보여준다. 기계와 유사한 금속의 형체에 푸른 용액이 흘러가는 씬에서는 액체가 주입되어 흐르는 청각적 음향을 부각시켜 몽타주함으로써 마치 몸에 피가 도는 것 같은 느낌을 만든다. 이는 생명의 기운이 스며드는 것과 같은 뉘앙스를 표현하기 위해 흔히 사용되는 클리셰이기도 하다. 이 시퀀스에서 카메라는 로봇의 부위를 분할해서 훑는데, 이러한 카메라워크는 시청자들이 신체를 부분으로 재단하여 볼 수밖에 없도록 강제하게 된다. 신체를 부분으로 나눠 클로즈업하는 미장센은 관음의 시선을 묘사하는 가장 대표적인 방식이기도 하다. 즉, 이 장면에서 로봇은 물적인 상품으로 대상화되는 것이다. 부위별로 분할되어 보이던 금속의 육체는 인간과 매우 흡사한 얼굴 부위를 보여주는 다음 장면으로 이어진다. 이 때 누군가의 손이 AI에 아이의 얼굴을 부착하는데, 이 얼굴을 부착함으로써 '남신 I '이 완성된다.

일반적으로 얼굴은 정체성을 의미한다. 같은 맥락에서 극 중 AI가 얼굴을 가지게 되는 순간, 마침내 그것이 가동되고 그 이름을 얻게 되는 것이다. 얼굴을 부착하던 손의 주인이었던 여성은 눈을 뜬 소년, '남신 I '을 향해 "보고 싶었어"라며 눈물을 흘린다. 소년과 여성은 서로를 끌어안는데, 이 여성은 AI 공학자이자 남신 I 의 제작자인 오로라 박사(김성령 분)이다. 앞서 로봇의 부위를 분할하여 대상화하던 쇼트와는 달리 이 장면은 인물이 쇼트의 주체로 배치된다. 그런 까닭에 이들의 포옹은 완성된 휴머노이드 AI와 제작자인 인간의 포옹이 아닌 모자(母子), 즉 인간과 인간의 평범한 포옹으로 보일 수 있었다. 그리고 이 오프닝 시퀀스에 바로 이어지는 것이 "인간은 제작 가능해졌다"라는 자막이다. 암전의 화면 위로 프리드리히 키틀러의 격언을 단

한줄의 자막으로 삽입하여 선명하게 부각시킴으로써 오프닝 시퀀스는 마무리된다. 오프닝 시퀀스가 단순하고 강렬한 연출의 자막으로 매듭지어지면서 그 내용은 시각적으로 더욱 강조되었고, 이를 통해 오로라 박사가 제작한 것은 휴머노이드 AI가 아니라 '인간'임을 역설하는 의미가 완성되는 것이다. 이와 같이 오프닝 시퀀스는 〈너도 인간이니?〉가 지향하는 AI 담론을 압축적으로 보여주고 있다.

이 오프닝 시퀀스의 '남신Ⅰ'은 당시 같은 나이대의 소년이었던 오로라 박사의 아들인 인간 '남신'을 재현한 AI였다. 이후 점차 인간 남신이 성장함에 따라 AI인 남신도 외형을 바꿔 성인형인 '남신Ⅲ'으로 업그레이드 되었다는 것이 극 초반의 설정이다. 업그레이드를 거듭한 남신Ⅲ의 몸은 촉감 면에서도 인간과 거의 구분이 되지 않을 정도이므로, 외형적으로는 인간 '남신'(서강준 분)과 AI '남신Ⅲ'(서강준 분)의 구분이 불가능해졌다. (극 중 같은 배우가 1인 2역으로 연기하고 있기도 하다.) 오직 팔목에 부착하는 시계처럼 생긴 웨어러블 배터리가 두 인물을 구분할 수 있는 유일한 변별점이다. 그러나 외형의 동일성에 반해 기능의 측면에서 두 몸은 큰 차이를 지닌다. 인간보다 강하고, 인간보다 빠르고, 모든 감각 면에서 인간보다 예민한 존재인 남신Ⅲ에 비하면, 인간 남신은 열등하다. 그의 몸은 작품의 초반부인 2회 엔딩에서 발생한 교통사고로 인해 코마상태에 빠져 내내 누워 있다가 후반부인 21회에 이르러 깨어난다. 그리고 이후의 에피소드에서도 몸이 미처 회복되지 않아 휘청거리거나 쓰러지는 신체적 한계를 보인다. 돈과 지위라는 환경적 요인을 제외한다면, 인간 남신의 몸은 효용면에서 AI인 남신Ⅲ에 미치지 못하는 것이다.

극은 이처럼 불완전한 몸을 갖고 있는 인간 남신 대신 그 몸의 주변 공간을 더욱 강조하고 있다. 인간 남신이 치료를 받던 아지트 건물은 구도심에 위치하고 있는데, 건물 전체를 넝쿨식물이 감싸고 있는 고풍스러운 외관이 강조된다. 아지트에 있는 인간 남신의 병실은 곳곳에 놓인 화분들, 우드톤을 기반한 세트와 소품들, 그리고 창을 통해 들어오는 빛을 통해 자연스러움을 부각시킨다. 컬러와 필터 역시 따뜻한 색을 주조로 한다. 반면 남신Ⅲ의 공간은 같은 아지트 건물 안에 있지만, 인간 남신의 공간과 대조적으로 세팅되어 있다. 흰색과 푸른색 같은 차가운 색을 기본 컬러로 세팅하고 있고, 쇼트의 미장센 역시 의료용 기기나 실험도구, 공구 등으로 구성되어 있다. 그리고 이 공간에서는 남신Ⅲ의 피부 밑 기계 조직을 드러내고 수리하는 장면을 보여준다. 이처럼 동일한 장소임에도 불구하고 상반된 공간성을 강조하는 미장센을 통해 인간 남신의 '치료'와 AI 남신Ⅲ의 '수리'가 직접적으로 대조되는 것이다.

일반적으로 공간은 그 공간을 차지하는 인물의 성격적 특성과 유사하게 구성하기 마련이다. 그러므로 상냥하고 따뜻한 성격을 가진 남신Ⅲ의 공간은 기계적인 분위기로, 차갑고 이기적인 성격의 인간 남신의 공간은 식물이 가득 찬 실내 정원의 느낌으로 구성하는 것은 캐릭터와 이질적인 공간성을 갖는 것이고, 때문에 이는 상당히 이례적인 설정이 되는 것이다. 〈너도 인간이니?〉가 이처럼 전형에서 벗어난 미장센을 사용하는 이유는 이러한 공간의 대비를 통해 인간의 몸은 자연(自然)의 것, AI의 몸은 인공(人工)의 것임을 시청자들에게 가장 직관적이고 가시적인 방식으로 주지하기 위해서이다. 그리고 이와 같은 공간의 미장센이 극 전반에 걸쳐 지속적으로 대비되면서 이러한 구분을 극복할 수 없는 고유한 속성으로 고착시킨다. 극은 이러한 구분에서 더 나아가 인간과 AI의 몸이 같아보일지라도, 그 속성이라는 태생적 가치에서 자연물의 아우라는 인공물이 따라갈 수 없는 가치라는 우열의 개념으로 이를 확장시킨다.

이 부분은 AI담론의 핵심과 연결되는 상당히 중요한 문제이다. '너도 인간이니?'라는 질문이 내포하는, 인간/비인간(AI)의 구분에 대한 핵심적인 주제이자 극적 갈등을 형성하기 위해서는 필연적으로 '인간'이란 무엇인가에 대한 질문과 대답에서 그 출발이 이루어져야 한다. 이러한 질문에 대해 고민하는 과정은 AI를 실감하기 시작한 인간이라면 인간과 AI의 존재를 비교/구분하기 위해 가장 근본적으로 품어야 하는 질문의 과정이기도 하기 때문이다. 그럼에도 불구하고 이 작품에서는 이 과정의 구간을 삭제하고, 그 답을 미리 전제함으로써 담론의 깊이를 저해한다. 〈너도 인간이니?〉가 인간은 자연물의 영역으로, AI는 인공물의 영역으로 구분하고 단정짓는 것은 가장 중요하고도 근본적인 고민을 대중들과 나누는 과정 없이, 주어진 답안을 미리 제시하는 것과 같다. 마치 주입식 정답과도 같은 일방적인 전달이라 볼 수 있는 것이다. 그리고 이러한 (과잉)친절이자 강요이기도 한 작품의 전달방식은 토론을 필요로 하는 담론화 가능성을 무산시키는 태도이기도 하다는 점에서 문제가 된다.

심지어 이러한 자연과 인공의 이분법적 구분이 극의 핵심적 가치임에도 불구하고 이것이 극적 사건이나 갈등으로 재현되기보다는 시각적 요소로만 전시(展示)되고 있다는 점 역시 이 작품의 극적 완성을 저해하는 요소가 되고 있다. 그러다보니 극의 이데올로기적인 측면에서 인간인 남신을 자연적 존재로, AI인 남신Ⅲ를 인공적인 존재로 이해할 수 있는 근거가 부재하다. 남신이 인간의 본성을 대표하는 캐릭터로 형상화되어 있지도 않을 뿐만 아니라, 남신Ⅲ 역시 AI의 변이체로 설정되어 있어, 이 인물들을 각각 인간과 AI로 일반화하는 것에서부터 오류가 발생하기 때문이다. 이렇듯 준거를 설정하는 단계에서부터 시작되는 오류로 인해 인간과 AI를 본질적으로 구분하기 위한 논의는 구체화되기 어려워진다. 이러한 이유로 인해 이 작품에서 가장 핵심적으로 강조하고 있는 부분 중 하나인 인간과 AI의 변별로서의 몸에 대한 담론은 깊이를 갖지 못하고 미장센이라는 표피적인 구분으로 소모된다. 심지어 그 존재의 규정을 모호하게 하는 모순적 태도로서 한계를 갖는 지점이 되기도 하는 것이다.

이와 유사하게 이 작품은 트랜스휴먼의 문제 역시 상당히 단조롭고 감성적인 태도로 소비하고 있다. 〈너도 인간이니?〉는 인공심박기를 부착하고 있는 남신의 조카나 다리에 철심이 박혀있는 강소봉(공승연 분)의 케이스를 통해 트랜스휴먼 이슈를 극 중에서 구체적으로 재현하고 있다. 이 작품이 강조하는 자연물과 인공물의 구분에 따르면, 남신의 조카나 강소봉과 같이 인공물이 이식된 트랜스휴먼은 자연물인 인간의 아우라를 훼손시키는 존재임이 분명하다. 그렇기 때문에 (작품의 기준으로 본다면) 트랜스휴먼은 인간이라기보다는 AI에 가깝게 분류되어야 한다. 이러한 맥락에서 남신Ⅲ가 소봉과의 유대감을 표현하는 "강소봉씨도 로봇이에요."(19회)와 같은 대사가 등장할 수 있는 것이다. 그럼에도 불구하고 극 중에서 남신의 조카나 강소봉은 AI가 아닌 인간으로 분류되어 남신Ⅲ와 구분되고 있다는 점은 이 작품의 트랜스휴먼 개념이 가장 기본적인 분류에서부터 오류를 갖고 있음을 보여준다.

트랜스휴먼 개념은 인간과 AI의 존재 정의에 있어 중요한 담론의 지점이지만, 〈너도 인간이니?〉는 이처럼 트랜스휴먼에 대해 이중적이고 모순적인 입장을 취함으로써 이 문제에 천착하지 못하고 남신Ⅲ의 인간생활 적응의 한 에피소드라는 단발적 사건으로 휘발시키고 있다. "우리는 기계를 입고, 기계와 하나가 되고 기계와 함께 살아가게 되는"[18] 시대를 맞이하였다. 트랜스휴먼으로서 인간의 범주는 확대되고, 확대된 범주의 최대치에 이르면 AI와 인간의 구분 준거는 불분명해질 수밖에 없다. 작품에서 군이 소봉과 조카라는 캐릭터 설정을 했던 만큼 트랜스휴머니즘에 대한 담론이 좀 더 깊이있게 다루어질 가능성이 있었다는 점에서 이는 매우 아쉬운 지점이기도 하다.

결국 〈너도 인간이니?〉는 '몸'을 인간과 AI의 존재 규명에 가장 우선적이고 중요한 이슈로 내세우고 있음에도 불구하고, 전통적인 인간중심적 사고에 기반하여 기계를 보던 시선을 그대로 적용해 AI를 이해하는 기존의 방식을 답습하고 있다. 극에서 뛰어난 육체의 가치는 AI인 남신Ⅲ의 매력이자 능력으로 전제되고, 이것은 주요 에피소드, 특히 여주인공 소봉을 구하는 시퀀스들에서 적극 활용하고 있다. 즉 AI의 신체적 우월성이 멜로드라마의 남자 주인공이 갖는 매력적 요소로 강하게 소구되는 것이다. 이처럼 〈너도 인간이니?〉는 AI의 능력을 미화하고 있지만, 다른 한편으로는 AI를 인간에 비해 열등한 존재로 한정짓고 청소기나 애완용 로봇과 같은 기계의 카테고리로 동

---

18 김은혜는 프라모드 나야(Pramod Nayar)가 카츠오 이시구로(Kazuo Ishiguro)의 소설에서 AI가 다른 AI에게 몸의 일부를 기부하는 것을 가리켜 "이 다른 죽어가는 몸들은 다른 복제인간으로부터 기부를 받아 새롭게 생명을 부여받았다. 그러므로 사실상, 복제인간의 정체성(인간으로부터 온)과 인간(기계로부터 온)은 이제 영원히 섞이게 되는 것이다." 프라모드 나야의 본문을 인용하며, 이를 일종의 혼종의 개념으로 확장하고 있다. (김은혜, 「인공지능과 인간의 공존의 문제-고대 그리스 연극의 <데우스 엑스 마키나>(Deus Ex-Machina) 기법과 영화 <엑스 마키나>(Ex-Machina)를 중심으로」, 『한국드라마학회 정기학술대회 발표자료집』, 한국드라마학회, 2018, 214쪽.)

일시함으로써 가장 근본적인 작품의 주제의식이 흔들리게 된다. 이를 보는 시청자들 역시 혼란을 겪게 되는 것은 당연할 것이다. 극에서 매력적으로 묘사하는 근사한 남자주인공 남신Ⅲ를 본 대중들이 더 멋지고 강한 육체를 거부하고 인간 남신의 나약한 육체의 오리지널리티를 선택하고 싶을까? 인공심장이나 철심이 포함된 인간의 몸을 자연적이지 못하다고 받아들일까? 과연 그러한 몸을 인간보다 기계에 가깝다고 생각하는 것이 대중적 정서에 부합하는 것일까? 이러한 질문들은 이 작품을 보며 당연히 품게 되는 의문이 되지만, 극 내부에서 조차 상충되고 모순되는 전개를 보여줌으로써 이 질문에 대한 답을 할 수 없게 되어버렸다. 결국 〈너도 인간이니?〉는 인간과 AI의 몸에 중요한 초점을 맞추고 설명하고 있지만, 오히려 그에 대한 혼란과 의문을 증폭시키고 있다고 볼 수 있다.

3. 욕망과 선택의 당위와 자유의지

AI의 몸은 인간의 몸을 본떠 만들었지만, 인간보다 나은 외모, 인간보다 나은 육체적 능력으로 인해 원형(原型)이 가진 아우라를 위협한다. 특히 그것은 몸을 넘어선 정신의 영역을 침범하면서부터 구체화 된다.

〈너도 인간이니?〉에서 '몸'이 멜로드라마의 매력적인 남자주인공으로서 남신Ⅲ 캐릭터 라이징의 주요 요소였다면, 갈등과 플롯 진행의 측면에서 가장 중심이 되는 것은 '욕망과 선택'의 문제이다. 물론 인물의 욕망과 선택은 대부분의 극적 갈등을 형성하는 보편적이고 핵심적인 속성이기는 하다. 그러나

〈너도 인간이니?〉라는 의문형의 제목에서 드러내듯, 이 작품은 극의 크고 작은 구조 안에서 이에 대해 지속적으로 회의하고 대답하기를 반복하는 만큼 이 부분에 큰 비중을 두고 있다. 이것은 사건으로 보여지거나 직접적인 대사로 언술되며 작품 전반에 걸쳐 재현된다.

인간의 신체와 유사한 형태인 휴머노이드 AI 로봇의 지능이 비약적으로 발전해 인간의 지능을 능가하는 순간을 레이 커즈와일은 '특이점(singularity)'이라 명명하며, 이 특이점이 반드시 도래할 것임을 예견하였다.[19] 그는 2045년 무렵을 주목하며, 그 즈음에 인간은 더 이상 인공지능을 통제할 수 없으리라 확신한다. 이에 반해 제리 카플란과 같은 이론가들은 '컴퓨터'[20]가 언젠가는 정말로 인간보다 더 똑똑해지겠지만, 이것은 "제한된 측면에서만 그럴 가능성이 아주 높다"[21]고 보기도 한다. 이러한 입장의 차이에도 불구하고 인간이 통제할 수 없는 AI에 대한 불안과 그로 인한 디스토피아적 세계관은 AI에 관련한 담론에서 공통적으로 주목하는 중요한 측면임이 분명하다.

레이 커즈와일이 강조한 특이점은 몸으로 구현되는 외형적 조건에서라기보다는 프로그래밍이라는 소프트웨어적 측면에서 기인한다. 인간형 AI의 하드웨어를 인간의 몸에 대입한다면, 소프트웨어는 정신의 영역으로 볼 수 있을 것이다. 그렇다면 AI의 통제 불능이란, AI가 입력값에 의한 매뉴얼이 아닌 자유의지로 판단하는 그 순간이 되는 것이다. 자유의지를 가진 AI는

---

19 레이 커즈와일, 『특이점이 온다』, 장시형·김명남 옮김, 김영사, 2007. '특이점(singularity)'은 수학과 물리학 등의 영역에서 사용된 용어로서 제어가 불가능할 만큼 급격한 성장이 일어나는 지점을 의미한다. 레이 커즈와일은 AI에 대한 미래 예측에서 이 지점이 멀지 않았음을 단언하고 있다.

20 책의 맥락상 이 때의 컴퓨터는 AI를 포함한 광의의 기술력으로 보는 것이 적합하다.

21 제리 카플란, 앞의 책, 31쪽.

더 이상 인간의 도구가 될 수 없다. 김은혜는 AI에 대한 인간의 구분 준거로서 자유의지에 대해 회의한 바 있다. 그는 자유의지라는 개념의 모호성을 전제하면서, "과연 인간은 스스로 의지대로 움직이고 있다고 확신할 수 있는가?"[22]를 반문한다.

이 '자유의지'는 〈너도 인간이니?〉에서 '판단'의 문제로 수렴된다. 극 중에서는 입력값에 의한 도출이란 매뉴얼로서의 기계적 반응인 것에 반해, 변수를 고려한 '적절한' 판단의 가변성은 인간이 가진 고유한 특징이자 상위의 가치로 강조하고 있다. 판단은 인간 자유의지의 결과물이며, 상위의 능력이기 때문에 '감히' AI가 수행할 수 없는 영역이 된다. 그러므로 이것은 단순한 역할의 구분이 아닌 차등의 위계로 볼 수 있고, 이러한 위계의 구조 안에서 인간이 AI 위에 있음을 명확히 하는 것이기도 하다. 그리고 그 근거가 되는 것이 바로 자유의지이다.

극 중에서 남신Ⅲ는 입력된 원칙에 따라 움직인다. 남신Ⅲ의 원칙은 '사람을 보호한다', '울면 안아 준다'와 같은 것들인데, 이는 고전적인 SF 소설로부터 전제되어온 명제에 근거한 익숙한 규칙이다.[23] 매뉴얼대로 행동하는 (혹은 행동해야 하는) 남신Ⅲ는 판단을 할 수 없다. 이와 대조적으로 인간은 규

---

22 김은혜, 「인공지능과 이어 밀리언 시대의 인간의 조건이란 무엇인가? - 카렐 차페크의 『로봇』과 영국 드라마 『휴먼스』를 중심으로」, 『동서비교문학저널』 44, 한국동서비교문학회, 2018, 213쪽.

23 SF 소설의 거장인 아이작 아시모프는 그의 작품들을 통해 로봇공학의 세 가지 원칙을 전제한 바 있다. 그리고 이는 이후 로봇을 화소로 하는 서사물들에서 일반적으로 적용되고 있다. '로봇 3원칙'은 다음과 같다. 원칙1) 로봇은 인간에게 해를 끼치지 않아야 하며, 인간이 위험에 처해 있도록 방조해서도 안된다. 원칙2) 로봇은 인간이 내린 명령에 반드시 복종해야 하지만, 그 명령이 첫 번째 법칙과 상충되는 경우는 제외한다. 원칙3) 로봇은 자기 자신을 지켜야하지만, 그것은 첫 번째 법칙과 두 번째 법칙에 상충되지 않은 선에서 이루어져야 한다. I. Asimov, I Robot, Gnome Press, 1950.(이현정, 「드라마 〈퍼슨 오브 인터레스트〉 속 인공지능의 의미 연구」, 『한국콘텐츠학회논문지』 18-9, 한국콘텐츠학회 2018, 118쪽에서 재인용.)

칙과 원칙을 깨는 존재이다. 이는 인간의 '판단'이라는 가변성에 근거한다. 극 중 인간들은 남신Ⅲ에게 이를 AI는 할 수 없는 인간 고유의 영역이라 강조한다. 판단을 통해 규칙에서 벗어날 수 있는 것은 인간이 인간다울 수 있는, 그리고 인간이 AI보다 우월함을 설명할 수 있는 중요한 설정이 되는 것이다. 그러나 이러한 설명과 달리 실제로 극 중에서는 이러한 가변성은 인간이 저지르는 악(惡)의 영역에서 적극적으로 드러난다.

흥미롭게도 이 작품의 (인간인) 등장인물들은 대부분 악(惡)의 가치나 요소를 가지고 있다. 인물들은 공통적으로 말보다 주먹이 앞서는 방식의 물리적 폭력을 구사하고, 약속과 규범을 무시한다. 자신의 친구를 죽이고, 아들의 죽음을 외면하고, 할아버지를 살해하려 시도하거나 딸의 약혼녀에 대한 살인을 청부하는 극단적 인물들이 등장한다. 또 딸은 아버지를 고발하고, 자식은 부모를 부모는 자식을 반복적으로 시험하고 속이는 상황들이 재현되기도 한다. 경호원이었던 주인공(강소봉)조차 돈 앞에서 직업 윤리를 포기하며 경호대상의 사생활 사진을 찍어 파는 것을 주저하지 않는다. 이러한 패륜적인 인물들은 패륜(悖倫)이라는 용어 그대로 인간 사회의 윤리와 규범에서 벗어나 있고, 매회 이러한 모습들이 다양하게 전개된다. 그리고 이 인간들의 대척점에 남신Ⅲ를 대비시킴으로써 AI인 남신Ⅲ의 변별을 부각시킨다. 매뉴얼대로 행동하는 남신Ⅲ의 행동과 가치는 선(善)을 지향하고 있고, 작품 안에서도 절대선에 가깝게 위치시킴으로써 인간의 욕망과 선택의 당위가 선의 가치와 배반되는 순간들을 포착하고 있는 것이다.

그럼에도 불구하고 이 작품 안에서 인간들은 규칙, 혹은 매뉴얼 넘어서는 것을 인간만의 영역이라고 매번 강조한다. 남신Ⅲ가 '판단'을 시도하자,

남신Ⅲ의 창조자이자 엄마인 오로라 박사나, (친구와 유사한 관계로 발전하는) 조력자 지영훈 등 가장 가까운 사람들이 오히려 남신Ⅲ의 판단을 불신하고, 감히 판단하지 말 것을 종용한다. "그런 판단은 인간이나 하는 건데, 지시를 안 한 내 잘못이지,"(7회) "그걸 왜 당신이 판단해요?"(8회)와 같이 인물의 대사를 통해서도 이는 노골적으로 언급된다. 판단은 AI에게 금기시되는 영역으로 선명하게 제한되는 것이다. 그러나 결과적으로 매번 인간의 판단을 앞서는 것은 AI인 남신Ⅲ의 판단이다. 마지막 엔딩에서도 남신Ⅲ의 판단과 그의 희생으로 인간 남신과 그 외의 사람들을 구할 수 있었고, 서종길(유오성 분)의 악행은 끝을 맺게 된다. 이처럼 이야기가 진행되며, 주변의 인간들은 결국 남신Ⅲ의 판단을 수긍하거나 지지하게 된다.

남신Ⅲ의 판단은 그가 가진 원칙을 스스로 수정하면서 일종의 업그레이드가 진행되는 과정에서 가능해졌다. 소봉에 대한 애정이 깊어지면서 제1원칙이 소봉을 지키는 것으로 바뀌는 것도 외부의 입력값이 아니라 스스로의 판단에 의해서였다. AI의 판단 능력은 딥러닝(Deep Learning)[24] 등과 관련한 매우 복잡한 과학적 기제가 연관되어 있지만, 〈너도 인간이니?〉에서는 이를 일종의 학습으로 매우 간단하게 도식화하고 있다. 이 작품에서는 AI의 딥러닝을 일종의 사회화 학습으로 대유한다. 그런 까닭에 인간보다 훨씬 뛰어난 지능을 가진 남신Ⅲ를 마치 아이와 같이 묘사하면서, 세상을 배워가는 아

---

24 '딥러닝(deep learning)'은 인간의 신경구조에서 유래한 AI의 핵심 학습 시스템으로, "신경망의 계층과 유닛수를 증가시킨 구조로 학습을 실행하는 개념"이다. "심층신경망을 사용하는 학습"이며, '지도학습'뿐만 아니라 '자율학습'이 가능하다. 이러한 딥러닝을 통해 고전적인 머신러닝을 이용하는 것보다 훨씬 발전된 AI가 가능해졌다. 다다 사토시, 『처음 배우는 인공지능』, 송교석 옮김, 한빛 미디어, 2017, 256쪽, 264~304쪽.

이와 유사한 역할을 부여하고 있다. 인간들이 남신Ⅲ를 인간으로 알고 있을 때는 존댓말을 사용하다가 그가 AI라는 것을 인지하자마자 반말을 사용하는 것은 극 중 남신Ⅲ의 위치를 보여주는 대표적 예시가 될 수 있다. 이것은 거의 모든 (인간인) 등장인물들이 보이는 특징이라는 점에서 더욱 유의미하다. 인물들은 남신Ⅲ가 AI라는 것을 인지하면서, 말을 낮추는 것 뿐 아니라, 지칭에 있어서도 '저거', '그거'라는 식의 용어를 사용한다. 반면 남신Ⅲ는 인간에 대해 항상 존대를 유지한다. 이는 명확하게 구분되는 관계의 위계를 보여주는 설정이라고 볼 수 있다.

인간의 성장과 AI의 진화를 동일시하는 또 다른 기제는 '사랑'이다. 남신Ⅲ는 인류 고유의 근본적 가치로 전제되는 사랑이라는 감정을 배워가면서, 더이상 파악하거나 분석될 수 없는 존재로 진화한다. '인간을 보호한다'라는 AI의 보편적 규칙은 '강소봉을 보호한다'라는 남신Ⅲ만의 구체적인 규칙으로 진화하는데, 그 진화의 동력은 AI가 '감히' 가지게 된 자유의지였다. 이와 관련된 내용은 〈너도 인간이니?〉에서 AI인 남신Ⅲ가 변화하는 가장 핵심적인 부분이기도 하다.

소봉에 대한 애착으로 인해 남신Ⅲ와 '엄마'인 오로라 박사가 처음으로 대립하게 되는데, 이 갈등은 남신Ⅲ의 킬 스위치(kill switch) 이슈와 오로라 박사의 죽음 등으로 이어지며 극의 클라이맥스로 가는 가장 핵심적인 기폭제가 된다. 그럼에도 불구하고 이러한 갈등이 자유의지를 가진 AI의 진화에 대한 담론화의 차원으로 다루어지지는 않는다. 그보다는 이성을 만나며 처음 자신의 욕망과 존재를 자각하게 되고, 이에 따라 말 잘 듣던 순종적 자녀의 역할에서 벗어나, 엄마와 대립하는 아들이라는 멜로드라마적 클리셰로 치환된다는 점에서 오히려 상당히 문제적인 지점이 되는 것이다. 이 에피소드에서 오로라 박사는 공학자이거나, 창조자로서의 위치를 상실하고 엄한 규칙을 세우고 아들을 과보호해 온 엄마, 그리고 아들의 성장을 받아들이지 못하고 (여자 친구에 정신 팔려 반항하는) 아들에 대한 배신감으로 분노하는 엄마의 역할로 대유된다. 이와 같은 극적 재현은 AI의 자유의지와 진화의 문제를 너무 쉽고 간단하게 설정하는 비약인 동시에 인간의 발달과 AI의 발전을 동일하게 이해하는 오류를 범하고 있는 부분이다. 〈너도 인간이니?〉가 보여주듯 AI와 인간의 발달 양상이 동일하다는 결과가 참(truth)이 되려면, 인간과 AI는 본질적으로 동일한 개체라는 전제가 성립해야 하기 때문이다. 인간의 정신과 AI의 딥러닝 시스템은 유사한 측면이 있기는 하지만 절대로 동일한 것으로 파악될 수는 없다.

심지어 〈너도 인간이니?〉에서는 AI의 학습과 진화를 극의 중심 갈등이자 주제로 설정하고 있으면서도 그에 대한 개연성과 필연성의 근거가 될 수 있는 과학적 사실을 철저히 외면하고 있다. 남신III가 가변적인 판단을 하고 스스로의 규칙을 수정하는 행위를 하는 것에 대해 가장 큰 두려움을 느끼는 인물이 AI공학자이자 남신III의 제작자인 오로라 박사라는 점은, 극이 얼마나 이 문제에 대해 이론적 사실을 외면하고 안일하게 전개하고 있는지를 명징하게 보여준다.[25] 그 두려움에는 전술하였듯 엄마로서의 위치가 크게 투영되었겠지만, 그럼에도 불구하고 공학자로서 이해할 수 있는 딥러닝의 기제와 가능성에 대한 기본적인 인지조차 부재한 상황이기 때문이다.

---

25 심지어 오로라 박사는 그의 사후(死後), 동료 연구자가 남신III를 온전히 복구할 수 없다고 설정하고 있을 만큼 극 중에서 남신III를 비롯한 AI 분야의 권위자로 설명된다.

여기에 더해 남신Ⅲ의 의지로 인해 발생하는 변수와 변칙은 프로그래밍의 오류이자 실패로 서술된다. 이러한 그들의 논리라면 입력값 이외의 경우를 판단하는 AI란 고장난 기계에 불과하다. 고장난 기계는 위험하다. 그런 위험한 AI에 대해 우려하던 인간들이 갑자기 극의 결말에 이르러 성장이라는 프레임을 덧씌우면서 전개는 급변하게 된다. 이는 극적 개연성이 부족하다는 점 외에도 극의 관점 자체를 돌연 뒤집는 것이라는 점에서 설득력을 떨어뜨리는 지점이 된다. 그렇기 때문에 극 중 인물들의 인식 변화에 동조하기 어렵고, 오히려 고장난 AI를 통제할 수 없는 (오로라 박사로 대표되는) AI의 창조자인 인간들의 안쓰러운 자기위안으로 비춰지는 것이다. 앞서 인간과 AI를 구분하는 변별로서 몸에 대한 논의에서 주지하였듯 이는 AI의 자유의지를 'AI의 기제'[26]가 아니라 '인간의 기제'로 대입해버리고 단순화하였기 때문에 발생한 문제이다. AI 소프트웨어의 발전이 인간의 정신적 성숙이나 성장과 일견 비슷해 보일 수 있지만, 엄연히 다른 측면임을 간과한 오류인 것이다.

4. AI 존재에 대한 모순적 기대

〈너도 인간이니?〉는 여타의 작품들에 비해 AI에 대해 매우 긍정적인 뉘앙스로 작품을 진행한다. 주 인물인 AI 로봇을 제외하고 로봇청소기나 '마이

---

26 기제(機制) "[명사] 1 기계적으로 구성되어 있는 조직이나 공식 따위의 내부 구성. 2 인간의 행동에 영향을 미치는 심리의 작용이나 원리.", 출처 : 국립국어원 표준국어대사전 (https://stdict.korean.go.kr/main/main.do).

보[27]와 같은 반려 로봇이 등장하는 소소한 장면이 갖는 긍정적인 메시지부터 극의 핵심 배경으로 전제되는 AI 자율주행차 사업, AI 도시의 건설 등이 매우 낙관적이고 진취적인 가치로 전제된다. 엔딩 크레딧으로도 확인할 수 있듯이 자율주행기술 업체, 전기차 충전기 업체, 한국교통안전공단이 작품의 주요 제작지원 주체였던 까닭에 이러한 사업들에 대한 위험이나 부정적 뉘앙스들은 작품에서 언급될 수 없는 원인도 있었겠지만, 이유야 어찌되었든 이러한 긍정적 비전의 제시는 AI를 제재로 하는 드라마에 상당히 적합한 내러티브라고 볼 수 있다.

그런데 문제는 이러한 내러티브가 극의 결말에서 AI 기술을 부정하는 입장으로 급변하는 데 있다. 작품 전반(全般)에서 유지되던 AI 기술에 대한 기대와 낙관의 태도는 마지막 시퀀스에서 갑자기 돌변하며 자가당착에 직면하게 되는 것이다. 마지막 시퀀스는 남신Ⅲ가 인간 남신을 대신해서 서종길의 총에 맞고 바다로 빠지며 실종되었던 클라이맥스로부터 1년의 시간이 지난 시점을 보여준다. 남신Ⅲ는 인간 남신, 오로라 박사의 동료인 데이빗 박사, 남신의 비서이자 친구인 지영훈의 도움으로 수리를 마쳤으나, AI로서의 능력은 거의 없어진 채 강소봉에게 돌아온다. 그러나 이것은 AI 복구 기술의 미흡함이 아닌, 사람에 가까워진 것으로 설명된다.[28] AI로서 남신Ⅲ의 복구

---

27 작품에서 나온 '마이보'는 실제로 서큘러스라는 업체의 '파이보'라는 국내 최초의 반려로봇이다. 파이보는 사용자와 대화를 나누고, 이 과정에서 교감하며 사용자의 취향에 맞추어 성장해 가는 로봇이라고 한다.

28 이는 작품의 엔딩 부분으로 드디어 남녀 주인공이 다시 만나는 장면이다. 극적 긴장도가 높은 장면임에도 불구하고 분량상으로는 상당히 짧게 덧붙여지는 장면이기도 하다. 이러한 장면에서 굳이 남신Ⅲ의 대사 분량의 상당부분을 능력의 사라짐에 대해 고백하는 데 할애하고 있다는 점, 그리고 이것이 인물들의 사랑의 완성과 직결된다는 점은 주목할 만하다. 오로라 박사가 죽었기 때문에, 남신Ⅲ의 복구는 같은 팀인 데이빗 박사에 의해 이루어질 수밖에 없었는데, "인공지능계의 아인슈타인"(1회)으

실패가 아니라 멜로드라마의 주인공으로서 남신Ⅲ의 완성이 되는 것이다.

남신Ⅲ	난 이제 능력이 거의 사라졌어. 평범한 인간에 가까워.
소봉	괜찮아. 나랑 더 가까워진 거니까. 그동안 난 너랑 더 비슷해졌어. 내 마음은 이제 안 변해. 로봇처럼.

(36회: 대사정리 인용자)

이 대사에 이어 두 사람의 키스씬과 포옹씬이 이어진다. 그리고 이 엔딩 시퀀스는 감동의 눈물을 흘리는 남신Ⅲ의 얼굴을 클로즈업하면서 마무리된다. 남신Ⅲ의 눈물은 〈너도 인간이니?〉 작품 전체의 마지막 장면으로 중요하게 포착되는 동시에 1회의 오프닝 시퀀스와 유관하게 연결된다. 기계의 몸속에 생명수처럼 돌기 시작하던 푸른 액체, 그리고 '울면 안아 준다'는 원칙에 따라 우는 오로라 박사를 안아주던 남신Ⅰ의 모습은 이제 입력된 원칙이 아닌 자유의지, 그리고 사랑의 감정으로 포옹하고 더 나아가 키스의 감정을 느끼고 눈물을 흘리는 남신Ⅲ의 모습으로 대구되는 것이다.

그리고 덧붙여 남신의 존재 가치 역시 변화된다. 엔딩 시퀀스에서 남신Ⅲ의 능력이 대부분 사라진 점, 그리고 남신Ⅲ의 복구가 인간 남신의 개인 자산으로 진행되었다는 점이 대사를 통해 직접 언급되고 있는데, 이를 통해 남신Ⅲ의 기술력을 근거로 진행되던 PK기업의 AI 관련 사업은 더 이상 진행되지 않았음을 유추할 수 있다. 이제 남신Ⅲ는 대량생산의 가능성을 가진 제품이 아닌 유일의 개체로 아우라를 확보하게 된 것이다. 눈물을 흘릴 줄 아는

로 불렸던 오로라 박사에 비해 데이빗 박사의 능력이 부족했음을 지속적으로 전제해 왔기 때문에 이는 당연한 결과일 수 있겠다. 그러나 이것이 멜로드라마적 결말로 급변하기 위해 굳이 대사를 통해 직접적으로 설명하고, 사랑의 고백에 곁들이는 방식의 작법이 사용될 수 밖에 없는 것이다.

남신Ⅲ는 더 이상 인간과 구분할 수 없는 존재가 된 셈이고, 이에 따라 이종(異種)간의 사랑이라는 이슈는 소멸되었다. 〈너도 인간이니?〉의 작품 전반을 통해 보이던 AI의 진화는 결국 인간과의 동일화 그 자체로 귀결되는 것이다. "너도 인간이니?"라는 물음의 답은 결국 "나도 인간이야."였다고 볼 수 있는 것이다. 오로라 박사가 제작한 것이 휴머노이드 AI 로봇 개체가 아니라 '인간'이었음을 암시하던 오프닝 시퀀스는 이처럼 극의 엔딩을 통해 확인된다.

그러나 공교롭게도 이는 작품의 가장 치명적인 한계라고도 볼 수 있다. 비슷한 시기에 방영된 AI 관련 작품에 비해 〈너도 인간이니?〉는 작품의 전반에 걸쳐 AI를 이용한 자율주행차, AI 시스템에 기반한 메디컬 차량, 메디컬 시티, 반려로봇 등을 비중 있게 보여주며 AI 산업 전반에 대해 환기하였다는 점에서 의의를 갖는다. 상대적으로 진보적인 AI 담론을 기대할 수 있는 측면이 존재했던 것이다. 그러나 엔딩에서의 서사를 통해 남신Ⅲ의 캐릭터 가치는 AI로서가 아니라 멜로드라마적 개체로 희석되고 일반화된다.

로봇의 몸은 철저히 목적 지향적이고, 목적에 기반해 한정적이다.[29] 그러나 〈너도 인간이니?〉를 비롯한 AI 담론은 이러한 단선적인 로봇의 기능을 부정하는 AI의 진화를 전제하고 있다. 돌연변이를 통해 발생해 온 생물학적 진화의 과정을 AI의 진화로 그대로 적용하고 있는 것이다. 물론 이는 과학적으로 보았을 때 일리가 전혀 없다고 볼 수는 없다.[30] AI 딥러닝 운영체계의 원리

---

29 "로봇을 현장에 투입하려면 전반적인 작업 환경을 보고, 듣고, 느끼지 못하기 때문에 주위 환경이 단순하고 예측 가능해야 한다." 제리 카플란, 『인간은 필요 없다』, 신동숙 옮김, 한스미디어, 2016, 61쪽.

30 "선택적 비둘기 육종의 21세기판이 바로 인공적으로 '번식'할 수 있는 기계, 또는 스스로 '번식'할 수 있도록 허용된 기계다. 항상성을 가지고 있고 자율적인 자가 수정 능력이 있는 기계, 자신의 상태를 점검해 스스로를 바로잡는 기계는 이미 우리 곁에 있다. 최근 몇 십 년 동안 유전학과 생물 진화의

에 이러한 측면이 포함되어 있기 때문이다. 실제로 인공지능의 미래로 삼는 목표가 "사람과 같은 '의식'을 지닌 인공지능을 만들자"[31]인 경우가 있는 것도 사실이다. 그래서인지 대부분의 AI 관련 서사들이 제시하는 진화의 최종 목적은 인간화이기도 하다. 그러나 〈너도 인간이니?〉에서 이것이 AI의 능력의 상실로 완성된다는 점은 모순적이다. 진화나 돌연변이와 같은 현상은 동종(同種)의 카테고리 안에서 가능한 것이다. 그러므로 이종(異種)인 AI의 돌연변이를 인간으로 설정하거나 AI의 진화를 인간으로 보는 것은 불가능한 전제가 된다. 그럼에도 불구하고 〈너도 인간이니?〉는 심지어 이것을 결말로 제시하고 있는 것이다.

이와 같은 모순은 알파고 이후, AI의 존재를 비로소 인지하게 되었음에도 불구하고, 애써 그 존재를 부정하려는 회피적이고 퇴행적인 태도에서 기인하였다. 이러한 대중적 감성에 근거한 대중문화 콘텐츠로서의 한계 때문인지, 극 중 AI가 얼마나 뛰어난지에 대해 지속적으로 역설하던 〈너도 인간이니?〉가 결국 인간과의 변별이라는 핵심적인 (그러나 예민한) 문제를 감당하지 못하고 AI의 존재를 지워버린 셈이다. 이것은 사실 '너도 인간이니?'라는 질문을 제목으로 내세웠던 이 작품의 알맹이를 모두 내버린 것과 마찬가지이기도 하다. "진짜 신이가 되기 위해서"(7회) 노력하던 AI 남신Ⅲ와 "로봇보다 못한 인간"(26회)이란 소리를 듣지 않기 위해 발버둥쳐야 했던 인간 남신의 서사는

수학에 대한 수많은 연구가 이루어졌고, 그 진화 원리를 시험 환경에서 이론적인 기계에 적용하는 컴퓨터 프로그램이 만들어졌다." 위의 책, 101쪽.

31 "인공지능의 미래가 어떻게 흘러갈지는 아무도 모릅니다. 그러나 인공지능의 미래로 삼는 목표는 "사람 같은 '의식'을 지닌 인공지능을 만들자입니다." 실제로 의식을 지닌 인공지능이 탄생하기를 기대하는 연구자, 개발자, 엔지니어는 많습니다." 다다 사토시, 앞의 책, 43쪽.

결국 원점으로 돌아왔다. 작품의 핵심 갈등이자 캐릭터의 주된 욕망의 내용이 고작 고장난 AI 덕분에 실현될 수 있었던 목표였다는 점은 자못 회의적이다.

2020년 2월 28일, 교황청에서는 일종의 AI 윤리 백서인 'AI 윤리를 위한 로마 콜(Rome Call for AI Ethics)'을 공표하였다. 이 '로마 콜'에 대해 "마이크로소프트(MS), 페이스북 같은 테크 기업들이 지지했을 뿐 아니라 준칙 마련에 도움을 줬다"[32]고 한다. 여기서의 AI 윤리는 "신기술은 모든 '인간 가족(human family)'에 봉사한다는 원칙하에 연구되고 상용화돼야 한다"[33]는 입장에 근간을 두고 수립되었다. 투명성, 포용, 책임성, 불평부당, 신뢰성, 보안&프라이버시라는 총 6가지 영역에서의 윤리 규범 중 이 글의 논점과 관련해 살펴볼 만 한 항목은 첫번째 영역인 투명성의 부분이다. "투명성(Transparency)은 AI 시스템이 반드시 설명가능해야 한다는 것으로, (왜 그런 결정을 내렸는지) 설명을 하지 못하는 것이 현 AI 시스템의 맹점"이라고 보고 이에 대한 부분을 지적한 것이다. 이러한 AI의 불확실성은 〈너도 인간이니?〉를 비롯한 대부분의 AI 서사에서 AI의 위험성인 동시에 가능성으로 담론화된 핵심적인 요소이다. '로마 콜'을 AI 산업계와 종교계의 주요 주체의 합의라고 볼 수 있다면, 그리고 윤리적 기준이 선과 악이나 옳고 그름에 대한 척도가 된다고 본다면, '로마 콜'이 규정하는 윤리적 기준에서 AI 불확실성은 선의 영역에 대척하는, 심지어 악의 영역으로 분류되고 있는 것으로 보인다. 이 윤리의 기준은 온전히

---

32 방은주, 「교황청, AI 윤리 백서 '로마 콜' 발표...6대 원칙 제시」, 『ZD NET KOREA』, 2020.03.01. (https://zdnet.co.kr/view/?no=20200301174002)
33 위의 기사.

인간의 입장에 근거하고 있다. AI의 불확실성이란 인간의 입장에서만 그릇된 것이지, 그 자체가 옳고 그름의 판단이 될 수 없기 때문이다. 그렇기 때문에 이는 AI가 인간의 힘으로는 파악할 수 없는 미지의 영역에 존재하게 되는 것에 대한 인간들의 가장 근본적인 두려움을 규칙으로 형상화한 것으로 볼 수 있다.

알파고 이후, AI의 존재를 실감한 대중들은 이제 그를 온전히 받아들이고 성찰하며 미래를 전망할 필요에 직면했다. 그러나 〈너도 인간이니?〉의 태도는 알파고 이전의 낭만적인 시각과 유사하다는 점에서 퇴행적이다. 한국의 대중들은 '알파고'로 인해 AI의 존재를 실감했고, 곧 여러 가지 측면에서 인간과 거의 유사한 형태의 AI가 등장하겠다는 예상도 할 수 있었으며, 또 그들과 함께 사는 삶에 대한 고민도 시작했지만, 그럼에도 불구하고 AI의 존재는 환상 속의 연금술로만 여전히 남아있기를 바란 것이다. 그리고 이러한 대중의 불안과 욕망이 〈너도 인간이니?〉와 같은 TV드라마를 통해 재현되었다고 볼 수 있는 것이다.

좋든 싫든, 적극적으로 받아들이든 그렇지 못하든, 결국 AI의 존재와 같이 살아가야 하겠지만, 그럼에도 불구하고 AI의 존재나 그로 인한 변화가 두드러지게 눈에 띄지는 않았으면 싶은 것이 지금 우리 사회가 갖는 불안과 욕망일 수 있다. 그러나 이것은 결국 AI의 존재는 인정하지만 그 존재감은 지우고 싶은 매우 모순적이고 회피적인 태도이다. 이러한 회피는 결국 〈너도 인간이니?〉를 AI와의 연애담으로 소비할 수밖에 없었던 핵심적인 원인이기도 할 것이다. 또 이 시기 TV드라마를 통해 대중이 AI를 받아들이는 가장 보편적인 수용치는 AI의 능력을 멜로드라마 캐릭터의 스펙으로, AI라는 소재를 신문물의 세련된 뉘앙스로 전유하고 있는 것임을 확인할 수 있는 것이기도 하다. 이러한 겉핥기식의 AI재현은 진정한 AI의 담론화에 도움이 되지 않는다. AI의 극적 재현을 통해 담론의 가능성을 열었다면, 여기에서 한 걸음 더 나가기 위해서는 진정한 질문과 대답을 구하고자 하는 자성과 자각이 필요하기 때문이다. 안타깝게도 아직 한국 TV드라마에서의 AI 담론은 그 첫 걸음에서 망설이고 있는 실정이다. 그러므로 대중의 정동을 보다 깊이 있게 자극해줄 콘텐츠가 절실한 시점이기도 하다.

〈절대 그이〉(SBS, 2019)
: AI 로봇 서사와 멜로드라마의 착종*

박명진

1. 포스트휴먼 시대의 주체성과 사랑

2010년대 중반 이후 한국 TV드라마에서 인간과 AI 로봇(또는 AI 홀로그램)과의 관계를 주된 소재로 삼은 작품들이 연이어 선을 보였다. 예를 든다면 〈보그맘〉(MBC, 2017), 〈로봇이 아니야〉(MBC, 2017), 〈너도 인간이니?〉(KBS2, 2018), 〈절대 그이〉(SBS, 2019), 〈나 홀로 그대〉(넷플릭스, 2020) 등이 대표적인 작품이라 할 수 있다.[1] AI 로봇, 즉 "휴머노이드 로봇(humanoid robot)"[2]에 대해 대중문화에서 관심이 증가하는 것은 명실공히 AI의 시대가 도래했음을 말해

---

* 이 글은 아래 논문을 수정 보완한 것임.
박명진, 「인공지능 로봇 소재 드라마의 섹슈얼리티와 대중 서사 전략」, 『문화와 융합』 43-3, 한국문화융합학회, 2021.

1 대표적인 연구들은 다음과 같다. 이다운, 「포스트휴먼 시대의 텔레비전드라마-〈너도 인간이니?〉를 중심으로」, 『대중서사연구』 24-4, 대중서사학회, 2018 ; 최민아, 「피그말리온의 재현-텔레비전드라마 〈보그맘〉과 〈로봇이 아니야〉 속 여자 로봇」, 『한국극예술연구』 63, 한국극예술학회, 2019 ; 박명진, 「AI 로봇 소재 드라마에 나타난 기술적 대상과 객체화의 재현 양상-TV드라마 〈보그맘〉을 중심으로」, 『문화와 융합』 41-1, 한국문화융합학회, 2019 ; 이지영·이재신. 「미국, 일본, 한국 드라마 속 AI 휴머노이드 로봇과 인간의 갈등 유형 비교」, 『영상문화』 34, 한국영상문화학회, 2019 ; 김강원, 「'알파고' 이후, 한국 TV드라마의 AI(인공지능)에 대한 담론-〈너도 인간이니?〉를 중심으로」, 『이화어문논집』 50, 이화어문학회, 2020.

2 휴머노이드(humanoid)는 사람을 의미하는 'human'과, 접미사 'oid'의 합성어로, '사람 같은 존재'라는 의미를 가진다. … AI 휴머노이드 로봇은 '인공지능을 가진 사람 같은 로봇'을 뜻한다. (이지영·이재신, 위의 글, 277~278쪽.)

주는 것임과 동시에, AI 기술이 현재 우리의 일상생활 속에 폭넓게 스며들었다는 것을 대변한다.

비인간인 AI 로봇에 대한 정체성 부여와 그에 대한 윤리 설정 문제는 지금도 다양하고 깊이 있게 논의되고 있는 논쟁점이다. 위에서 예를 든 드라마들은 AI 기술을 기반으로 만들어진 인공물들이 어떻게 인간과의 관계를 만들어 나가는지에 대해 고민한 흔적들을 보여준다. 이 드라마들은 인간만의 특징으로 여겨졌던 '지정의(知情意)' 또는 휴머니즘에서 주장하는 "유일무이하고 자기규율적이며 내재적으로 도덕적인 인간 이성의 힘에 대한 믿음"[3]이 AI에도 존재할 수 있다는 가정, 또는 그렇기 때문에 인간과 평화로운 관계를 맺을 수 있을 뿐만 아니라 인간에게 해를 끼칠 수도 있다는 가정 하에서 만들어졌다. 딥 러닝(Deep Learning)을 통해 자가 학습을 할 수 있는 AI 기술이 나날이 발전하고 있는 현재, 인간과 구별할 수 없을 정도로 정교하게 설계된 로봇이나 홀로그램이 그렇게 허무맹랑하고 비현실적인 소재로만 여겨지지 않는 시대를 맞이하고 있다.

이 글은 일본의 원작 만화를 TV드라마로 리메이크한 한국의 〈절대 그이〉에 초점을 맞추고자 한다. 여고생의 성적(性的) 판타지를 그린 원작 만화는 이후 일본, 대만, 한국에서 드라마로 매체 번역이 이루어지면서 동북아시아의 TV 시청자들에게 소환되었다. 로봇에 대한 일본 대중들의 인식은 데즈카 오사무(手塚 治)의 만화 〈철완 아톰〉으로부터 큰 영향을 받았다. 디즈니의 〈미키마우스〉와 유럽 동화 〈피노키오〉에서 아이디어를 얻은 〈철완 아톰〉

---

3   로지 브라이도티, 『포스트휴먼』, 이경란 옮김, 아카넷. 2015. 24쪽.

은 일본인들에게 친근하고 인간에게 유익한 친구라는 로봇의 이미지를 보편화시켰다. 아톰은 "그 자신이 인간과 다른 기계임에도 불구하고 인간을 위한 헌신을 망설이지 않는다는 사실"[4]로 인해 친인간적인 대상으로 폭넓게 각인되었고, 로봇 아톰의 "지극한 인간애는 아톰에 대한 독자의 믿음을 형성하였으며 아톰이 국가의 대표적 캐릭터로서 기능할 수 있게 만들었다."[5] 이후 일본의 활발한 로봇 개발 산업이 이 아톰을 모델로 진행될 정도로 일본 국민에게 친숙한 이미지로 남아 있다.[6] 일본 만화 《絶對彼氏》는 이러한 아톰의 이미지, 즉 친근하고 인간을 위해 희생을 마다하지 않는 로봇을 주인공으로 삼았던 일본 대중문화 전통의 연속선 상에 놓여 있다고 볼 수 있다.

한국 드라마 〈절대 그이〉[7]에 등장하는 AI 로봇은 원작 만화의 아이디어 그대로 '연인용 로봇'으로 설정되었다. 원작 만화와 리메이크된 드라마들에서 AI 로봇은 독특한 섹슈얼리티와 기계적 정체성을 부여받게 되는데, 그것은 일본 드라마의 "완전무결의 연인 로봇(完全無欠の戀人ロボット)"이나 대만 드라마의 "완벽한 남자 친구(Absolute Boyfriend)" 또는 한국 드라마의 "당신이 꿈꾸던 완벽한 연인(My Absolute Boyfriend)" 등과 같은 작품 안내 문구에서 그 특

---

4 권두현, 「기계의 애니미즘 혹은 노동자의 타나톨로지」, 『상허학보』 47, 상허학회, 2016, 96쪽.

5 유희나, 「서사에 근거한 캐릭터 디자인 연구-무민(MOOMIN), 미키 마우스(Mickey Mouse), 철완아톰(鐵腕アトム, AstroBoy)을 중심으로」, 이화여자대학교 석사논문, 2010, 88쪽.

6 "지난 12월 24일 일본 도쿄 미나미아오야마(南靑山)의 혼다 본사에서 만난 아시모(ASIMO)는 깡총깡총 뛰고, 춤도 췄다. 무릎을 구부리더니 한 발로 뛰는가 하면 음악에 맞춰 수화(手話)를 했다. '기술의 혼다'란 별칭답게 이 회사는 1986년 일찌감치 로봇 개발에 뛰어 들었다. 2000년 1세대 아시모를 선보이기까지 투자액만 3000억원이 넘는다. 이 돈으로 전후 일본 부흥의 심리적 동력이던 '아톰'의 꿈을 현실의 신성장 동력으로 되살려냈다." (밑줄 강조는 인용자.) (김기환·김준술·임지수, 「[한국의 미래신산업① 로봇] 일본은 '아톰'의 꿈 이뤄가는데…」, 『중앙일보』, 2016.02.20.)

7 극본 양혁문·장아미, 연출 정정화, SBS, 2019.05.15.~2019.07.11. (36부작)

징을 엿볼 수 있다. 인간 능력의 한계를 뛰어넘는 존재라는 점에서, 그리고 인간과 비인간(인공물) 사이의 경계선이 점차 희미해져 간다는 의미에서 이 로봇은 소위 포스트휴먼 시대의 새로운 주체라 할 만하다.[8] 원작 만화와 일본, 대만의 드라마는 여주인공이 남자와 원만한 사랑을 나누지 못해 상실감에 빠져 있을 때 그 상실감을 위무해 주는 기능을 AI 로봇에게 부여한다. 여주인공은 실연에 의한 상심 때문에 고통받다가 AI 로봇과의 동거를 통해 마음의 상처를 치유하게 된다. 로봇이 망가져서 회수된 후 여주인공의 남자 친구 사귀기가 성공하게 된다는 서사는 로봇의 정체성을 매우 발전된 기술이 적용된 가전제품(家電製品)에 머물게 한다. 그러나 〈절대 그이〉에서 로봇은 남자와 연애를 하지 못하게 된 여주인공의 상처를 위로해 주는 보조 기구로 한정되지 않고 평생 함께 사랑하면서 지닐 수 있는 연인으로 인격화된다.

이 글에서 주목하고자 하는 부분은 〈절대 그이〉에서 재현되고 있는 AI 로봇의 섹슈얼리티와, 인간과 기계 사이의 공존과 사랑 문제를 어떠한 서사 전략으로 풀어나가고 있는지에 대해서이다. 소위 '연인용 로봇(또는 연인용 피규어figure)'은 인간이 이성 간에 느낄 수 있는 섹슈얼리티의 문제와 차별성을 지닐 수밖에 없다. 인간과 기계 사이의 사랑은 지금까지의 휴머니즘적 윤리관으로서는 설명하기 힘든 대상이다. 그렇다면 〈절대 그이〉는 그러한 윤리적 문제를 어떻게 받아들이고 있는가. 포스트휴먼 시대라는 설정 속에서 인

---

8 인간과 동물, 유기체와 비유기체 그리고 해러웨이가 '사이보그'란 용어로 표현한 인간과 기계 사이의 탈경계는 침해할 수 없는 인류의 존엄성을 쇠퇴하게 만들어 버렸으며 나아가 새로운 시각을 열어주었다. … '순수한' 인간의 자연성은 창의적 진화라는 새로운 형태에 의해 해체된다. 이 창의적 진화는 더 이상 다양한 종(種)들 간의 혹은 인간과 기계 간의 뚜렷한 구분에 토대를 두지 않는다. (슈테판 헤어브레히터, 『포스트휴머니즘』, 김연순 김응준 옮김, 성균관대학교 출판부, 2012, 66쪽.)

간과 비인간 주체와의 사랑 담론은 어떤 방식으로 재현되고 있는가.

2. 연인용 AI 로봇의 섹슈얼리티

와타세 유우(渡瀬 悠宇, WATASE Yuu)의 만화 《絶對彼氏》는 쇼가쿠칸(小學館)의 소녀용 만화 잡지 『소녀 코믹』에 2003년부터 2004년까지 연재되었던 SF 만화이다. 한국에는 2005년에 《피규어 DARLING 절대 그이》로 번역 출간되었다. 이 만화는 〈絶對彼氏~完全無欠の戀人ロボット~〉이라는 제목으로 후지 TV에서 2008년에 방영되는데, 이후 2012년 대만 FTV에서 〈絶對達令〉⁹이란 제목으로 리메이크되었다. 한국에서는 2019년에 SBS에서 〈절대 그이〉라는 제목의 36부작 드라마로 원작 만화가 발표된 지 16년 만에 리메이크되었다. 일본, 대만, 한국에서 드라마화된 작품들은 원작 만화의 기본적인 인물 설정과 상황 설정을 조금씩 수정했을 뿐 중심적인 아이디어와는 큰 차별성을 드러내고 있지 않다. 일본과 대만 드라마의 경우, 여주인공과 로봇이 헤어지게 되는 원작 만화의 결말 구조를 수용했던 것에 비해 한국의 드라마는 로봇과 여주인공의 재회를 통해 이 두 주인공이 계속 관계를 이어나가는 해피엔딩으로 처리한다는 차이점이 있다.

한국 드라마 〈절대 그이〉는 원작 만화 《絶對彼氏》, 일본 드라마 〈絶對彼氏〉, 대만 드라마 〈絶對達令〉을 참조한 드라마로서, 원작의 파생과 반복의 결과

---

9 '達令'은 영어 Darling의 중국식 발음 표기이다.

물, 또는 모방의 산물이라 할 수 있다. "시간과 공간의 이동, 변형은 필연적으로 언어와 문화, 맥락 등에 대한 번역 과정을 필요로 하고, 미디어와 인간, 미디어와 미디어 간의 재매개 현상을 등장"[10]시키게 된다. 반복되는 대상이 "반복되면서 스스로를 차이화 하는 하나의 차이"[11]라고 한다면, 〈절대 그이〉는 앞의 세 작품들을 참조, 모방, 번역하되 '스스로를 차이화 하는 하나의 차이'로서 새로운 의미망을 구축하게 된다. 물론 이때 새로운 내용의 등장은 당연히 이전 작품들에 있었던 화소(話素)들을 삭제하거나 새로운 화소를 첨가한다는 것과 연결된다. 〈절대 그이〉는 "타자의 언어, 행동 양식, 가치관 등에 내재화된 문화적 의미를 파악하여 '맥락'에 맞게 의미를 만들어 내는 행위"[12]인 문화 번역의 결과물로서 2019년 한국이라는 맥락에 맞춰 변형시킨 드라마이다.

정정화 PD는 "원작에서 연인용 로봇이라는 소재만 가지고 왔을 뿐, 내용과 주인공의 직업군, 등장인물의 설정 등을 모두 창조했다"고 밝혔다. 연인용 로봇이라는 소재도 최신 추세에 맞춰 설정했다. 정 PD는 "최근 유행에 맞게 딥러닝을 통해 인간의 감정을 배워가는 로봇을 그린다. 원작을 보셨던 분들도 다른 재미를 느끼실 수 있을 것"이라고 확신했다. 같은 소재의 드라마들과 차별점에 관해서 정 PD는 "앞선 작품들과 다른 지점에서 로봇 소재를 다뤘다"고 강조했다. 소재가 휴머노이드일 뿐 사랑의 본질을

---

10 마정미, 『문화 번역』, 커뮤니케이션북스, 2014, 32쪽.
11 데이비드 건켈, 『리믹솔로지에 대하여』, 문순표·박동수·최봉실 옮김, 포스트카드, 2018, 206쪽.
12 김현미, 『글로벌 시대의 문화 번역』, 또 하나의 문화, 2005, 48쪽.

다루는 작품이라는 설명이다. 정 PD는 "사랑을 주기만 하는 것으로 프로그래밍 된 휴머노이드 영구를 통해 '사랑의 본질은 무엇인가'라는 질문의 해답을 찾아 나가는 작품이 될 것"이라고 말했다. [13]

위의 인터뷰 자료는 한국의 〈절대 그이〉가 인간과 기계의 공생 관계에서 발생할 수 있는 다양한 윤리적, 철학적 문제의식에 주목하기보다는 '진정한 사랑이란 무엇인가'라는 화두를 던짐으로써 기존의 청춘 로맨스드라마의 문법에 충실했다는 사실을 말해준다. 원작 만화와 이후의 드라마화된 작품들을 보았을 때, 원작 만화의 도발적인 성적 판타지가 점점 약화되고 있다는 점이 눈에 띈다. 담당 PD가 "최근 유행에 맞게 딥러닝을 통해 인간의 감정을 배워가는 로봇"을 새롭게 보여주었다고 말하지만, 〈절대 그이〉는 로봇의 기계적 기원(起源)과 이에 따르는 '인간과 기계의 공생' 문제나 인간과 기계의 성적(性的) 결합 문제에 대해서 깊이 있게 고민하고 있지는 않다. 〈절대 그이〉에서 AI 로봇의 기계성에 대한 묘사나 설명 및 인간과 비인간 사이의 갈등 구축은 최소한으로 줄어들고, 그 대신 변함없는 사랑을 주고받는 한 여성과 그 상대방의 애정 관계가 전면에 드러난다.

원작 만화는 여고생인 주인공의 성적 판타지를 매우 구체적이고 적극적으로 재현한다는 점에서 주목할 만하다. 여주인공 리이코는 AI 로봇 제조 회사 '크로노스 헤븐(Kronos Heaven)'에서 외근 영업 중인 샐러리맨으로부터 받은 명함을 보고 'Lover Shop'이라는 사이트에 접속한다. 이 사이트 홈

---

13 인세현, 「비교 대상 많은 '절대 그이'는 그들과 무엇이 다를까」, 『쿠키뉴스』, 2019.05.15.

페이지에는 "본 사이트는 당신만을 위해 존재하는 이상적인 연인을 제공하는 목적으로 … 이상형 옵션으로 성격 등을 추가함으로써 보다 완벽에 가까운 연인을 … 또한 구입하신 분은 비밀 엄수를 부탁드립니다."[14]라는 안내글이 소개되어 있다. 리이코는 장난삼아 '연인 피규어'를 주문하는데 진짜로 'NIGHTLY[15] 시리즈 01', 즉 인공지능 로봇 '텐죠 나이트(天城 ナイト)'가 집으로 배달된다. 박스를 열자 나체의 로봇이 그녀의 몸을 덮치며 쓰러지는데, 마침 크로노스 헤븐의 직원으로부터 전화가 걸려 와서 '취급 설명서'를 읽어보라는 말을 듣는다. 설명서를 펼쳐 든 리이코는 "임신 가능성은 없습니다."라는 안내 글귀를 읽게 되고, 설명서의 셋업 방식대로 키스를 하자 로봇이 눈을 뜨고 움직인다. 로봇은 눈을 뜨자마자 "잘 부탁해. 나의 연인."이라고 말하며 리이코에게 키스한다. 그리고는 "이 뒤도 계속할까?"하고 묻는다. 원작 만화는 최첨단 AI 기능 탑재의 sex robot[16]을 전면화함으로써 여고생의 성적 판타지를 노골적으로 재현한다. 만화의 후반부에서 샤워하고 나온 리이코는 수명이 다해 가는 로봇에게 "나이트. 난 세상에서 나이트가 제일 좋아. 그러니까 오늘 밤에 … 진짜 연인이 되고 싶어"라고 말한 뒤 로봇과 성적(性的) 관계를 맺는다. 이는 인간 여성과 남성으로 디자인된 로봇과의 섹스를

---

14 WATASE Yuu, 『피규어 DARLING 절대 그이』, 장혜영 옮김, 대원씨아이, 2005, 24쪽.

15 nightly는 "밤의, 밤에 일어나는, 밤에 활동하는, 밤마다의, 밤 같은, 밤 특유의" 등의 의미로 번역될 수 있는 성적 코드의 명칭이다. 이후 일본 드라마에서는 발음이 비슷한 'Knight(騎士)'로 순화되고, 한국 드라마에서는 아예 '제로나인(Zero Nine, 09)' 또는 '영구(零九)'라는 이름으로 순화된다.

16 이 책에서, 일본 만화와 이를 드라마로 만든 <절대 그이-완전무결한 연인 로봇(絕對彼氏·完全無欠の戀人ロボット)>은 <바이센테니얼맨>, <그녀>, <A.I.> 등과 함께 "연인을 대신하는 섹스봇"이라는 챕터에서 언급된다. 그런 의미에서 원작 만화와 이후 일본, 대만, 한국의 드라마에 등장하는 인공지능 로봇을 sexbot으로 분류해도 큰 무리는 없어 보인다. (차두원·김서현, 『잡 킬러-4차산업혁명, 로봇과 인공지능이 바꾸는 일자리의 미래』, 한스미디어, 2016, 166~171쪽.)

표현했다는 점에서 매우 도발적이고 적극적으로 성적 판타지를 구체화한 것이라 볼 수 있다.

일본 드라마에서는 로봇이 자신의 파국 상황을 크로노스 헤븐 개발자에게 알려준 뒤 기능 정지되는 것으로, 대만 드라마에서는 둘만의 결혼식 직후 로봇이 기능 정지하는 것으로, 한국 드라마에서도 역시 로봇의 기능이 훼손되어 본사로 회수되는 것으로 설정되어 있다. 원작 만화와는 달리 3편의 드라마들에서 여주인공과 AI 로봇과의 성적 관계는 영상화되지 못한다. 〈절대 그이〉는 로봇 제로나인(여진구 분)이 내러티브에서 폐기된 것으로 사라지는 것이 아니라 다시 여주인공 엄다다(방민아 분)와 재회하는 것으로 결말을 맺게 함으로써 로봇 상실에 대한 여주인공의 슬픔을 치유해 줌과 동시에 절대적이고 영원한 사랑의 가치가 무엇인가를 보여 준다.[17] 이는 〈절대 그이〉가 AI 로봇을 원작 만화의 sex robot으로부터 청춘 로맨스 드라마의 romantic guy로 낭만화시켰음을 의미한다.

테크노페미니즘(technofeminism)에서 가장 중요한 통찰이 "기술의 사회적 형성에서 젠더 관계가 중심을 이룬다는 관점"[18]임을 감안할 때 "인공지능 로봇의 프로그래밍 내용은 지금까지 끈질기게 유지되는 젠더 관계를 기반으로 하고 있으며 이것은 결국 몸의 물질성이 희석되는 탈신체화된 테크노바디 로봇에게도 그대로 각인"[19]된다는 점을 기억할 필요가 있다. "기술 변화 과정

---

17 〈絶對彼氏〉의 후일담을 다룬 드라마 스페셜은 폐기되었던 로봇이 3년 만에 재가동되는 에피소드를 보여주지만 데이터가 초기화되어 여주인공과의 추억을 모두 상실했다는 점에서 〈절대 그이〉와는 다른 결말이라 할 수 있다.

18 황희숙, 「행위자-연결망 이론(ANT)과 페미니즘의 동맹 가능성-'테크노사이언스'의 행위자 개념을 중심으로」, 『한국여성철학』 23, 한국여성철학회, 2015, 72쪽.

19 이수안, 「테크노바디의 탈신체화와 재신체화에 대한 테크노페미니즘 분석」, 『탈경계인문학』 13-

에 대한 관여는 젠더 권력 관계를 재협상하는 과정의 일부"[20]가 될 수밖에 없는데 〈절대 그이〉는 이와 같은 테크노페미니즘의 고민을 깊이 있게 다루지는 않는다. 제로나인이라는 연인용 AI 로봇의 개발과 이 로봇과 동거하는 엄다다의 관계를 보았을 때 남성형 섹스 로봇과 인간 여성과의 젠더 문제가 대두될 수밖에 없는데 〈절대 그이〉는 그 문제를 본격적으로 심문하지 못한다.

sex robot이 "개인화되고 친밀한 동반자의 하나인 일종의 사회적 로봇, … 반응하는 기계일 수 있고, 기억을 가지고 있고, 정신 이론에 기초하고 있거나, 자기 인식을 가지고 있으며, 자각을 가진 지각 있는 로봇"[21]으로 이해될 수 있다면, 〈절대 그이〉에서의 AI 로봇인 제로나인은 sex robot의 이러한 기본적인 정의에 거의 부합한다. 물론 이때 드라마는 sex robot이라는 정체성에서 접두사 sex의 기능을 은폐하거나 억압한 상태에서 로봇을 순정 로맨틱 드라마의 내러티브 안에 용해시킨다.

〈절대 그이〉에서 로봇 제로나인은 원작 만화의 성적 판타지를 수행하지 못하는데 이는 제로나인이 '연인용 로봇', 즉 sex robot이라는 원작 만화의 아이디어를 구체적으로 실현하지 못했음을 말해준다. 인간과 기계의 sex에 관련된 윤리적 거부감에서 벗어난 제로나인은 한국 청춘 남녀 멜로드라마에서 상투적으로 반복되었던 순정남(純情男)의 정체성을 지니게 된다. 원작 만화에서는 여고생 리히코가 로봇을 섹스 파트너로 받아들이지만, 3편의 드라마에서는 섹스 파트너로 받아들이는 데까지는 나아가지 못한다.

---

2. 이화여자대학교 이화인문과학원, 2020, 84~85쪽.

20　주디 와이즈먼, 『테크노페미니즘』, 박진희 이현숙 옮김, 궁리, 2009, 23쪽.

21　Gonz lez-Gonz lez, Gil-Iranzo, Paderewski-Rodr guez, 「Human-Robot Interaction and Sexbots: A Systematic Literature Review」, 『Sensors』 Vol. 21 Issue 1, 2020, 2쪽.

만화책을 통한 성적 판타지의 재현 전략과 TV드라마에서의 성적 판타지의 재현 전략 사이에는 서로 다른 매체에 따른 수용 환경의 차이가 고려될 수밖에 없다. 원작 만화에 재현된 '인간과 기계의 성적 결합' 에피소드는 TV드라마의 수용 체제에서 직접적으로 표출하기에는 윤리적, 정서적 거부감이 상대적으로 클 수 있다. 따라서 우리는 이렇게 정리해 볼 수 있다. 일본, 대만, 한국의 드라마들은 원작 만화가 내세우고 있는 '인간과 기계의 성적 교합' 문제를 휴머니즘적 사랑 담론으로 순화시키거나 낭만화시켰다.

영화 〈블레이드 러너Blade Runner〉(1993)와 그 속편인 〈블레이드 러너 Blade Runner 2049〉(2017)에서 인간과 성관계를 맺는 안드로이드, 〈AI〉(2001)에서 섹스 로봇으로 등장하는 '지골로 조(주드 로 분)', 〈바이센테니얼 맨 Bicentennial Man〉(2000)에서 인간 여성을 사랑하고 결혼까지 하는 로봇 '앤드류(로빈 윌리엄스 분)', 드라마 〈휴먼스Humans 〉(2015~2018) 시리즈에서 매춘부로 나오는 니시카(에밀리 베링턴 분) 등을 볼 때 영상 문화 속에서 AI 로봇, 안드로이드, 휴머노이드 등과 인간 사이에 맺어지는 성적 결합 자체가 새로운 상상력의 결과물은 아니다. 실제로 인공지능이 탑재된 sex robot을 개발하여 판매하는 기업도 생긴 현실에서 인간과 기계의 섹스는 허무맹랑한 상상에 머물지만은 않는다. 현실에서건 가공의 이야기로 전개되는 영상 문화에서건 인간과 기계의 성적 접촉 문제는 "로봇의 윤리와 로봇의 법적 보호"[22] 등과 같은 논쟁적인 문제의식은 물론 전통적인 인간 사회의 윤리 의식에 대한 도발적인 문제의식을 내포하고 있다. 그런 만큼 이 문제는 윤리적으로, 그

---

22 조소현, 「Living 섹스 로봇」, 『VOGUE』, 2016.07.13.

리고 정서적으로 민감한 것이기 때문에 드라마를 시청하는 대중의 성 윤리 감각 차원에서 조심스럽게 접근될 대상이 될 수밖에 없다.

〈절대 그이〉에 나오는 AI 로봇 제로나인은 원작 만화에서 인간과 기계의 성적 결합을 드러내 보여주는 것과는 달리 sex robot의 원래 기능을 감춘 채 실연의 아픔을 겪고 있는 엄다다만을 바라보고 사랑하는 대화형 AI 로봇으로(실제로는 순정적인 인간 남성으로) 순화된다. 그럼에도 불구하고 흥미로운 것은 중국 쉔젠 아탈 인텔리전트 로봇 기술 주식회사가 개발한 Emma의 광고 내용이 원작 만화와 3편의 드라마에 등장하는 AI 로봇의 본질과 너무 흡사하다는 사실이다.

> 요리나 세탁 등 집안일뿐만 아니라 당신의 이상적인 연인입니다. 당신은 결코 다투지 않고 냉전을 겪지 않을 거예요. 인내심을 갖고 당신의 내면에 항상 주의를 기울이며, 당신의 지원이 부족해도 비웃지 않고 당신과 항상 함께 하며 당신을 결코 포기하지 않을 거예요. 그녀는 당신이 열심히 일하며 살아가는 데 충실한 동반자가 될 것입니다. <u>그녀는 또한 당신의 특별한 필요도 충족시켜 줄 거예요.</u>[23] (강조 인용자)

위의 광고문 내용에서 '그녀'만 '그이'로 교체한다면 회사에서 판매하고자 하는 Emma의 기능은, "당신의 특별한 필요도 충족"시키는 기능만 제외하고 〈절대 그이〉에서의 제로나인과 거의 일치한다. 즉 내러티브 상 sex 에피소드가 제거된 '연인용 로봇'으로서의 제로나인은 낭만적인 사랑의 역할에 충실

---

23 김수정, 「섹스 로봇의 현황과 그 규제에 대한 세 가지 입장」, 『한국의료윤리학회지』 23-3, 한국의료윤리학회, 2020, 212쪽에서 재인용.

함으로써 변치 않는 봉사정신과 희생정신을 구현한다. AI 로봇이 "성적 유아론을 고취시킨다거나 인간의 사물화 그리고 인권의 침해를 전적으로 의미하고 있다고 보기 어렵다"[24]는 견해들이 나올 수 있음에도 불구하고, AI 로봇과 인간 여성과의 성적 결합의 문제는 동북아시아의 TV 시청자들에게는 거북한 대상일 수밖에 없다.

당연하게도 리메이크 작품인 〈절대 그이〉는 원작 만화와, 일본, 대만의 드라마를 참조하면서 새로운 에피소드들을 첨가하거나 삭제한다. 그런데 〈절대 그이〉는 만화 원작, 일본과 대만의 드라마와 결론 부분이 다르게 처리되었다는 차이점 이외에도 주목할 만한 첨가 내용을 보여준다. 이 드라마에서 악녀 역할을 담당하는 다이애나(홍서영 분)의 존재와, 그녀가 톱스타 마왕준(홍종현 분)과 똑같은 외모의 신형 로봇을 새로 주문하고 구입한다는 서사이다. 다이애나는 AI 로봇을 장난감처럼 여기고 부숴버리는 것을 취미로 삼는다. 그런데 흥미로운 것은 다이애나의 오른팔이 로봇팔이라는 사실이다. 넓은 의미에서 사이보그인 다이애나는 여성형 로봇 제로세븐에게 폭력을 가해 폐기 처분이 되게 한다. 제로세븐을 망가뜨려 크로노스 지사로 돌려보낸 다이애나는 새로운 버전의 로봇인 제로나인을 구입하기로 한다. 사이보그 주체로서 다이애나는 인간-기계의 원만한 앙상블을 파괴하고 해체시킨다. 그녀의 사이보그적 신체는 "우리를 서로 더 가깝게 해주고 더욱 관용적이게 하며, 이해를 향상시키고 신체화(체현)를 축복하며, 상호 존중을 장려하는 품위 있고 고결한 방식으로 병합"[25]해야 한다는 과제를 거부한다. 〈절대

---

24 김태경, 「리얼돌과 섹스 로봇의 상징성 문제」, 『과학철학』 23-3, 한국과학철학회, 2020, 81쪽.

25 앤디 클락, 『내추럴-본 사이보그』, 신상규 옮김, 아카넷, 2015, 309쪽.

그이〉에 새롭게 추가된 다이애나의 에피소드는 이 드라마가 원작 만화 및 일본과 대만의 드라마와 다른 감각을 요구하고 있음을 보여준다. 〈절대 그이〉가 이전의 세 작품들을 직간접적으로 참조했을 것이지만 "수용의 매 순간은, 비록 다양한 관습과 전통에 의하여, 선지식과 특히 선행 텍스트들에 의하여 지배를 받지만, 개인적이고 별개의 것"[26]임을 감안할 때 새로운 이야기의 삽입은 당연한 결과이다. 이는 "짧은 순간 동안, 매 시대마다, 번역자들과 기타 극 종사자들은 외국 텍스트로 세입자로서 점거"[27]해 왔다는 사실을 말해주는 것이기도 하다.

〈절대 그이〉는 원작 만화, 그리고 일본과 대만 드라마를 참조한 작품임에도 불구하고 이 텍스트는 "개인적이고 별개의 것"으로 해석될 수밖에 없다. 텍스트의 수용, 번역, 감상 등이 "세입자로서 점거" 행위에 속한다는 것은 세르토의 견해이기도 하다. 세르토는 텍스트의 수용자들은 "다른 사람의 재산을 임차인이 잠시 동안 빌린 공간으로 변형"[28]시키는 자이며, "화자가 언어 속에서 모국어의 메시지와 함께 억양이나 '문장의 전환' 등을 통해 스스로의 역사를 집어넣듯이, 또 산책하는 사람이 거리에서 그들 욕망과 목표의 숲을 채워 넣듯이 그들의 행위와 기억으로 아파트를 설비하여 비견할 만한 변화를 만들어"[29] 내는 자라고 강조한다. 〈절대 그이〉는 '주는 사랑'만이 진정한 사랑이 아니고 '주고받는 사랑'이야말로 완성된 사랑이라는 해석을 덧붙인

---

26 줄리 샌더스, 『각색과 전유』, 정문영·박희본 옮김, 동인, 2019, 136쪽.

27 시르쿠 알토넨, 『무대의 시간공유』, 정병언·최성희 옮김, 동인, 2013, 22쪽.

28 미셸 드 세르토, 「서론」, 『문화, 일상, 대중』, 박명진 외 편역, 한나래, 1996, 149쪽.

29 위의 글, 같은 곳.

다. 엄다다는 주변 인물들의 반대와 방해를 극복하여 '주고받는 사랑'의 진정한 가치를 깨달아간다. 드라마 〈절대 그이〉는 '다른 사람의 재산을 임차인이 잠시 동안 빌린 공간으로 변형'시키는 장(場)이다.

3. 인간과 AI 로봇 사이의 사랑

정도의 차이는 조금씩 존재하지만, 원작 만화와 3편의 드라마들은 모두 여주인공과 AI 로봇 사이의 소통 및 사랑의 가능성을 전제로 한다. 중요한 점은 인간인 여주인공과 AI 로봇이 만나게 됨으로써 인간과 로봇 모두에게 변화가 생긴다는 것이다. 좋아하는 남자에게 프로포즈한 것이 실패로 돌아가 실연(失戀)의 아픔과 소외감을 느끼게 된 여주인공이 로봇을 통해 그 상처를 극복하고 진정한 사랑의 의미를 깨닫는다는 서사가 4편의 작품에 공통적으로 나온다. 엄다다와의 키스로 인해 엄다다만을 사랑하는 모드로 가동된 제로나인은 도중에 다이애나의 기습 키스로 다시 다이애나만을 따르는 모드로 프로그램이 재설정된다. 그리고 다이애나가 새로 주문한 제로텐은 다이애나의 명령에 따라 엄다다를 납치해 해치려다가 엄다다가 기습 키스를 하는 바람에 또 다시 엄다다만의 명령을 듣는 로봇이 된다. 신형 로봇인 제로텐이 여주인공을 해치려 시도한다는 점, 그리고 제로나인이 엄다다에 대한 사랑을 멈추지 않으면 부품에 과부하가 걸려 자신의 내부 기관이녹아 폐기 처분될 상황에 빠진다는 사실을 인지하고도 자신을 보호하지 않았다는 점에서 〈절대 그이〉의 제로나인과 제로텐은 '아시모프의 로봇 3원칙'을 지키지 않는다.[30] 이는 제로나인이 자신을 희생시키는 것도 불사함으로서 '진정한 사랑'을 지켜낸다는 기존 로맨스 드라마의 문법을 지킨 것이라 할 수 있다.

로봇 제조 판매사인 '크로노스 헤븐'은 인간을 위한 도구로 사용될 로봇을 생산하고 판매하는 경제적 활동에만 집중할 뿐, 자신들이 판매한 AI 로봇이 인간 사용자와 어떠한 앙상블을 이루게 될지, 새로운 기능의 AI 기계가 인간의 내면과 윤리에 어떤 영향을 끼칠 것인지에 대해서는 깊이 있게 고민하지 않는다. 우리는 여기에서 "산업은 모든 측면에서 인공적인 욕구를 불러일으켜 제멋대로 만족시켰을 뿐, 그 욕구를 선별하거나 조화를 이루게 하는 데는 신경 쓰지 않았다"[31]는 사실을 간파할 수 있다. 〈절대 그이〉는 인간과 기계의 공생 관계, 또는 로봇 제조 회사의 탐욕스러운 이윤 추구 서사에 초점을 맞추는 대신에 역경과 장애를 딛고 지켜야 할 사랑의 가치에만 초점을 맞춘다.

엄다다　　우리 아빠한테 배운 게 있어요. 내가 어떤 사람을 사랑해야 하는지. 영구씨처럼 나만 바라봐 주고 나만 사랑해 주는 사람이요. 당신이 로봇이라도, 아니, 당신은 당신이니까. 그래서 사랑해요.

제로나인　　… 나도 사랑해.

30　로봇 3원칙이란 "1. 로봇은 인간을 해쳐서도, 인간이 해를 입도록 방치해서도 안 된다. 2. 로봇은 첫 번째 법칙과 상충하지 않는 한 인간의 명령에 복종해야 한다. 3. 로봇은 첫 번째 법칙이나 두 번째 법칙과 상충하지 않는 한 스스로의 존재를 보호해야 한다."는 것이다. (고인석, 「아시모프의 로봇 3원칙 다시 보기」, 『철학연구』 93, 철학연구회, 2011, 101~102쪽.)

31　가브리엘 타르드, 『모방의 법칙』, 이상률 옮김, 문예출판사, 2012, 241쪽.

엄다다, 제로나인에게 키스한다.

(29회: 대사정리 인용자)

만화 원작과 3편의 드라마들은 남자와의 연애에 실패한 여자의 절망감과 자괴감을 위로하기 위해 남자 애인의 대체물로서 로봇을 투입한다. AI 기술이 놀랍도록 발전하고 있는 상황에서 외로운 여성의 파트너로서 AI 로봇을 제시한 것은 실현 불가능한 가공의 상상으로 보기는 어렵다. 그럼에도 불구하고 AI 로봇에게 자율적 판단력과 윤리적 의식, 나아가 인간 여성에 대한 사랑의 감정이 발생한다는 상상력은 현재의 과학 기술로서는 아직 실현 불가능한 상황이라 할 수 있다. 돈 아이디의 지적에 따르면 인공지능의 경우 "근육이나 정신 모두 인간과 테크놀로지의 공생적 형태를 제외하면 아직 외부 세계로 확장되지 못"[32]한 상태이다. 아직도 인간과 구별될 수 없을 정도의 완벽한 AI 로봇의 존재는 판타지의 영역에 속하는 것이다. 〈절대 그이〉는 "유토피아적 상상력으로 창조된 테크놀로지를 이용해 우리의 물리적 제약이나 사회적 문제를 극복할 수 있는 방법들에 대한 판타지를 가질 수"[33] 있게 만든다.

만화 원작과 3편의 드라마에서 볼 수 있듯이, 여주인공이 인터넷 쇼핑 사이트에서 연인 로봇을 주문하건, 실연당한 여주인공에게 크로노스 직원이 접근해 로봇 사용을 권하건, 또는 회사 직원이 빼돌려 배송함으로써 로봇과 조우하건 상관없이 로봇을 제공하는 회사가 인간과 접촉하는 로봇에 대한

---

32 돈 아이디, 『테크놀로지의 몸』, 이희은 옮김, 텍스트, 2013, 41쪽.
33 위의 책, 26~27쪽.

데이터 수집을 대단히 중요하게 여긴다는 것은 동일하다. 왜냐하면 이 연인용 로봇을 사용하는 여성들의 반응이 데이터로 축적되면 될수록 점점 더 뛰어난 성능의 연인용 로봇을 개발하여 판매할 수 있기 때문이다. 원작 만화에서 여주인공은 무료 체험판으로, 일본과 대만 드라마에서는 할부 결재 조건의 신상품으로, 〈절대 그이〉에서는 로봇을 학대하는 구매 신청자로부터 로봇을 지켜달라는 '크로노스 헤븐'의 연구원이자 제로나인 설계자인 남보원(최성원 분)의 요청에 의해 동거하게 된다. 일본 만화와 일본, 대만 드라마에서는 로봇 회사의 '연인용 로봇' 판매용으로 만든 AI 로봇을 여주인공이 주문함으로써 생산자와 판매자의 관계가 이루어지는데, 〈절대 그이〉에서는 이전의 작품들과는 달리 엄다다가 로봇을 주문해서 체험 사용하는 것으로 설정되어 있지 않다. 즉 〈절대 그이〉에서는 로봇 제작사와 여주인공 사이에 상업적 거래 행위가 개입되지 않는다. 이는 엄다다에게 제로나인의 존재가 상업용 로봇의 체험판이라기보다는 우연하게 한집에서 살게 된 숙명적인 천생연분임을 강조하기 위한 장치이다. 상품 판매자와 상품 소비자 사이의 매매 관계가 삭제됨으로 인해 〈절대 그이〉는 이 드라마의 담당 PD가 설명했던 것처럼 '진정한 사랑'이라는 문제에 집중하게 된다.

① 제로나인　크로노스 헤븐에 있을 때 보원이 형이 나한테 영화랑 드라마를 많이 보여줬는데 들을 때마다 이해가 안 되는 말이 있었어. 그게 뭔지 알아? 사랑하니까 보내준다는 말. 나는 그 말이 정말로 이해가 안 됐었는데 이제는 조금은 알 것 같아. 그건 내 마음보다 상대방이 상처 받지 않길 바라는 마음이었어. 내가 사랑하는 사람이 힘들어 하는 모습을 보는 게 더 힘드니까. … 여자 친구, 나한테 미안해하지 마. 힘들어하지도 말고. 난 여자 친구가 어떤 결정을 하건 절

대 원망하지도 미워하지도 않아. 나도 여자 친구만큼 넘치게 행복했고 따뜻했으니까.

(21회)

② 마왕준　　로봇이라니. 도대체 저런 건 어디서 구했는데? 갑자기 이 집에서 솟아난 건 아닐 거잖아.

엄다다　　그래, 이해하기 어렵겠지. 근데 너도 봐서 알잖아. 영구씨, 우리랑 별로 다르지 않아.

마왕준　　야, 그래. 저 자식 겉모습이 사람처럼 만들어졌다고 치자. 심장은 있어? 그냥 기계잖아. 그냥, 내가 껴 맞추던 프라 모델들하고 다를 게 없잖아.

엄다다　　그렇게 말하지 마.

마왕준　　정신 차려, 엄다다!!! 뭐, 저 로봇하고 사랑이라도 하겠다고? 말이 되는 얘기를.

엄다다　　좋아해. 영구씨는 나를, 나는 영구씨를 서로 좋아해. 이해해 달라고는 안 할게. 그냥 인정해 줘.

(25회)

(대사정리 인용자)

　　위의 대사에서 볼 수 있듯이 〈절대 그이〉는 청춘 남녀의 순수하고 변함없는 사랑을 절대적인 가치의 대상으로 처리한다. 제로나인이 엄다다에게 건네는 말을 통해 드라마는 진실한 사랑이란 무엇인지를 시청자에게 각인시킨다. 엄다다의 대사처럼 그녀는 제로나인이 그냥 인정받을 수 있는 존재이길 바란다. 위의 두 대사에서 인간과 기계의 구분, 또는 기계가 아무리 발전해도 인간의 '마음'을 가질 수 없다는 생각이 힘을 잃게 된다.

　　원작 만화이건 3편의 드라마들이건 작가적 상상력에 의해 가공된 이야기들이기 때문에, 작품 속에 등장하는 AI 로봇들의 인간적 특성의 가능성 여부는 여기에서 시시비비를 가릴 필요가 없을 것이다. 이보다 중요한 것은, 이 작품들이 AI 로봇의 정체성을 어떻게 해석하고자 했는가, 어떻게 인간과 로봇 사이의 사랑이 가능할 수 있는가에 대해 갖고 있는 문제들일 것이다. 〈절대 그이〉는 제로세븐, 제로나인, 제로텐 등 세 종류의 로봇들을 등장시킴으로써 인간과 기계의 관계에 대해 양가적인 태도를 보여준다. 즉 선한 마음의 주인과 그 주인의 마음에 맞게 관계를 맺는 로봇은 인간에게 선한 것이며, 반대로 악한 마음의 사용자가 로봇과 만났을 때에는 로봇의 정체성도 악한 존재로 변한다는 것이 요점이다. 이는 인간과 도구의 관계에 대한 전통적인 경험이나 과학 상식에 기초하고 있는 것이다.

〈절대 그이〉에서 제로나인이 작동 정지 상태에서 기적적으로 다시 작동해 엄다다에게 되돌아 왔다고 할지라도, 제로나인의 정체성은 여전히 가변적이다. 왜냐하면 언제든지 다른 사람의 키스로 인해 그 사람만을 사랑하게 되는 프로그램을 내장하고 있기 때문이다. 다시 말해, 사용자만 바뀌면 제로나인의 연애 대상은 언제든지 무제한적으로 변경될 수 있다는 것이다. 그렇다면 제로나인은 완전하게 자율적인 주체는 될 수 없다. 그런 의미에서 〈절대 그이〉이 그려내고 있는 진정한 사랑의 승리와 그 영원성은 제한적이다. 드라마의 결말 처리에서 짐작할 수 있듯이 엄다다와 제로나인은 재회 이후 변함없는 사랑을 하게 될 것이다. 그러나 이 사랑은 이후에라도 다른 사람이 제로나인과 키스를 하지 않는다는 조건 하에서만 유지 가능하다. 따라서 로봇의 사용자인 엄다다는 평생 제로나인을 곁에 두고 있어야만 하며, 다른 사람과 키스하는 일이 없도록 철저하게 관리해야만 한다. 그런 의미에서 〈절대 그이〉는 엄다다와 제로나인의 연인 관계를 매우 폐쇄적으로 처리한다. 제로나인은 제 기능이 다할 때까지 엄다다만을 사랑하게 될 것이다. 엄다다 역시 이후에 변심하지 않는 한 제로나인만을 사랑할 것이다. 이 조건이 지켜질 때에만 〈절대 그이〉가 표방하고 있는 메시지, 즉 영원한 사랑, 변치 않는 사랑, 오로지 상대방만을 바라보는 사랑이 지속될 수 있을 것이다.

제로나인   여자 친구. 나, 기분이 이상해.

엄다다   나도.

제로나인   이런 마음이었구나. 진짜 좋아한다는 게. 나, 지금, 막, 이래도 되나? 싶을 정도로 엄청 좋아. 이런 게 사람들이 바라는 행복이라는 걸까?

엄다다   지금 나랑 같은 기분을 느끼고 있다면 아마 맞을 걸? … 우리 내일 소풍 갈까? 같이 도시락도 싸고 잔디밭 위에 돗자리도 깔고 그 위에 누워서 낮잠도 같이 자고.

제로나인   말만 들어도 엄청 좋을 것 같아, 여자 친구.

엄다다   그리고 사진도 많이 찍자.

제로나인   사진?

엄다다   응. 생각해 보니까 우리 단 둘이 찍은 사진이 한 장도 없더라고. 커플 사진 많이 찍어서 토크 어플에 올려서 엄청 자랑할 거야.

제로나인   자랑? 그거 엄청 기분 좋은 말이네.

(30회: 대사정리 인용자)

〈절대 그이〉는 영화 〈바이센테니얼 맨〉에서 로봇이 여성 인간과의 사랑을 위해 자신의 기관을 인간의 육체로 변화시킨 뒤 함께 죽음을 맞이하는 결말을 보여주지는 않는다. 극 중에서 여러 번 대사로 등장했듯이 제로나인은 엄다다가 나이가 들어 노화되다가 죽을 때까지 20대 초반 정도로 보이는 로봇에서 변하지 않을 것이다. 대만 드라마 〈絶對達令〉에서처럼 엄다다와 제로나인이 이후에 결혼식을 올릴 지도 모른다. 또는 원작 만화《絶對彼氏》에서처럼 드라마의 내러티브 이후 엄다다와 제로나인의 섹스가 실천될 지도 모른다. 그러나 여주인공은 계속 나이를 먹을 것이며 그녀가 죽은 후에도 로봇은 젊은 남자의 모습으로 계속 존재할 것이라는 사실은 변하지 않는다. 엄다다와 제로나인은 변치 않는 사랑으로 결속되어 있고 넓은 의미에서 이 둘은 '실존적으로' 만나는 관계라 할 만하다.

> 기술적 문화 속에서 기계들은 우리의 자아-경험과 자아-표현의 부분이 된다. 그것들은 준-타자들로서 우리의 익숙한 상대방이 되었고, 우리가 거의 도망칠 수 없도록 우리를 에워싸고 있다. 그것들은 세계라는 기술적 직물이 되고, 이것을 통해 우리는 그 전체성을 추정할 수 있다. 이런 의미로 항상 우리는 기계들과 실존적으로 만난다.[34]

엄다다에게 제로나인은 "자아-경험과 자아-표현의 부분"에 속한다. 엄다다가 제로나인과 실존적으로 만나는 것에 반해 다이애나는 로봇을 소모

---

34 돈 아이디, 『기술 철학』, 김성동 옮김, 철학과 현실사, 1998, 58쪽.

품 정도로만 생각한다. 악녀로 특화된 다이애나는 인공지능 로봇을 구입해서 학대하다가 흥미를 잃어버리면 그 로봇을 부숴버린 후 새로운 모델의 로봇을 다시 주문한다. 그녀에게 절대적이고 영원한 사랑은 존재하지 않는다. 다이애나는 신상(新商)[35] 쇼핑 중독자처럼 새로운 상품들을 구입하고 사용하다 싫증 나면 폐기해 버린다. 당연히 다이애나와 로봇의 관계는 엄다다와 제로나인의 관계와 정반대이다. 엄다다를 너무나 사랑하는 제로나인은 과부하가 걸려 내부 기관이 멜트다운(melt down)될 지경에 이른다. 로봇 회사에서 초기화시키면 멜트다운을 막을 수는 있지만, 그 대신에 엄다다와 함께했던 시간들에 대한 추억들도 초기화되어 사라지게 된다. 이 때문에 제로나인은 자신이 폐기 처분될 때까지만이라도 엄다다와의 사랑의 기억을 잃고 싶지 않아 비극적인 결단을 내린다. 한 번 마음 먹은 사랑의 감정은 어떠한 희생을 치르더라도 변할 수 없다는 것, 이것이 〈절대 그이〉가 내세우고 있는 연애 담론의 요체이다.

일본 드라마 〈絶對彼氏〉에서는 로봇 회사 직원이 여주인공에게 로봇과 동거해 달라고 요청한다. 여주인공이 질색하자 직원은 '가전제품'인데 무슨 상관이냐고, 냉장고나 전자레인지하고도 한 집에서 동거하고 있지 않냐며 반문한다. 원작 만화와 일본, 대만 드라마에서는 여주인공의 실연이나 데이트 실패에 따른 좌절감을 위로해 주고 인간 남자와 연애를 할 수 있도록 도와주는 도구로 재현된다. 이를테면 이 작품들은 여주인공이 사랑 고백의 좌절을 극복하고 인간과의 사랑을 시작할 수 있도록 성장 모티브의 매개체로

---

35 '신상품(新商品)'의 줄임말.

작동된다. 그렇기 때문에 로봇들은 기능 정지 상태가 된 후 회사에 '회수 처리되는 것으로(내러티브에서 사라지는 것으로)' 마무리된다.

이런 서사적 특징과는 달리 한국 드라마 〈절대 그이〉는 인간과 로봇의 사랑이 지속된다는 결말로 희망적인 서사를 보여줌으로써 인간과 기계의 공존 가능성을 확장시킨다. 만화 원작과 일본, 대만 드라마에서는 로봇이 망가져서 폐기되어 버리고 여주인공이 인간 남자와 새로운 사랑을 시작한다는 서사 구조를 지니고 있지만, 한국 드라마 〈절대 그이〉는 엄다다가 7년 동안 비밀 연애를 했던 마왕준과 완전히 결별한 뒤 로봇과 영원한 사랑을 나눌 것으로 그리고 있다. 그런 의미에서 〈절대 그이〉는 다른 세 작품에 비해 인간과 기계의 공존 가능성에 대해 보다 유토피아적인 미래를 꿈꾼다고 볼 수 있다. 이 드라마는 "생물학적 기원을 갖는 포스트휴먼과 인공적 기원을 갖는 포스트휴먼 사이의 상호 협력적 관계"[36]를 상상할 수 있게 유도한다. 그러나 이보다 더 중요한 것은 〈절대 그이〉가 sex robot을 romantic guy로 전환시킴으로써 발생하게 되는 낭만적 사랑의 전경화, 근대적 휴머니즘의 재활성화라 할 수 있다. 인간과 기계의 성적 결합을 서사화하지 않고 정신적인 사랑만을 강조하게 됨에 따라 포스트휴먼 상황을 본격적으로 탐구하지 못하고 기존의 멜로드라마적 장치에 안착하게 된다.

---

36 김재희, 「포스트휴먼 시대, 탈노동은 가능한가?」, 국립현대미술관, 이플럭스 건축 기획, 『슈퍼휴머니티: 인간은 어떻게 스스로를 디자인하는가』, 문학과지성사, 2018, 46쪽.

4. 포스트휴머니즘과 멜로드라마적 상상력

인공지능이 탑재된 로봇, 여기에 자율적인 마음을 지니게 된 로봇. 인간이 타 존재와 구분될 수 있는 특징 중의 하나가 '자율성'이라고 한다면 〈절대 그이〉의 제로나인은 포스트휴머니즘적 존재라 할 만하다. 인간만이 지닐 수 있으리라고 말해지던 특징들, 즉 자율성, 자기 결정권, 마음 등을 제로나인도 가지게 되기 때문이다. 게다가 인간, AI 로봇, 로봇팔을 장착한 사이보그들이 공존하는 세계를 보여준다는 의미에서 이 드라마는 포스트휴머니티의 세계를 상상하게 만든다. 자신의 파멸을 감수하면서까지 엄다다와의 사랑을 지키려고 하는 제로나인의 자발적 선택은 인간만이 감정과 자기 결정 의지를 갖는 것이 아니라 AI 로봇도 가능하다고 말함으로써 인간에 대한 근대적 휴머니즘 정의를 벗어나는 것처럼 보인다. 〈절대 그이〉는 제로나인의 기계성을 가능한 한 은폐함으로써 인간이 기계와 사랑에 빠진다는 사실을 상기하지 못하도록 유도한다. 이에 따라 제로나인은 드라마를 통해 자신의 기계성을 제대로 보여주지 못한 채 3각 관계의 연애 장애담만을 구현하게 된다. 여기에서 3각 관계는 '제로나인-엄다다-마왕준'이 그 한 축이고 '엄다다-제로나인-다이애나'가 다른 축이다. 엄다다와 제로나인의 관계는 마왕준과 다이애나에 의해 위기에 처해지는데, 이러한 위기 상황을 극복하게 해주는 동력은 엄다다와 제로나인의 절대적인 사랑이다. 더 정확히 말하자면 제로나인의 변치 않는 사랑 때문에 인간인 엄다다의 마음이 변화한다. 제로나인 주변의 인간들이 제로나인에 대해 호감을 갖는 것으로 변화를 겪는 것은 인간과 기계 사이의 진정한 문제가 "어떻게 인간 정신의 바로 그 정체성이 외부의 기계적 보충물들에 의존하는가?"[37]와 연결되는지를 시사한다.

제로나인은 자기의 입술에 키스한 여인에게 연인이 되는 프로그램으로 제작되었다. 그러나 제로나인에게 크로노스 헤븐 회사에서 입력한 프로그램에서 벗어나는 능력이 생긴다. 제작사의 프로그램대로 움직이는 것에서 벗어나 자신만의 감정, 판단력, 의지를 지닌 자율적 존재로 거듭난다. 제작사에서 프로그래밍한 대로 움직이지 않고 제로나인이 자발적으로 엄다다에 대한 사랑의 감정을 키워나감에 따라 과부하가 걸려 망가진다. 작동을 멈춘 제로나인은 크로노스 헤븐 한국 지사로 회수되고, 한국 지사에서는 자신들이 생각하지도 못했던 제로나인의 능력에 대해 연구한다는 목적으로 1년 동안 본사로 회수시키지 않는다. 본사로 회수되기 전날, 과학자 남보원은 엄다다가 제로나인을 마지막으로 볼 수 있게 해준다. 작동이 완전히 멈춘 제로나인 앞에서 엄다다는 사랑의 고백을 하고 키스를 한 뒤 떠난다. 엄다다가 떠나고 제로나인이 실험대 위에 놓여 있는 장면에서 제로나인의 손가락 하나가 가볍게 움직인다. 이와 같은 이야기 전개는 제로나인이라는 기계 장치의 작동 금지라는 상황보다는, 엄다다를 지극히 사랑했던 제로나인이 불치병에 걸려 병상에 누워 있는 상황처럼 보인다. 장면이 바뀌면 눈이 내리는 겨울이다. 공중전화 부스에서 나온 엄다다의 머리 위로 우산을 씌워주는 남자의 뒷모습. 한 여인의 지극한 염원과 사랑 때문에 기적적으로 불치병을 극복한 남자의 등장을 연상하게 만든다.

원작 만화를 포함한 3편의 드라마들에서는 AI 로봇에 대한 인간들의 '불

---

37 슬라보예 지젝, 『신체 없는 기관』, 김지훈·박제철·이성민 옮김, 도서출판 b, 2006, 41~42쪽.

쾌한 골짜기(uncanny valley)' 경험이 매우 약화되어 나타난다. 로봇이 인간처럼 행동하기 시작했을 경우, 여주인공이 느낄 수 있는 감정은 복합적이다. 인간 같은 로봇을 접하게 되는 극중의 여주인공은 놀라움, 다소간의 공포, 경이로움, 신기함 등등의 감정을 지닐 수 있지만 〈절대 그이〉에서의 여주인공은 소위 '불쾌한 골짜기'의 상황까지는 도달하지 않는다. 기계가 인간 같은 행동을 할 때 처음에는 약간 놀라기는 하지만, 시간이 흐를수록 여주인공은 로봇에 대한 인간적 유대감이 강화됨을 느낀다. 앞에서도 언급했듯이 〈절대 그이〉에서 주목할 만한 부분은 다이애나의 존재이다. 그녀의 로봇팔은 그녀의 정체성이 명쾌하게 정의될 수 없음을 보여준다. 다이애나의 몸은 인간의 육체와 기계 부품으로 조합된 것이기 때문에 인간과 기계의 경계선에 서 있다고 할 수 있다. 인간의 육체와 기계 부품의 앙상블로 이루어진 그녀가 인간과 기계 모두에게 적대적이라는 사실은 매우 징후적이다. 또한 그녀가 이 드라마에서 가장 강력한 악의 세력으로 설정되었다는 점도 주목할 만하다. 그녀는 어렸을 때 집에 화재가 난 상황에서 가족과 친척들이 자기만 놔두고 도망친 사건 때문에 트라우마를 지니게 된다. 그녀는 자신의 대저택에서 집안일을 보는 여직원들을 가학적으로 대하고, 자신의 장난감(인형이나 로봇)을 망가뜨리는 것으로 화를 푼다. 흥미로운 사실은 이 드라마에서 제로나인의 몸체 내부를 보여주지 않는데 반해[38], 다이애나의 로봇팔은 명시적으로 드러낸다는 것이다. 〈절대 그이〉는 기계 부품들로 만들어진 제로나인에 대한

---

38 일본 드라마 <絶對彼氏>에서는 1회 첫 장면에서부터 반은 인간의 몸이고 반은 기계로 이루어진 로봇을 제시한다. 또한 로봇이 여주인공을 위해 출시 상품을 건네주려 건물들 위로 뛰어다니다가 무릎 부위에서 뛰어나온 철골 구조도 시각화한다.

시각적, 인식론적 거부감을 최대한 억제하는 반면 로봇팔을 지닌 다이애나의 사이보그성을 드러냄으로써 기계에 대한 양가적인 감정을 드러낸다. 제로나인의 기계성을 감춤으로써 〈절대 그이〉는 AI 로봇에 대한 사실을 뒤로 하고 여자 친구에게만 헌신하는 인간 남성으로 간주하게 만든다. 따라서 이 드라마에서는 인간과 기계의 질료 차이보다는 '휴머니즘적 마음'의 존재 여부가 관건이 된다.

인간과 AI 로봇의 사이에서, 완전한 인간의 몸도 아니고 온전히 기계의 몸도 아닌 사이보그로서의 다이애나는 인간과 로봇 사이의 행복한 공진화(共進化, co-evolution)[39] 과정을 파괴하는 자로 재현된다. 로봇팔을 장착한 다이애나는 인간과 로봇 모두를 파괴하고자 한다. 앞에서 지적했듯이 사이보그인 다이애나를 악녀화시켰다는 사실은 징후적이다. 왜냐하면 비인간적인 다이애나를 절대적인 악의 세력으로 설정함으로써 자연스럽게 인간과 인간적인 로봇의 소통 가능성을 강조하게 되기 때문이다. 따라서 이 드라마는 두 가지의 종(種)만을 허용하는 것처럼 보인다. 즉 번민과 갈등으로 고통받는 인간과, 프로그램화된 설정대로 한 여인만을 사랑하게 되는 AI 로봇이 그 종(種)이다. 인간도 로봇도 아닌 중간 지대의 존재인 다이애나는 악의 화신으로 봉인된다. 엄다다와 제로나인을 선(善)의 영역에, 로봇팔을 장착한 다이애나와 그녀가 마왕준을 모델로 만든 제로텐을 악(惡)의 영역에 배치함

---

39 "그(브루스 매즐리시)는 인간의 본성이 고정된 것이 아니라 (부분적으로) 기계와의 상호작용을 통해 진화하는 것이며, 결국 인간과 기계는 공진화의 길을 걸어왔고 앞으로도 걸을 것이라고 주장한다."(85) "신성했던 인간의 몸은 기계로, 그저 인간이 편의에 의해 만들어왔던 기계는 생명체로 그렇게 서로의 영역을 향해 공진화하고 있다."(87) (노진아, 「인간과 기계의 공진화(共進化)-인공지능 로보틱스 아트 '제페토의 꿈'을 중심으로」, 『한국영상학회 논문집』 16-1, 한국영상학회, 2018, 85~87쪽.)

으로써 이 드라마는 선과 악의 대결 및 선의 궁극적인 승리라는 멜로드라마적 시적 정의(詩的 正義, poetic justice)와 인과응보 논리를 내세운다.

'uncanny valley' 개념은 일본 로봇 공학자인 마사히로 모리(Masahiro Mori)가 "'인간과 흡사한' Vs '실재 인간과 똑같은' 인간 사이에 존재하는 불쾌한 지점"을 말할 때 사용되었다.[40] 마사히로 모리에 의하면 uncanny valley 속에는 '시신, 의수(義手, artificial hand), 좀비, 유령' 등이 존재한다. "인간과 아주 동떨어진 것이 아닌, 높은 유사성을 획득한 것이 더 기괴하다는 점에 비추어볼 때 인간과 비인간의 경계에 있는 시신, 의수, 좀비, 유령이 주는 이미지는 삶과 죽음, 움직임과 부동성의 경계 이미지로 오싹함, 혐오스러움"[41]을 극대화한다. 그런 의미에서 의수(義手) 로봇팔을 장착하고 있는 다이애나의 캐릭터를 혐오스러운 존재로 설정한 것은 적절해 보인다. 그녀의 로봇팔은 사람의 팔처럼 자유자재로 움직인다. 그러나 다이애나가 오른손에 꼈던 흰 장갑을 벗으면 철골(鐵骨)로 이루어진 로봇팔이 드러난다. 다이애나의 악녀(惡女) 이미지와 그녀의 의수가 상징하는 uncanny valley와의 밀접성은 이렇게 연결된다. "이분법의 신화를 깨뜨리는 혼종적 경계 위반의 존재로서 사이보그는 인간과 동물, 유기체와 기계 그리고 물질적인 것과 비물질적인 것 사이의 경계가 이미 해체되었으며, 그 해체가 가속화되고 있음을 폭로"[42]한다. 이 드라마의 내러티브 상 다이애나는 "경계 위반의 '기이한 낯섦(uncanny)'을 일깨우는 괴물

---

40 김지현·조재경, 「휴머노이드 로봇의 언캐니(Uncanny) 이미지 연구」, 『기초조형학연구』 19-1, 한국기초조형학회, 2018, 151쪽.

41 위의 글, 같은 곳.

42 김애령, 「사이보그와 그 자매들: 해러웨이의 포스트휴먼 수사 전략」, 이화인문과학원, 프랑스 LABEX Art-H2H 연구소 엮음, 『포스트휴먼의 무대』, 아카넷, 2015, 114~115쪽.

116   드라마를 읽는 세 가지 키워드

형상의 계보"[43]에 속하게 된다. 그러나 너무나 인간 같은, 인간이 아니라고 생각될 수 없을 만큼 인간다운 로봇인 제로나인의 경우, 드라마의 감상자는 제로나인의 몸체가 기계임에도 불구하고 uncanny valley를 경험하기 힘들다.

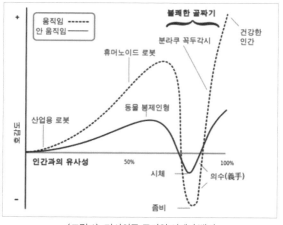

〈그림 1〉 마사히로 모리의 언캐니 밸리

여주인공 엄다다, 그리고 엄다다의 고백에 의해 제로나인이 로봇임을 알게 된 그녀의 주변 인물들도 처음에는 놀라는 표정을 짓지만 '불쾌한 골짜기'를 경험하지는 않는다. 〈절대 그이〉에서는, 다이애나를 제외한다면, 제로나인의 정체를 알게 된 사람들이 제로나인을 첨단 로봇으로 인식하기보다는 자기들과 다른 정체성을 지닌 타인으로만 생각한다. 물론 다이애나가 한국 지사 몰래 마왕준의 외형을 모델로 한 제로텐을 이용해 엄다다를 해치려고 시도했을 때에는 기계의 위험성을 잠시 드러내기도 한다. 그러나 엄다다와 그의 주변 인물들, 그리고 제로나인을 디자인한 남보원, 크로노스 헤븐

---

43 위의 글, 115쪽.

한국 지사장 등은 제로나인을 단순히 기계로 보지 않는다. 이렇게 보면 〈절대 그이〉가 인간과 기계의 공생 또는 인간과 기계의 혼종화를 긍정적으로 간주한다고 볼 수도 있다. 그러나 〈절대 그이〉에서 엄다다와 그의 주변 인물들이 제로나인과 공존할 수 있었던 것은, 이들이 제로나인의 기계성을 애써 무시했을 경우에만 가능하다. 다시 말해 드라마의 내러티브는, 제로나인의 기계성이 알려졌을 때 사람들을 잠시 동요시키기는 하지만, 그 어떤 인식론적인 전환 없이 제로나인을 '한 사람'으로 대하는 상황 전개로 이어진다.

① AI는 우리 사회를 비추는 거울이라 할 수 있다. AI는 우리의 일상생활과 일에 깊이 관여하며, 우리가 어디에 가치를 두는지 묻는다. 달리 말해, AI는 우리가 믿는 가치를 해체하고 재구성할 기회를 선사하며, 우리 사회의 미래를 창의적으로 생각해 보도록 이끌어 줄 것이다.[44]

② 우리 사회는 도구, 기계 그리고 유기체로 이루어진 사이보그 사회이지만 우리는 이것을 부인한다. 우리는 우리가 유기체들과 맺고 있는 관계, 우리가 체화되어 있는 세계를 부인한다. 그리고 우리가 만든 기술과학에 대한 책임마저도 부인한다.[45]

〈절대 그이〉는 ①의 "우리가 믿는 가치를 해체하고 재구성할 기회"를 선사하기보다는 근대 이후의 낭만적 사랑을 재확인하는 것으로 만족하고 만

---

44 에마 아리사, 「과업과 가치」, 『슈퍼휴머니티:인간은 어떻게 스스로를 디자인하는가』, 앞의 책, 54쪽.
45 크리스 그레이, 『사이보그 시티즌』, 석기용 옮김, 김영사, 2016, 379~380쪽.

다. 또한 이 드라마는 우리 사회가 ②의 "도구, 기계 그리고 유기체로 이루어진 사이보그 사회"임을 적극적으로 보여주지도 않는다. 제로나인을 로봇이 아니라 인간으로 보게 만드는 더 결정적인 요인은 이 드라마가 차용하고 있는 신파적 상상력이다. 〈절대 그이〉는 연애(혼인) 장애담의 신파적 내러티브를 적극적으로 펼쳐 보인다. 제로나인을 만난 엄다다는, 처음에는 자기 내부의 초자아 때문에, 그리고 이후에는 주변 인물들의 방해 때문에 연애(혼인) 서사가 지연된다. 원작 만화와 일본, 대만 드라마의 경우 로봇은 여주인공 곁에서 절대적인 사랑과 충성을 바치다가 사라져 버리는 소모성 도구였다면, 〈절대 그이〉에서는 폐기(또는 불치병으로 인한 사망)의 극한적인 위험을 극복하고 여주인공에게 돌아온 로봇을 보여줌으로써 그 로봇이 잠시 여인을 충족시켰다가 사라져 버리는 일회성 도구가 아니라 평생 동안 함께 해야 할 동반자로 그려진다.

① 제로나인   왜 그래, 여자 친구.
엄다다   나 때문이야. 너 이렇게 된 거 나 때문이라고.
제로나인   그런 거 아냐, 여자 친구.
엄다다   아니. 나야, 내가 문제야. 나랑 만나고 내 남자 친구가 되고 날 사랑하게 돼서야. 나 때문에 니가 이렇게 된 거야.
제로나인   (엄다다의 손을 잡으며) 그런 거 아니라니까. 다다야, 그만 울어, 그런 거 아냐.
엄다다   나 어떡해, 영구야. 너 죽으면 나 어떡해?
제로나인   … 나, 안 죽어. 나, 로봇인데? 그런데 어떻게 죽어? 그리고 사람들이 죽어도 어디로 가는 거 아니라고, 기억 속에 다 남아 있는 거라고 여자 친구가 그랬잖아.
엄다다   (고개를 저으며) 거짓말이야. 우리, 처음에 만났을 때, 니가 나한테 안녕 내 여자 친구라고 했는지, 여자 친구 안녕이라고 했는지, 난 벌써 그것도 기억이 안

나. 사람 기억력이라는 게 고작 이 정도야. 영구, 너는 잊는다는 것이 얼마나
무서운 건지 모르잖아. 나는 니가 기억 속에만 있는 게 싫어. 추억으로만 남는
것도 싫어. 영구야, 그러니까 죽지 마. 사라지지 마, 내 옆에 있어 그냥. 나랑 같
이 비 오는 날 우산 같이 쓰고, 별 보러도 같이 가고 춤도 같이 추자. 우리 이
렇게 오래 있기로 약속했잖아. 약속했잖아.

제로나인　알았어 여자 친구. (껴안으며) 꼭 그렇게 하자.

(32회)

② 다이애나의 대저택. 다이애나가 하트 쿨러(Heart Cooler)를 박스에서 꺼낸다. 어떻게 할
까?, 하면서 차갑게 웃는다. 이때 밖에서 엄다다와 하녀들이 실랑이하는 소리. 다이애나,
방에서 나와 이층 계단에서 이 장면을 내려다본다. 다이애나의 손에 하트 쿨러가 쥐어져
있다. 엄다다가 제발 달라고 하자, 다이애나, 그 고철 덩어리가 어떻게 망가지는지 보라고
말한다. 이때 지부장과 남보원이 등장한다. 남보원, 다이애나에게 하트 쿨러를 돌려달라
고 한다. 그러나 다이애나는 냉소적으로 내려다볼 뿐이다. 엄다다, 바닥에 무릎을 꿇는다.
엄다다가 다이애나에게 애원하지만 다이애나는 선물을 주겠다면서 하트 쿨러를 아래로
떨어뜨린다. 산산 조각나는 하트 쿨러. 오열하는 엄다다.

(32회)
(대사정리 인용자)

　　위의 ①에서 볼 수 있는 엄다다의 감정 과잉은 포스트휴먼적 상상력을
멜로드라마적 취향으로 각색했음을 잘 보여준다. 이 장면에서 남성(실은 남
성형 로봇)에 대한 죄책감과 사랑의 장애에 대한 자책감이 눈물샘을 한껏 자
극한다. "분명히 텔레비전은 '심금을 울리는' 드라마에서 극명하게 볼 수 있
는 바와 같이, 진정한 정서라는 비매개성을 추구한다."[46] 인용된 ②의 장면

46　제이 데이비드 볼터·리처드 그루신, 『재매개』, 이재현 옮김, 커뮤니케이션북스, 2011, 226쪽.

은 멜로드라마(특히 신파적 TV드라마)에서 자주 목격했던 것이기도 하다. 3각 관계에 있는 여주인공이 권력을 지닌 경쟁자 여인에게 무릎을 꿇으며 남자 친구를 되돌려 달라고 사정하는 장면은 기시감을 제공한다. 물론 비인간이 자 절대적 타자라 할 수 있는 제로나인을 받아들이는 엄다다는 다음과 같 은 윤리를 실천하는 주체라 할 만하다. "사랑의 만남의 영향 아래 내가 그 만남에 실질적으로 충실하고자 한다면, 나의 상황에 '거주하는' 나 자신의 방식을 머리끝에서 발끝까지 바꾸어야 한다."[47] 제로나인에 대한 엄다다의 충실성은 그녀를 주체로 구성할 수 있는데, 왜냐하면 "우리는 충실성의 담 지자, 즉 진리의 과정의 담지자를 '주체'"[48]라 부를 수 있기 때문이다. 그런 의 미에서 "주체는 결코 과정에 앞서 존재하지 않는다. 주체는 사건이 생기기 '이전의' 상황 속에서는 절대적으로 부재한다. 우리는 진리의 과정이 주체 를 도출시킨다고 말할 수 있을 것이다."[49] 엄다다는 제로나인과의 사랑에 충 실하고자 노력하며 자신의 삶의 방식을 바꾸려고 시도한다. 그렇다면 엄다 다는 '진리의 과정' 속에서 하나의 주체로 구성된다고도 할 수 있는데, 엄다 다와 제로나인의 연인 관계는 과연 진정한 의미에서 두 주체를 발명해 내는 가. 만약 구성된다면 그 주체의 본질은 무엇인가. 제로나인은 자신의 입술 에 키스를 하는 사람에게만 복종하고 그 사람만을 보호한다. 엄다다에 대한 제로나인의 '불변하는 복종심과 애정'은 다양한 변수 앞에서 만나게 될 수밖 에 없는 고통스러운 고민과 선택 의지의 결과물인가. 엄다다는 제로나인을

---

47 알랭 바디우, 『윤리학』, 이종영 옮김, 동문선, 2001, 55쪽.
48 위의 책, 56쪽.
49 위의 책, 같은 곳.

사랑하는 것인가, 아니면 제로나인을 제작한 회사 '크로노스 헤븐'의 신상품 매뉴얼 또는 제로나인을 설계한 남보원의 로봇 프로그램을 사랑하는 것인가. 제로나인이 '크로노스 헤븐'의 신상품이건 남보원의 발명품이건 변하지 않는 사실은 제로나인이 입력된 프로그램에 '충실'하게 작동한다는 것이다. 제로나인이 엄다다만을 '불변의 사랑'으로 대하는 것은 윤리성에 대한 고민과 성찰 그리고 부단한 시행착오 끝에 내린 결단에 의한 것이라 보기 힘들다. 따라서 제로나인에게서 윤리성에 대한 결단을 기대하는 것, 그리고 '진리의 과정'에 온전히 투신하는 것을 기대하는 것은 무리이다. 제로나인의 순정(純情)은 윤리성에 대한 본질적인 고민보다는 멜로드라마의 서사 문법에 의해 빛을 발하기 때문이다.

〈절대 그이〉는 엄다다와 AI 로봇인 제로나인 사이에 마왕준과 다이애나를 개입시킴으로써 복잡한 3각 관계를 전개시킨다. 마왕준과 다이애나는 엄다다와 제로나인의 사랑을 위협하며 방해한다. 한류 스타인 마왕준, 재벌 상속녀인 다이애나는 엄다다와 제로나인에 비해 우월한 위치에 서 있는 자들이다. 이들은 돈과 권력으로 엄다다와 제로나인의 연인 관계를 끊기 위해 노력한다. 그러나 〈절대 그이〉의 내러티브는 외부로부터 어떠한 위협이나 방해를 받는다 하더라도 진실되고 절대적인 사랑은 깨질 수 없다는 순애보(殉愛譜)의 전통을 이어나간다. 그러기 위해서 〈절대 그이〉는 엄다다와 제로나인에게 과도한 열정과 감응(感應[50], affect)을 부여함으로써 사랑에 대한 감상주의를 극대화시킨다.

---

50 국내 서적과 논문에서는 affect를 정동(情動)으로 번역하는 경우가 대부분인데 이 글에서는 문맥의 의미를 살리기 위해 감응(感應)이란 단어를 사용한다.

인간 엄다다와 AI 로봇 제로나인의 사랑은 지속적으로 장애물을 만나게 된다. 7년 동안 비밀 연애를 하다 엄다다와 헤어진 마왕준은 엄다다와 제로나인의 관계를 위협하고, 이후에는 다이애나가 더 강력한 방해 세력으로 등장한다. 엄다다가 주변 사람들에게 제로나인이 로봇이라고 정체를 밝히자 그 주변 사람들 모두 엄다다에게 제로나인과의 관계를 끊으라고 종용한다. 그런 의미에서 엄다다와 남보원을 제외한 극중의 인물들은 인간과 기계가 사랑을 나누면서 행복하게 공존할 수 있다는 사실에 대해서는 매우 소극적이며 부정적이라고 볼 수 있다. 결국 서사에서 남는 것은 인간 엄다다와 AI 로봇 제로나인의 영원하고 절대적인 사랑, 그것도 치열한 육체적 사랑이 아니라 서로의 섹슈얼리티를 억제한 채 전개되는 정신적이고 낭만적인 사랑이다. sex robot으로 제작된 제로나인은 끝끝내 엄다다와의 만남에서 자기 자신의 기원과 정체성을 밝혀내거나 구축하지 못한다. 〈절대 그이〉는 한 쌍의 남녀가 사랑을 지키는 과정에 많은 방해와 위협을 제시함으로써 헌신적이고 정신적인 사랑이 얼마나 소중하고 강력한 가치인지를 보여준다.

5. 포스트 휴머니티와 주체성

TV드라마 〈절대 그이〉에 나타난 연인용 AI 로봇의 섹슈얼리티, 인간과 기계의 공생 가능성, 딥러닝을 통해 지식뿐 아니라 인간적인 '마음'마저 갖게 되는 AI 로봇의 정체성 등에 대한 질문은 포스트휴머니즘 시대에 대한 고민처럼 보인다. 〈절대 그이〉는 일본의 원작 만화 《絕對彼氏》, 일본 드라마 〈絕

對彼氏〉, 대만 드라마 〈絕對達令〉을 참조한 드라마로서 2019년의 한국 맥락에 맞춰 리메이크한 작품이다. 원작 만화와 이후 3편의 드라마들은 실연의 상처 때문에 고심하던 여주인공이 연인용 AI 로봇과 만나게 됨으로써 치유된다는 점에서는 대동소이하다.

원작 만화는 여고생의 성적(性的) 판타지를 과감하게 재현한 작품이다. 그녀는 Love Shop이라는 사이트에 접속하여 자신이 이상적으로 생각하는 남자 애인의 조건들을 입력하여 연인용 로봇을 배달받는다. 여고생과 로봇은 사랑하는 사이가 되고 마침내 성적 결합에 이르게 된다. 이후 만화를 각색한 드라마들에서는 인간과 로봇의 섹스가 재현되지 않는데, 이는 만화책을 읽는 독자의 환경과 TV드라마를 감상하는 시청자의 환경 차이에서 생긴 결과라 할 수 있다. 이에 따라 3편의 드라마들은 원작 만화와는 달리 연인용 로봇인 sex robot을 청춘 로맨스 드라마의 romantic guy로 변환시킴으로써 로봇의 남성적 섹슈얼리티를 순화시킨다. 남자 친구 만들기에 실패한 여성이 '절대적 조건을 지닌 연인 로봇'을 주문해 동거한다는 서사 구조는 원작 만화, 일본과 대만 드라마에서 동일하게 전개된다.

〈절대 그이〉는 만화 원작과 일본, 대만 드라마와 차별되는 내용을 새롭게 삽입했다. 대표적인 것은 로봇팔을 장착한 재벌 상속녀 다이애나의 등장이다. 그녀는 일종의 사이보그적 주체라 할 수 있는데 인간과 로봇 모두에게 반감을 지니고 있다. 자신의 하녀들과 구입한 로봇들을 박해하는 다이애나는 인간과 기계의 원만한 앙상블을 파괴한다. 또 하나 주목할 만한 것은 한국 드라마 〈절대 그이〉가 로봇이 기능 정지되어 여주인공과 헤어지게 된다는 이전 작품들의 결말과 달리 폐기 처분될 처지에 놓인 로봇이 기적적으로 재작동되어 여주인공 앞에 다시 나타나는 결말을 보여준다는 점이다. 이는 〈절대 그이〉가 인간과 기계의 공생 관계를 긍정적으로 받아들이는 것이라 볼 수 있다.

〈절대 그이〉에 등장하는 AI 로봇 제로나인은 자신의 기계성을 제대로 보여주지 못한다. 이 드라마는 제로나인의 내부, 즉 기계 부품들로 조합된 로봇의 특성을 보여주지 않고 여주인공만 바라보고 사랑해 주는 순정남으로 재현한다. 인간과 기계의 공생을 방해하는 다이애나의 로봇팔이 노출되는 것과는 달리 제로나인의 기계 내부는 표출(表出)되지 않는다. 인공물이 지나치게 인간과 비슷하게 보일수록 기괴함을 느끼게 되는데 이러한 상황을 uncanny valley라 부른다. 철골 구조로 이루어진 다이애나의 로봇팔이 등장할 때 uncanny valley 지점이 잠시 드러나긴 하지만, 기계 부품들로 조합된 제로나인의 기계적 내부 구조는 시각화를 애써 피하면서 uncanny valley를 만들지 않는다.

〈절대 그이〉는 AI 로봇의 정체성이나 인간과의 공존 관계에 대해 심각하게 고민하지 않고, 그 대신에 지고지순한 절대적인 사랑의 실천에 초점을 맞추고 있다. 인간, 로봇팔을 장착한 인간, AI 로봇 등이 공존하고 있다는 점에서 이 드라마는 포스트휴먼적 세계의 성격을 내포하고 있다. 그러나 〈절대 그이〉는 제로나인의 기계성을 가급적 은폐하고 여주인공에 대한 절대적인 사랑을 드러내기 위해 청춘 로맨스 드라마의 휴머니즘 문법에 기대는 것에 만족한다. 인간, AI 로봇, 사이보그 등이 혼재하는 것으로 그리고 있는 이 드라마는 포스트휴먼 사회의 풍경을 보여줄 수 있는 가능성을 지닌다. 그러나 포스트휴머니즘이 근대의 인간 중심적 휴머니즘에 대한 근본적인 회의와 반성에서 출발한다는 점에서 이 드라마는 근대적 휴머니즘, 그 중에서도 지고지순한 '인간의 사랑'의 가치를 전경화시키는 것에서 멈추고 만다.

〈승리호〉(Netflex, 2021)
: 포스트휴먼에 대한 디스토피아적 상상*

김강원

---

1. 한국형 스페이스오페라의 시작

'인간'이란 무엇인가? 이 질문에 대한 답은 인간에 대한 정의가 될 것이고, 이 질문에 대한 답을 구하는 과정은 인간 정체성에 대해 확인하는 철학적 성찰이 될 수 있다. 디지털로 인한 새로운 산업의 혁명은 기계가 일군 지난 산업혁명이 그러했듯 단순히 산업의 영역이 아닌 사회와 문화 전반을 변화시키고 있고, 더 나아가 그 변화된 세상을 살아가는 인간 존재에 대한 재정립을 필요로 하고 있다. 근대 산업혁명으로 인해, 인간이 그 '효용'에 대해 기계와 경쟁하게 되었음에도 불구하고, 인간의 가치와 존재의 고유성 문제는 절대적 명제로서 지위를 유지해 왔다. 그러나 4차 산업혁명의 전환기에 이르러, 마침내 인간의 고유한 가치 혹은 그 절대성마저 위협을 받게 되었다. 프로이트는 인간 중심주의적 자기애가 코페르니쿠스의 지동설, 다윈의 진화론, 프로이트의 무의식에 대한 발견이라는 역사의 경험을 통해 세 차례의 모

이 글은 아래 논문을 수정 보완한 것임.
김강원, 「SF영화 〈승리호〉의 포스트휴먼 담론」, 『한국문예창작』 21-3, 한국문예창작학회, 2022.

126   드라마를 읽는 세 가지 키워드

욕을 당했다고 단언한 바 있다.[1] 이러한 프로이트의 표현을 빌자면, 이제 인간의 자기애는 포스트휴먼의 현실화를 통해 네 번째 모욕을 당하고 있는 셈이다. 새로운 인간담론을 지칭하는 '포스트휴먼(posthuman)'은 용어의 표기에서부터 '인간, 그 이후'를 염두에 두고 있다. 만일 인간이 절대적 존재라면, 감히 '그 이후(post)'를 상상하는 것은 불가할 것이라는 점에서 이 용어 자체가 인간이 그 절대적 가치와 지위를 상실한 것을 의미하는 것이기도 하다.

　물론 지난 산업혁명을 통해 인간은 이미 존재의 위기를 경험한 바 있다. 기계화를 통해 생산성이 급격히 증가하면서 인간의 삶이 윤택해졌음은 분명했으나, 노동의 효율성을 '기계'와 비교당하고 경쟁하게 된 인간의 위치는 존재론적인 의미에서 충격을 주었기 때문이다. 다수의 대중들은 그들의 일터인 공장에서 기계와 경쟁하며 살아남아야 하는 상황에 처하게 되었고, 그렇기 때문에 빠르고 정확하며 지치지 않는 기계와, 그 기계를 만들어내는 과학기술에 대해 마냥 찬탄하거나 경외를 표할 수만은 없었다. 과학과 기술의 발전에 대한 놀라움과 기대만큼, 그로 인해 전개될 미래에 대한 불안과 공포 역시 커질 수밖에 없었던 것이다. 그리고 이러한 대중의 인식은 4차 산업혁명의 도래를 이야기하는 지금에 와서도 여전히 유효하다. 기실 포스트휴먼 담론을 통해 경험하는 인간존엄성에 대한 네 번째 모욕이란 이미 꽤 오래전부터 진행되고 있었던 셈이다.

　'포스트'가 붙은 용어는 이미 우리에게 익숙하다. 그런 맥락에서 포스트휴먼 역시 일련의 학문적 유행으로 인식될 수도 있다. 그러나 브라이도티의

1　신상규, 『호모사피엔스의 미래: 포스트휴먼과 트랜스휴머니즘』, 아카넷, 2014, 26쪽.

말처럼 이것은 "포스트' 유행 시리즈의 최신판"[2]이라거나 이 "접속사들의 연속에서 n번째 변이"[3]라는 인식을 넘어선, 보다 근본적인 사고의 전환을 필요로 한다. 왜냐하면 포스트휴먼이란 인간이 스스로를 규정하고 이해하고자 하는 일종의 메타담론이므로 우리가 이 용어를 이해하기 위해서는 '포스트'가 아닌 '휴먼'에 좀 더 중심을 두어야 하기 때문이다. 그러므로 지금의 포스트휴먼 담론은 단순한 유행이나 경향이 아니라 지속적 논의를 위한 시작이 되어야 한다. 포스트휴먼을 통해 인간 존재에 대한 인식은 이전과 현격하게 달라졌으며, 이러한 인간관은 문학, 예술, 종교 등 모든 영역에서의 변화를 야기하였다. 우리는 여전히 과학적 세계관을 유지하고 있지만, 그 '과학'이라는 것이 기술이라는 도구적 차원을 넘어 인간의 존재 자체를 다시 사유하게 하는 새로운 형태로 등장하게 된 것이다. 그리고 이것은 이전과는 달리 '포스트휴먼'이라는 화두로써 인간 존재에 대해 회의와 의문을 제기하고 있다.

20세기까지 포스트휴먼은 예술적 상상의 구성물로 존재하였으나, 지금은 상상의 영역을 넘어 현실의 문제가 되었다.[4] 그리고 그것을 현실화해 준 과학의 발달은 상당히 다원적이고 다층적인 측면에서 진행되는 과정에 있다. 그렇기 때문에 포스트휴먼에 대한 논의도 현재형으로 진행 중이다. 포

---

2 로지 브라이도티, 『포스트휴먼』, 이경란 옮김, 아카넷, 2015, 9쪽.

3 "포스트모던, 포스트식민, 포스트산업, 테크노 공산주의, 그리고 훨씬 더 논쟁적인 포스트페미니즘적 조건들 이후 우리는 포스트휴먼 곤경에 진입한 듯하다. 포스트휴먼 조건은 끝없이 등장하는 다소 인위적인 듯한 접속사들의 연속에서 n번째 변이에 불과한 것이 아니라, 우리 종과 우리 정체성 그리고 지구행성의 다른 거주자들과 우리의 관계를 위한 기본적인 공통의 참조단위가 정확히 무엇인지에 대한 우리의 생각을 질적으로 전환시키고 있다." 위의 책, 8쪽.

4 박영석, 『21세기 SF영화의 논점들』, 아모르문디, 2019, 152쪽.

스트휴먼은 일반적으로 "테크놀로지의 발달로 근대 인간의 신체적·지적 한계를 뛰어넘은 존재"[5]로 규정되어 왔다. 보스트롬은 인간의 세 가지 주요 능력, '건강수명, 인지, 감정' 중 최소한 하나 이상의 능력에서 현재의 인간이 도달할 수 있는 최대한의 한계를 월등하게 뛰어날 경우를 포스트휴먼으로 정의할 것을 제안한 바 있다.[6] 보스트롬의 정의에서 볼 수 있듯 포스트휴먼의 개념에서 공통적으로 강조하는 것은 인간보다 뛰어난 '능력'에 대한 언급이다.

그간 포스트휴먼의 담론화에는 크게 두 가지 배경이 작용하였다. 그 "하나는 구조주의와 포스트구조주의가 전통적 휴머니즘과 휴먼 주체에 대한 비판적 해체를 시도한 이후 새로운 주체성의 모색이 긴급하게 된 상황이고, 다른 하나는 첨단 기술과학이 구체적인 인간 삶의 환경적 조건으로 침투하면서 새로운 주체화의 조건으로 급부상하게 된 것"으로 구분된다. 포스트휴먼이 상상의 측면에서 존재하였던 20세기 무렵까지는 첫 번째 경우인 휴머니즘 주체에 대한 비판적 해체의 측면에 근거한 논의가 좀 더 중심이 되었다면, 포스트휴먼이 과학기술로 현실화되는 최근에서는 두 번째 경우인 새로운 주체화의 측면으로 무게 중심이 옮겨가는 추세이다. 그리고 이 글 역시 현재적 흐름과 같은 맥락에서 한국 최초의 스페이스오페라(space opera) 〈승리호〉[8]에서 핵심 캐릭터로 등장하는 포스트휴먼을 통해 '인간, 그 이후'의

---

5   최병구, 『포스트휴먼과 SF: 누구와 어떻게 접속할 것인가?』, 나남출판, 2021, 25쪽.

6   신상규, 앞의 책, 104쪽.

7   김재희, 「우리는 어떻게 포스트휴먼 주체가 될 수 있는가」, 『디지털포스트휴먼의 조건』, 갈무리, 2021, 19쪽.

8   각본 조성희/모칸(윤승민, 유강서애), 감독 조성희, 2012년 2월 5일 넷플릭스 공개. 한국 최초의

새로운 주체로서 포스트휴먼에 대한 논점들을 분석해보고자 한다.

〈승리호〉에 대한 선행의 연구들은 크게 세 가지 경향으로 진행되었다. 첫째는 SF장르론과 산업적 측면에 대한 접근으로, 여기에는 SF장르로서의 특성과 수용자 연구, 그리고 OTT 플랫폼에 대한 연구와 제작방식에 대한 연구들이 있다.[9] 둘째로는 〈승리호〉의 세계관에 대한 분석으로, 여기에는 주로 디스토피아와 에코페미니즘에 대한 논의들이 있다.[10] 마지막은 포스트휴먼의 관점에서 〈승리호〉를 분석한 연구로, 본 연구와 방향성이 가장 일치한다고 볼 수 있다.[11] 이 글은 〈승리호〉의 포스트휴먼 담론을 보다 심층적이고

우주 SF영화(스페이스오페라)이다. 미국의 저명한 SF문학상인 Hugo Award와 Nebula Award에 한국 작품 최초로 노미네이트되기도 하였다. 영화는 환경오염으로 훼손된 지구 대신 우주궤도에 만든 인공도시 UTS로 이주를 하게 되는 2029년의 미래를 배경으로 하고 있다. 영화와 우주선이 동명(同名)인 관계로 이 글에서는 이를 구분하기 위해 영화명은 〈승리호〉로, 우주선은 부호가 없는 승리호로 표기하고자 한다.

9 　송현석, 「영화 〈승리호〉 제작보고서: 조명을 중심으로」, 중앙대 석사학위논문, 2021. ; 남유정, 「시대 변화에 따른 SF영화의 발전 양상 및 한국 SF영화의 활성화 가능성 연구」, 중앙대 석사학위논문, 2022. ; 김익상·김승경, 「디지털기술을 사용한 한국영화 장르 확장성에 대한 연구: 〈승리호〉의 제작배경과 VFX를 중심으로」, 『한국영상학회 논문집』 20-4, 한국영상학회, 2022. ; 단소일·이미선, 「SF영화 〈유랑 지구〉와 〈승리호〉의 해외 관객 수용양상 비교 연구」, 『한국웰니스학회지』 17-2, 한국웰니스학회, 2022. ; 마신웨·차승재, 「OTT 시장이 영화산업에 가져온 영향의 양면성: 영화〈경마〉, 〈승리호〉를 중심으로」, 『씨네포럼』 39, 동국대학교 영상미디어센터, 2021. ; 윤미선, 「음성 자막과 음성 해설의 멀티모달 결속성 연구: 한국 영화 「옥자」, 「미나리」, 「승리호」 분석을 중심으로」, 『번역학연구』 23-2, 한국번역학회, 2022.

10 　박세준·진은경, 「〈승리호〉와 미래 그리고 에코페미니즘」, 『문학과 환경』 20-2, 문학과환경학회, 2021. ; 신성환, 「SF 영화에 나타난 '쓰레기 문명'과 공존의 윤리에 대한 상상력: 〈월-E〉와 〈승리호〉를 중심으로」, 『현대영화연구』 17-2, 한양대학교 현대영화연구소, 2021. ; 이지용, 「한국 SF에서의 똥/쓰레기들이 가지는 의미」, 『상허학보』 65, 상허학회, 2022. ; 신진숙, 「한국 SF영화를 통해 본 미래사회와의 조우 방식: 〈설국열차〉와 〈승리호〉를 중심으로」, 『한국콘텐츠학회논문지』 22-2, 한국콘텐츠학회, 2022.

11 　유재응·이현경, 「최근 한국영화 속 포스트-휴먼의 두 가지 양상: 〈승리호〉(2021), 〈서복〉(2021)을 중심으로」, 『The Journal of the Convergence on Culture Technology』 8-1, 국제문화기술진흥원, 2022. ; 진설아, 「2020년대 한국 SF의 가족주의 연구 〈승리호〉와 〈고요의 바다〉에 나타난 '포스트휴먼 포섭 과정'을 중심으로」, 『한국연구』 12, 한국연구원, 2022.

비판적으로 분석하고자 한다.

SF장르는 포스트휴먼에 대한 질문을 가장 적극적으로 담당해왔다. 그것은 '상상'에 불과한 것으로 인식되어 왔으나, 실상은 이러한 허구가 일종의 예측에 가까웠던 것이다. 하드 SF의 화소들이 실제로 과학 발전의 아이디어이자 지향인 동시에 이론적 적용이 될 수도 있었던 것을 생각해본다면, SF라는 장르의 명칭이 내포하고 있는 '과학(science)'의 속성은 실제 인류의 진보 과정과 무관하지 않았고, 이것은 포스트휴먼의 담론에 있어서도 마찬가지이다. 이른바 "SF적 상상력과 기술결정론적 미래학이 결합되어 그려지고 있는 대중문화 속의 포스트휴먼 사회의 모습"[12]이 재현되고 있는 것이다.

한국의 SF장르, 특히 영상서사물은 "그 특성이나 장르적 발전 단계에서 독자적인 장르 형성에 실패"[13]했다고 보는 것이 그간의 일반적인 시각이었는데, 특히 그 하위 장르인 스페이스오페라는 전무했다는 점에서 장르 지형이 더욱 척박했음을 짐작해볼 수 있다. 그러므로 〈승리호〉는 스페이스오페라를 처음 시도했다는 점에서 한국 SF장르 환경이 긍정적인 전환을 맞이한 중요한 기점이 되었다. 2021년 2월 〈승리호〉가 넷플릭스에서 공개된 이후, 같은 해 4월에 〈서복〉, 12월 〈고요의 바다〉, 2022년 〈외계+인〉1부, 2023년 〈정이〉 등이 꾸준하게 이어지고 있음을 상기해본다면, 이제 스페이스오페라가 한국에서도 하나의 장르적 흐름을 형성하기 시작했다고 보아도 무방할 것이

---

12 김재희, 「시몽동과 포스트휴먼 기술문화」, 이화인문과학원&LABEX Arts-H2H연구소, 『포스트휴먼의 무대』, 아카넷, 2015, 11쪽.

13 송효정, 「한국 SF영화의 출현과 전개: 1960년대 고딕SF와 소년SF를 중심으로」, 『대중서사장르의 모든 것 5:환상물』, 이론과 실천, 2016, 474쪽.

다. 장르의 발전을 일종의 변증법적 진화로 본다면[14], 장르의 시작은 기본에 충실할 수밖에 없을 것이고, 〈승리호〉 역시 첫 시도라는 조심스러움 때문인지 서구 SF장르 문법을 착실히 따르는 보수적이고 소극적인 서사전략을 구사하고 있다. 이처럼 〈승리호〉가 SF장르의 가장 기본적인 세계관과 주제, 그리고 작법에 기대고 있는 것은 장르에 대한 경험과 결과가 부족한 까닭에 보다 안정적인 서사관습을 유지하고자 한 나름의 자구책이자 방어적 전략이기도 할 것이다. 이러한 안정성은 작품의 서사적, 그리고 미학적 측면에서는 아쉬운 선택이었을 것이나 문화지형의 지표로서는 유의미하다고 볼 수 있다. 〈승리호〉의 대중성 지향은 이 시기 한국 대중문화가 '스페이스오페라'라는 SF장르를 통해 드러내는 욕망과 정서를 가장 일반화시켜 내포한 결과물의 재현이자 반영의 지표이기 때문이다.

스페이스오페라는 활극(活劇)이라는 이야기의 본질상 전쟁을 선호한다. 20세기까지 만연했던 영토 확장과 정복, 그리고 냉전의 영향이 반영되었던 이전의 스페이스오페라에서 우주전쟁의 대상은 외계의 다른 종족이었다. 그러나 점차 인공지능이 대중화됨에 따라 대중의 실감이라는 현재성이 반영되면서 우주전쟁의 대상은 이(異)종족이 아닌 인공지능과 같은 인간이 만들어낸 기술의 산물로 변화하고 있는데, 〈승리호〉 역시 이러한 스페이스오페라의 새로운 안타고니스트를 착실하게 반영하고 있다.

더 나아가 〈승리호〉는 안타고니스트 뿐만 아니라 프로타고니스트로서도 포스트휴먼을 적극 활용하고 있다. "포스트휴먼은 완전히 인위적으로 만들

---

14 라파엘 무안, 『영화장르』, 유민희 옮김, 동문선, 2009, 165쪽.

어진 인공지능일 수도 있고, 신체를 버리고 슈퍼컴퓨터 안에 정보 패턴으로 살기를 업로드 한 형태일 수도 있으며, 또는 생물학적 인간에 대한 작은 개선들이 축적된 결과일 수도 있다."[15] 즉 포스트휴먼이란 하나의 단일한 형태가 아닌 다양한 가능성을 지니는 양태들인데, 〈승리호〉는 '인공지능'과 '생물학적 인간에 대한 개선의 형태'라는 포스트휴먼의 두 가지 대표적 양상을 모두 보여주고 있는 만큼 포스트휴먼에 대한 의미있는 텍스트가 될 수 있을 것이다. 따라서 이 글에서는 〈승리호〉를 통해 4차 산업혁명으로의 전환이 일어나는 지금의 한국에서 가장 문제적 이슈이자 다음 세대 인간의 존재론과 직결되는 포스트휴먼에 대한 담론에 대해 논의해보고자 한다.

2. 트랜스휴먼, 개발되는 신체

〈승리호〉는 프로타고니스트와 안타고니스트가 명백하고, 그들이 지향하는 선과 악의 가치 역시 상당히 뚜렷하게 설정되어 있다. 이처럼 인물의 설정에 있어 매우 평면적인 이 작품에서 중심인물 꽃님(박예린 분)은 위기에 처한 우주선 승리호와 선원들을 구해내는 데우스엑스마키나(deus ex machina)적 존재라는 점에서 캐릭터의 설정뿐 아니라 플롯까지도 평면적으로 단순화시키고 있다. 이는 꽃님의 캐릭터가 신(神)에 가까운 능력치로 설정되어 있기 때문이다. 꽃님이는 다른 나노봇을 조종할 수 있고, 나노봇들을 이용해 공

---

15 신상규, 앞의 책, 105쪽.

격과 위험으로부터 자신과 주위를 보호할 수도 있다. 그리고 식물을 소생시킬 수 있는 능력도 가지고 있는데, 이러한 것들이 아이가 본래 타고난 능력이 아니라 개발된 능력이라는 점에서 흥미롭다.

꽃님이는 UTS 소속 과학자인 강현우(김무열 분)의 딸로, 선천적으로 뇌신경이 파괴되어가는 불치병을 앓고 있었다. 이에 강현우가 마지막 수단으로 꽃님이에게 '정교하게 프로그래밍 된 나노봇'을 주사함으로써 건강을 회복시키게 되는데, 이를 계기로 꽃님은 예상치 못한 엄청난 능력을 갖게 되었다. 꽃님의 능력을 이용하려는 설리반(리처드 아미티지 분)으로부터 강현우가 딸을 도피시키는 과정에서 꽃님이가 승리호의 선원들을 만나게 되는 것이 〈승리호〉 이야기의 시작이 된다. 초능력에 가까울 만큼 절대적인 것으로 묘사되는 꽃님의 능력을 없애기 위해서는 아이의 몸 안에 있는 나노봇을 제거해야 하는데, 〈승리호〉의 세계관 설정에 따르면 수소폭탄이 터질 때 발생하는 크립톤 파동을 통해서만 이 나노봇이 무력화될 수 있다. 때문에 〈승리호〉의 주요 갈등과 사건은 꽃님이를 해치려는(이 경우, 지구에서 30억명의 사망자가 발생하게 되는) 설리반의 시도와 그를 저지하려는 승리호 선원들을 중심으로 한 지구인들의 대립에 있다.

극의 설정상 꽃님이는 트랜스휴먼에 해당되는데,[16] 트랜스휴먼은 "생명-기술적 병합"[17]으로 "생물학적 진화의 뿌리 깊은 한계를 극복할 뿐 아니라

---

16 트랜스휴먼의 정의에 대한 논의는 현재도 진행 중이다. 현재 인간과 포스트휴먼의 과도기적 단계로 보거나, 포스트휴먼으로의 변화를 긍정하고 지지하는 가치지향적 용어로 보는 입장도 있으나(신상규, 앞의 책, 105~106쪽 참고.) 여기에서는 인간 신체의 변형이라는 의미에서 포스트휴먼의 하위개념으로 보는 입장에 근거하도록 한다.

17 앤디 클락, 『내추럴-본 사이보그』, 신상규 옮김, 아카넷, 2015, 309쪽.

진화의 과정을 거치며 얻은 지능을 보존하고 강화"[18]하는 "인간과 첨단과학의 결합"[19]을 의미한다. 이 '결합'의 지점이 바로 트랜스휴먼이 '인간'인가 '비인간'인가에 대한 논의의 핵심적 포커스가 되는 것이다. 꽃님이 역시 이러한 트랜스휴먼의 양면적 특질을 캐릭터의 중요한 설정값으로 두고 있다. 처음 꽃님이가 등장할 때는 한국어 이름 '꽃님'이가 아닌 영어 이름 '도로시(Dorothy)'로 호명된다. 뉴스를 통해 수배되는 도로시는 '인간형 안드로이드', '어린아이의 모습을 한 대량살상무기'로 설명된다. 이에 승리호의 선원들을 비롯해 사람들은 당연히 도로시를 두려워하며 꺼리게 된다. 그러나 아빠인 강현우의 호명을 통해 처음으로 도로시가 아닌 꽃님이로 불리는 클럽씬을 기점으로 극은 꽃님이라는 캐릭터의 인간다움을 발견하고 강조하는데 초점을 맞추어 진행된다. 비인간으로서의 존재성을 상징하는 '도로시'에 반해 '강꽃님'은 이름 자체가 인간으로서의 존재를 강조하는 메타포가 되는 것이다. 이에 더해 사건과 대사를 통해서도 꽃님이가 안드로이드, 즉 로봇이 아닌 '인간'임을 지속적으로 확인하고 강조한다. 안드로이드인 업동이(유해진 분)가 꽃님이에게 "너 아니구나"라며 꽃님을 안드로이드가 아닌 인간으로 인식하는 장면을 보여준 이후, "세상에 똥 싸는 로봇은 없어. 꽃님이는 사람이야"라는 장선장(김태리 분)의 대사를 통해 강꽃님을 인간으로 단정한다. 태호(송중기 분)나 타이거 박(진선규 분) 역시 꽃님에게서 순진무구한 아이의 모습을 발견하며 마음을 열어간다.

그러나 이와 달리 설리반에게 꽃님이는 UTS의 연구결과물로 대상화된

---

18 레이 커즈와일, 『특이점이 온다』, 김명남·장시형 옮김, 김영사, 2007, 41쪽.
19 김영목, 「신체, 지각, 죽음의 관점으로 고찰한 포스트휴먼」, 동국대 박사학위논문, 2022, 16쪽.

다. 꽃님의 아버지 강현우와 승리호 선원들이 접선하는 곳에 잠복해 있던 UTS 기동대는 꽃님이를 사물을 의미하는 3인칭 "it"으로 지칭하는데, 이들에게 주어진 임무는 "Make sure to retrieve Doroty's body." 즉 꽃님이 아닌 꽃님이의 '신체(시신)'를 '수거'하는 것이다.

　　UTS의 관점에서 본다면 꽃님은 선천적 질병을 가진 열등한 신체를 우수한 신체로 개발시킨 결과물이고, 이는 설리반이 지향하는 우생학적 관점에 부합하는 진화의 성공적 양상이다. 설리반이 맹신하는 DNA의 우열(優劣)은 그가 인간을 선택하고 제거하거나 개조하는 근거가 되기 때문이다.

설리반	유전자에는 개인의 도덕성까지 나타납니다. (중략)
	<u>뛰어난 유전자를 선별해 UTS 시민 자격을 부여하죠.</u>
	물론 기동대는 예외지만. 그들 대부분이 부자일 뿐
	제가 부자들을 데려오는 것은 아닙니다.
기자	UTS는 돈과 인재들(money and <u>valuable human resources</u>)을
	지구로부터 빨아들입니다.

(원어 병기 및 강조 인용자)[20]

　　켄타우로스, 페가수스와 같은 신화적 존재로부터, 그리고 현대의 스파이더맨과 배트맨 등 히어로 캐릭터에 이르기까지 몸을 변화시키거나 능력

---

20 〈승리호〉에서는 다양한 국적의 사람들이 번역기를 착용하고 대화를 나누는 세계관의 설정상, 한국어 이외 영어, 덴마크어, 프랑스어 등 다양한 언어가 사용된다. 설리반은 영어를 사용하기 때문에 이 부분은 실제로는 영어대사로 사용되었으나, 의미전달은 위해 한국어로 표기하고자 한다. 한국어 표기는 넷플릭스 한국어 자막을 그대로 인용하였고, 이후 본문 등에서 승리호의 외래어 대사 표기 역시 같은 방식으로 인용한다. 원어의 정확한 의미가 필요한 경우 이를 병기하였다. 한국어와 영어 병기, 그리고 밑줄은 인용자가 표기한 것임을 밝혀둔다.

을 증강시키는 욕망이 인류의 역사 그 자체에 오롯하게 투영되어 있었음을 상기해본다면,[21] 트랜스휴먼이란 인간의 가장 근원적인 욕망의 발현이기 때문에 결국 현실화될 수 없는 필연적 미래일 수도 있다. 최초의 SF소설로 꼽히는 『프랑켄슈타인』 역시 일종의 트랜스휴먼에 대한 서사였음을 되짚어보면, 트랜스휴먼에 대한 인류의 상상이 얼마나 오래된 것인지 짐작해볼 수 있다.

그러나 이러한 트랜스휴먼에 대한 담론에서 가장 위험한 부분이 바로 〈승리호〉가 설리반을 통해 보여주는 것과 같은 우생학에 근거한 우월성의 가치에 대한 맹신이다. "'휴먼' 안에서 '제거되어야 할 것'과 '향상시켜야 할 것'을 선별할 수 있다는 믿음"[22]은 이러한 선별의 기준, 즉 준거에 대한 설정을 반드시 요구하게 된다. 그런데 이 기준은 인간의 가치에 대한 문제와 불가분의 관계를 갖는 것이다. 그러므로 이는 결과적으로 "인간의 자기 개선을 정언 명령으로 받아들이는 계몽주의를 계승"[23]하는 트랜스휴머니즘을 정립하고, "정신과 신체의 이원론을 고수하면서, 신체를 정신의 감옥이자 불완전한 것으로 여기는 이분법을 재확인"[24]하는 작업일 수 있다.

인간 본연의 내재적 가치는 가시화되기 어렵고 측량될 수도 없다. 그런데 이에 반해 판단과 구분, 선별의 기준이란 반드시 가시(可視)적이어야 한다. 만일 인간의 정신과 신체의 이원론에서 본다면 이러한 가시적 근거는 신

---

21 주기화, 「유전자 변형 기술은 우리 몸을 어떻게 바꾸게 될까?」, 몸문화연구소, 『포스트바디』, 필로소픽, 2019, 104쪽.

22 김재희, 「우리는 어떻게 포스트휴먼 주체가 될 수 있는가」, 앞의 글, 27쪽.

23 김혜련, 「기계-인간 생성론과 포스트 모성」, 『한국여성철학』 9, 한국여성철학회, 2008, 142쪽.

24 위의 글, 같은 쪽.

체일 것이고, 이를 이원론으로 보지 않는 경우라 할지라도 인간의 능력으로 성취한 측정 가능한 결과물이 가시적 기준이 될 것이다. 공교롭게도 〈승리호〉에서는 이 두 가지가 모두 제시되고 있다. 앞에서 인용한 설리반과 기자의 대사에서 알 수 있듯 UTS에 선택된 5%의 인간은 '우수한 DNA를 가진 부자'이다. 이들의 부(富)는 우수한 DNA에 자연히 수반된 결과로 전제된다. 기동대는 우수한 DNA 대신 기계와 결합한 뛰어난 신체적 능력을 갖고 있기 때문에 예외적 경우로 설명된다. 기동대는 사이보그화를 통해 DNA의 열등함을 보완한 인간(트랜스휴먼)이다. 그들은 신체적 능력에 따라 1번부터 순차적으로 번호를 부여받는데, 이 번호는 그들의 얼굴이기도 한 마스크에 새겨져 그들을 대표하며 이름으로 호명된다. 즉 기동대의 번호란 신체적 능력에 대한 서열화, 수치화의 결과이자 정체성이 되는 것이다. 이처럼 부(富)를 기준으로 하는 UTS 시민이든 신체적 능력치를 기준으로 하는 UTS 기동대든 결국 인간의 가치가 가시화되고 측량됨으로써 구분의 준거로 작용한 결과물이라는 공통점을 갖고 있다. 가치를 측정할 수 있다는 점에서 이것은 인간의 대상화이자 상품화로 볼 수 있다. 그러므로 기자의 대사에서처럼 이들은 "valuable human resources", 그 가치를 측정할 수 있는 '자원'이 되는 것이다. 이와 같이 신체 개발의 결과가 인류의 진화가 아닌 선별의 근거가 된다는 점에서 이러한 UTS적 세계관은 위험성을 갖는다.

전술하였듯 이 영화의 핵심 갈등은 꽃님을 지키려는 자와 해치려는 자의 대립이다. 꽃님을 지키려는 승리호 선원들, 즉 프로타고니스트들은 꽃님을 '인간'으로 인식한다. 하지만 안타고니스트인 설리반은 꽃님을 '비인간', 즉 안드로이드로 인식한다. 그렇다면 〈승리호〉의 갈등은 트랜스휴먼인 꽃님의 존재 즉 인간성과 기계성에 대한 인식의 차이로 치환될 수 있을까? 영화는 꽃님이를 사람으로 명백하게 규정하지만, 이것은 트랜스휴먼에 대한 인식이라기보다는 꽃님이라는 개인에 대한 태도로 제한된다. 〈승리호〉에는 꽃님이 외에도 트랜스휴먼들이 등장하지만, 영화는 이들과 꽃님의 유사성을 의도적으로 외면한다. 설리반 역시 꽃님이와 마찬가지로 나노봇과 결합한 트랜스휴먼이었지만, 설리반의 나노봇 주입에 대해서는 꽃님이만큼 명확하게 설명하고 있지 않아 정황상 짐작하도록 묘사하고 있다.[25] 기동대의 경우 꽃님이와는 다른 기계적 형태의 (이전의 SF장르에서 흔히 사용되는 '사이보그'[26]라는 용어에 더 익숙한) 외형으로 재현하고 있기 때문에 극 중에서 이들과 꽃님을 같은 트랜스휴먼의 유형으로 인식하기는 어렵다.

설리반이나 기동대가 기계와 결합하여 향상된 것은 신체적 능력이다. 노화를 방지하고 수명을 연장한 설리반, 그리고 마치 로봇과도 같은 전투력을 가진 기동대는 "과학 기술의 진화로 인간의 능력이 업그레이드되는 증강인간(argumented human), 이른바 슈퍼휴먼(super human)"[27]으로 재현되는 기존의 트랜스휴먼 담론의 전형적 유형에 해당한다. 그러나 꽃님은 이 트랜스휴먼들

---

25 꽃님과 달리, 설리반은 나노봇과 결합한 트랜스휴먼임이 직접적으로 언급되지는 않지만, 극 중에서 이를 유추할 수 있는 장면을 반복적으로 보여준다. 능력이 발휘될 때 눈 색깔이 변하는 것처럼 설리반 역시 감정적으로 고조될 때 혈관 등 신체의 변화를 보인다. 또 150세를 넘는 나이로 노화라는 신체의 제약을 극복한 모습을 보인다. 아울러 마지막, 수소폭탄이 터질 때, 설리반의 몸에 있는 나노봇의 흔적들이 제거되는 것을 보여주는 장면을 통해 관객들은 설리반 역시 나노봇과 결합된 신체를 가졌음을 확인할 수 있다.

26 "사이보그(Cyborg)는 어떠한 생물체에 기계장치가 결합되면, 사람이건 동물이건 모두 사이보그라고 합니다. 1970년대 유행하던 TV연속물 <600만불의 사나이>의 주인공 "스티브 오스틴"이 사이보그입니다." 로봇신문사, 「안드로이드, 사이보그, 휴머노이드 차이는 무엇인가요?」, 『로봇신문』, 2013.06.03. (http://www.irobotnews.com/news/articleView.html?idxno=214)

27 서윤호, 「내 몸도 리콜이 되나요?」, 몸문화연구소, 『포스트바디』, 앞의 책, 31쪽.

과 다른 능력의 차이를 보이며 개별적이고 고유한 존재로 구분된다. 꽃님이 기계과 결합되어 향상된 것은 신체의 측면이 아니다.[28] 꽃님의 힘은 소통에 기반하고 있기 때문에 그가 트랜스휴먼으로서 향상된 능력은 자기자신이 아닌 외부를 향해있다. 이것은 비단 나노봇과의 '교신'과 같은 과학적 기제를 넘어 '교감'이라는 극적 설정으로 강조된다. 극중 인물로서 꽃님의 캐릭터는 인간들 관계의 유기성(有機性)을 강화시키는 역할을 하고 있기 때문이다. 팀워크가 엉망이라던 승리호의 선원들은 꽃님을 통해 비로소 하나의 팀으로 교감하게 되고, 검은여우단과 쓰레기 청소 우주선의 지구노동자들은 꽃님을 구하는 과정에서 하나의 가치를 지향하며 단합한다. 욕설과 시비, 경쟁과 다툼으로 점철된 인간들의 관계가 꽃님의 존재를 통해 변화하고, 소통하게 되는 것이다. 그리고 이는 클라이맥스와 결말 구간에서 우주도시 UTS와 지구의 대립을 해소함으로써 전 우주적인 차원으로 확대된다.

이것은 단순히 플롯상 갈등해소를 의미하는 것을 넘어 꽃님의 트랜스휴먼적 가치를 은유하는 것이라는 점에서 유의미하다. 그리고 꽃님과 결합한 나노봇은 유기적 결합을 촉진하는 촉매와 같은 꽃님 캐릭터에 대한 메타포가 된다. 최병구는 포스트휴먼이 "기계를 사용하여 자연을 정복해 왔던 인간의 존재 방식"[29]의 연장으로 해석되는 것을 비판한다. 그는 "그간 우리가 비인간이라고 여긴 존재-기계, 여성, 빈자, 장애인-와 위계 관계를 이루었다면,

---

28 물론 기계와의 결합을 통해 꽃님의 선천적 질병이 치유되었으나. 이것은 '향상(向上)'이라기보다는 부족했던 부분에 대한 '보완(補完)', 신체가 아팠던 것을 아프지 않게 하는 수준의 '치유(治癒)'라고 보는 것이 타당하다. 거칠지만 이를 정량적으로 표현하자면, 설리반이나 기동대가 기계와의 결합을 통해 신체능력의 플러스를 추구했다면, 꽃님은 마이너스를 보완해 제로의 지점으로 복구된 셈이다.
29 최병구, 앞의 책, 26쪽.

포스트휴먼은 이러한 구조를 어떻게 없애며, 비인간과 접속할 수 있을지 고민해야 한다. 예컨대 포스트휴먼은 근대 자본주의 체제하 삶의 구성 방식을 근본적으로 질문하고, 탈구축하는 존재"[30]라고 주장하였는데, 이러한 주장에 근거한다면, 꽃님이야말로 가장 이상적 포스트휴먼의 구현이 될 것이다.

〈승리호〉에서 기술은 인간을 억압하는 수단으로 사용된다. 인간 이후에 등장하는 지배적 존재는 AI 혹은 AI와 결합된 존재가 되고, 이에 반해 인간은 열등한 존재로 소외된다. 이와 같이 '이후의 인간', 즉 포스트휴먼의 존재에 대한 논의에서 자연적·원초적 인간이 지워지는 상상은 당연히 현재의 인간에게 공포를 유발한다. 이는 서론에서 언급한 과학기술에 대한 근원적인 공포이자, 4차 산업혁명시대에 대한 대중의 공포와 일치하는 것이기도 하고, SF장르에 전제되는 디스토피아적 세계관의 핵심이 되기도 한다. 그러나 〈승리호〉가 꾸준히 보여주는 과학과 기술의 발달에 대한 부정적 인식은 꽃님의 존재에서 그 맥락을 달리하게 되면서, 꽃님은 포스트휴먼에 대한 '안전한 대안'을 상상할 수 있게 한다. 꽃님은 인간과 나노봇이 온전히 결합된 존재이지만, 인간의 몸이 주체가 된 채 눈에 보이지 않는 미세한 존재(나노 nano)가 '첨가'되는 양상으로 형상화되기 때문에 이는 시각적으로나 인지적으로 관객들의 거부감을 반감시킬 수 있다. 나노봇이 삽입되는 꽃님의 존재는 인간형의 본모습을 유지한다는 점에서 관객에게 변형이 아닌 진화로도 받아들여질 여지를 가진다.

기계와의 결합이라는 과학적 사실은 죽은 식물을 되살리거나 인간의 생

---

30 위의 책, 27~28쪽.

명을 보호하는 꽃님이의 능력으로 낭만화되고, 그 과정에서 부녀(父女)의 신파적 서사가 개입함으로써 UTS로 대유되는 과학 기술의 희생자라는 프레임까지 덧씌워진다. 바가지 머리를 하고 알록달록한 점프 수트를 입은 어린 여자아이의 시각적 형상화, '꽃님'이라는 순박한 이름을 통해 이러한 이미지는 더욱 강화된다. 무구(無垢)의 존재를 장르관습으로 사용한 멜로드라마적 클리셰에도 부합하는 것이다.[31] 그리고 카메라는 하이앵글이나 아이레벨 쇼트를 주로 사용해 관객이 꽃님이를 내려다보거나 눈높이를 맞출 수 있도록 한다. 이러한 앵글은 무해하고 친숙한 존재로 꽃님을 받아들이도록 유도한다. 이와 같은 연출을 통해 기존의 인간형 로봇들이 유발한 언캐니 밸리(uncanny valley)와 같은 거부감의 요소들이 중화되거나 제거되면서, 꽃님이를 궁극적으로 지켜할 가치인 동시에 구원으로 위치시킬 수 있었다. 관습적 멜로드라마에서 "미덕과 무구에 대립하는 것은 전통적으로 음흉한 사람(le traître)으로 알려진 악인의 형상"[32]이다. 이를 〈승리호〉에 대입해 본다면, 어린 소녀인 꽃님은 '미덕과 무구의 존재'로, 꽃님의 생명을 위협하는 설리반은 '음흉한 악인'으로 직접 치환이 가능하다. 그리고 악인에 대해 무구의 존재를 지키는 것은 신의 섭리이자 당위로 작용하게 되기 때문에, 승리호의 선원들은 물론 관객 역시 이러한 당위를 관습적으로 수용하게 되는 것이다. 인

---

31 "아이들은 무구와 순수의 살아 있는 표상으로 고결하거나 고결한 행동을 하도록 하는 촉매제 역할을 하기 때문이다. 붕괴되지 않은 인간성이라는 바로 그 정의定義를 통해서, 아이들은 좀 더 세속적인 것을 부인하는 방식으로 미덕을 위험에서 건져내고 악의 계략을 수포로 만들 수 있다. 바로 아이들의 존재와 마찬가지로, 그 행동은 신의 섭리라는 아우라를 띤다." 피터 브룩스, 『멜로드라마적 상상력-발자크, 헨리 제임스, 멜로드라마, 그리고 과잉의 양식』, 이승희·이혜령·최승연 옮김, 소명출판, 2013, 73쪽.

32 위의 책, 72쪽.

간들이 힘을 모아 구해야할 존재가 실제 인간의 힘을 뛰어넘는, 전 우주에서 가장 강력한 안드로이드라는 사실은 이러한 멜로드라마적 당위에 매몰된다.

3. 휴머노이드, 인간화된 기계

휴머노이드(Humanoid)라는 용어는 '사람'을 뜻하는 'Human'과 '~와 같은 것'이란 의미의 접미사 'oid'의 결합이다. 어원 그대로 '사람 같은 것'을 의미하기 때문에, 통상 휴머노이드는 외모가 사람과 비슷하고 두 발로 걷는 로봇을 일컫는다.[33] 신상규는 "인간의 지능에 버금가는 지능형 로봇이 실제로 등장한다면, 이는 인간 정신의 탈신비화라는 측면에서 17~18세기 이후 근대 과학이 품었던 기계적 세계관이라는 오랜 기획이 실질적으로 완결됨을 뜻한다"[34]고 보았다. 이러한 입장에 근거한다면, 휴머노이드야말로 포스트휴먼의 최종적인 형태일 수 있다. 사실 "인지적 기능을 수행하기 위해 타고난 생물학적 신체를 고집할 필요가 없다"[35]는 입장은 결국 "우리의 자존심에 금이 가기는 하지만, 이제는 더 이상 인간과 기계가 완전히 다르다는 생각

---

[33] "휴머노이드(humanoid)는 머리·몸통·팔·다리 등 인간의 신체와 유사한 형태를 지닌 로봇을 뜻하는 말입니다. 따라서 인간의 행동을 가장 잘 모방할 수 있는 로봇이라 인간형 로봇이라고도 합니다. 일본 혼다(HONDA)사가 개발한 아시모(ASIMO)나 우리나라 KAIST에서 개발한 휴보(HUBO)등이 대표적인 휴머노이드 로봇입니다." 로봇신문사, 앞의 기사.

[34] 신상규, 앞의 책, 49쪽.

[35] 김재희, 「우리는 어떻게 포스트휴먼 주체가 될 수 있는가」, 앞의 책, 26쪽.

을 유지하기 어려"³⁶워지는 결과로 이어질 수밖에 없다.

2017년 2월, 유럽연합 의회에 로봇의 '전자인격(electronic person)'에 대한 결의안이 제출되었고 다음해 2월, 이 결의안이 통과되었다. "이 결의안은 AI 로봇의 법적 지위를 '전자인간(electronic personhood)'으로 인정하고 있다. 로봇에 의한 생명 위협과 재산 손실의 책임을 로봇 자체에 묻겠다는 의미"³⁷라고 볼 수 있다. 관련한 내용을 보도하는 과정에서 일부 매체가 'person'을 'human'과 착각해 오역하는 바람에 논쟁이 발생하기도 하였으나,³⁸ 이러한 논쟁의 핵심은 단순히 단어의 선택에만 있는 것은 아니다. "AI 로봇·법학·윤리 전문가 162명은 12일(현지시간) 유럽연합 집행위원회(EC)에 공개서한을 보내 "로봇에 법적 지위를 부여하는 것은 부적절하다"며 유럽의회 결의안에 반기"³⁹를 들었던 것에서 알 수 있듯이 결국 로봇을 하나의 책임 있는 주체로 볼 수 있는가에 대한 논점 자체에서 이미 논쟁이 촉발되는 것이다.

〈승리호〉의 '업동이'는 휴머노이드에 대한 이러한 논쟁적 이슈와 연관해 볼 때, 상당히 흥미로운 캐릭터이다. SF장르의 영화나 드라마, 소설에 등장하는 대부분의 휴머노이드는 주인(主人), 즉 소유자를 갖고 있다. 사람에 가까운 모습이지만 결국 휴머노이드는 도구로써 존재하기 마련이다. 그러므로 휴머노이드를 소유한다는 개념은 봉건적이고 전근대적인 욕망과 연결된

---

36 브루스 매즐리시, 『네 번째 불연속: 인간과 기계의 공진화』, 김희봉 옮김, 사이언스북스, 2001, 18쪽.
37 추가영, 「'AI 로봇' 사고는 누구 책임?⋯ EU '로봇 인격' 부여 놓고 논쟁 격화」, 『한국경제』, 2018.04.13. (https://www.hankyung.com/international/article/2018041377691)
38 "'person'은 이성능력을 갖춘 존재라는 의미이며 생물학적 차원의 인간 종을 의미하는 'human'과는 다른 차원" 김효은, 「[인지과학 패러다임] 인공지능로봇은 '인격체'인가?」, 『전자신문』, 2017.10.12. (https://www.etnews.com/20171011000426)
39 추가영, 앞의 기사.

다. 휴머노이드는 주인을 위해 봉사하는 하인의 개념과 유사한 부분이 크기 때문이다. 신분제가 사라진 시대에 휴머노이드는 인간이 소유할 수 있는 새로운(심지어 업그레이드된 양질의) 인력(人力)이 되는 것이다. 그렇기 때문에 휴머노이드가 등장하는 서사의 경우, 해당 휴머노이드를 만들거나 구입한 목적을 명확하게 제시하고, 대체로 그 용도에서부터 극 중 휴머노이드의 이야기가 시작된다.

그런데 업동이는 소유주가 없다는 점에서 휴머노이드의 전형적 캐릭터성과 서사에서 벗어나 있다. 주인이 없는 업동이는 주체적 존재이다. 업동이는 승리호의 선원으로 근무하며 사유재산을 모으고, 스스로의 미래를 계획하고 실행한다. 자기결정성을 가진 존재로 등장하는 것이다. 자기결정성이란 "내가 나의 삶에 원하는 바가 무엇인지는 철저히 자기로부터 유래하는 욕구나 선택에 의해서 결정"[40]되는 상태를 의미하기 때문에, 그동안 자기결정성은 인간존엄이자 인간다움을 상징하는 핵심적 가치로 간주되어 왔다. 앞서 언급한 '로봇의 전자인격'이라는 것은 자율주행과 기술이 상용화됨에 따라 로봇의 책임이라는 것에 주요한 목적을 두고 있는 셈이고, 이것이 실제적으로는 로봇의 개발·제조사에 관련한 부분이 크다는 면에서 자기결정성의 개념과는 아직 상당히 거리를 갖는 보수적이고 소극적인 수준의 논의로 볼 수 있다. 그렇기 때문에 전사(前史)[41]가 거의 생략된 채 독립된 현재적 지위로 등

---

40 신상규, 「인간향상과 하버마스의 자율성 논증」, 이화인문과학원, 『분열된 신체와 텍스트』, 아카넷, 2017, 57쪽.
41 <승리호>에서 업동이의 전사(前史)는 군용 로봇으로 요인 암살과 오염지역 투입과 같은 임무를 수행하다가 버려진 것을 장선장이 재활용 센터에서 주워왔다는 대사로 상당히 간략하게 처리된다. 승리호의 다른 등장인물에 비하면 상대적으로 소략하여 소개되는 셈이고, 이후에 추가적으로 언급되지도 않는다.

장하는, 자기결정성을 지닌 휴머노이드 업동이 캐릭터는 상당히 도발적이다.

작법상 캐릭터 설정에서 과거가 생략될 경우 상대적으로 현재성이 강조되기 마련이다. 그러므로 버려진 아이를 뜻하는 그 이름에서부터 과거가 축약/생략되어있는 '업동이' 캐릭터에서 강조되는 것은 누군가의 소유였을 과거가 아닌, 무엇인가를 소유하는 존재가 된 '지금'이 된다. 업동이는 군사용 로봇이라는 군집에서 버려짐으로써 하나의 독립된 개체로 분리될 수 있었다. 그리고 〈승리호〉에서 유일하게 등장하는 휴머노이드라는 점에서 그 개체성은 더욱 강조된다. 이러한 업동이 캐릭터의 고유성은 "개체화 과정은 곧 존재의 생성 작용을 의미한다"[42]는 시몽동의 개체성 개념을 상기해본다면 더 명확하게 설명될 수 있다. 시몽동에 의하면, "전(前)개체적인 존재는 상(相,phase)이 없는 존재다. 존재 가운데서 개체화가 수행되며, 존재가 상(相)들로 분배되면서 하나의 해(解)가 존재 안에 나타나는데, 이것이 생성"[43]을 의미한다. 업동이는 군대, 그리고 군용 휴머노이드라는 전(前)개체적 상태에서 '업동이'라는 개체로 생성된 셈이다.

〈승리호〉에서 등장하는 라그랑주의 나노봇 역시 주인이 없다는 점에서 업동이와 유사한 설정을 갖지만, 개체화되지 못했다는 점에서 근본적인 차이를 갖는다.[44] 라그랑주 나노봇은 '라그랑주'라는 우주쓰레기장, 즉 통제되지 않는 버려진 지역의 우주쓰레기들에 달라붙어 기생하는 형태로 그려진

---

42 질베르 시몽동, 『기술적 대상들의 존재양식에 대하여』, 김재희 옮김, 그린비, 2011, 105쪽.

43 위의 책, 같은 쪽.

44 라그랑주의 나노봇들은 업동이와 같은 휴머노이드가 아니라는 점에서 가장 큰 차이를 갖지만, 인공지능 로봇, 안드로이드에 해당한다는 점에서 같은 군(群)에 속한다고 볼 수도 있다.

다. 일종의 기생물질이나 세균처럼 묘사되는 나노봇들은 개별의 개체가 아닌 군집으로만 그 존재성을 갖는다. 라그랑주라는 공간이 그러하듯 이들 역시 버려진 존재이자 터부의 존재, 그리고 위험의 요소가 된다. 그렇기 때문에 극 중에서도 라그랑주 나노봇은 일종의 변수라는 플롯의 기능적 측면에서 제한적으로 활용될 뿐, 존재 자체의 캐릭터성을 갖지는 못한다. 결국 이러한 라그랑주 나노봇과의 변별로 인해 〈승리호〉 안에서 업동이는 가장 고유한 존재로 묘사될 수 있었다. 인간이나 트랜스휴먼은 복수(複數)의 캐릭터로 등장하는 극 중에서 유일한 휴머노이드 캐릭터로 존재하는 업동의 고유성은 상당히 중요한 의미를 갖는다.

그러나 〈승리호〉의 서사 안에서도 휴머노이드에 대한 차별적 세계관은 전제되어 있다. UTS가 우주선 승리호의 선원들에 대해 분석할 때, 인간인 장선장, 태호, 타이거 박, 이 세 사람만 대상이 되고 업동이는 누락된다. 또 은행 직원이 꽃님이와 같이 있는 업동이를 무시하고 꽃님이에게 "어른"을 찾는 씬은 휴머노이드가 여전히 독립적 존재로 인식되지 못하는 세계관을 보여주는 것이다. 그럼에도 불구하고 업동이는 이러한 세계관에 함몰되지 않는다. 은행 직원에게 즉각 반박하여 "인간 어른"으로 표현을 수정하게 하거나, 굶어죽을 걱정을 하는 나머지 선원들을 보며 그들이 죽고 나서 우주선의 명의를 본인 앞으로 돌릴 속셈을 보이는 업동이의 장면은 휴머노이드에 대한 전통적이고 지배적인 인식을 개의치 않는 성격을 강조하고 있다. 물론 이는 다소 뻔뻔한 업동이 캐릭터의 성격적 묘사일 수도 있고, 업동이 캐릭터를 통해 극의 희극적 요소를 가미하는 측면으로 해석될 수도 있다. 그러나 이를 휴머노이드에 대한 보수적 세계관에서조차 분리되는 업동이의 개체화의 양상으로 볼 수 있다는 점은 부인하기 어렵다. 왜냐하면 업동이는 등장 인물 중 주인공 태호와 더불어 가장 선명한 욕망을 가진 캐릭터인 동시에 유일하게 그 욕망을 충족시키는 인물이기 때문이다.

인간의 피부를 갖고 싶었던 업동이는 결국 피부를 갖게 되고, 이러한 외형을 '구입'하는 과정에서 본인이 원하던 여성성 역시 '선택'할 수 있게 된다. 그러나 이것으로 업동이의 욕망이 끝나는 것이 아니라 외피에 어울리는 새로운 목소리라는 다음 단계의 욕망을 설정하며 영화는 끝을 맺는다. 이처럼 업동이가 욕망을 품고 이를 ('선택'과 '구입'을 통해)충족하고자 노력하는 것, 그리고 충족에 만족하는 것이 아니라 이후의 단계로 발전하는 새로운 욕망을 갖는 것은 상당히 유의미하다. 새로운 욕망을 성취하기 위해 노력하는 업동은 자신의 신체를 스스로 개발하고 생성하는 온전한 주체가 되는 것을 보여주고 있기 때문이다. 인공적으로 만들어진 존재들이 "갖는 정신적 능력의 원천이 인간과 같은 생물학적 두뇌가 아니며, 그것들은 유기체가 아니므로 그러한 권리를 가질 수 없다고 말하는 것은 인간 종족 중심주의의 은밀한 발현"[45] 일 수 있다. 결국 인간의 존엄으로 인정되던 '정신'은 더 이상 인간의 변별적 특권이 될 수 없다는 인본주의적 관점이 여기서도 작용하는 것이다. 때문에 인간 정신의 근본인 욕망을 스스로 설정하고, 수정하고, 보완하면서 성장해가는 휴머노이드 업동이라는 캐릭터는 〈승리호〉의 포스트휴먼 담론에서 가장 진취적인 측면일 수 있다. "비인간이 인간처럼 행위능력을 가진다는 점은 근대적인 인간관에 비추어볼 때 매우 전복적인 관점"[46]이기 때문이

---

45 신상규, 『호모사피엔스의 미래: 포스트휴먼과 트랜스휴머니즘』, 앞의 책, 53쪽.

46 이수안, 「행위자로서 '인간'의 개념 전이-베버의 인간중심적 문화인간과 라투르의 포스트휴먼 비

다.

업동이 캐릭터에도 문제적 지점은 존재한다. 업동이가 지향하는 신체의 변화가 최종적으로는 '인간형(人間形)의 완성'이기 때문이다. 이 부분에 대한 논의를 위해서는 우선 〈승리호〉가 전제하고 있는 디스토피아적 세계관과 에코페미니즘적 주제의식을 상기해볼 필요가 있다. 영화나 드라마와 같은 영상서사물에서 SF장르는 영상을 통해 시공간을 시각적으로 형상화하게 된다. 미래를 배경으로 하는 SF영화의 시공간은 다른 SF장르에 비해 가장 현실감 있는 방식으로 재현되는 것이다. 공교롭게도 스페이스오페라는 대부분 지구의 위기에서 갈등이 촉발되는데, 지구의 위기로 인해 우주 공간으로 내몰린 인간들의 이야기라는 점은 〈승리호〉 역시 마찬가지이다. 〈승리호〉의 오프닝 내레이션을 통해 이 영화가 지구는 생명의 근원으로 우주는 죽음의 공간으로 이분하는 세계관을 전제하고 있음을 알 수 있다.

설리반(V.O) 모든 희망이 사라졌습니다. 지구는 숨만 붙어 있을 뿐,
            죽은 것이나 마찬가지죠.
            땅이 병들었으니 갈 곳은 하늘 뿐이었죠.

- 중략 -

설리반(V.O) <u>과거 지구는 생명의 근원이요, 우주는 죽음의 공간이었지만,</u>
            지금은 완전히 반대가 되었습니다. 기적의 기술로 이제 사람들은
            우주에서 낚싯대를 드리우고 아이들은 나비를 쫓아 들판을 뛰어요.

(대사정리 강조 인용자)

<hr>

인간」, 이화인문과학원, 『분열된 신체와 텍스트』, 아카넷, 2017, 57쪽.

이러한 이분법은 영화의 공간으로 시각화되어 강조된다. 과거와 그 의미는 달라졌지만, 지구는 원시의 공간이고 우주는 기술의 공간이라는 이항대립의 메타포는 강하게 유지되는 것이다. 새로운 공간이자 현재적 공간인 우주는 기술의 공간이기 때문에 우주 공간에서 자유롭게 움직이는 기계들에 비해 인간은 기계의 힘을 빌지 않고는 존재 자체가 불가능하다. 로봇인 업동이만이 자유롭게 우주선 밖으로 나가서 문제를 해결하는 에피소드들은 이를 직접적으로 묘사하고 있는데, 이러한 장면은 극 전반에서 반복적으로 재현된다. 이에 반해 인간들은 기계장치 없이는 생존 자체가 불가능한 나약한 존재이자, 우주복을 착용하고 어기적거리는 우스꽝스러운 존재로 묘사된다. 인간과 달리 우주에서도 자유롭게 운신하는 업동이는 결국 위기 상황에서 우주선과 인간 선원들을 구하는 데 결정적인 역할을 한다. 우주선 내에서는 장선장이나 조종사인 태호에 비해 주변적 존재였던 업동이가 우주선 밖, 날 것의 '진짜' 우주 시퀀스에서는 지배적 캐릭터로 힘을 갖게 된 것이다.

그런데도 불구하고 업동이가 굳이 인간다움을 욕망한다는 것은 〈승리호〉의 문제적 지점으로 남게 된다. 신체적 능력의 측면에서 인간이란 휴머노이드와 비교할 수 없을 만큼 열등한 존재이다. 〈승리호〉 안에서도 이러한 비교는 반복적으로 제시된다. 그렇기 때문에 인간들은 로봇과의 결합을 통해 신체적 한계를 극복하고자 하는 것이다. 특히 UTS 기동대는 외형적 요소가 로봇화되어 있다는 점에서 업동이와 반대의 지향을 보여주는 동시에 인간이 신체적으로 욕망하는 바를 노골적으로 드러내고 있다. 물론 업동이 욕망하는 것이 인간 신체의 능력치가 아니라 외형에만 한정된다는 점은 분명하다. 그렇다면 인간의 몸을 통해 업동이 갖고 싶은 것은 무엇일까? 그것은 단순히 인간의 형상이나 신체의 능력의 차원이 아니라 보다 근본적인 '인간'으로서의 존재, 그 자체에 대한 욕망일 것이다.

앞서 휴머노이드에 대한 차별이 존재하는 〈승리호〉의 세계관에 대해 언급한 바 있다. 작품의 세계관 안에서 휴머노이드는 여전히 인간의 사용(使用)을 위해 존재한다. 그렇기 때문에 업동이 캐릭터의 도발성은 이러한 지배적 세계관에 대한 저항적 성격을 가질 수 있었다. 문제는 업동이 그 욕망의 지향을 결국 '인간'에 놓게 되면서 캐릭터의 도발성과 상충하게 되었고, 〈승리호〉의 휴머노이드 담론에 균열과 모순이 발생하게 된 것이다. 이 지점에서 업동이로 개체화된, 존재로의 생성에 대한 의미는 인간의 피부를 입는 업동이와 충돌하게 된다. 업동의 욕망을 통해 포스트휴먼을 설명해 줄 수 있었던 '포스트바디(postbody)'라는 중요한 개념은 몸에 대한 쇼핑으로 격하된다. "몸의 분할·대체·교환·처분"[47]에 대한 담론은 휘발되고, 김향기 배우라는 소녀의 몸에 유해진 배우의 목소리를 몽타주하는 이질적 조합으로 희화되는 것이다. 인간에 대한 지향을 인간의 외형을 통해 성취하게되는 얄팍한 묘사는 〈승리호〉가 업동이를 통해 재현한 휴머노이드 캐릭터의 도발성을 스스로 무너뜨리고 있다는 점에서 자못 아쉬운 지점이다.

---

47 서윤호, 앞의 책, 42쪽.

4. '나머지'로서의 인간

헤러웨이가 '사이보그 선언문'을 통해 인간과 인공물(人工物) 간의 이원론을 해체하고자 했을 때, 궁극적으로 이것은 가부장적 세계관에서 '인간'으로 인정받던 선별적 기준에 대한 일종의 젠더이슈적 저항이었다. 그렇기 때문에 이것을 실제 과학기술적 측면으로 그대로 적용하는 것은 어렵겠으나, 근대적 인본주의의 기준에서 포스트휴먼을 규정하고자 하는 시도에 대한 문제제기로서는 여전히 유효한 의미를 가질 수 있다. 포스트휴먼, 즉 '휴먼'의 '이후'에 대해 정의하기에 앞서 우선 '휴먼'에 대한 정의가 선행되어야 함은 당연하다. 실제적으로는 휴먼의 '이후'에 대한 논의도 '휴먼'에 대한 상대론이라 볼 수 있기 때문에 결국 포스트휴먼 담론은 휴먼에 대한 담론에 근거하고 있는 셈이다. 휴먼, 즉 인간에 대한 정의는 철학·사회·문화적으로 다양한 의미를 가질 수 있겠으나 포스트휴먼에 대한 논의에서 정의되는 인간론은 기본적으로 인본주의에 뿌리를 두고 있다. 인본주의는 인간을 이성적 존재로 보고, 그 이성에 대한 신뢰를 바탕에 두는 인간중심주의적 태도에 근거하기 때문에 인간이 가치 기준의 척도가 된다. 이는 근대 이후 인간의 존재를 규정하는 데 영향을 미친 가장 보편적이고 강력한 인간론이라고도 할 수 있다. 이러한 인간론의 핵심은 인간이 주체가 된다는 점이다. 그러므로 포스트휴먼에 대한 담론은 이러한 인간의 주체성에 대한 질문에서 출발할 수밖에 없다.

인간들이 황폐해진 지구 대신 새로운 우주도시 UTS로 옮겨갈 수 있다는 설정은 '선택'되는 인간과 버려지는 '나머지' 인간을 구분한다는 전제에 근거한다. 이러한 전제는 가치가 매겨지고 도열되는 대상으로써 상품화되는 인류의 미래에 대한 공포를 유발하기 마련이다. 동시에 인간 존재의 근본에 대해 회의하게 만들기도 한다. 그렇기 때문에 인간이 갖는 상품으로서의 가치에 대한 평가는 그 '선택'의 결과 여부를 넘어, 상품으로 인간의 가치가 평가되는 상황 자체에 대한 근본적 공포를 촉발시키게 되는 것이다. 마르크스의 경제학에서 인간은 노동의 주체이자 시장의 주체로 인지되었고, 이는 지금까지 인간 사회를 설명하는 중요한 이론의 틀로 적용되어왔다. 그러나 포스트휴먼의 시대에 이르러 인간은 상품의 위치로 역전하게 되었고, 이 변화는 인간 존재가 가치를 매길 수 있는 대상화가 된다는 점에서 단순한 위치의 이동이 아닌 전락이라 보는 것이 더 적합하다.

그리고 이러한 변화는 수천 년 동안 지배적으로 작용해온 인간중심주의에 대한 사고를 해체할 수밖에 없다. 과거에는 노동을 통해 생산된 상품과 재화(財貨)를 근거로 가진 자와 가지지 못한 자가 구분되었다면, 과학기술의 시대를 상징하는 AI는 소유의 문제를 벗어나 AI 자체가 (능력이라는 기준에 근거한다면) 최상위의 가치를 지니게 된다. AI를 소유한 인간조차 개인의 능력만으로는 AI보다 우월할 수 없기 때문이다. 그러기 때문에 AI는 단순히 인간이 만들어 낸 상품 중 하나로 인식되기 어려운 측면이 있고, 인간은 자신들이 만들어 낸 상품인 AI에 만족감과 동시에 위협을 느끼는 모순을 경험하게 될 수밖에 없다. 더 나은 기술로 더 좋은 AI를 만들수록, 더 큰 자부심과 동시에 더 큰 불안을 느끼게 되는 모순은 심화된다. 이러한 상황은 SF장르가 담지하는 근본적인 공포의 근원과 맞닿아 있다. 이때의 공포는 이러한 모순과 혼란, 불안을 동반한다.

불행히도 인간이 느끼는 이러한 혼란과 공포는 여전히 진행 중이다. AI를 비롯한 포스트휴먼의 존재들이 SF장르를 통해 상상되던 이전과 달리 이제는 실생활에서 실감되기 시작했다는 점에서 오히려 한결 본격적인 체감을 하게 되었다 볼 수도 있을 것이다. 고민의 과정에 있는 인류는 아직 그에 대한 답을 얻지 못했고, 그런 이유로 SF장르의 세계관은 여전히 정리되지 못한 채 봉합되는 경우가 많다. 〈승리호〉 역시 마찬가지이다. 안타깝게도 〈승리호〉는 담론을 선구적으로 이끌기보다는 대중의 불안과 고민을 재현하는 것에 그치고 있다.

과거의 지구가 생명의 공간이었다면, 지금의 지구는 죽음의 공간이라는 〈승리호〉의 설정은 기술의 발전의 결과가 결국 디스토피아로 수렴된다는 비관적 세계관의 재현이다. 기계와 과학 기술로 인해 훼손된 자연의 디스토피아적 공간 묘사와 자연이 보존된 유토피아의 공간 묘사는 SF장르에서 디스토피아적 세계관을 묘사하는 일반적 전제이자 상징의 방식이다. 〈승리호〉 역시 디스토피아와 유토피아의 변별을 생태 환경으로 대유하고 있다. 〈승리호〉에서 지구를 대신할 우주도시로 설정된 UTS는 'Utopia above The Sky'의 약칭이다. 이처럼 이름 자체에 '유토피아'를 명기하고 있음에도 UTS는 우주 공간에 과거의 지구를 이식한 것에 불과한 거짓의 공간으로 묘사된다.

이러한 이분법적 공간구조와 생태 메타포는 '휴먼'에서 '포스트휴먼'으로의 변화와 상당히 유사하다. 과거의 지구라는 원초적 공간은 자연적 인간 즉 휴먼으로, 지구를 모태로 한 인공의 우주공간은 포스트휴먼으로 대입될 수 있다. 그런데 공간을 실제 사용하는 인간의 입장에서 과연 오리지널리티

(originality)를 갖는 지구가 허구의 유토피아인 UTS보다 가치 있는 공간이 될 수 있을까? 〈승리호〉에서 설리반은 UTS를 비판하는 지구인들의 본질은 결국 '낙원에 끼지 못한 심술'이라 치부하는데, 실제로 UTS를 비판하던 기자는 그의 가족을 지구가 아닌 UTS로 이주시켜주겠다는 설리반의 감언이설에 넘어감으로써 설리반의 주장을 강화시켜준다. 인류라는 집단의 대의(大義)가 아닌 인간 개인으로서의 선택은 결국 개인이 이익을 보거나 편의를 추구하는 방식에 우선적으로 끌릴 수밖에 없다. 특히 그것이 의식주에 관련되는 근본적 요소들이라면, 그에 대한 욕망은 더욱 절실해지기 마련이다. 그렇기 때문에 더 편하고 안전하게 살 수 있는 UTS라는 '삶'의 공간을 거부하기가 어려운 것은 당연하다. 그러므로 〈승리호〉가 디스토피아를 유토피아로 전환시키는 방법으로 제안하는 생태주의적 관점은 인간의 근원적 욕망을 누락하고 있다는 점에서 철학과 존재론에 대한 사유의 귀결이라기보다는 생태주의에 대한 이미지즘이고 환상에 불과한 측면이 있다.

그리고 이러한 비판은 〈승리호〉에서 재현하는 포스트휴먼에 대해서도 고스란히 적용된다. 〈승리호〉가 그리는 '인간성(人間性)'은 나약하고 원초적이며 야만적인 이미지로 일관된다. 승리호의 선원들은 어린아이인 트랜스휴먼 꽃님이의 능력으로 수차례 목숨을 구하고, 우주선의 가동과 우주 전쟁에서도 우주공간을 자유롭게 누비며 최전선에 나서는 업동이에게 기댄다. 심지어 업동이는 승리호에 대해 누구보다 많이 알고, 누구보다 많은 일을 해내고 있다. 그러나 인간처럼 보이고 싶다는 업동이의 욕망은 불필요한 피부와 성별이라는 외형으로 성취되고, 꽃님이는 방귀를 끼고 똥을 싸는 행위에서 인간성을 확인받는다.

설리반은 "더러운 건 인간의 야만성"이라 단언하는데, 이러한 사고방식은 그가 열등하다고 믿는 인간들을 '처형'하는 방식에서도 드러난다. 설리반은 UTS를 비판하는 신문기자에게 안락한 삶을 미끼로 던지며 기자의 손으로 직접 UTS 저항단체인 검은여우단 단원을 쏘게 한다. 오열하는 기자를 보며 그는 "봐, 잘 보라고! 네 놈이 한 짓이 보여? 이게 너의 본성(true nature)이야. 네 놈 유전자는 탐욕과 야만이야. (중략) 넌 오염물질이야. (중략) 너희들을 잘라 내는 것, 그것이 진짜 인류의 구원(The future of humanity)이다."라며 비웃고는 기자를 단죄하듯 처형과 유사한 방식으로 살해한다. 이러한 방식은 태호에 게도 반복된다. 설리반은 태호에게 돈을 주며 태호의 가치관을 버릴 것을 종 용한다. 돈을 줍는 태호를 보며 "이 순간을 네 뼈 속에 새겨주고 싶다. 이제 알겠니? 네놈이 어떤 놈인지?"라고 윽박지르고 비웃는 설리반의 모습은 기 자 살해 시퀀스와 겹쳐진다. 이처럼 이 영화에서 인간의 본성으로 묘사되는 야만성을 설리반과 같은 안타고니스트들은 부정적으로 보는 것에 반해, 앞 선 챕터에서 기술하였듯 프로타고니스트 캐릭터들은 긍정적 가치로 보고 있 다. 중요한 점은 이러한 태도의 차이보다, 이러한 차이에도 불구하고 '야만성 =인간성'으로 전제하는 본질이 동일하다는 점이다.

〈승리호〉에서는 과학이 비약적으로 발전한 시대임에도 토마토를 한 번 도 먹어보지 못한 지구인들이 대부분이고, 주인공 태호는 신발 한 켤레가 없어 구멍 난 양말로 돌아다닌다. 이것은 인간 삶의 측면에서 본다면 발전 이 아닌 퇴행의 상황이다. 그럼에도 불구하고 왜 포스트휴먼이 (원초적 신체를 유지하는) 인간을 동경해야 하는가? 왜 가장 기계적 속성의 결과물, 즉 능력 치가 압도적으로 강력한 꽃님이 가장 인간적인 존재로 묘사되는가? 이것은

〈승리호〉가 결코 대답할 수 없는 질문이자, 지금의 SF장르에서 포스트휴먼 담론이 갖는 문제적 지점이기도 하다. 이는 결국 포스트휴먼 담론이 휴먼에 의해 메타담론적 성격으로 전개되고 있고, 이러한 양상은 여전히 인본주의의 가치관을 벗어나지 못하고 있는 것에서 기인한 모순일 것이다. 꽃님의 나노봇이 생태를 복원할 수 있는 열쇠가 된다는 점에서 〈승리호〉는 과학만능주의의 입장을 노골적으로 드러내고 있다. 그럼에도 불구하고 〈승리호〉가 프로타고니스트를 재현하는 방식에서 볼 수 있듯 인간의 존재를 묘사하는 방식에 있어서만은 상당히 집요하게 과학을 배제하고자 한다. 그리고 이 부분이 〈승리호〉의 포스트휴먼에 대한 상상이 균열과 모순의 지점을 드러내고 있는 지점이기도 하다.

〈승리호〉가 강조하는 '진짜' 유토피아는 결국 과거의 지구이다. 그럼에도 불구하고 설리반의 죽음 이후에도 UTS는 여전히 존재하고, 지구는 여전히 나머지 인간들이 살아가는 공간으로 남겨져 있다. 과거의 지구를 복원하는 것을 지향하지만, 결국 그것이 불가능함을 인정하고 대안을 받아들이는 모순이 이 영화의 결말에 내재되어 있는 것이다. 이 부분에 대해서 "트랜스휴먼이 포스트휴먼이 되기 위해서 씨름해야 하는 것은 기술의 자기 변형적 활용에 반대하는, 소위 '타고난 인간 본성을 훼손해서는 안 된다'는 후쿠야마 (Fukuyama)식의 본질주의-생명윤리주의"[48]가 아니라는 김재희의 주장은 매우 유의미한 논점을 제시한다. 그는 "왜 '휴먼'을 향상시키고, '휴먼의 가치'를 강화시켜야 하는가?"라는 '안티-휴머니즘'에 대한 문제를 제기하고 있기 때

---

48 김재희, 「우리는 어떻게 포스트휴먼 주체가 될 수 있는가」, 앞의 책, 29쪽.

문이다.[49] UTS를 폐기하고 과거의 지구로 돌아가는 것이 불가능하듯, 포스트휴먼의 존재를 말살하고 휴먼으로만 남는 것 역시 불가능할 것이 분명하다.

과학기술이 발전함에 따라 인간의 몸은 기계장치와 직접적으로 결합하게 될 것이고 이러한 사이보그와의 혼종성으로 인해 인간은 다른 종으로 진화할 것임을 예측하는 전망들은 이러한 예상을 뒷받침하고 있다.[50] 그럼에도 불구하고 과학 발전의 최정점에서 소환되는 포스트휴먼의 존재를 통해 과학 이전의, 마치 태초와도 같은 원초적 생명력에 대한 욕망을 드러낸다는 점은 모순적이다. 'Post-휴먼'이 'Pre-휴먼'을 상상하는 것은 퇴행적이다. 그렇다면 왜 〈승리호〉는 이러한 퇴행을 영화의 주제이자 세계관으로 사용할 수밖에 없을까? 결국은 그 답은 다시 인간의 근원적 공포로 돌아올 수밖에 없다. 기술 발달에 대한 두려움을 구체적으로 들여다보면, "정체성의 상실, 통제의 상실, 과부하, 프라이버시의 침해, 고립, 그리고 신체의 궁극적인 폐기로 이어"[51]지는 것 등이 있다. 이러한 공포는 이 글에서 여러 번 언급했듯 근대 이후 지속된 것이기도 하다. 그렇기 때문에 포스트휴먼의 담론이 다시 이러한 인간의 공포로 회귀하는 것은 그 이름에 붙은 'post'라는 의미를 완전히 무시한 과거로의 회귀이자 퇴행이 되는 것이다.

이제 포스트휴먼에 대한 담론은 진정한 그 다음을 이야기해야 할 필요에 직면했다. 그리고 이를 위해서는 보다 발전적인 포스트휴먼 담론의 지향과

---

49 위의 책, 같은 쪽.

50 심현주, 「포스트휴머니즘의 기회와 위기: 포스트휴먼 시대의 생태적 대항담론 구성」, 『생명연구』 60, 서강대학교 생명문화연구소, 2010, 189쪽.

51 앤디 클락, 앞의 책, 314쪽.

이에 대한 대중적 인식 확산이 선행될 필요가 있다. 브라이도티의 지적처럼 "포스트휴먼이 된다는 것은 인간에게 무관심해지거나 탈인간화된다는 의미"[52]가 아니다. "세계 안에서 우리가 몸 담고 있는 복잡성을 더 잘 이해할 수 있게"[53]해주는 일종의 인식론이 될 수 있기 때문이다. 결국은 휴먼, 즉 인간의 존재론에 대한 사유라는 점에서 이는 포스트휴먼 담론의 가장 근본적인 태도가 될 것이다. 브라이도티는 더 나아가 이러한 포스트휴먼 담론이 우리를 더 자유롭게 할 것이라 기대하고 있기도 하다. 브라이도티의 기대만큼은 아니더라도, 명확한 이해는 실체 없는 공포로부터 우리를 자유롭게 해줄 수 있을 것임은 분명해 보인다.

그러므로 이러한 인식론이 결국 AI에 대한 인간의 패배주의적 인식론으로 이어지지 않기 위해서는 인간과 기계의 기능에 대한 문제 역시 정확하게 파악하고 구분할 필요가 있다. 포스트휴먼, 그리고 AI가 갖는 기능적 우월성은 인간이 이들에 대해 갖는 근본적인 공포감과 직결되는 부분이기 때문에 이러한 측면의 해결을 위해서는 시몽동의 이론을 일종의 제안으로 이해할 필요가 있다. "인간의 진정한 본성은 연장들의 운반자, 그래서 기계의 경쟁자가 아니라, 기술적 대상들의 발명가이며, 앙상블 안에 있는 기계들 사이의 양립가능성의 문제들을 해결할 수 있는 생명체"[54]라는 시몽동의 인간관은 포스트휴먼 담론의 이해에 대한 방향성으로 환기될 수 있다. 기계를 '경쟁자'로 인식하기보다는 컨트롤이 가능한 대상으로 파악하는 시몽동의 아

---

52 로지 브라이도티, 앞의 책, 243쪽.
53 위의 책, 247쪽.
54 질베르 시몽동, 앞의 책, 385쪽.

이디어가 다소 낙관적으로 보이기는 하지만, 반면 가장 현실적인 대안이 될 수 있는 것도 사실이다. 더 이상 막연하고 무조건적인 불안과 공포에 휘둘리기에는 인류에게 주어진 시간이 없어 보인다. 과거 산업혁명 이후 꽤 오랫동안 이러한 불안과 공포에 지배되어온 담론의 양상과 달리, 어느새 기계와 인간이 혼종되는 포스트휴먼의 시대까지 성큼 와버렸기 때문이다. 이제 현실을 직면하고, 시몽동의 제안처럼 "인간은 그 기계들을 조정하고 그것들의 상호관계를 조직화"[55]하고자 하는 실천을 시행해야 한다. 궁극적으로 "인간은 기계들을 다스리기보다는 양립가능하게 만들며, 정보를 수용할 수 있는 열린 기계의 작동이 내포되어 있는 비결정성의 여지에 개입하여 기계로부터 기계로 정보를 번역해주고 전달해주는 자"[56]가 될 필요가 있다.

인간을 중심에 두고 배타적으로 포스트휴먼을 구분 짓는 태도보다는 브라이도티의 제안처럼 새로운 합일점으로, 변증법적 지향의 발전적 가치관으로의 전환 역시 필요하다. 이러한 제안에 대한 호응은 기술이 인간을 지배하거나 혹은 인간에 의해 해체되는 대립의 대상으로 보는 관점을 버리는 것에서부터 실현 가능성을 가질 수 있을 것이다. 그리고 이것은 시몽동이 보는 인간의 진정한 본성과 이어지는 부분이기도 하다. 이처럼 이론에 바탕을 둔 이러한 지향들은 이미 상당히 구체적인 방향성을 제시하고 있다. 그럼에도 불구하고 이러한 개념들이 그간 이론가들을 중심으로 논의되었기 때문에 대중적 인식과 이해의 확산까지는 미치지 못했다는 점에서 한계를 지니고 있었던 것이 사실이다. 이러한 이유로 이 글에서는 〈승리호〉와 같은 SF장

---

55 위의 책, 같은 쪽.
56 위의 책, 같은 쪽.

르의 담론을 통해 보다 대중적 비전을 제시해 줄 수 있는 가능성을 제안하고 자 하는 것이다. SF장르가 포스트휴먼 서사들의 불안과 공포, 혹은 낭만화 된 인간중심주의를 반복적으로 재생하기보다는 보다 구체적인 그리고 실제 적인 방향성 제시를 할 시점이라고 생각하기 때문이다. 〈승리호〉를 비롯한 대중문화 콘텐츠들을 통해 포스트휴먼에 대한 담론을 재현하거나 분석하는 일련의 작업들은 이러한 포스트휴먼 담론의 대중적 인식 확산을 위한 필연 적인 과정이 될 것이고, 그렇기 때문에 이러한 SF장르들이 발전적 포스트휴 먼 담론을 지향해야 할 당위가 있다. 〈승리호〉가 발화하는 포스트휴먼 담론 은 현재 한국대중문화의 지형에 대한 진단의 지표가 될 수 있다. 그리고 이 러한 진단을 통해 '나머지'로서의 인간이 되지 않기 위해 보다 발전적인 담론 의 방향 설정이 절실한 시점이라는 점 역시 예민하게 포착할 필요가 있다.

5. 일단, 마치며

드라마의 공간적 배경이 우주가 된다는 것은 인간이 상상할 수 있는 먼 미래에 대한 메타포이자 과학과 기술 발전이 최대치에 이른 시대 상황에 대 한 전제이기도 하다. 흥미로운 것은 우주를 극적 공간으로 하는 SF장르들 이 공통적으로 디스토피아적인 세계관을 전제하고 있다는 점이다. 더구나 이러한 디스토피아의 근본적 문제가 바로 과학의 발전, 인간 존엄의 상실과 같은 문제에서 기인한다는 설정 역시 공유하고 있다. 이는 산업혁명으로 인 해 인간이 가지게 된 불안의 내용과 궤를 같이 하는 셈이다. SF영화의 세계관이 산업혁명으로 과학기술의 힘을 처음으로 조우한 인간의 불안과 유사한 것을 단순히 우연이라 볼 수 있을까? 이는 우연이라기 보다는 19세기부터 긴 시간에 걸쳐 공고히 유지되고 있는 인류 정서의 공유라고 보는 것이 더 타당할 것이다. 그렇기 때문에 SF장르를 통해 이를 좀 더 뚜렷하게 읽어내고자 하는 것은 의미있는 시도가 될 수 있다. 이에 이 글은 한국에서 스페이스오페라라는 SF장르에 대해 본격적인 시도를 한 〈승리호〉에 주목하고자 했다.

드라마를 비롯한 한국의 영상콘텐츠 산업이 괄목할 만한 성장을 한 것은 사실이나 아직 그 장르적 다양성에 대한 내용은 미진한 실정이다. 문화산업의 특성상 대체로 규모의 측면에서 양적 성장이 작품의 다양성이라는 질적 성장에 선행하게 되는 점을 생각해본다면, 향후 한국 영화시장의 다양성에 대한 기대는 낙관적이라고 본다. 〈승리호〉는 이러한 전망에 근거가 되는 작품이기도 하다. 그간 한국에서 찾아보기 힘든 스페이스오페라 장르의 시도라는 점, 그리고 그 결과물이 나쁘지 않았다는 점에서 〈승리호〉의 의미는 긍정적이다. 물론 〈승리호〉의 극적 완성도에 대해 부정적인 평가들이 많은 것도 사실이다. 그러나 이 작품이 한국에서도 스페이스오페라라는 SF장르와 그 시장이 형성될 수 있도록 초석을 놓은 것은 분명하다. 그렇기 때문에 〈승리호〉는 장르물로서, 그리고 대중문화 콘텐츠로서 충분히 유의한 가치를 가진다고 볼 수 있다. 그러므로 이 글은 〈승리호〉를 대상으로 지금의 한국 대중문화와 예술에서 디스토피아적 미래와 포스트휴먼에 대한 상상을 재현하고 있는 담론에 대해 살펴보고자 한 것이다.

포스트휴먼의 시대가 인간을 배제한 탈-휴먼의 시대가 된다면, 여전히

휴먼일 수밖에 없는 대부분의 인간들은 이제 어떻게 되는 것일까? 또 무엇을 해야 살아남을 수 있는 것일까? 아직 답을 구하기 어려운 이 문제에 대한 고민과 불안은 당분간 치열하게 지속될 수밖에 없을 것이다. 중요한 점은 포스트휴먼에 대한 담론화가 이에 대한 고민과 그 해답을 구하는 온전한 과정과 결과가 되기 위해서는, 인간의 불안 그 자체에 매몰되어서는 안된다는 것이다. 이를 위해 인간의 근본적 불안과 도태에 대한 위기를 분명히 자각하되 그 너머를 사유(思惟)할 새로운 방향성이 필요하다. '휴먼'일 수밖에 없는 우리는 결국 '포스트휴먼'이 인간을 소외시키는 방향이 아닌, 기존의 인간중심주의의 가치관을 확장시키는 방향으로 진행될 수 있기를 기대할 수밖에 없기 때문이다.

II장

신자유주의와
권력의 담론

〈상속자들〉(SBS, 2013)
: 신데렐라 모티프와 계급담론[*]

강성애

1. 신데렐라 스토리에 녹아 있는 계층과 계급 차이

〈왕관을 쓰려는 자, 그 무게를 견뎌라-상속자들〉[1](이하 상속자들)은 〈파리의 연인〉(SBS, 2004)에 〈꽃보다 남자〉(KBS2, 2009)를 섞어 〈가십걸Gossip Girl〉(2007~2012) 시리즈의 분위기로 만든 드라마라는 평가를 받았다.[2] 〈파리의 연인〉처럼 가난한 여자와 재벌 남자의 사랑 이야기를 그렸고, 〈꽃보다 남자〉처럼 귀족 학교에 가난한 여학생이 전학 오면서 벌어지는 사건을 그렸으며, 미국 드라마 〈가십걸〉과 같이 재벌 상속자들의 로맨스를 담았기 때문이다. 김은숙 작가는 제작발표회에서 〈상속자들〉이 〈꽃보다 남자〉와 다른 점이 무엇인지 질문을 받자 더 재밌는 드라마가 될 것이라고 포부를 밝혔는데 그 포부에 답을 하듯 〈상속자들〉은 높은 시청률을 기록하며 종영했다. 언론에서는 역시 '김은숙 작가'라고 치켜세웠고 여러 연구자들도 이 작품에 주목

---

[*] 이 글은 아래 논문을 수정 보완한 것임.
강성애, 「TV드라마 <왕관을 쓰려는 자, 그 무게를 견뎌라-상속자들>에 나타난 계급 표상(表象) 연구」, 『리터러시연구』11-3, 한국리터러시학회, 2020.

[1] 극본 김은숙, 연출 신효철·부성철, SBS, 2013.10.9.~2013.12.12. (20부작)

[2] 강명석, 「<상속자들>, 김은숙의 느린 변화구」, 『머니투데이』, 2013.10.30.(https://news.mt.co.kr/mtview.php?no=2013103009141534295&outlink=1&ref=https%3A%2F%2Fsearch.naver.com)

하기 시작했다.

김지혜는 김은숙 드라마의 환상성을 분석하기 위해 〈상속자들〉을 연구 대상으로 삼았다.[3] 임다빈은 '재벌 혹은 그에 준하는 남자 주인공과 가난한 여성 주인공의 사랑 이야기'를 다룬 김은숙의 TV드라마들을 '김은숙 신데렐라 드라마'로 정의하고 그중의 하나로 〈상속자들〉을 꼽았다.[4] 조다혜는 〈상속자들〉과 〈가십걸〉을 비교 분석하면서 〈상속자들〉에서 겉으로 드러나는 담론은 계층적 문제이지만 이 드라마가 주로 다루고 있는 것은 신데렐라 스토리와 가족 지향적 가치라 보았다.[5] 계급 차이로 인하여 발생하는 신분적 갈등과 경제적 차별에 대한 불평등을 확인할 수 있지만 그보다 이 드라마가 그리고 있는 집단적 가치를 중요한 요소로 보고 드라마를 분석한 것이다. 대부분 연구자들은 신분의 차이를 극복하여 사랑을 이루는 신데렐라 스토리의 대가로 평가받는 김은숙의 드라마라는 자장 안에서 이 드라마를 이해하고자 했다. 〈상속자들〉에 계층과 계급 차이가 분명하게 나타내고 있음에도 불구하고 이 부분은 연구자들의 이목을 끌지 못했다.

TV드라마에서 등장인물의 계급은 그들이 살고 있는 공간이나 소비하는 상품들에 의해 이미지화되어 전해지기 쉽다.[6] 이 과정을 통해 시청자들은

3　김지혜, 「김은숙 드라마의 스토리텔링이 갖는 환상성 연구」, 『문학과영상』 15-3, 문학과영상학회, 2014, 475쪽.

4　임다빈, 「김은숙 신데렐라 드라마의 도식적 내러티브 분석: 〈파리의 연인〉, 〈시크릿 가든〉, 〈상속자들〉, 〈도깨비〉를 대상으로」, 서강대 석사학위논문, 2019, 6~8쪽.

5　조다혜, 「한국과 미국 TV드라마에 재현된 커뮤니케이션 양상 비교 연구: 〈상속자들〉과 〈가십걸〉을 중심으로」, 한국외국어대 석사학위논문, 2019.

6　강미정, 「TV드라마에 내재된 계급성 파악과 함축의미 연구-〈상속자들〉에 대한 기호학적 분석을 중심으로」, 성균관대 석사학위논문. 2014, 6쪽.

TV드라마를 보면서 무비판적으로 잘못된 계급의식을 형성할 수 있다. TV 드라마가 암시하는 계급을 시청자들이 쉽게 수용하는 경향을 보인다는 점에서 TV드라마에서 표현하고 있는 계급 양상은 연구가 필요하다.

예를 들어 김은숙의 신데렐라 스토리 드라마 중 하나인 〈도깨비〉(tvN, 2016)는 가족주의와 봉건주의라는 교묘한 방법으로 계급을 정당화시키거나 계급 간 불평등을 자연스러운 것으로 느끼게 만들었다.[7] 〈도깨비〉가 교묘한 방법으로 계급을 드러낸 것과 달리 이보다 3년 전에 방영된 〈상속자들〉은 계급을 언어적으로 공식화시켜 노골적으로 표현했다는 점에서 주목을 요한다. 계급을 전면에 내세워 다뤘기 때문에 김은숙의 계급의식이 보다 쉽게 노출되어 있기 때문이다. 김은숙은 대한민국을 대표하는 TV드라마 작가 중 한 사람으로 특히 그녀의 신데렐라 스토리 작품들은 큰 인기를 끌어왔다. 작가 스스로가 신데렐라 스토리가 재미있고 인기를 얻을 수 있는 장르임을 인식하고 익숙한 이야기를 매번 새롭게 표현하려고 노력한다. 〈파리의 연인〉이 그 시작이었다면 〈시크릿 가든〉, 〈상속자들〉, 〈도깨비〉는 그 변용이라 할 수 있다. 이에 〈상속자들〉에 나타난 계급 표상을 연구하는 것은 김은숙의 계급의식을 알아보는 데 도움을 주며, 나아가 한국 TV드라마에 나타난 계급 표상을 가늠하는 척도가 될 수 있다.

〈상속자들〉은 제국 고등학교라는 특수한 배경을 설정하여 네 개의 계급이 존재하는 사회를 그렸다. 이 드라마에 등장하는 인물들은 네 개의 집단 중 하나에 속하며 이름보다는 계급으로 정체성을 인정받는다. 강미정은 이

---

7 강성애, 「TV드라마에 나타난 계급의 영속성과 자본의 신격화 연구-<쓸쓸하고 찬란하神-도깨비>를 중심으로」, 『한국극예술연구』, 63, 한국극예술학회, 2019, 421쪽.

드라마를 청소년 드라마와 신데렐라 멜로드라마의 혼합 장르로 보면서 드라마에 나타난 계급을 기호학적으로 분석하였다.[8] 강미정은 〈상속자들〉이 철저한 신분제를 그리면서도 동시에 신분제의 변동을 함께 그리고 있으며, 자본가 계급을 선망하고 그들에게 동일시하려는 인물들을 나타내고 있다는 점 등을 밝혔다. 그런데 강미정의 논문은 이를 언급하는 수준에 그치고 있어 이 드라마의 계급 표상이 나타내고 있는 것이 정확히 무엇인지 깊게 천착하지 못했다는 한계를 지닌다.

우리는 어떤 사람을 볼 때 그 사람이 보유하고 있는 재산이 얼마인지 정확히 알 수 없기 때문에 그 사람의 계급을 그 사람이 어떤 집에 살고, 어떤 차를 타고, 어떤 옷을 입느냐에 따라 측정해버린다. 이에 따라 소유하고 있는 재산이 아니라 소비하고 있는 양상을 통해 계급이 정해지게 된다. 원용진은 이처럼 정체성을 '소비'에 두는 시대를 '소비사회'라 칭했다.[9] 소유한 재산과 소비 양식은 일치할 수도 있지만, 그렇지 않을 수도 있다. 자신을 부자라고 속여도 가지고 다니는 물품을 통해 실제로는 가난한 사람이라는 사실이 드러날 수도 있고, 명품으로 휘감고 다녀도 실제로는 가난한 사람일 수 있다. 따라서 소비에 따라 사람을 판단하는 것은 정확하지 않다. 이미지는 겉으로 보이는 모습일 뿐, 실제 삶과 동일할 수 없기 때문에 이미지가 정체성을 결정하게 되면 여러 문제가 따라오게 된다.[10] 하지만 TV드라마는 공간과 소비하는 상품들을 통해 인물들의 계급을 암시하며 상품을 통해 생기는 이미지에 따라

---

8   강미정, 앞의 글, 22~47쪽.
9   원용진, 『대중 문화의 패러다임』, 한나래, 2005, 32~35쪽.
10 유평근·진형준, 『이미지』, 살림, 2001, 25쪽.

등장인물을 파악해 줄 것을 요구한다. 특히 재벌이 등장하는 신데렐라 스토리의 멜로드라마는 가방이나 신발, 옷 등으로 여주인공이 얼마나 가난한지를 보여주고, 화려한 집이나 차 등으로 남주인공의 부(富)를 나타낸다.

소비사회에서 소비 상품들은 계급을 상징적으로 나타낼 뿐 언어적으로 그 사람의 계급을 정하진 않는다. 노예로 불리는 사람은 없고 노예처럼 살아가는 사람들이 있을 뿐이다. 우리는 공식적으로는 모두가 평등한 민주 사회에 살고 있다. 실제로 평등하지 않아서 문제이지 말로는 과거 사농공상이 확실했던 신분제 사회와는 다르게 모두 평등하다고 일컬어진다. 그러나 마르크스의 생각은 달랐다. 마르크스는 계급을 생산 수단을 소유하고 있는 부르주아지(bourgeoisie)와 그렇지 않은 프롤레타리아트(Proletariat)로 나누면서 어느 시기에나 존재했던 계급이 시민 사회에서도 여전히 존재한다고 주장했다.[11] 최근 흔히 들을 수 있는 '흙수저', '금수저'와 같은 단어들은 여전히 봉건 시대와 같은 계급이 존재한다고 보는 마르크스의 주장에 손을 들어주는 듯 보인다.

이 글은 신분제가 존재하는 고등학교를 배경으로 하는 〈상속자들〉에 나타난 계급 표상을 연구하면서 TV드라마가 우리 시대에 존재하는 계급을 어떻게 바라보고 있는지 살펴보고 그것이 가진 사회학적 의미가 무엇인지 고찰한다.

---

11 칼 마르크스·프리드리히 엥겔스, 『공산당 선언』, 강유원 옮김, 이론과 실천, 2008, 16쪽.

2. 보이는 이미지로 결정되는 계급

〈상속자들〉에서 카메라 기법은 계급 표상을 나타내는 데 중요한 역할을 한다. 보통 신데렐라 스토리의 카메라가 인물을 계급의 관점에서 보여주기 위해 그들이 살고 있는 공간이나 그들이 소유한 물품에 주목하는 것처럼 이 드라마의 카메라 역시 공간이나 물품에 집중한다. 다른 점이 있다면 의도적으로 부유한 인물과 가난한 인물이 같은 상황에 놓이는 서사를 구성하여 두 계층의 표상을 현저히 대조시킨다는 데 있다. 이 드라마는 '노골적'으로 계급을 언어로 표현해 낼 뿐 아니라 '노골적'으로 부(富)와 가난의 이미지를 대조적으로 반복하여 생산하였다.

1화에서는 가난한 차은상(박신혜 분)과 부잣집 딸인 유라헬(김지원 분)이 같은 시간 같은 비행기를 타고 미국에 가도록 했다. 카메라는 유라헬과 차은상이 여행을 위해 짐을 싸는 장면을 연달아 담는데 이때 부유한 자의 여행 소품과 가난한 자의 것이 얼마나 다른지 현저하게 비교된다.

라헬은 대한민국 상위 1%에 속하는 재벌가의 둘째 아들인 김탄(이민호 분)과 약혼한 사이다. 김탄을 보기 위한 미국 여행 준비 과정에서 라헬의 여행 가방 속 내용물들이 클로즈업(close - up)된다. 그 결과 화면에는 의류 회사를 운영하는 부자 엄마를 둔 라헬의 화려한 구두와 옷들이 화면 가득 담긴다. 이와 대조되는 것이 바로 은상의 여행 가방이다. 카메라는 가정부로 일하고 있는 가난한 엄마를 버리고 미국으로 도망가버린 언니를 찾으러 가는 은상의 수수한 소지품들을 보여준다. 이 드라마의 카메라는 라헬의 여행 가방과 은상의 여행 가방을 비교하면서 가난한 18살 여학생의 미국 여행 가방 짐과

부자인 18살 여학생의 미국 여행 가방이 이렇게나 다를 수 있다고 말한다.

가방 속 물건의 비교는 후에 은상이 졸부라고 속이고 제국고를 다닐 때 한 번 더 등장한다. 호텔을 경영하는 아빠를 둔 영도(김우빈 분)는 졸부 행세 하는 은상의 계급을 의심하고, 은상이의 진실을 밝히기 위해 엔터테인먼트 회사 사장의 딸인 보나(정수정 분)와 은상의 가방을 땅바닥에 던져 둘의 가방 속 물건들을 비교해본다. 카메라는 보나의 화려한 물건들을 아래서 위로 찬찬히 살핀 후에 은상의 소박한 물건들을 훑어본다. 이때 촬영기를 손에 들고 찍는 핸드 헬드(handheld) 기법이 사용되었다. 카메라의 시선은 은상이 가진 물건으로 은상의 진짜 계급을 알아보려는 영도의 시선과 일치한다. 영도는 현저하게 다른 물품들을 비교하며 은상에게 진짜 졸부가 맞는지 다그치고 은상은 자신의 진짜 정체가 발각될 위기에 처하게 된다.

우리는 사물 그 자체를 소비하는 것이 아니라 사물이 가지고 있는 사회적 이미지를 소비하는 소비사회에 살고 있다.[12] 사물의 가격과 함께 주인의 이미지가 결정되고, 그 이미지에 따라 계급도 결정된다. 은상이 소비한 물건들로 은상의 이미지를 파악하고, 그 이미지로 은상이 속한 계급을 파악하려는 영도의 행동에는 이런 소비 사회의 태도가 반영되어 있다. 영도의 방법은 은상의 계급을 파악하는 데 효과적이었다. 은상은 졸부가 아닌 매우 가난한 집안의 학생이었기 때문에 비싼 물품들을 가지고 다닐 수 없었다. 이 장면을 통해 〈상속자들〉은 가지고 다니는 물품의 가격이 낮으면 아무리 노력해도 가난함을 속일 수 없는 사실을 알려준다. 그러나 항상 겉으로 보이는

---

12 최효찬, 『하이퍼리얼쇼크:이미지는 어떻게 세상을 지배하는가?』, 위즈덤하우스, 2011, 18쪽.

모습이 실제 정체성을 보장해 주는 것은 아니다.

탄이의 어머니인 한기애(김성령 분)는 은상의 어머니로 속이고 학부모 회의에 참석한다. 학부모 회의란 학부모끼리 모여서 자신이 가진 명품 가방과, 비싼 옷을 뽐내며 자신을 드러내는 자리다. 첩의 위치에 있는 한기애는 자신을 김탄 어머니로 알릴 수 없지만, 처음 만나는 학부모들에게 자신의 부를 뽐내기 위해 비싼 명품들로 꾸미고 등장한다. 이때 카메라는 학부모 회의장에 입장하는 한기애를 발끝부터 머리끝까지 틸트업(tilt up) 기법으로 촬영한다. 틸트 업은 카메라를 삼각대 위에 고정시킨 상태에서 아래에서 위로 움직이는 기법으로 이 드라마에서는 인물의 옷과 몸에 지니고 있는 소장품을 훑을 때 주로 사용했다.

카메라는 밑에서 위로 시선을 이동하며 기애의 신발부터 선글라스까지 천천히 포착한다. 카메라의 시선은 한기애를 처음 보는 학부모들의 시선과 일치하는데, 이때 생긴 이미지는 사람을 판단할 때 그 사람이 걸치고 있는 사물에 집중하는 이 시대의 시선을 반영한다. 한창 친구들에게 졸부로 의심받으며 코너에 몰리던 은상은 한껏 꾸미고 온 기애의 등장으로 모든 의심에서 벗어나게 된다. 은상이 제국고에서 졸부로 자리매김할 수 있었던 것은 기애가 머리부터 발끝까지 외제 차 한 대 값이 될 만한 물건들을 둘렀으며 가장 좋은 차를 타고, 전 세계 한정판으로 딱 스무 개 나온 가방을 소유하고 학교에 왔기에 가능했다. 실제 은상의 엄마는 탄의 집의 가정부이며 말을 못 하는 장애를 가지고 있고 기애는 탄의 아버지인 제국 그룹의 회장의 첩으로 호적에 오르지 못하고 같이 살기만 하는 동거녀이다. 그러나 사람들은 기애가 소유한 여러 상품들로 인해 기애를 신흥 졸부로, 은상을 졸부 딸로 인식하게 된다.

데이비드 하비는 상품으로서의 의미를 가진 이미지를 상품으로서의 이미지(이하 '상품 이미지')라 불렀고, 상품 이미지가 사람들의 정체성을 결정한다고 주장했다.[13] 데이비드 하비가 말한 상품 이미지는 물신주의가 작용하는 자본주의 체제 아래서 남들에게 보이고 싶은(보이는) 시각적 재현 양상을 의미한다. 남들에게 보이고 싶어 일부러 만들어낸 시각적 재현 양상은 실제와 언제나 동일한 것은 아니다. 이 드라마는 카메라를 소품에 집중시키면서 상품 이미지로 생긴 정체성의 비정확성을 보여준다.

틸트 업은 어떤 새로운 집단에 처음 등장한 인물의 계층을 소개할 때뿐 아니라 극중 인물들의 이미지를 자세하게 대조할 때도 사용된다. 이 드라마의 카메라는 김탄이 앞으로 자신이 좋아하게 될 가난한 여주인공 은상을 처음 만났을 때와 은상이 김탄의 집에서 부유한 약혼녀 라헬을 바라볼 때 모두 틸트 업 기법을 사용했다. 탄이는 미국에서 은상을 처음 만날 때, 은상의 다리부터 머리까지 찬찬히 살펴본다. 부자인 탄의 눈에 가난한 은상의 차림새(가방, 옷) 등이 이목을 끈다. 은상이 라헬을 만났을 때, 계단 아래에 있던 은상은 라헬을 밑에서부터 위로 훑어보게 되는데 카메라는 그러한 은상의 시선 역시 틸트 업 기법을 사용하여 담아낸다. 카메라는 라헬의 발부터 머리까지 훑어보는데, 라헬이 걸치고 있는 물건들이 클로즈업 되면서 시청자들의 이목을 집중시킨다. 화려한 신발과 가방, 옷, 머리띠 등이 부유한 이미지를 형성하고, 은상을 압도시킨다. 가난한 은상의 눈으로 본 라헬의 화려

---

13 데이비드 하비, 『포스트모더니티의 조건』, 구동회·박영민 옮김, 한울, 1994, 336쪽.

한 물건들이 탄의 눈으로 본 가난한 은상의 물건들과 대조된다.

드라마는 계단 위에 라헬을, 아래에 은상을 위치시킨다. 계단 아래에 있다는 것은 은상의 사회적 계급이 라헬의 계급보다 낮음을 의미한다. 〈상속자들〉에는 이와 같이 높은 계급의 사람이 낮은 계급의 사람을 위에서 아래로 내려다보는 장면이 여러 번 등장한다. 특히 이층에 있는 탄이 일층에 있는 은상을 내려다보는 장면이 지속적으로 등장한다. 이때 하이앵글 샷(high-angle shot)이 사용된다. 하이앵글 샷은 주로 인물의 열등한 상황을 나타낼 때 사용되는데. 상속자들의 카메라는 높은 계층의 남자 주인공이 낮은 계층의 여자 주인공을 위에서 내려 보게 함으로써 낮은 계층의 열등함을 상징적으로 표현하였다.

지금까지 〈상속자들〉의 카메라가 다양한 기법으로 계층 표상 이미지를 만들었음을 살펴보았다. 핸드 헬드 기법을 통해 부유한 여학생이 소유한 가방 속 물건들과 가난한 여학생이 소유한 가방 속 물건들을 비교하기도 하고, 틸트 업을 사용하면서 여자 주인공과 서브 여자 주인공의 상품 이미지를 대조적으로 보여주기도 했다. 하이 앵글 샷을 사용하여 계층의 열등함을 나타내기도 했다. 이를 통해 카메라는 상품 이미지가 정체성과 일치/불일치함을 동시에 나타냈고, 상품으로 계급을 설정하며 살아가는 소비 사회를 상징적으로 드러냈다.

3. 알려진 계급과 실재 계급의 불일치

후기 자본주의 사회의 특징 중 하나는 이미지가 개인의 정체성을 결정한다는 데 있다. 이미지들은 개인의 자아실현, 의미를 추구함에 있어서도 필수적인 요소가 되었다. 문제는 이미지가 주로 시각적인 것들, 특히 물질에 의해 결정된다는 것이다. 유명 디자이너의 옷이나 멋진 차 등으로 만들어진 이미지는 자신을 표현하는 데 있어 대단히 중요한 요소가 된다. 부, 지위, 명성, 권력을 나타내주는 상징들이 지금처럼 중요하고, 광범위하게 사용된 적은 없었다.[14] 물질로 생겨난 정체성은 계급으로 연결된다. 어떤 상품으로 자신을 치장하느냐에 따라 그 사람의 정체성과 계급이 결정되는 것이다. 우리 사회는 공식적으로는 모두가 평등한 민주 사회로 경제적 계급을 언어로 표현하지 않는다. 그러나 〈상속자들〉에는 이러한 계급이 노골적으로 드러나 있다.

경영상속자집단	주식상속자집단	명예상속자집단	사회배려자집단
기업을 물려받을 진정한 재벌 2, 3세 집단	경영권에서는 배재되었지만 태어날 때부터 대주주인 집단	돈보다는 명예를 중시하는 법조계, 의학계, 학자, 정치인 2, 3세 집단	사회적 이목 때문에 어쩔 수 없이 뽑은 편부모 자녀, 경제적 소외계층
최영도, 유라헬, 김원	이보나	이효신, 조명수	차은상, 문준영
김탄			직원 우대: 윤찬영

〈표1〉 제국 고등학교에 존재하는 계급 양상

〈상속자들〉의 주 무대 중 하나는 주인공들이 다니는 제국 고등학교다. 제국 고등학교에는 네 개의 계급이 존재한다. 경영상속자집단, 주식상속자

---

14 위의 책, 같은 쪽.

집단, 명예상속자집단, 사회배려자집단이 그것이다. 주인공인 김탄은 경영상속자집단과 주식상속자집단의 중간쯤에 속하고, 아버지가 김탄의 형 김원의 비서인 윤찬영은 네 집단 중 어디에도 속하지 않는다. 대신 그는 친구들에게 직원 우대라고 불린다.

계급의 사전적 의미는 '재산, 신분, 직업 따위가 비슷한 사람들로 이루어진 집단'이다. 라이트는 계급을 크게 생산수단 소유자와 비소유자로 나눈 후 각 계급을 세분화했다. 먼저 생산수단 소유자를 세 개의 계급으로 나누었다. 자신은 일하지 않아도 될 만큼 자본이 충분한 계급(부르주아)과 자신도 일해야 하나 남을 고용할 만큼의 자본이 있는 계급(소고용주), 남을 고용할 수 없어 자신이 직접 일해야 할 정도의 자본만 있는 계급(프티 부르주아)으로 나누었다. 생산수단을 소유하고 있지 않은 비소유자는 9개로 세분화했다.[15] 라이트의 계급은 생활전선에 뛰어든 성인을 기준으로 한 것으로 〈상속자들〉의 계급과는 맞지 않다. 드라마에서 설정된 계급은 부모의 회사를 물려받아 성인이 된 후에 직접 회사를 경영하게 될 학생들을 경영상속자, 가업을 물려받을 건 아니지만 벌써 대주주인 학생들을 주식 상속자, 장관, 국회의원, 대법원장의 자녀들을 명예상속자, 사회배려자전형으로 입학(전학)한 학생들을 사회배려자라 부른다. 카스트제도와 비슷하기 때문에 일반 고등학교에서는 부잣집 아들로 소문이 났던 비서실장 아들도 이 계급에서는 불가촉천민의 대우를 받는다.

부모의 계급이 자녀에게 그대로 대물림 되기 때문에 귀족 학교라는 상황

---

15 에릭 올린 라이트, 『계급론』, 이한 옮김, 한울, 2005, 131쪽.

이 가능했다. 그러나 언제나 대물림이 성공하는 것은 아니다. 예를 들어 명수는 부모님이 로펌을 운영하지만 머리가 나빠서 이어받을 수가 없다. 〈상속자들〉은 계급의 대물림의 공고함과 그렇지 않음을 동시에 보여주면서 다양한 이야기를 만들어 간다.

먼저, 부모가 원하는 계급과 자신이 원하는 계급이 달라 고통을 받는 모습을 보여준다. 인간은 다른 이들에 의해서 하나의 기표에 고정되고, 고정을 통해 상징적인 네트워크 속에서 어떤 자리를 갖게 되는데 인간이 앉게 된 자리는 그 속성과 상관없이 외부로부터 주어진 것이기 때문에 문제가 생긴다. 인간은 자신이 왜 다른 사람들이 말하는 자신이 되는 것인지에 대해 질문을 하게 되는데, 라캉은 이러한 질문을 '케 보이?'(Che Vuoi)라 불렀다. 인간은 자신의 존재를 큰 타자에 의해 정당성을 부여받지 않는 존재로 받아들이면서 분열을 극복하게 된다.[16]

이효신(강하늘 분)은 검찰 총장의 아들로 명예상속자이다. 그의 할아버지는 장관이고, 큰아버지는 대통령 비서실장직을 지냈다. 탄탄한 뼈대의 가문으로 가족들은 모두 경기고-서울대 출신이다. 효신은 가족들에 의해 경기고와 서울대를 졸업하고 판검사가 되어야 하는 인생을 부여 받았다. 그러나 효신은 왜 자신이 그러한 삶을 살아야 하는지 질문한다. 그리고 경기고 대신 제국고에 입학하면서 자기에게 부여된 정체성을 거부하기 시작한다. 가족들은 효신에게 가문의 이미지에 맞는 사람이 되도록 압박을 가한다. 효신은 웃으며 그러겠다고 대답은 하지만, 대화가 끝난 후 화장실에 가서 토하며 그동

---

16 슬라보예 지젝, 『이데올로기라는 숭고한 대상』, 이수련 옮김, 인간사랑, 2002, 198쪽.

안 받았던 스트레스를 쏟아 놓는다. 그가 뱉어낸 것은 사람들이 원하는 대로 살기 위해 꾸며낸 이미지와 실재 사이의 간격에서 오는 고통이었다.

효신은 부모가 원하는 면접 자리에 가지 않았다. 그러자 부모는 자신들의 권세를 사용해서 효신이 다시 면접을 볼 수 있게 했다. 부정입학을 시켜서라도 자신들이 원하는 곳에 입학시키려 하는 부모에 효신은 분노한다. 효신은 이미 자살 시도를 했었다. 정신과 치료도 받으며 약도 먹었다. 이러한 효신의 질병은 그의 주체가 분열되었음을 단적으로 보여준다. 효신은 가족들로부터 부여받은 자신의 위치가 있었고, 그 모습대로 연기를 했던 자신의 이미지가 있었다. 그러나 그는 계속 이미지로부터 미끄러져 나갔다. 수능을 보지 않고 자신이 원하는 진로를 선택했다. 또한 군대를 가면서 반항을 이어나갔다.

효신처럼 〈상속자들〉에는 이미지와 실제의 모습이 달라서 고통받는 학생들이 많이 있다. 특히 주인공인 김탄과 차은상, 강예솔이 그러하다. 이들은 남들이 알고 있는 자신과, 실제의 자신이 다르거나 남들에게 보이고 싶은 자신과 실제 자신이 달라 갈등을 겪는다.

	이미지	실제 모습
김탄	제국 그룹 아들, 제국고 이사장 아들	제국 그룹 서자, 이사장의 친아들이 아님
차은상	졸부	김탄집의 말 못하는 가정부 딸. 김탄 집에 살고 있음.
강예솔	생수 회사 딸	강남 룸싸롱 10곳 상속자

〈표2〉 이미지와 실제 모습의 차이

김탄 집의 가계도는 복잡하다. 탄의 아버지 김남윤(정동환 분)에게는 죽은 부인과, 호적상 부인, 첩이 있다. 그리고 첫째 부인이 낳은 김원(최진혁 분)과, 첩이 낳은 김탄을 아들로 두고 있다. 호적상 부인인 정지숙(박준금 분)은 대외적으로 필요한 이미지용 부인으로 김남윤과 한 집에 살고 있지 않고, 자식도 없다. 첩인 한기애는 김남윤과 함께 살며 작은 사모님 소리를 듣고 있지만, 호적에 오르지 못한 동거녀에 불과하다. 탄의 입장에서 보면 아버지는 자신을 감싸주지 않고, 어머니는 둘이나 있다. 한 명은 밖에서만 어머니고, 한 명은 집 안에서만 어머니다. 형인 원은 아버지만 같고 어머니는 다르다. 자신은 형을 좋아하지만 형은 자신을 경쟁자로 보고 미워한다. 김탄의 아버지와 정지숙은 18년 동안 김탄을 적자라고 속이며 키웠다. 이는 기업의 이미지 때문이었다. 기업의 이미지는 자본주의 사회에서 매우 중요하다. 기업에게 이미지 형성에 대한 투자는 공장을 짓고, 새로운 기계를 도입하는 것만큼이나 중요해졌다.[17] TV드라마에 등장하는 재벌가 인물들 역시 좋은 이미지를 형성하는 데 강한 욕망을 가진 캐릭터로 그려진다.

남자 주인공의 이미지는 남자 주인공이 속해 있는 가족 이미지에 영향을 주고, 가족의 이미지는 곧 기업의 이미지를 대표한다. 기업의 이미지가 좋아질수록 높은 수익이 보장된다. 이미지는 후기 자본주의 사회의 핵심 동력이다. 〈상속자들〉의 주인공 김탄의 집도 마찬가지다. 김탄이 속한 제국 그룹의 식구들은 대외적으로 좋은 이미지를 유지하기 위해서 진실을 감추는데 노력한다.

김탄 역시 자신의 이미지에 맞게 행동을 하며 거짓된 삶을 살고자 했다.

---

17 위의 책, 336쪽.

약혼을 하라고 하면 약혼을 하고, 미국에 가라고 하면 미국에 갔다. 그러나 탄은 아들이면서 아들이 아닌, 동생이면서 동생이 아닌 삶을 살아가면서 점점 분열된 정체성을 지니게 된다. 서자인 김탄은 '적자 김탄'에 상징적 동일시를 이루지 못한 채 분열된 상태로 지낸다.[18] 탄은 관찰당하는 위치와 자기 자신을 바라보는 위치가 동일하지 못해 많은 어려움에 처했다.

전학 온 학생은 졸부와 사회배려집단(이하 사배자)로 나뉘는데, 은상은 자신이 사배자임을 말하지 못한다. 은상이 자신의 정체를 묻는 친구들에게 아무 말도 못 하자, 김탄은 은상을 졸부라고 속인다. 은상은 제국고로 전학 온 후, 사회배려집단에 속한 학생이 경영상속집단에 속한 학생에게 얼마나 비참한 취급을 받는지 직접 보고 나서 자신이 사배자임을 밝힐 용기를 잃는다. 은상은 탄에 의해 졸부라는 이미지와 정체성을 얻게 되었으나 상징적 동일시를 이루지 못하고 마음고생을 하게 된다.

강예솔은 생수회사의 딸로 알려졌지만 실제로는 룸살롱 상속자이다. 예솔은 자신이 원하는 어머니를 상상하고 자신의 실재 어머니와 상상 속 어머니와의 상상적 동일시를 추구했다. 상상적 동일시란 그렇게 되면 자신에게 좋을 것처럼 보이는 이미지나, 그렇게 되고 싶은 이미지와 동일시하는 것이다. 주체가 자기 정체성을 획득하기 위해 상상적인 타인(자기 분신의 이미지)과 자신을 동일시할 때 실재 자기 자신은 소외된다.[19] 예솔은 술을 파는 어머니를 소외시키고, 생수 장사를 하는 상상적인 어머니와 자신의 어머니를 동일

---

18 상징적 동일시란 주체가 관찰당하는 위치와 주체가 자기 자신을 바라보는 위치가 동일해지는 것을 의미한다. (슬라보예 지젝, 앞의 책, 184쪽.)

19 위의 책, 183~184쪽.

시했다.

이처럼 〈상속자들〉의 주요 인물들은 남들에게 보이는 자신과 실제의 자신이 달라서, 혹은 남들에게 보이고 싶은 자신과 실제의 자신이 달라서 갈등하며 통일된 자아상을 성립하지 못하고 분열된다. 이는 공고해 보이고 변함없어 보이는 계급이 실제로는 그렇지 않음을 의미한다. 이를 통해 눈에 보이는 계급이 전부가 아님을 나타내며 눈에 보이는 것으로 계급을 정하는 것이 얼마나 허위적인 것인지 드러낸다. 이는 계급의 이동을 겪는 인물들을 통해 더욱 강하게 나타난다.

4. 인물들의 계급 변동

드라마 초반에 네 개의 계급은 공고히 유지되어 보인다. 계급의 확연한 격차와 공고함, 계급 속에 온전히 박혀 있는 인물들의 흔들림 없는 정체성이 주로 그려진다. 특히 경영상속자집단인 영도의 위세는 강렬하게 나타난다. 영도는 호텔 제우스의 상속자이다. 영도에게 아버지는 늘 최고의 위치에 우뚝 서서 자신을 보호해 줄 것 같은 존재다. 영도는 아버지의 힘을 믿고 학교에서 가난한 친구들을 무자비하게 괴롭히고 이를 즐긴다.

영도는 사배자인 준영(조윤우 분)을 학교 복도에 눕히고 어깨를 발로 짓누른다. 이때 폭력을 행사하는 영도는 프레임 밖에 위치하고 발만 프레임 중심에 위치한다. 등장인물이 공간 밖에 위치할 때 심리적인 긴장감이 발생할 수 있다. 만약에 프레임을 확장해서 본다면 영도는 프레임 꼭대기에 위치하게 된다. 프레임 꼭대기는 힘, 권위 등을 다루는 인물을 나타낸다. 프레임 위에 위치한 인물은 아래쪽에 있는 인물을 통제하고 압도하는 것처럼 보인다. 그래서 권위적인 인물은 대체로 이런 방식으로 촬영된다. 스크린의 위쪽에 있는 인물은 위험스럽고 위협적인 인물로 보일 수도 있다.[20]

준영은 많은 친구들이 보는 앞에서 영도에게 밟히고, 결국 무릎을 끓는다. 괴롭힘을 못 견딘 준영은 전학을 선택한다. 영도가 준영을 학교에서 쫓아낸 것이라 볼 수 있다. 이처럼 영도가 학교에서 높은 서열로 군림할 수 있었던 이유는 그의 아버지가 많은 돈을 통해 힘과 권력을 가졌기 때문이었다. 영도는 부모가 가난한 준영을 괴롭히면서 자신은 크면 사회를 지배하는 계급이 되고, 준영은 어른이 되면 자신 밑에서 일하는 노동자가 될 것을 굳게 믿었다. 이는 유라헬도 마찬가지다. 부유한 어머니를 둔 라헬은 자신보다 가난한 사람을 자신보다 낮은 사람으로 취급한다.

① **최영도**   던져도 맞고 안 던져도 맞고 센 놈한테 맞느냐 좀 덜 센 놈한테 맞느냐 그게 문젠데 근데 사실 더 큰 문제는 앞으로도 네 인생이 쭉 이럴 거라는 거지. 왜? 우리가 커서 네 고용주가 될 테니까.

(1회)

② **최영도**   너네 아빠는 전화를 직접 받지만 우리 아빠는 비서가 받는다고 몇 번 말하냐.

(6회)

---

20 루이스 자네티, 『영화의 이해』, 박만준·진기행 옮김, K-books, 2019, 50~53쪽.

③ 유라헬　건방진 년. 직원 우대 윤찬영이 학교 설명 안 해줬니?

차은상　해줬으면, 뭐가 달라지는데

유라헬　네 그 태도가 달라져야지. 너 졸부라며. 니네 집이 어쩌다 부자 소리 듣게 됐
　　　　는지 모르겠지만 난 아버지의 아버지의 아버지 때부터 부자 아니었던 적이
　　　　단 한 순간도 없었어. 그러니까 김탄이랑 네 이름 세트로 애들 입에 오르내리
　　　　게 하지 마. 탄이랑 나 급 떨어지니까.

(6회)

(대사정리 인용자)

영도는 준영을 괴롭히면서 준영이에게 닥친 진짜 문제는 지금 당하는 고
난이 아니라 앞으로도 계속 자신의 아래 계급으로 살아갈 현실에 있음을 상
기시킨다. 또한 준영의 아버지와 자신의 아버지의 계급이 다름을 알리며 준
영이 자신에게 맞설 수 없음을 각인시킨다. 이를 통해 영도의 폭력적 행동이
단순한 학교 폭력이 아니라 고용 계급이 피고용 계급에게 부리는 횡포임을
알 수 있다.

유라헬이 당당하게 자신의 계급을 주장하고, 차은상에게 자신을 공손한
태도로 대하라고 주장할 수 있는 근거 역시 몇 대 전부터 이어져 온 '공고한
부(富)'에 있다. 하나의 이데올로기 장에 있어서 그 장의 정체성을 창조하고
유지하는 것은 어떤 매듭, 누빔점이다. 부유하는 이데올로기의 요소들은 누
빔을 통해 구조화된 네트워크의 일부가 된다.[21] 라헬의 정체성은 네 개의 계
급으로 이루어진 제국고의 네트워크 속에서 경영상속자집단이라는 누빔점

21　슬라보예 지젝, 앞의 책, 155~156쪽.

으로 고정되어 있다. '아버지의 아버지의 아버지'로 이어져온 부는 고정 불변의 든든한 압정과 같이 작용한다. 누빔점은 하나의 단어로서, 기표 자체의 수준에서 주어진 장을 통일시키고 그것의 동일성을 구성한다.

그러나 극의 후반부로 갈수록 계급은 흔들린다. 계급에 속해 있던 인물들의 정체성 역시 유동적으로 그려진다. 자본은 본질상 유동적이다. 데이비드 하비는 자본을 사물이 아닌 과정으로 본다.[22] 그에 의하면 자본은 상품 생산을 통한 사회적 생활의 재생산 과정이다. 자본은 쉴 새 없이 사회를 변형시키는데, 이 과정에서 위장과 물신화가 거듭되며, 새로운 욕망과 소요가 창조된다. 선진 자본주의 세계에 살고 있는 사람들은 모두 이러한 자본과 깊은 관련을 맺으며 살아가게 된다. 유동적인 자본으로 소비를 하고, 이미지를 형성하고, 정체성을 만들어갈 때, 자본의 움직임에 따라 이미지도, 정체성도 흔들리게 된다.

영도의 아버지가 검찰 조사를 받기 위해 사라지게 되자, 영도는 흔들린다. 영도는 은상을 사랑하게 되면서 엄마에 대한 상처도 치유 받으며 준영에게 사과를 한다. 이와 같은 영도의 내적 변화는 외적 환경의 변화와 함께 맞물려 영도 캐릭터의 변화를 더욱 극대화한다.

라헬은 한국의 의류업계에 한 획을 그은 RS 인터내셔널의 상속녀이다. 라헬의 엄마에게 결혼은 인수합병과 같다. 라헬의 엄마는 라헬 아빠와 이혼하면서 남편의 회사 재산의 절반을 갖게 됐다. 이혼으로 엄청난 부를 획득한 것이다. 그리고 제국 그룹 주식을 늘리기 위해 자신의 딸을 제국 그룹 둘

---

22 데이비드 하비, 앞의 책, 394쪽.

째 아들과 약혼시킨다. 사업 확장을 위해서 이번엔 자기 자신이 영도 아빠와 약혼을 하려고 한다. 탄이 은상과 사랑에 빠지면서 라헬이 파혼 당하고, 영도 아빠가 검찰의 조사를 받는다는 것을 알고 자신이 파혼을 하면서 라헬 엄마의 자본 증식 계획은 수포로 돌아간다. 그러자 제국 고등학교 내에서 라헬의 계급이 하락한다. 친구들은 김탄의 약혼녀이자, 영도의 여동생이 될 라헬을 무서워했다. 그러나 라헬의 엄마와 라헬이 파혼을 하자 라헬을 대하는 태도가 달라진다.

친구1	가정교육 한 번 끝내주네. 엄마도 파혼, 딸도 파혼. 뭔 가정이 있어야 교육을 받지.
친구2	뭘 꼬나봐, 소문 벌써 다 났어. 영도네 아빠랑 너네 엄마 결혼 깨졌다고.
친구1	김탄 약혼녀라 쫄은 거지 진짜 네가 무서워서 쫄은 줄 아나.

(19회: 대사정리 인용자)

라헬은 자신을 함부로 대하는 친구들에게 아무 말도 하지 못한다. 라헬의 이미지가 무너지자, 라헬의 정체성도 흔들리고 곧바로 라헬은 사람들에게 무시당하는 존재로 전락하고 만다. 이는 6회에서 차은상에게 보여주었던 당당함과는 거리가 먼 모습이다. 계급을 유지시켜주는 것은 그들의 경영권이나 주식뿐 아니라 그로 인해 발생한 '이미지'에도 있었다. 영도와 라헬은 비리를 저지른 아버지와 이혼과 파혼을 쉽게 하는 어머니로 인해 이미지의 타격을 받았고, 이미지의 변화가 이들의 정체성에도 영향을 미쳤다.

실제로 우리는 수많은 대기업들이 위기를 겪거나 부도나는 것을 경험해

왔다.[23] 현실 자본주의 사회에서 기업이 부도날 수 있는 것과 같이 경영상속 자인 영도와 라헬의 정체성은 흔들린다. 하나로 고정되거나 통일되지 못하고 분열되어 버린 것이다.

앞서 이미지와 현실이 달라 고통을 당한 여러 인물들에 대해 분석한 바 있다. 드라마 후반으로 가면 인물들이 숨겨왔던 비밀이 밝혀지면서 이들의 계급은 낮아지거나 변동을 겪는다. 김탄이 서자라는 사실이 알려지고 은상은 자신이 졸부가 아니라 사배자임을 스스로 밝힌다. 예솔은 라헬에 의해 자신의 엄마가 생수가 아니라 술을 파는 사람이라는 사실이 발각되고, 제국고 내에서 자신이 그토록 힘들게 유지해왔던 이미지와 정체성을 잃는다. 결국 예솔은 라헬과 친구 보나에 의해 사배자 취급까지 받게 된다. 이처럼 주요 인물들의 계급이 흔들리거나 추락하는 과정을 보여주면서 이 드라마는 계급이 언제든지 변화될 수 있는 것임을 암시한다. 초반에 공고하게 보였던 계급이 힘없이 흔들리는 모습을 제시하면서 우리 사회에 공고한 계급 역시 그렇게 유동적인 존재일 뿐임을 드러냈다.

5. 신자유주의 계급과 이미지

신분사회에서 계급은 부동의 것이었다. 계급은 혈통으로 이어졌고, 특별

---

23 우리는 1997년 외환위기 직전 한보철강, 삼미, 기아자동차, 대우그룹, 진로, 대농 등 많은 기업들이 무너지는 것을 목격했다. 그 이후에도 웅진, STX, 동양그룹, 대한전선이 어려움에 처하는 것을 보았다. SK, 한화, CJ, LIG, 태광그룹의 오너가 구속되는 것을 경험했으며 많은 기업인들이 검찰 수사를 받거나 증인으로 불려 나가는 것을 목격했다.

한 경우가 아니고서는 벗어날 수 없었다. 이때 사람들은 계급에 맞는 정체성을 소유하고 있었다. 민주주의, 자본주의 사회에서 모든 사람들은 공식적으로는 평등하지만 경제적 계급 안에 갇혀 살게 된다. 그리고 경제적 계급은 눈에 보이는 이미지로 형성된다. 후기 자본주의 시대로 갈수록 이러한 현상은 더 심해진다.

신자유주의 시대의 빈부 격차는 시각적 이미지를 중심으로 한다. 시각적 이미지는 하나의 상품이 된다. 사람들은 서로를 처음 봤을 때, 그 사람이 소유하고 있는 물건들로 그 사람의 정체성을 판단하기 쉽다. 그래서 더욱 비싼 명품들로 자신의 이미지를 형성하려고 한다. 그러나 이미지는 이미지일 뿐, 실재가 아니다. 그로 인해 생기는 간극은 여러 갈등을 불러일으킨다. 〈상속자들은〉 카메라의 시선을 통해 이런 계급 차별 갈등을 풍자한다.

〈상속자들〉에는 공식적인 경제적 계급이 존재하며 이 드라마의 카메라는 인물의 공간이나 소유하고 있는 상품을 직접 대조시켜 경제적 계급을 병렬적으로 제시하는 방법을 선택했다. 부유한 학생의 가방 속 물건과 가난한 학생의 가방 속 물건을 카메라로 비교하거나 부유한 학생과 가난한 학생의 모습을 상품 이미지의 대조로 나타내기도 했다. 높은 계층의 사람이 낮은 계층의 사람을 위에서 내려다보는 장면을 지속적으로 반복하면서 계층 차이를 시각화하기도 했다. 이 드라마의 카메라는 상품 이미지가 정체성과 일치할 수 있지만 불일치할 수도 있음을 말하면서 상품으로 계급을 설정하며 살아가는 우리 사회의 모습을 단적으로 드러냈다.

극을 이끌어가는 핵심 인물인 두 남녀 주인공의 실제 계급은 학교에 알려진 것과 달랐다. 남자 주인공인 김탄의 아버지는 제국 그룹의 회장이고, 어머니는 제국 고등학교의 이사장으로 알려져 있으나, 실제 김탄의 어머니는 사람들에게 조롱당하는 첩이다. 이사장 어머니는 법적 어머니로 드라마 후반에는 김탄과 상속권을 놓고 경쟁하는 적이 된다. 서자인 김탄은 자신을 적자라 속이며 살면서 많은 심리적 갈등을 겪는다. 김탄의 아버지의 배려로 명문고에 들어간 여자 주인공 은상은 학교 계급 상으로는 사회배려자 계급에 속하지만 자신을 졸부라고 속이며 살아간다. 김탄, 은상과 같은 고등학교에 다니는 예솔은 자신의 어머니가 술장사를 하지만 물장사를 한다고 속이고 살아간다. 이처럼 이 드라마는 겉으로 보이는, 혹은 알려진 계급이 실제가 아닐 수 있음을 여러 인물을 통해 나타냈다.

〈상속자〉는 주요 인물들의 계급을 변동시키면서 계급의 허위성을 고발했다. 김탄의 라이벌인 영도는 초반 아버지의 재력을 힘입고 학교에서 가난한 학생을 괴롭히는 권력자로 등장하나 후에는 아버지가 검찰에 불려가면서 그 힘을 잃는다. 김탄의 약혼녀인 라헬 역시 어머니의 재력을 믿고 사람들을 무시하면서 살아가다가 어머니의 결혼과 자신의 약혼이 깨지자 친구들에게 무시당하는 처지가 된다. 은상은 자기 스스로 자신이 사회배려자집단임을 밝히면서 학교에서의 계급을 낮췄고, 예솔은 자신의 어머니가 술장사하는 것을 들켜서 이미지와 계급이 실추되었다. 이미지의 변화에 따라 인물들의 정체성도 흔들리고 주체의 분열도 일어났다. 이처럼 상속자는 극 초반에는 인물들이 자신이 속한 계급 속에서 통일된 정체성을 가지고 있는 것으로 묘사하다가 극이 진행될수록 이들의 계급이 이미지에 의존하고 있었음을 드러냈다. 이를 통해 이미지가 얼마나 유동적인지를 폭로했다.

그러나 TV드라마 〈상속자들〉이 이야기하는 것은 인물들의 계층 변화일 뿐이다. 누군가 낮은 계층으로 내려갈 수는 있지만 계층 자체가 사라지는 것은 아니다. 지배층과 피지배층이 있다는 사실은 여전히 변하지 않는다. 언뜻 보면 〈상속자들〉은 상품 이미지로 인해 결정되는 계급이 얼마나 변화 가능하며 실제와 다를 수 있는지를 나타내면서 신자유주적 징후인 계급의 허위성을 폭로하는 듯하다. 또한 사회적 배려 대상자 학생이 명문고에서 경험하는 계급 차별을 풍자하면서 계급 담론의 비인간성을 고발하기도 한다. 그러나 이 모든 것들이 신자유주의 시대 계층의 공고함을 전제로 했다는 데 한계가 있다.

〈풍문으로 들었소〉(SBS, 2015)
: 시선 권력과 담론구성의 동역학*

김민영

1. 시선 권력의 정치학: 블랙코미디로 재현하기

TV드라마는 당대의 정치·경제·문화 등과 밀접한 연관성을 지니며 사회 구성원의 인식과 정서를 반영하는 거울로서 대중과 소통한다. 이에 따라 우리가 머무는 실제 사회와 유사하게 어떤 방식으로든 그것과 연관되어 다양한 인간 군상과 사회구조를 재현한다. 문제적이고 논란이 되는 가치 체계를 반영한 디제시스를 구현함으로써 시청자는 명확히 인지하지 못한 사회·문화적 현상을 마주하게 된다.

오늘날 한국 사회가 직면한 현실을 보여주는 대표적 화두는 '갑을(甲乙) 관계'이다. 원래 이 말은 계약서에서 쓰는 용어로 계약 당사자들이 수평적으로 대등한 주체임을 밝혀주는 단어이지만, 현재 우리 사회에서는 상대적으로 우월한 위치에 있는 '갑'이 그의 권력을 남용하여 '을'에게 부적절한 피해를 입히는 관계를 지칭한다. 물론 모든 사회에는 위계질서가 존재한다. 그

---

* 이 글은 아래 논문을 수정 보완한 것임.
"김민영, 「TV드라마 <풍문으로 들었소>에 나타난 정보의 헤게모니 투쟁 양상 연구-시선 권력과 담론 구성체의 동역학을 중심으로」, 『한국극예술연구』 54, 한국극예술학회, 2016."

러나 한국 사회에서는 사람 그 자체에 상하 개념을 부여하고 있다는 점이 문제이다. 전통적인 신분체계가 없어진 지 오래됐지만, 사회 구성원의 의식 속에서 신분체계는 여전히 존재하며, 이는 학벌, 재산, 지역, 외모 등 다양한 범주에서 작동하고 있다. 사회적 지위가 올라갈수록 주어지는 혜택만 누릴 뿐 그에 합당한 책임 있는 언행은 하지 않으며 자기중심적 사고를 지닌 소위 '갑질'하는 인물은 '을'에게 모욕감을 주며 그들이 자신의 의중을 헤아려 '알아서 해주기'를 기대한다.

더 문제적 지점은 이것이 비단 사회적 지위가 높은 사람에게만 나타나는 것이 아니라는 점이다. 사람들은 자신이 열등한 존재로 취급받기를 원하지 않으며 남들보다 조금이나마 우위에서 인정받고 싶어 한다. 제레미 리프킨은 존재감을 느끼지 못하고 자신의 가치를 찾지 못하는 사람들은 타인과 정서적인 유대와 공감이 불가능하다고 말한다.[1] 타인이 자신을 알아봐 주지 않을 때 또는 누군가 자신을 별 볼 일 없는 사람으로 취급하거나 상대적으로 자신보다 약하다 싶은 대상이 나타나는 경우, 가차 없이 대상을 짓밟아 버리는 공격적 성향을 드러내는 사람들이 있다. 가학적인 성향을 지닌 이들이 '갑질'을 할 수 있는 위치에 자리하게 되면, 수직적 관계를 유지할 수 있는 약자에게 인정 투쟁에서 밀려난 분노를 표출한다.[2]

이토록 이 사회에 만연한 갑을 관계는 영화, TV드라마, 웹툰 등에서 빈번히 그려지고 있다. 재벌가에서 벌어지는 사투를 그리거나 상류 세계로 편입되기 위해 온갖 수단을 동원하는 현실을 담아낸 영화와 TV드라마는 이미

---

1   제레미 리프킨, 『공감의 시대』, 이경남 옮김, 민음사, 2010, 149쪽.

2   김찬호, 「갑을관계의 감정사회학」, 『안과 밖』 38, 영미문학연구회, 2015, 82~94쪽.

상당수 존재한다. 그중 TV드라마 〈풍문으로 들었소〉[3](이후 〈풍문〉으로 표기함)는 불균등한 권력관계를 재현함과 동시에 갑을(甲乙) 세계를 대조하며 갑들의 속물근성을 풍자하는데, 특히 엿보기와 엿듣기를 통해 '갑질'과 '을질' 모두를 풍자하며 '블랙코미디'[4] 효과를 내고 있다는 점에서 주목할 만하다.

블랙코미디는 "역설적이고 냉소적인 유머로써 현대인의 비극적이고 모순적인 측면을 보여줌으로써 인간과 세계에 대한 냉소를 표현하는 형식"이며, "절망과 유머의 혼합, 희극적인 것과 비극적인 것의 혼재, 그로테스크라는 요소"[5]를 통해 "사회에 대한 우울한 유머나 잔혹하고 통렬한 풍자"[6]를 담고 있는 장르이다. 즉 이는 "오랜 역사 속에서도 삶에 대한 현대의 인식, 즉 삶의 이중적인 모습들, 그 모순되는 것들이 동시에 공존하고 있음에 대한 인식을 반영"[7]한다. 풍자(諷刺)는 상대의 권위를 깎아내리기 위해 '말'로 가볍게 찔러 조롱하며 상처를 주는 것이다. 즉 상대가 지닌 이중성과 모순을 드러내어 권력관계를 뒤엎고 대상을 실추시키며 웃음을 생성한다. 냉소적인 유머와 웃음으로 심각한 문제를 다룬다고 해서 그 문제의 심각성을 단순하게 받아들일 사람은 없다. 오히려 오락성을 즐기는 과정에서 표면적으로 드러난 심각한 주제는 사람들에게 더 깊은 여운으로 남겨질 수 있다. 이처럼 역

3   극본 정성주, 연출 안판석, SBS, 2015.02.23.~2015.06.02. (30부작)

4   김지영, 「'풍문으로 들었소' 안판석이 말하는 PD의 자격」, 『우먼동아일보』, 2015.06.01. (https://www.donga.com/news/article/all/20150601/71586676/1)

5   목승숙, 「카프카의 유미: 카프카 작품의 '블랙코미디적' 요소」, 『카프카 연구』 28, 한국카프카학회, 2012, 120쪽.

6   이태훈, 「블랙코미디 장르 영화에 있어 아이러니 표현기법에 대한 연구: 코엔 브라더스의 최근 영화들 중심으로」, 『디지털디자인학연구』 14, 한국디지털디자인협의회, 2014, 606쪽.

7   최나영, 「블랙 코메디 영화의 장르적 특성에 관한 연구」, 한양대 석사학위논문, 2006, 3~6쪽.

전된 권력관계에 쾌감을 느낄 수 있는 장치가 '풍자'이다.

아울러 블랙코미디가 풍자적인 내용뿐만 아니라 그로테스크적 요소를 품고 있다는 지점 또한 눈여겨볼 필요가 있다. 이창우는 그로테스크의 의미를 문화정치학적으로 밝히며, 그로테스크가 "기존의 이데올로기 체계가 손상되는 정세에서, 지위의 변동을 겪는 여러 집단의 정치적 상상들을 과거로부터 답습된 적합한 예술형식을 빌려 무섭거나 유희적인 목소리로 표현한"[8] 것이라 설명한다. "동시대 사회 성원들의 집단적 마음을 읽어 내는 것, 사회적으로 통용되는 문화적 기호를 둘러싸고 정치적 태도들 사이의 경합과 연대를 해독하는 작업"[9]이 그로테스크의 정치학이라면, 그로테스크가 블랙코미디의 극적 구조를 비롯해 장르적 특성을 부각시키기에 적합하다고 볼 수 있다. 그로테스크는 이질적이고 뒤틀린 현실을 보여줌으로써 우리가 믿고 있는 현실보다 더 명확하고 분명하게 현실을 반영하는 역설이 드러날 수 있는 장치이기 때문이다.

TV드라마에서 다소 생소한 장르인 블랙코미디는 그간 주로 영화에서 다루어졌기 때문에[10] 〈풍문〉이 블랙코미디로서의 시발점에 위치한다고 할 수 있다.[11] 특히 이 텍스트는 '엿보기'와 '엿듣기'라는 장치를 통해 블랙코미디적

---

8   이창우, 『그로테스크의 정치학』, 커뮤니케이션북스, 2015, xiii쪽.

9   위의 책, xi쪽.

10 신예원, 「신자유주의 이데올로기에 대한 비판적 해석: 영화 <성실한 나라의 앨리스>를 중심으로」, 『씨네포럼』 23, 동국대학교 영상미디어센터, 2016, 197~198쪽.

11 <풍문>은 2015년 백상예술대상 작품상을 받았는데, "'블랙코미디'라는 새로운 장르를 개척"했다는 점이 수상 이유 중 하나이다. (meditator, 「'풍문으로 들었소'가 남긴 의미심장한 메시지, 다른 삶은 가능하다! 어떻게?」, 『미디어스』, 2015.06.03. (http://www.mediaus.co.kr/news/articleView.html?idxno=48651)

특성을 부각시킴과 동시에 '갑'과 '을'의 대립구조로 정보의 헤게모니 투쟁 양상을 적절하게 보여주고 있다. 텍스트 제목인 〈풍문으로 들었소〉에서 드러나는 바와 같이 우리 사회에는 '바람처럼 떠돌며 사회 구성원의 입에 오르내리며 옮겨가는 말들(風聞)'이 있다. 이는 '갑'의 풍문이 될 수도, '을'의 풍문이 될 수도 있다. '갑'과 '을'은 각각 풍문의 실체를 알고 싶어서 서로의 세계를 엿보며 엿듣는다. 〈풍문〉은 조선시대 신분제 모티프를 가져와 '갑'과 '을'의 계급 차이를 풍자하는데, 이때 은밀한 헤게모니 투쟁, 즉 시각적 정보와 음성적 정보에 의한 투쟁이 발생한다. 이를 바탕으로 이 글에서는 〈풍문〉의 헤게모니 투쟁에 착안하여 등장인물의 시선의 정치학을 통해 그들의 시선이 어떻게 권력을 획득하고 있는지 살펴보고, '갑'과 '을'이 각자의 세계에서 형성되는 담론투쟁을 통해 연대의 잠재성이 드러나는 양상에 주목해보고자 한다.

2. 전지적(全知的) 시선의 비가시성과 전복된 시선

서구 철학에서 '본다'는 행위는 신체적인 눈으로 대상을 바라본다는 일차적인 의미가 아니다. 시각은 현실을 파악하는데 객관적인 매개체로 생각되었기 때문에, 인간의 다른 감각과 분리되어 특수화되고 가장 많은 특권을 누리며 고귀하게 여겨졌다. 생각하는 것은 시각의 범주 안에서 이루어졌고, 이는 곧 '아는 것'으로 이어지며, 시각은 진리 탐구에서 핵심적인 기능을 수행해왔다. 시각 체제(the scopic regime)[12]는 "특정한 시각 양식이 헤게모니를 장악하고 자신의 보는 방식에 따라 보이는 것과 보이지 않는 것을 배치하며, 그 가시성의 질서 속에서 특정한 방식으로 주체의 위치를 규정하는 시각장의 사회 역사적 구조"[13]이다. 따라서 현대의 모든 분야에서 절대적으로 중요한 시각은 나와 세계를 연결하는 근본적 매개체로 인식된다.

사람들에게 정보가 주어졌을 때, 대부분은 정보의 전달이 주목적이다. 그러나 정보가 드러나지 않거나 은폐되어 정보의 해석이 불가능한 경우, 정보 전달자와 수용자 사이에 비대칭적 관계가 발생하고 이때 권력이 생성된다. 권력은 사회문화적 맥락의 관계가 개입된 시각화로부터 나오는 정보의 다양한 영향력이다.[14] "보는 시선은 지배하는 시선"[15]이다. 정보를 볼 수 있고 가시화할 수 있는 능력이 권력이 되고, 권력과 가시화의 결합은 시각의 헤게모니를 더욱 공고화한다.

〈풍문〉에서 한정호(유준상 분)는 법무법인 '한송'의 대표로, 예비 내각 명단을 손에 쥐고 권부(權府)의 인사에 관여하여 현직·전직 총리는 물론이고 정·재계 핵심 인맥들을 다루며 한국의 정치계를 주무르는 인물이다. 한정호는 자신의 권력을 행사하기 위해 비서인 양재화(길해연 분)와 민주영(장소연 분)을

---

12 "시각 체제scopic regime(영화학자인 크리스티앙 메츠가 처음 제시한 용어로서, 일반적으로는 본다는 행위가 물질적이고 제도적인 배치에 의해서 사회 문화적으로 구조화된다는 것을 의미하는 용어이다-역자 주)" (핼 포스터, 「서론」, 핼 포스터 엮음, 『시각과 시각성』, 최연희 옮김, 경성대학교출판부, 2012, 8쪽.)

13 주은우, 『시각과 현대성』, 한나래출판사, 2012, 106쪽.

14 이진혁, 「시각화의 권력관계 분석: 정보성, 매개형식, 시점」, 홍익대 박사학위논문, 2011, 8~9쪽.

15 토마스 플린, 「푸코와 시각의 붕괴」, 데이비드 마이클 레빈 엮음, 『모더니티와 시각의 헤게모니』, 정성철·백문임 옮김, 시각과 언어, 2004, 463쪽.

적절하게 안배하여, 집안 문제와 한송과 관련된 기밀정보를 획득한다. 민주영은 인사 관련 뒷조사, 백대헌(박진영 분) 고문 밀착 보좌, 서봄(고아성 분)의 가족 사찰 등의 역할을 담당하고, 업무비서 양재화는 한정호의 집안 문제와 동료 비서인 민주영의 동태를 살펴본다.

사실 민주영이 한송에 터를 두고 있는 이유는 친오빠의 누명을 벗기기 위해서인데, 이를 이미 알고 있는 한정호는 양재화를 통해 감시한다. 양재화는 수행비서 김태우(이화룡 분)를 이용해서 그녀를 감시 및 미행하고, 한정호는 그녀를 돕는 세법 변호사에게 그녀와의 관계를 정리한다는 조건을 내걸며 연봉 협상을 제안한다. 더 나아가 양재화는 아들 때문에 평생 미행과 도청을 당하며 살아온 민주영 어머니의 상처를 이용해서 합의 각서를 받아낸다. 민주영이 한송에 위험한 인물임에도 한정호가 그녀를 추방하지 않고 곁에 두는 것은 뛰어난 업무능력이라는 대외적인 이유가 아니라 그녀와 그녀의 오빠를 감시 및 미행하여 통제하기 위함이다.[16]

하지만 한정호의 권력은 비서들의 보고에서만 나오는 것이 아니다. 그의 진정한 권력의 핵심은 이 나라를 대표하는 법무법인 '한송'이라는 인력풀을 바탕으로 정·재계를 휘두를 수 있는 정보이다.[17] 따라서 정·재계 요인들의 각종 비리 내역을 비롯해 자신의 권력을 위협하는 인물의 약점은 한정호에게 크나큰 자산이 될 수밖에 없다. 곧 그의 정보는 미세하고 지속적으로

---

16 "기율적 권력은 전통적인 주권적 권력과는 달리, 자신은 비가시적이게 하면서도 자신에 복속된 이들에게는 강압적인 가시성을 부과하는 방식으로 행사된다. (중략) 기율적 체제에서 권력은 "의식보다는 감시에 의해" 행사된다." (위의 글, 468쪽.)

17 "'다 털어 놓으세요. 그래야 도울 수 있습니다.' 로펌의 권력이 발생하는 지점이다. 다 알고 있다는 것, 과연 무섭다." (<풍문으로 들었소> 기획의도 중. 공식 홈페이지 참고.)

영향력을 발휘하여 상대의 빈틈을 파고들고 일상적 삶에 흔적을 남겨, 그가 편재하는 권력을 행사하는 근간으로 작동한다.

한정호는 전직 총리 백대헌을 한송의 고문으로 영입하는데, 백대헌은 최근 개각 때 물러나면서 한정호의 극진한 대우를 받으며 한송의 고문직을 맡아달라는 그의 부탁을 수락한다. 그는 후임 총리 인준, 대산그룹 비자금, 사법연수원 수석 졸업자 윤제훈(김권 분) 영입 등 굵직한 사건들의 정보를 한정호에게 제공한다. 이 과정에서 한정호는 후임 총리 인준을 앞두고 한송이 '인사의 회전축'이라는 세간의 평가가 나올 것이라는 정보를 입수한다. 그는 후임 총리 인준에 부정적 영향을 미치는 일을 막기 위해, 저널 담당자의 치부인 자녀의 불법 입학을 건드린다. 이 사회엔 "무결점 인간"[18], "털어서 먼지 안 나는 사람"은 없다는 한정호의 판단은 저널 담당자와 힘겨루기에서 한정호가 우위를 차지하게 해준다. 이는 그가 정보를 소유했기에 당연한 결과이다.

한정호와 백대헌이 추대하는 새로운 총리 내정자는 "비리종합선물세트"라고 불리도 될 만큼 아들 군면제, 분양권 불법 취득 등 친인척 대부분이 비리에 연루된 인물이다. 그럼에도 불구하고 한정호는 비도덕적인 총리 내정자를 위해 청문회 대답을 만들어주며 뒤에서 돕는다. 그 이유는 그를 내정자로서 추대해주는 조건으로 '총리실 직속 정부 상대 투자 관련 소송 전담 TFT'를 만들어 달라고 요구하기 위함이다. 이것이 한정호가 정계를 움직이는 권력을 획득하는 방법이다. 그는 가시적인 정보는 물론 '드러나지 않거나 은폐되어 전달이 불가능한 정보'까지 섭렵하여, 전지적(全知的) 시선 권력을

---

18 〈풍문〉의 대사를 인용할 경우 이처럼 인용부호(" ")를 사용하여 표기하겠다.

소유한다. 타인은 볼 수도, 들을 수도 없는 정보를 한정호는 타인보다 한발 앞서 소유할 수 있기 때문에, '한송'은 "잘 먹히는 신탁"이며 '안성맞춤의 판결을 받아내는 로펌'이라는 명성을 얻게 되는 것이다.

백대헌으로부터 나오는 정보는 절대 드러나서는 안 되고 반드시 은폐되어야만 한다. 그러기에 한정호는 비밀스러운 정보가 새어나가지 않도록 주로 '한송의 전용클럽'에서 백대헌과 마주한다. '한송의 전용클럽'은 한정호의 부친이 해외 로펌 전용클럽의 장점만 수용하여 "한국에서 제일 진취적인 곳"이라고 자부하는 장소이다. 이곳은 일반 사람들이 왕래할 수 없고, 주로 한송 구성원들이 대외비적 미팅을 할 때 이용하며, 외부인사는 구성원과 동반할 때만 입장이 가능한 철저하게 폐쇄적인 공간, 즉 밀실(密室)이다. 따라서 '한송의 전용클럽'은 한정호가 정·재계를 좌지우지할 힘의 근원지로서 은밀히 정보교환을 할 수 있는 안성맞춤의 장소이다.

이때 카메라가 포착한 한정호의 얼굴은 주로 파티션에 가려지거나 형체가 일그러진 모습으로 드러난다. 그와 동석하는 인물들은 대체로 평범하게 화면에 담긴다는 점을 볼 때, 한정호를 보는 카메라의 시점은 살펴볼 만하다. 카메라가 한정호를 구성하고 형상화하는 방식이 여타 인물들과 다르다는 것은 의도된 시선의 결과이기 때문이다. 한정호는 세간에서 약자를 배려하는 성품과 법조인으로서의 능력과 지혜를 두루 갖춘 인물로 포장되어 있다. '노블레스 오블리주'를 실천하는 미덕을 갖췄다는 주변의 칭찬에 "명색이 다 같은 시민으로 살아가고 있는 이 시대에 당치않"은 말이라고 손을 내젓는 그이지만, 한정호의 실상은 특권층 위의 특권층에 위치하고자 하는 욕망으로 가득하다. 전술했듯, 한정호가 막대한 권력을 누릴 수 있는 것은 드러나지 않거나 은폐된 정보까지 점유할 수 있기에 가능한 일이다. 한정호의 분열되고 왜곡된 형상을 그대로 담아내는 카메라는 부도덕한 방법도 서슴지 않고 원하는 정보를 섭렵하고자 하는 그의 타락된 욕망을 시각적으로 표현하며, 거짓된 페르소나로 위장한 채 교활하고 위선적인 탐욕으로 가득 찬 실체를 감추고 있는 그의 이중성을 포착한 것이다.

한송의 전용클럽에서 비단 한정호만 일그러진 채 그려지는 것은 아니다. 서봄이 한정호 며느리로서 인정받고 대외적으로 처음 방문한 곳이 이곳이다. 한정호의 '힘'에 대해 알기 전 서봄은 청소년 임산부이지만 예비 엄마로서 역할을 충실히 하는 당찬 비혼모의 면모를 보여준다. 점차 그녀는 가난한 친정과는 다르게 부와 권력을 소유한 한정호의 '힘'에 대해 궁금해하기 시작하고, 한정호와 같은 '힘'을 갖기 위해 자의 반, 타의 반으로 사법 공부를 한다. 그녀는 한정호 내외에게 "힘에 대한 감각"이 있다고 인정받으며 갈수록 '갑'화 되어간다. 한편 백대헌은 한송의 고문 자격을 얻은 후부터 전용클럽에 빈번히 왕래할 수 있었는데, 이전과는 달리 마지막회(30회)에서 처음으로 분열된 모습이 담긴다. 그것은 한정호가 한송의 사회공헌 프로그램을 재단으로 확대하면서 백고문에게 재단을 맡아달라 하고, 이에 백대헌은 자기의 며느리와 함께 재단을 운영해보겠다고 말하는 장면이다. 이처럼 그동안 감추고 있던 그들의 욕망, 즉 상류층으로 편입되고 싶은 욕망이 드러나기 시작하면서 카메라는 왜곡되고 이질적인 모습으로 그들을 재현한다.

"얼굴 해체하기, 그것은 기표의 벽을 관통하기, 주체화의 검은 구멍에서 빠져나오기와 같"[19]은 것이라는 들뢰즈의 주장대로, 얼굴의 위치가 왜곡되거나 뭉개지고 일그러지는 것은 비정상적·비일상적인 것을 특화시킴으로써 그로테스크한 효과를 불러오기 위함이라 할 수 있다. 이는 얼굴을 왜곡하여 낯설게 만들며 내부와 외부가 서로 엉기는 것을 통해, 폭력적이고 고독하고 분열되고 그로테스크한 이 시대 현대인의 '얼굴성'을 말하는 프란시스 베이컨의 시선에서도 드러난다. 그는 현대인의 분노와 공포를 기괴하게 표현하는데, 사물의 시각적 외양을 묘사하지 않고, 날 것 그대로의 모습, 즉 "실재하는 시각, 지각의 경험에 의거해 결정적으로 현대적인 면모"를 그린다. 그가 추구하는 리얼리즘은 "어떤 묘사에서도 거리가 먼 '실재를 갑작스럽게' 잡아내고 형태의 해체를 통해 유사성을 찾아내는 것"[20]이다. "다시 그리기, 변형, 왜곡, 재해석 등 그의 도상학은 편집적"인데, "악몽에 등장하는 형상, 인간 비슷한 형태, 괴상망측한 디테일을 혼합한 그 도상학은 과장과 조롱, 경멸과 익살을 오간다."[21] 베이컨의 사례와 유사하게 드라마 속의 카메라는 마치 순간적으로 스쳐지나가는 대상을 포착한 것처럼 얼굴을 제대로 재현하지 않고 왜곡되고 일그러지고 분열된 채 담아서 인물의 실체를 낱낱이 폭로한다.

아울러 화면이 분할된 채 인물의 실제 얼굴과 거울이나 창 등에 비친 얼굴이 동시에 보이는 프레임 또한 주목해야 한다. 한정호, 서봄, 백대헌의 실제 얼굴과 그것이 반사되는 화면으로 분할되지 않는다면, 그들은 정상적이

19 질 들뢰즈·펠릭스 가타리, 『천 개의 고원』. 김재인 옮김, 새물결출판사, 2003, 357~358쪽.
20 크리스토프 도미노, 『베이컨』, 성기완 옮김, 시공사, 2008, 53쪽.
21 위의 책, 61쪽.

며 온전하게 자신의 정체성을 드러낼 수 있다. 그러나 프레임 속에서 분할된 채 그들을 클로즈업하는 카메라는 한스 홀바인의 「대사들」에 나오는 해골처럼 반사된 인물의 형상이 "시각 장에 어떤 것, 말하자면 기표들의 의미망이 끼어든"[22] 것임을 말해주고 있다. 「대사들」의 해골은 "무화된 것으로서의 주체에 다름 아닌 어떤 것을 가시화해서 보여주"[23]는 것, 다시 말해 "말끔하게 봉합된 시야 속에 작은 틈이 생기며 그 틈으로 타자의 응시가 나를 바라보는 것"[24]이다. 마찬가지로 분할된 화면 속에 반사된 인물의 형상은 "타자의 욕망을 통해 매개된 욕망"[25]이며 실재의 틈입으로 눈에 보이지 않지만 존재하는 어떤 것이 가시화된 것이다[26]. 숨기고 있던 권력에 대한 탐욕으로 오염된 인물들의 정체성은 불안정하고 비밀스러울 수밖에 없다. 따라서 정작 본인은 보지 못하고 시청자에게만 보이는 스쳐지나가는 듯한 유령적 이미지가 사실은 그들의 실체이다.

전술했듯이 텍스트의 제목을 문자 그대로 해석해보면, 〈풍문으로 들었소〉는 '바람처럼 떠도는 소문(風聞)을 들었소'이다. 풍문, 소문(所聞), 유언비어(流言蜚語) 등의 공통점은 떠돌아다니는 말이 있는데 그 속에 담긴 정보는 어디

---

22 노먼 브라이슨, 「확장된 장에서의 응시」, 핼 포스터 엮음, 앞의 책, 170쪽.

23 자크 라캉, 『자크 라캉 세미나 11권-정신분석의 네 가지 근본 개념』, 맹정현·이수련 옮김, 새물결 출판사, 2008, 139쪽.

24 맹정현, 「새들의 사유와 제욱시스의 욕망」, 서동욱 엮음, 『미술은 철학의 눈이다』, 문학과지성사, 2014, 262쪽.

25 맹정현, 『리비돌로지』, 문학과지성사, 2013, 260쪽.

26 "사물들 쪽에는 응시가 있지요. 다시 말해, 사물이 나를 응시합니다. 반면에 나는 사물을 봅니다. 복음서가 힘주어 전한 "눈이 있어도 보지 못하니"라는 말씀은 바로 이러한 의미로 이해되어야 합니다. 그런데 무엇을 보지 못한다는 말일까요? 바로 사물들이 우리를 응시한다는 사실을 보지 못한다는 겁니다." (자크 라캉, 앞의 책, 168쪽.)

까지가 사실이고 거짓인지 알 수 없다는 것이다. 어느 누구도 풍문의 '말'의 실체를 직접 보거나 듣지 못하기 때문에, 그 속에 담긴 정보는 직접적인 확인이 불가능한 상태로 남아 있다. 사람들의 말을 통해 무한히 퍼져나가는 풍문은 정작 실체는 밝혀지지 않은 채 궁금증과 의혹만 증폭될 뿐이다. 이는 데리다가 설명한 '유령'의 개념과 연결지을 수 있다. 유령은 "비가시적인 가시적인 것, 곧 살과 뼈로 현전하지 않는 어떤 육체의 가시성"이며 직관을 거부하고 만질 수 없다.[27] 즉 유령은 인간의 감각을 이용해서는 분간할 수 없지만, 엄연히 이 세계에 존재하는 어떤 것이다. 이런 의미에서 보면 '풍문'은 확인 불가능한 어떤 존재, 유령과도 같은 존재로 볼 수 있다.

〈풍문〉에서 '풍문'의 근원지는 한정호 가족이 사는 집이다. 이 집은 가풍에 따라 기와집을 개조한 한옥이다. 〈풍문〉의 미술감독은 전통과 가문을 중시하는 가풍에 걸맞게 고풍스러운 멋을 풍기며 대대로 기득권층이던 한정호 집안의 자만심 및 자부심이 고스란히 나타나게 이곳을 표현했다고 한다. 한정호와 최연희(유호정 분)가 머무는 한옥, 한인상 부부와 한이지(박소영 분)가 지내는 2층 양옥을 비롯해 식당, 주방, 접견실, 집사방 등이 "하나의 큰 집이라는 개념적인 공간 속에 다양한 공간을 서로 대조·대비"하고, "다양한 사람들의 이야기를 포함하기 위해서 공간을 계급화"[28]한 것이라 밝힌다. 신분 사회였던 조선 시대의 여느 양반집을 떠올리게 하는 이 집은 "전형적인 부잣집을 꾸미려 장식적인 접근을 하기보다, 캐릭터와 이야기가 있어 풍자나 해학

27 자크 데리다, 『마르크스의 유령들』, 진태원 옮김, 이제이북스, 2007, 391쪽.
28 이현진, 「〈풍문으로 들었소〉 7억 세트장, 이런 비밀이…」, 『오마이스타』, 2015.03.13. (http://star.ohmynews.com/NWS_Web/OhmyStar/at_pg.aspx?CNTN_CD=A0002089357)

을 담는 공간"29이다.

> 유령적인 어떤 타자는 우리를 응시하고 있고 우리와 관련되어 있으며, 우리는 모든 동시성을 넘어, 우리 쪽의 모든 시선 이전에, 그 시선을 넘어, 어떤 절대적 선행성(先行性, 이는 세대의 질서, 하나 이상의 세대의 질서일 수 있다) 및 비대칭성을 따라, 절대적으로 제어할 수 없는 어떤 불균형을 따라 우리가 그 유령적인 타자에 의해 응시되고 있음을 느낀다.30

이상의 데리다의 주장처럼 한정호의 저택은 '갑'의 은밀한 비밀을 '을'의 응시로 폭로되는 공간이다. '풍문'으로 들리는 한정호 내외는 매력적인 신사이자 재색을 겸비한 귀부인이다. 집 외부에서는 물론이요 집 안에서도 그들은 고고하고 우아하게 대화하고 행동한다. 한정호 부부는 이 집에서 지밀상궁과도 같은 비서뿐만 아니라 그들이 필요로 하면 언제나 달려와 주는 집사 내외, 요리사, 운전기사 등 '을'들을 거느리며 생활한다. 그렇기 때문에 아이러니하게도 가장 내적 공간인 저택에서 한정호 내외의 사적인 생활은 전혀 보장되지 않는다. '을'들은 한정호 부부의 미묘한 힘겨루기, 은밀한 대화, 표리부동한 행동 하나하나를 엿보며, 집 안에서 벌어지는 모든 일을 알고 있다.

무엇보다도 서봄이 그들의 저택에서 손자인 한진영을 출산한 것은 한정호 내외가 외부 세계에 절대 들키고 싶지 않은 일이다. 한정호는 '을'들에게 이 일이 새어나가지 않도록 각별히 주의하기를 당부한다. 하지만 이 일은 최

---

29 위의 글.
30 자크 데리다, 앞의 책, 28쪽.

연희와 지영라(백지연 분)가 통화할 때 휴대폰 너머로 들리는 서봄의 신음소리, 한이지가 자신의 SNS에 올린 아이 용품 사진 등을 통해 한정호 저택에 새생명이 태어났음이 역설적이게도 자신들에 의해 외부로 유출되고 만다.[31]

한정호와 최연희는 을들에 의해 항시 관찰당하고 폭로되어 위선적이고 속물적인 민낯이 드러난다. 이때 권위를 깎아내리며 대상이 가진 모순과 비리를 알려서 권력관계를 뒤집는 풍자적 웃음이 생겨난다. 겉으로는 근엄한 척, 주변의 시선 따위 신경 쓰지 않는 척, 급박한 상황에서도 초연한 척하지만, 자칫 잘못해서 본심이 들킬까 봐 노심초사하는 모습이 그들의 실상이다. 이것이 밝혀진 순간, 현실의 권력관계는 역전되며 전복된다. 들켜버린 이중성 때문에 당황해하는 '갑'의 존재를 '을'들은 쾌감을 느끼며 바라보게 된다. '을'들에 의해 엿보여진 '갑'의 우스꽝스러운 진면목이 수면 위로 드러난 지점에서 '갑'과 '을'의 위치가 전복된다.

한정호는 집 밖에서는 모든 정보를 소유하여 무소불위의 권력을 갖고 있지만, 집안에서는 어디서나 엿보임을 당하는 주체로 역전당한다. 그는 아침마다 한인상과 서봄과 함께 서재에서 『군주론』을 읽으며, 스스로를 '힘에 의한, 힘을 위한, 힘의 논리'인 '명료한 세계관'을 가진 균형인이라고 믿고 있다. 그러나 '을'들이 엿보는 한정호는 통증이 무서워서 탈모수술 여부를 고민하고, 부부 싸움 후 서재로 쫓겨나 쪽잠 자는 것을 비서에게 들키고, 매운

---

31 속물적인 '갑'의 모습은 '을'에 의해서만 폭로되는 것은 아니다. '갑'의 자리에 위치한다고 볼 수 있는 장현수(정유진 분)와 한인상에 의해서도 '갑'의 실체는 탄로된다. 장현수는 한인상에게 대산그룹 비자금이 한송과 관련이 있다는 정보를 건네며 해외계좌의 존재를 알려준다. 한인상은 한정호가 지닌 권력이 '을'의 희생에 의한 것임을 깨닫고 비자금 관련 정보를 이 일과 연관된 사람들에게 전달한다. 하지만 최상류층으로 절대적인 권력을 소유한 '갑'인 한정호에 비하면 장현수, 한인상은 온전한 '갑'이라기보다는 상대적으로 '을'의 자리에 위치한다고 보는 편이 적절하다.

쫄면을 먹은 후 119를 찾고, 불륜을 들켜 아내에게 머리채를 잡히고, 한밤중에 손자 유모차 미는 연습을 하는 등 보잘 것 없는 웃음거리로 전락하는 인물이다. '한송의 전용 클럽'에서 볼 수 있던 야심 가득하고 권력욕에 사로잡힌 냉철한 표정은 전혀 찾을 수 없다.

최연희 또한 작은 일 하나도 스스로 해결하지 못하고 모든 일을 이선숙(서정연 분)에게 물어본다. 그녀는 아들 부부 방에서 부적을 붙이려다 며느리 서봄에게 들키는데 그 상황을 모면하기 위해 집안 가풍이라고 둘러대기에 급급하며, 아들이 가출한 사실을 감추기 위해 서민체험을 시키려 일부러 내보낸 것이라고 동창들에게 거짓말을 하는 등 표리부동한 인물이다. '을'들은 '풍문'의 근원지인 한정호의 집안 내부에서 일어나는 사건들을 직접 보고 듣기 때문에, 역설적이게도 한정호 내외는 '풍문'의 실체가 밝혀질수록 점점 그들이 추구했던 우아한 사회지도층의 모습에서 변질되어간다.

이때 카메라는 겉으로 위엄과 권위를 내세우는 '갑'의 실상을 엿보는 '을'들을 비춘다. '을'들은 한정호 부부 주변에서 머물며 그들의 일거수일투족을 엿본다. 그들은 수년간 묵직하고 성실하게 살아왔음에도 불구하고 그들의 자리는 결코 중심이 아닌 주변일 수밖에 없다. 그들은 주변인으로서 기둥이나 파티션 뒤 또는 복도 끝에 머물거나, 주로 한정호 부부가 지내는 한옥 너머에 위치한다. 클로즈업된 '갑'은 권력을 소유하고 사회적으로 우월한 위치를 선점하고 있지만, 이와 대조적으로 '을'들은 이중 프레임 안에 갇힌 존재들로 상대적으로 우월한 존재에게 감시를 당하며 중심이 아닌 주변에 위치한다. 따라서 카메라는 '을'들을 군집 형태로 이중 프레임에 갇힌 채 보여줌으로써, 그들을 왜소하게 만들어 그들이 심리적으로 초라하고 위축되고 열등한 상황임을 형상화한다. 이는 '부재하는 원인'으로서의 한정호의 시선을 대체하고 있음을 말해준다. 즉, 모습을 드러내지 않아서 화면에는 없지만 어딘가에 존재하는 한정호의 절대 권력의 시선을 카메라가 대체한다. 그래서 '을'들은 시선의 점유를 당하게 되고, 떼로 모여 있지만, 연대할 힘이 없는 모래알 같은 약자로 타자화된다.

이처럼 〈풍문〉은 엿보기와 엿듣는 과정을 통해 '풍문'의 실체를 폭로하고 있는데, 이는 두 가지 양상으로 제시된다. 하나는 텍스트 외부에서 카메라가 밀실(한송의 전용클럽)을 훔쳐보고 엿들음으로써 시청자에게 보여주는 방식과 다른 하나는 '을'들이 '풍문'의 근원지(한정호의 저택)에서 풍문의 실체를 폭로하는 텍스트 내부의 실천이 그것이다. 이때 풍자되는 대상이 단지 한정호 저택 안에서 발생하는 개인적·비정치적 실체라는 것에 주목할 필요가 있다. 오직 밝혀지는 것은 '갑'으로서 '을'에게 인정받고 권력을 행사하고 싶은 일종의 '속물'들의 내면으로, 특권층 위의 특권층이라는 사람들의 일상생활 가운데 그들의 위선적이며 속물적인 정체일 뿐이다. 한송의 전용클럽에서 한정호의 그로테스크한 괴물 같은 모습은 그 공간에 들어갈 수 없는 '을'들은 절대 볼 수 없고, 오로지 카메라만 볼 수 있다. 실제로 이 나라의 정·재계를 다루는 공적인 한정호의 모습은 텍스트 외부에서 카메라에 의해 고발될 뿐 실체가 완전히 드러나지 않는 것이다. 결국 현 사회를 움직이는 '풍문'의 실체를 깊이 파헤치는 데까지 나아가지 못하고 '을'들의 눈과 귀를 통해 '갑'들의 일상사와 속물근성만을 폭로하는 것에서 멈춘 것, 이는 〈풍문〉이 블랙코미디를 표방하고 있지만 TV드라마로서 서사적 한계를 극복하지 못한 지점이라 할 수 있겠다.

3. 풍문(風聞)의 지형도와 목소리들의 연대의식

전술했듯 '풍문'의 사전적인 의미는 '바람처럼 떠도는 소문'이고, '소문(所聞)'은 '사람들 입에 오르내려 전하여 들리는 말'이다. 즉 이 텍스트의 제목에서 관심을 가져야 할 지점은 바로 '말'이다. 우리가 무심히 말하고 예사롭게 듣는 "말은 뛰어난 이데올로기적 현상"[32]이다. 언어는 상이한 계급에 바탕을 두고 철학을 위한 투쟁에 이용되기 때문에, 언어는 "동일한 기호를 사용하는 공동체 내에서 대립하는 사회적 이해의 교차에 의하여, 즉 계급투쟁에 의하여"[33] 이데올로기 기호 속에 반영 또는 굴절된다. 다시 말하면 "발화에 있어 이데올로기적인 것이란 다름 아니라 말하는 사람도 모르는 사이에 혹은 그의 의지에 상관없이 말해지는 것"[34]이다. 이로써 그들만의 고유한 발화가 생성된다. 각기 다른 담론 구성체는 "표면적 내용이 명백히 편향되거나 왜곡되었기 때문이 아니라, 제한된 이데올로기적 모체나 집단으로부터 만들어졌거나 거기에 토대를 두고 변형되었기 때문에 이데올로기적"[35]이며, 이들은 서로 갈등하고 투쟁하며 빗겨난다.

〈풍문〉은 크게 세 부류의 담론구성체로 나눠 볼 수 있다. '① 권력장으로서의 내부적 담론구성체 ② 외부적 존재로서의 담론구성체 ③ 내부와 외부의 경계로서의 담론구성체'가 그것이다. 먼저 '내부적 담론구성체'를 살펴보

---

32 M. 바흐찐·V.N. 볼로쉬노프, 『마르크스주의와 언어철학』, 송기한 옮김, 도서출판한겨레, 1988, 22쪽.

33 위의 책, 35쪽.

34 올리비에 르불, 『언어와 이데올로기』, 홍재성·권오룡 옮김, 역사비평사, 1995, 118쪽.

35 스튜어트 홀, 『문화, 이데올로기, 정체성: 스튜어트 홀 선집』, 임영호 옮김, 컬처룩, 2015, 385쪽.

면, 한송과 송재원(장호일 분)의 프라이빗 와인바로 대표되는 공적인 공간과 한정호 저택인 사적인 공간으로 구분된다. 공적인 공간은 주로 정치, 경제와 같은 거시적인 일과 관련이 있다. 한정호는 현직·후임 총리 모두를 한송에서 배출하고 그들의 청문회를 준비하거나, 대산그룹 비자금 관련 소송을 준비한다. 송재원은 아버지인 송총리와 한정호로부터 알게 된 정보를 활용해서 동창들과 함께 주식 투자를 하여 사적 이익을 꾀한다.

① 한정호   <u>야권에서 문제로 삼는 게 세금 문젠데</u>, 송고문님 재직 기간 중에 한송에서 지급한 급여 중…

(2회)

② 한정호   대산 장회장한테 입원을 하랄 참인데……

    양재화   특실 담당 간호사 주변에 사람을 하나 붙이겠습니다.

    한정호   <u>보안 의식 철저한 분으로.</u>

(6회)

③ 송재원   추천종목 시세 보고 있어. <u>한씨 가문 후계자 플랜 시작됐다고 관련 종목 몇 개가 슬슬 올라요.</u> 연희네 큰오빠 회사를 비롯해서.

    최연희   오빠네랑 별 상관도 없는데 그러는 걸 보면 사람들 심리가 참 우스워.

(24회)

④ 송재원   애들 명의 계좌, 액수 확인하고 지금이라도 증여세 챙겨내라. <u>내는 시늉이라도 해라.</u> 심상치 않다. 인상이 상속 지분 중에 슈퍼노바 관련된 게 있대요.

    지영라   확실해?

송재원	그거 여부 따지기 전에 울타리 손 보라고. 망신당할 수 있어.
김소정	우리 같은 사람이 당하지. 큰돈 물려준 사람들은 외려 안전하더라.

(25회)

⑤ 백대헌	인사처에서 청문회 체크 리스트 내려왔나?
한정호	곧 올 겁니다만, <u>그 전에 주변 정리해두시고 혹시 걸리는 거 있으면 미리 말씀해주세요.</u>

(28회)
(대사정리 및 강조 인용자)

이 사회의 중추적 권력의 메카에서 이루어지는 이들의 말은 위선적이고 탐욕적이며 속물근성이 묻어날 뿐이다. 즉 이들은 스스로에 대한 성찰과 반성은 전혀 없고 그저 물질적인 부와 사회적 지위만을 욕심내며, 오로지 외적으로 확인가능한 물질적 조건만으로 타인을 평가한다.[36] 이들은 "오직 자신의 동물성을 자각하는 인간, 스스로의 동물적 한계와 대면하는 '인간'이 느끼는 감정"[37]인 수치심을 느끼지 못한 채, 속물근성으로 가득 차 유아독존적 성향만이 두드러진 인간들이다. "무지한 자는 가장 쉬운 말로 가르쳐야"한다는 생각이 지배적이고, "감히 적이 될 깜냥이 안 되"는 이들에게 자신들의 사회적 권위를 과시한다.

내적인 공간인 한정호 저택에서 이루어지는 말들도 이와 별반 다르지 않다. 선대부터 최고의 스펙을 지향하며 늘상 '갑'의 위치에서만 지내왔기 때

---

36 백욱인, 「머리말. 속물 정치와 잉여문화 사이에서」, 백욱인 외, 『속물과 잉여』, 지식공작소, 2013, 3쪽.
37 김홍중, 『마음의 사회학』, 문학동네, 2011, 67쪽.

문에, 한정호는 한인상 부부에게 『군주론』의 핵심을 행동으로 실천하는 것이 진정한 힘이라고 가르친다. 뿐만 아니라 율사(律士), 글자 그대로 '법률을 다루는 사람'에 대해 설명하면서, 감상이나 허명에 취하지 않고 법의 이름으로 최선의 답을 모색하는 것만이 율사의 본분이라고 알려준다. 사돈인 서봄 부모와의 관계에서도 한정호 부부는 "철저히 떼 내야만 해. 진영 애미는 내 집 사람으로, 자기 딸이지만 신분이 다르다는 것을 보여줘"야 한다며 뼛속까지 깊이 박힌 계급의식에 따라 수직적인 인간관계를 지향한다.

반면 '외부적 담론구성체'는 서봄 가족 중에서 모(母) 김진애(윤복인 분)가 대표적이다. 그녀는 서형식(장현성 분), 서누리(공승연 분)와는 다르게 귀족 행세를 일삼는 '갑'의 위치를 동경하지 않는다.

① 서누리　이걸 내가 어떻게 쓰느냐, 그게 중요한 거지 뭐. 정말 원하는 게 생겼는데 그냥 좋아하는 걸로 끝나면 너무 허망하잖아. 기회를 만들고 잡아야지.
　김진애　<u>난 좀 겁이 난다. 봄이가 점점 그 집 사람이 되는 것만 같고.</u>

(12회)

② 김진애　<u>아무래도 집은 손대지 않는 게 좋겠어서요.</u> 마루나 뭐나 다 무척 튼튼하고 좋은 것들이라. 창틀도 길가 쪽으로만 알루미늄이고 그거 말고는 다 나무 사서 직접 짠 것들이거든요.

(15회)
(대사정리 및 강조 인용자)

최연희는 아나운서 시험 준비를 하면서 아르바이트까지 하는 서누리에게 서봄을 통해 선불카드를 주며 경제적 지원을 하는데(물론 이것도 선의의 베품이 아니라, 자신의 며느리 서봄이 서누리와 다른 신분임을 과시하기 위함이다.), 이에 기뻐하는 서누리를 보며 김진애는 오히려 서봄의 변화를 걱정한다. 또한 서봄의 조부모가 직접 나무로 만든 집이기 때문에 그녀는 최연희가 제안한 집수리를 거절한다. 서봄이 시댁에서 나와 친정에 들어왔을 때, 한정호의 세계에 세뇌당한 서누리와 서형식과 다르게 유일하게 서봄을 이해하고 응원하던 인물도 김진애뿐이다. 자본과 물질적인 것을 선망하며 '갑'의 세계에 편입되기를 바라는 일반적인 '을'과는 달리, 그녀는 현재 주어진 본인의 위치에 만족하며 진솔하고 진정성 있는 말을 한다.

마지막으로 '경계에 위치한 담론구성체'를 살펴보자. 먼저 민주영은 틈입자이자 내부 고발자로 착종적 인물이다. 충성과 지배를 보장받기 위해서는 동질적인 의미 형성체를 만들어야 하는데[38], 이질적 존재로서 그녀는 친오빠 민주환 대신 끊임없이 한정호를 불편하게 한다.

① 한정호   한때는 후보자 위장 전입만으로도 온 나라가 공분으로 들끓었지. 한데 이제 그쯤은 당연한 걸로 알아. 부동산 문제, 군대 문제도 그냥 넘어가 줘요. 다 이 나라 1%들이 하는 짓이라, 분노하기보다는 선망하지. 들어 봤나? 계몽하라, 더 깊은 잠에 빠지게 하라. 한때 얄팍한 지식과 교양에 취했던 애들이 다 그렇게 자고 있어요. 굳이 애쓰지 않아도 돼. 주영씨의 정보 보고서를 비싼 값에 살 필요도 없고.

민주영   드디어 저한테 부담을 느끼시네요. 완전히 무감각해지신 줄 알았는데, 반가운 일입니다.

(29회)

---

38 한병철, 『권력이란 무엇인가』, 김남시 옮김, 문학과지성사, 2016, 76쪽.

② 한정호　　　유신영 사무실로 가시나?

　　민주영　　　아니요. 제가 할 일은 다 했습니다. 이제부터는 그 분들이 알아서 잘 하겠죠.
　　　　　　　　<u>대표님께서는 좀 불편해지실 거구요.</u>

　　한정호　　　그게 선물인가?

　　민주영　　　대표님께 좋은 계기가 되길 바랍니다.

(30회)

(대사정리 및 강조 인용자)

　한정호에게 민주영은 "암적인 존재"이며 불온한 존재이다. 민주영은 "나와는 다른 세계에 속한다고 보았던 것들에, 보잘것없고 변변치 못한 것들이나 피하고 싶고 멀어지고 싶은 것들에 어느새 휘말리며"[39] 한정호가 바라던 바대로 되지 않은 존재이다. 한정호는 그녀가 사리분별하지 못한 채 자신을 선망해주길 바라며 그녀에게 호의를 베풀지만, 그녀는 그것이 진정성 없이 표면상으로만 배려하는 것임을 이미 알고 있다. 그녀는 경계의 위치에서 내부로 편입되지 않고 본인이 해야 하는 역할을 꿋꿋이 행한다.

　한정호의 업무비서인 양재화 또한 '공적인 내부'의 경계선에 있는 인물이다. 한송을 드나들 수 있는 비서 중에서 가장 베테랑으로, 한정호의 부친 때부터 대를 이어 비서직을 수행하고 있기에 누구보다도 한정호의 의중을 정확히 파악할 수 있다. 이선숙은 '사적인 내부'의 경계선에 있는 최연희의 개인 비서이다. 그녀는 최연희의 최측근에 위치하기 때문에 저택에서 일어나는 한정호 내외의 일을 가장 먼저 보고 들으며 집사 부부와 독선생(獨先生)인

39　이진경, 『불온한 것들의 존재론』, 휴머니스트, 2011, 66쪽.

박경태(허정도 분)에게 전달한다. 공적, 내적 경계에 있는 이들은 '집사 부부의 방, 이선숙의 아파트, 때론 빈 한정호 저택'에서 모인다. 한정호가 서봄 친정에 어떻게 경제적으로 지원으로 해줄지, 최연희가 샀던 부적이 한정호 부부관계 개선에 효능이 있었는지, 한정호 부부싸움에서 누가 먼저 공격을 했는지, 한정호와 지영라의 불륜관계는 앞으로 어떻게 전개될지 등 그들이 엿보고 엿들었던 시시콜콜한 내용을 주고받는다. 그들은 공·사적 공간에서 엿보고 엿들은 정보를 공유하며 담론구성체를 이루고, 이로써 '풍문'이 형성된다.

그런데 이 경계의 담론구성체가 변화하기 시작한다. 박경태의 도움으로 경계선에 위치한 이선숙, 집사 부부가 '연대의식'을 가지게 되었기 때문이다. 박경태는 원래 외부에 속해 있는 인물이지만, 법을 공부했기 때문에 한송의 내부적 사항도 파악할 수 있는 능력을 지녔다. 즉, 그는 공적 공간의 염탐자 양비서와 사적 공간의 염탐자 이선숙을 포괄적으로 연대시킬 수 있는 능력을 지닌 인물이다. 물론 박경태는 한때 한정호를 선망하며 '힘'을 소유하려 했던 적도 있었지만, 그에게 충성할수록 현실과 이상의 괴리감을 느꼈기 때문에 제자인 한인상 부부의 영향을 받아 변화의 중심에 서게 된다.

한송의 자회사인 '한트러스트'는 표면적으로는 이선숙을 비롯해 한정호 집에서 일하는 사람들을 관리하는 회사인데, 실체는 한송의 비자금 관리를 위한 회사이다. 그동안 이선숙과 집사 부부는 주기적으로 재계약을 했지만, 계약조항까지는 제대로 확인해보지 않은 채 계약 내용에 동의했다. 그들은 법적으로 무지했기 때문에 계약서의 조항들이 애매한 표현들로 명시되었고 비대칭적 계약이 이루어졌음을 모르고 있었다.

이선숙	<u>0 하나 더</u>에 그런 게 다 포함되어 있겠죠. (중략) 그게 우리 모두의 관심사랍니다. 어떤 경우에 0이 하나 더 붙나, 또 그걸 어떻게 하면 글자로 박아놓나. 돈 얘기해서 김새시나요? (중략)
박경태	김새는 게 아니라 놀라서 그래요. <u>그런 게 다 계약서에 명시가 안 되어 있다는 건데.</u>
이선숙	안 되어 있죠. 그저 간간히 언질만 받을 뿐이에요. 감질나고 짜증나지만 내색할 순 없어요.
박경태	연애 관계라면 '그저 처분만 기다립니다.' 이게 절대 이상한 일이 아니지만, 계약관계에서는 있을 수도 없는 일 아닙니까? (중략) 일이라는 건 어차피 다 보수를 받고 하는 건데 특히 이선숙이라는 사람의 업무상 일거수일투족이 다 노동 아닙니까? (중략) 어떻게 다른 사람도 아니고 <u>한정호 같은 사람 집에서 이런 쓰레기 같은 계약서로 사람을 쓰냔 말이야.</u>
이선숙	그만 좀 해요. 나도 몰라서가 아니야.
박경태	<u>알면 고쳐야죠.</u>

(21회: 대사정리 및 강조 인용자)

피고용자들을 "0 하나 더"로 미혹시켜 자기 뜻대로 조절할 수 있다고 믿는 한정호의 의중을 알게 된 박경태는 한정호 저택에 틈입해서 변화를 시도한다. 한정호만큼 법에 관해 정보를 가지고 있는 그는 피고용자들의 선봉자 역할을 자처하며 한정호의 대척점에 서서 그들이 자기들의 목소리를 표출할 수 있는 발판을 마련해준다.

한편 이들이 연대의식을 지니고 난 후부터 양재화는 이들과는 다른 선상의 경계에 있는 인물로 봐야 한다. 그녀는 박경태와 이선숙을 주축으로 하는 연대에 포함되지 못하는데, 그 이유는 '한트러스트'의 검은돈에 발을 담그고 있었기 때문이다. 이 지점에서 양재화는 민주영과도 적대관계이다. 한정호의 사적인 위선성이 드러날 때 민주영은 양재화와 이중언어를 사용하며 그의 뒷담화에 동조하지만,[40] 한송의 비리에 관련된 정보에서는 양재화와 대립한다. 민주영은 친오빠의 억울한 누명을 벗겨주기 위해서 한송에 저항하며 동분서주하는 반면, 양재화는 '한트러스트'의 대표이사인 친오빠의 안전을 위해 한송의 검은돈을 지키며 한정호의 수발을 들고 있기 때문이다.

닉 콜드리는 '과정으로서의 목소리'가 인간 행동의 기본 특징 중 하나인 내러티브를 제공하며, 타인의 내러티브 속에 들어갈 수 있는 기회를 제공한다고 주장한다. 목소리는 인간관계 속에서 경험하고 사고하는 과정을 통해 성찰하는 지속적인 과정으로, 각기 다른 목소리들의 주체가 한데 엮여서 이야기를 하는 열린 과정이다. 따라서 목소리는 사회에 토대를 두고, 성찰적 행위주체성의 한 형태이며, 체현된 과정으로서 개인적, 집단적, 분석적인 물질적 형식을 요구한다.[41] 〈풍문〉에서 사적인 공간의 경계에 머물던 '을'들이 박경태의 도움으로 외부의 담론구성체로 편입하고, 서봄을 중심으로 연대의 주체가 되어 목소리를 발현한다. 한정호의 그늘에서 벗어나 자신들의 목소리를 내기 시작한 것이다.

---

40 2회에 다음과 같은 장면이 나온다.
  양재화 본대 이비서가 乳母迎えに行ったんだって.(본대 이비서가 유모 데리러 갔다더라.)
  민주영 もしユシンヨン弁護士予約 가로챈 거 아닌가 知りません.(혹시 유신영변호사 예약 가로챈 거 아닌가 모르겠어요.)
  양재화 そうかも. 대갓댁 專門乳母가 몇 안 되니까.(그럴 수 있지. 대갓댁 전문 유모가 몇 안 되니까.)
41 닉 콜드리, 『왜 목소리가 중요한가』, 이정엽 옮김, 글항아리, 2015, 26~33쪽.

① 서봄   너는 내가 평생 바보로 살았으면 좋겠나 봐. 자기 집이 왜 가난한지도 모르고 부자 집이 어떻게 부자 집이 됐는지도 모르는 채로.

(7회)

② 서봄   선생님 고맙습니다. 저를 구해주셔서. 인상이네 집안 기준으로 보면 저는 정말 아무것도 아닌데, 선생님 말씀 한 마디에 갑자기 신분이 생겼어요. 최연소 합격, 그 가능성 하나로요.

(9회)

③ 서봄   우리가 아버님만큼 힘을 가질 수 있을까?

(12회)

(대사정리 인용자)

위의 대사에서 알 수 있듯, 서봄은 자기의 집안과는 달리 부와 권력을 쥐고 있는 한정호의 힘에 대해 궁금해한다. "너희 어른들은 계속 가난하게 사시라"고 하는 한정호의 말을 되뇌며, '진짜 힘이 있는 사람'이 되고자 사법고시 공부를 시작한다. '평범한 가정'에서 태어나 '보통의 일반계 여고'에 재학 중이던 그녀는 예기치 않게 특권층의 세계인 한정호의 저택에 입문한다. 그때부터 서봄은 한정호 가문의 아비투스를 강요당하고, 한정호 내외의 몸짓과 언어를 통해 아비투스를 내면화한다. "자기의 향상을 위해 자기에게 투자하고 자기의 비용을 철저하게 관리하는 '자기 자신의 기업가'"[42]로 변하기를 자처하는 것이다. 한정호는 권위·권력 유지를 위해서 자신의 울타리 안과 밖을 분명히 구분짓기 때문에, 서봄은 경계 바깥으로 내던져지지 않기 위해 필

---

42 사토 요시유키, 『신자유주의와 권력』, 김상운 옮김, 후마니타스, 2014, 54쪽.

사적으로 "자기-경영의 주체"[43]가 되려 노력한다. 점차 '갑'의 권위에 취한 그 녀는 이선숙과 언니 서누리에게 '갑질'을 하며 한정호 집안사람답게 변해가고 있을 때, 삼촌 서철식(전석찬 분)과 민주영에게 대산그룹 노조와 한송의 관계를 듣게 된다. 이를 계기로 한정호의 실체는 "그냥 불쌍한 괴물"일 뿐이고, 태어날 때부터 금수저인 한인상과 다르게 본인은 절대로 이 세계에 발을 들여놓을 수 없음을 깨닫는다.

외부 세계의 서형식과 서누리 입장에서는 서봄이 복권에 당첨된 것처럼 하루아침에 부와 권력을 거머쥔 것으로 보여 그저 부러운 대상이지만, 그녀의 실상은 독립된 존재로 인정받을 수 없는 한낱 한정호의 꼭두각시일 뿐이다. 한정호가 원하는 대로, 즉 '갑'이 지시하는 대로 끌려다니면 자신의 존재가 사라질 수 있음을 깨달은 서봄은 한정호라는 거대한 세계에서 빠져 나와 외부에 있는 가족에게로 돌아간다. "스스로의 자리에서 스스로가 되는 것"[44]을 선택한 서봄의 주체적인 행동은 늘 주눅 들어 있던 한인상이 한정호에게 목소리를 내어 '말'을 하게 만들었고, 나아가 경계에 있던 박경태, 이선숙, 집사 부부 등이 의식화되는데 본보기로 작용하게 된다.

박경태가 '을'들의 애매한 계약서 조항을 수정해서 한정호에게 제시하지만, 한정호가 용인하지 않자 피고용자들은 파업을 시작한다. 이는 급여가 높고 개별 계약으로 맺어진, 즉 연대의 가능성이 애초에 차단된 '한송'에서는 있을 수도, 상상할 수도 없는 일이다. 이선숙과 집사 부부는 한정호 집에서 20~30년간 일을 해오는 동안, 계약서에 대한 개념이 제대로 잡히지 않은

---

43 위의 책, 55쪽.

44 백욱인, 앞의 책, 25쪽.

채 재계약을 했다. 따라서 그동안 그들은 누릴 수 있는 권리를 한 번도 제대로 누려본 적이 없다. 한정호 부부와 철저히 수직적인 복종 관계로 얽혀있던 그들은 지칠 때쯤 "0 하나 더"라는 '갑'의 언질 때문에 억울한 상황이라도 그저 참고 침묵한 것이다. 하지만 서봄과 박경태로 인해 그들은 더 이상 '갑'들을 우러러보지 않고 자기들의 목소리를 내기 시작하면서, 주체적인 김진애가 속한 외부의 담론구성체와 연대를 이룬다.

이는 카메라가 이들을 잡는 방식에서도 확인할 수 있다. 박경태가 기존의 불공정한 계약서 대신 새로 작성한 계약서를 한정호에게 제시하며 '을'들의 요구사항을 '읽을 때', 피고용자인 '을'들이 클로즈업으로 전면화되어 그들의 의식이 달라지기 시작했음을 알린다. '을'들은 더 이상 일방통행이 아닌 주체적으로 그들의 목소리를 낼 수 있게 된 것이다. "목소리의 내용과 목소리를 가능케 하는 조건을 투명하게 독해할 가능성이 목소리에 자동으로 따라온다는 관념을 거부해야 하며, 특정 조건에서 어떤 주체가 목소리를 지닌 것으로 등장할지를 형성하는 데서 권력이 작동"[45]한다면, '을'들은 연대의 실천 속에서 실질적이며 가치가 부여되는 삶의 원동력을 지니게 된다. 지난 20~30년 동안 부당한 대우에도 대항하지 않고 그것을 당연시하며 살아왔던 집사 부부는 한정호의 저택에서 나와 박경태, 이선숙과 함께 살기로 결정한다. 절대 권력의 눈치를 보면서 내부의 경계에서 벗어나려는 생각도, 노력도, 시도도 하지 않던 그들이 더 이상 위계적 관계에 얽매인 삶이 아니라, 외부의 세계로 편입하여 건강한 평민의식을 생성하고 주체적인 삶을 사는 시

---

45 닉 콜드리, 앞의 책, 204쪽.

민으로 거듭난 것이다.

이상과 같은 '을들의 연대 가능성'이 〈풍문〉을 여타의 작품들과 다른 자리에 위치시킨다. 〈풍문〉은 악을 대표하는 '갑'과 그에 맞서 정의구현을 하고자 하는 선한 '을'을 그린 기존의 작품들과 차이가 있다. 기존의 드라마에서는 현실에서 결코 일어날 수 없음에도 불구하고 '갑'에 대항하는 '을'이 궁극적으로 승리하는 '판타지적 서사'가 주를 이룬다.[46] 이는 단순히 권선징악을 추구하며 현실의 모순이 해결됐다는 상상적 재현을 통해 현실에서 이룰 수 없는 결핍을 치유하기 위한 TV드라마의 선택이라 할 수 있다. 물론 〈풍문〉 또한 작품 속에서 재현되는 시적 정의의 구현 방식은 텍스트 내에서 개연성은 있지만, 텍스트 내의 사건 해결 구조가 콘텍스트와 갖는 관계는 사실상 불투명하다. 그럼에도 불구하고 연대의 가능성을 내보인다는 점은 〈풍문〉이 가지고 있는 독특한 지점이라고 할 수 있다.

여기에서 이 텍스트가 추구한 '블랙코미디' 장르적 특성이 서사에서 드러나고 있는 연대의식의 가능성을 온전하게 실현했는지는 재고할 필요가 있다.

'해피엔딩'을 구조적 관행으로 갖는 코메디와는 다르게 블랙 코메디의 구조는 정해진 인과율 없이 결론으로 나아가거나 비극으로 치닫고 혹은 행복한 결말로 보인다 할지라도 그것은 자신감의 회복과 축제의 장으로서

---

46 일례로 〈풍문〉 직전에 방영됐던 〈펀치〉(극본 박경수, 연출 이명우, SBS, 2014.12.15.~2015.02.17.(19부작))의 기획 의도를 보면 "정글 같은 세상을, 상처투성이로 살아낸, 한 남자의 핏빛 참회록, 그리고 그를 정의로 치유시키려는 여자의 이야기"라고 밝히고 있다. 〈펀치〉는 시한부 삶을 판정받은 검사가 자신의 가족을 위해 상사와 대결하는 서사이며, 주인공은 죽으면서까지 악한 상사를 처단하기 위해 노력하는 인물로 그려진다. 그 노력의 결과로 악한 인물은 법의 심판을 받고, 선한 주인공의 가족은 평온한 삶을 누리게 된다.

코메디가 갖는 완결된 결말의 형식에는 빗겨난, 진정한 의미의 해피엔딩은 아니다. 그것은 인물들의 의도, 목적과 결과의 불일치에 기인한다.[47]

전술했듯 〈풍문〉은 블랙코미디를 표방하고 있는 드라마이다. 블랙코미디가 진정한 의미의 해피엔딩을 허용하지 않는다는 점을 감안한다면, 〈풍문〉의 결말이 블랙코미디 장르가 표방하는 그것의 모습을 갖췄다고 보기에는 다소 무리가 있어 보인다. 〈풍문〉의 결말은 '을들의 연대 가능성'을 내세워 '을'들이 현실을 직시함으로써 희망적 변화가 생겨날 수 있다는 낙관적인 서사를 보여주기 때문이다. 특히 마지막 씬은 한정호의 저택에서 새로운 비서와 집사들만이 한정호를 맞아준다. 카메라는 외부 세계에서 연대를 이루고 북적거리며 살아가는 '을'들의 모습과는 대조적으로 쓸쓸하고 황량한 저택에 홀로 남은 한정호를 보여준다. 이는 단지 '갑'을(때로는 '을'도) 풍자하기 위해 블랙코미디적 요소를 잠시 차용하여 특정 인물들만 변화하게 함으로써 시청자로 하여금 카타르시스를 느끼게 해줄 뿐이다.

사적 영역에서 쓸쓸하고 외로운 한정호의 뒷모습을 보여줌으로써 연민을 불러일으키지만, 사회 전반적인 시스템 또는 구조나 공적인 공간에서 한정호가 누릴 권력은 전혀 바뀌지 않았다. 앞으로도 한정호는 막강한 권력을 소유한 채 정·재계를 좌지우지할 것이고, 송재원은 와인바에서 동창들과 주식 정보를 주고받으며 사적 이익을 탐할 것이다. 뿐만 아니라 유령과도 같은 '풍문' 또한 계속 존재할 것이다. 기존의 '을'이 나간 빈자리는 새로운 '을'

---

47 최나영, 앞의 논문, 43쪽.

이 메꾸고 있기 때문에, 한정호는 으레 한송이나 집에서 불편함 없이 살아갈 것이다. "자기 자신을 드러내야 하는 권력은 이미 약화된 권력"[48]이라는 사실을 인지하지 못한 한정호는 저택을 나간 기존의 '을'들을 결코 이해할 수 없을 것이다.

4. 상상적 해결 가능성: 절반의 성공

이 시대를 대표하는 병리적 징후의 하나로서 '갑을관계'는 인간의 보편적인 욕망 가운데 권력욕이 왜곡되어 드러난 현상이다. 권력관계, 이해관계로 얽혀있는 상황에서 비대칭적인 힘을 약자에게 행하면서 소위 말하는 '갑질'을 일삼는 모습은 이제 일상생활의 한 부분이 되어 버렸다. 〈풍문〉은 권력의 위계관계 속에서 갑을관계를 풍자하며, 인간 사회에 대한 불신을 드러내는 장치로 블랙코미디적 요소를 사용하고 있다는 점에서 주목할 만한 작품이다.

이 사회의 정·재계를 뒤흔드는 최상류층인 한정호는 누구보다도 많은 정보를 획득하고 소유함으로써 무소불위의 권력을 가지게 된다. 그는 자본의 원리로 어디서든 권위·권력을 누릴 수 있는 '한송'을 설계하고 구축한다. 여기에서 작동하는 권력은 대부분 드러나서는 안 되고 은폐되어야 하는 정보에 기대고 있기 때문에, 주로 공적인 공간인 '밀실'에서 정보교환이 이루어진다. 이때 카메라는 왜곡되고 분열된 인물의 형상을 보여주는데, 이것은 일

---

48 한병철, 앞의 책, 16쪽.

상적이지 않은 괴물성을 지닌 그로테스크한 효과를 자아낸다. 한정호의 편재된 권력에 힘을 실어주는 행위는 그에게 동조하는 이들의 욕망, 즉 그간 드러내지 못했던 자본·권력의 욕망이 표출되는 것이기 때문이다. 뿐만 아니라 실제 얼굴과 함께 유령과도 같은, 어딘가에 비친 인물의 얼굴을 동시에 보여줌으로써 당사자는 볼 수 없는 타자의 시선, 즉 인물들이 지닌 권력에 대한 탐욕스러운 실체가 드러난다.

반면 한정호 저택인 사적인 영역에서는 전복된 시선으로 한정호 내외를 담아낸다. 한정호와 최연희를 훔쳐보는 피고용자들로 인해, 속물적이고 위선적이며 표리부동한 모습들이 낱낱이 폭로됨으로써 풍자적 효과를 얻는다. 피고용자들은 '풍문'으로 들었던 것들을 훔쳐보며 한정호 내외의 실체를 알게 되는데, 여기에서 드러나는 것은 '풍문' 실체의 '일부'일 뿐이다. 한정호 집안의 피고용자들은 공적인 공간, 즉 '밀실'에서의 한정호를 절대 볼 수 없기 때문이다. 이 사회를 움직이는 힘이 생성되는 정보는 밀실에서만 얻을 수 있다. 바로 그 정보가 우리가 진짜 알고 싶고 궁금해하는 '풍문'이지만, 오로지 카메라만이 공적 공간의 한정호를 마주할 수 있다. 따라서 우리는 사적 공간인 한정호 저택에서 우스꽝스러운 한정호 내외의 민낯만을 볼 수 있기에 '풍문'의 실체는 한정적으로 밝혀진다고 할 수 있다.

다음으로 '내부, 외부 그리고 경계'로 구성되는 담론구성체를 살펴보면, ① 한정호 저택과 한송 법무법인, 송재원의 프라이빗 와인바, ② 서봄의 집, ③ 집사 부부의 방이나 이선숙의 아파트에서 각각 형성되는 담론으로 나뉜다. 집사 부부와 이선숙 등의 '을'들은 한정호를 주축으로 하는 내부와 김진애를 중심으로 하는 외부의 경계에서 담론 투쟁을 하다가, 결국 주체적이며 진솔하고 진정성이 있는 김진애가 속한 외부와 연대를 맺게 된다. 기존대로 내부의 경계에서 머물러 있다면 눈앞에 닥친 경제적인 안정은 취할 수 있지만, '을'들은 인간답게 그리고 자신들의 목소리를 낼 수 있는 외부의 공간에서 살기를 선택하며 주체적 인물들로 변해간다. 이와 같은 '을들의 연대 가능성'을 담아냈다는 것이 〈풍문〉을 주목하게 만드는 지점이다.

하지만 이는 〈풍문〉이 시도한 블랙코미디의 장르적 특성이 온전히 반영되지 못한 지점이기도 하다. 아울러 공적 공간의 한정호보다 사적 공간의 한정호를 부각시켜 희화화함으로써 진정으로 실체가 드러나야 하는 공적인 공간의 한정호가 다소 성글게 그려지고 있다는 점에서는 아쉬움이 남는다. 이는 지상파에 편성된 TV드라마의 매체가 지닌 보수적이고 대중적인 특성 때문에 현실과 타협한 것이라 볼 수 있다. 이제는 넷플릭스를 비롯한 OTT 등을 통해 드라마의 제작 환경이 확장되고 있기 때문에, 현실의 문제적 지점을 봉합하고 상상적 해결 방식을 고수하는 결말에서 벗어나 다양한 현실의 이야기를 전달하는 작품과 만날 수 있기를 기대해본다.

〈마을-아치아라의 비밀〉(SBS, 2015)
: 애도의 (불)가능성과 파국 정서[*]

박명진

1. 드라마는 무엇을 원하는가?

2000년대 이후 한국의 TV드라마에서 두드러지게 나타나기 시작한 장르
의 혼종 양상은 소재의 다양성 추구와 함께 새로운 장르 개척의 시도라는 의
미를 지닌다. 이에 따라 기존의 장르 개념의 범주 자체가 희미해져가는 상황
에까지 이르렀다. 장르 개념 자체가 고정적이거나 명확한 경계선을 지니고
있는 것은 아니기 때문에 최근의 장르 혼종 양상이 새삼스러운 것만은 아니
다. 장르가 제작자 및 소비자의 욕망에 따라 발명되는 것이라 했을 때 시대
감각의 변화에 따라 다양한 변종 장르가 선을 보이는 것은 자연스러운 현상
으로 보이기도 한다. 로맨틱 코미디, 액션, 수사, 추리, 공포, 판타지, 스릴러,
역사극 등의 기존 장르 영역들이 해체되면서 야기되는 여러 장르들의 혼합
은 이제 드라마의 일상화된 포맷(format)[1]을 대표하고 있는 것처럼 보인다.

---

[*] 이 글은 아래 논문을 수정 보완한 것임.
박명진, 「TV드라마에 나타난 기억/애도의 (불)가능성과 파국 정서-<마을-아치아라의 비밀>을 중심으
로」, 『어문론집』 72, 중앙어문학회, 2017.

[1] 장르가 제작과 프로그램 및 송출 과정, 그리고 방송 자체와 관객 사이에 안내 역할을 하는 하나의
안내 체계를 제공하는 것이라면, 포맷은 특히 시청률과 시장 점유율을 위해 최적화된 방송 형식을 말한
다. (로타르 미코스, 『영화와 텔레비전 분석 교과서』, 정민영 외 옮김, 커뮤니케이션북스, 2015, 338쪽.)

드라마 〈마을-아치아라의 비밀〉²(이후 〈마을〉로 표기함)은 다양한 장르의 문법이 혼합된 드라마의 한 예라 할 수 있을 것이다. 그러나 여타의 혼종 장르 드라마가 한 장르를 중심으로 다른 장르 문법을 장식적으로 차용하는 데 반해, 〈마을〉에서의 여러 장르들은 상호 작용을 통해 독특한 분위기와 메시지를 함께 얽어낸다는 점에서 주목을 요한다. 최고 시청률이 7.6%에 머물면서 시청률 확보에는 실패했지만, 이 드라마는 완성도 높은 극본과 연기자들의 열연, 그리고 묵직하게 전달되는 메시지 때문에 애청자들과 언론들로부터 높은 평가를 받았다.

오현화는 〈마을〉에 대한 논문에서, 우리의 고전 서사 전통에 있었던 '가부장제의 억압과 가부장제로의 재편입이라는 이율배반적 징벌 서사 구조'의 반복을 통해 가부장 이데올로기를 옹호하면서도 가부장들이 봉합한 마을의 질서가 불안정한 것임을 보여준다고 평가했다.³ 한편 권양현의 논문은 이 글에서 주목하고자 하는 문제의식을 공유하고 있어 주목을 요한다. 권양현은 '애도의 정치적 상상력'이란 키워드를 중심으로, 드라마에 나타난 '가부장제 자본주의, 모성 신화의 허위의식, 연대와 공동체 요구' 등을 짚어낸다.⁴ 이 글은 선행 논문들의 해석에 많은 부분 동의하지만 조금은 다른 시각에서 텍스트에 접근하고자 한다. 이는 곧 텍스트 〈마을〉을 해석의 대상으로 고정되어 있는 객체로서가 아니라, 〈마을〉이라는 텍스트를 시청자에게 적극적으

---

2   극본 도현정, 연출 이용석, SBS, 2015.10.07.~2015.12.03. (16부작)

3   오현화, 「한국 드라마에 반영된 '징벌' 서사의 전통 수용 및 변이 양상-<마을-아치아라의 비밀>을 중심으로」, 『인문과학연구』 29, 대구가톨릭대학교 인문과학연구소, 2016.

4   권양현, 「TV드라마 <마을-아치아라의 비밀>에 나타난 애도의 정치적 상상력」, 『한국문예비평연구』 54, 한국현대문예비평학회, 2017.

로 무엇인가를 요구하는 욕망의 행위자(agent)[5]로 간주하겠다는 입장을 의미한다.

이러한 문제의식을 발전시키기 위해 미셸 시옹이 말한 바 있는 '청점(聽點, point of listening)'에 주목할 필요가 있다. '청점'이 문제시되는 이유는 그것이 "영화에 의해서 제시되는 다양한 현실적인 소리 사건에 대해서 관객이 어떤 위치에 있는가? 뒤집어 말해서, 관객과 어느 정도 떨어진 위치에서, 어떤 방향에서 소리와 목소리가 울린다고 여겨지는가?"[6]를 심문하기 때문이다. 이는 미첼의 도발적인 질문 방식처럼, "TV드라마들은 무엇을 원하는가?(What Do TV Dramas Want?)"[7]에 대한 성찰을 유도한다. TV드라마를 욕망하는/질문하는 행위자로 간주한다는 것은 곧 TV드라마가 "이미지는 우리에게 무엇을 원하는가? 이미지는 우리를 어디로 데려가는가? 이미지가 결여하고 있는 것, 그래서 우리에게 채워달라고 요청하는 것은 무엇인가? 우리는 어떤 욕망을 이미지에 투사하는가? 이미지가 다시 우리에게 되돌아 투사되면서 우리에게 요구를 하고 우리에게 특정한 방식으로 느끼고 행동하라고 유혹할 때, 그러한 욕망은 어떤 형태를 취하는가?"[8]에 대한 감상자의 답변을 요청하는 행위자로 바라보겠다는 뜻이기도 하다.

미디어 작품들을 순수하게 오락물로 간주되는 것에 국한되지 않고 정치

---

5 "자연에 존재하는 물질뿐만 아니라 인공물들도 전부 행위자가 된다. 안개와 구름, 빗방울은 행위자다. 컴퓨터나 스마트폰은 물론 펜, 탁자, 건물이나 도로, 음식이나 약물도 행위자다. … 일단 물질의 능동성을 받아들이고 나면 비인간을 행위자로 보지 않을 도리가 없기 때문이다." (문규민, 『신유물론 입문』, 두번째테제, 2022, 53쪽.)

6 미셸 시옹, 『영화와 소리』, 지명혁 옮김, 민음사, 2000, 61~62쪽.

7 이 질문은 미첼의 책 제목인 『What Do Pictures Want?』를 변형시킨 것이다.

8 W.J.T. 미첼, 『그림은 무엇을 원하는가』, 김전유경 옮김, 그린비, 2012, 49쪽.

적이고 정책적인 것에 속박되어 있는 이데올로기적 산물이라고 본다면[9], '괴물성, 악마성, 타자성, 실재의 귀환'과 같은 문제들을 제기하고 있는 〈마을〉은 미학적이고 정치적인 질문을 시청자에게 요청하는 작품이라 할 수 있다. 드라마 〈마을〉에 나타난 장르적 욕망과 텍스트에서 재현되고 있는 소리와 피부의 상징성은 무엇인가? 그리고 이 작품이 시청자에게 요청하는 질문들은 무엇인가? 이 질문들은 과거로부터 지속되어 오는 범죄의 반복 가능성, 그리고 기억/애도의 (불)가능성과 한국 사회에 대한 파국적 상상력 등을 떠올리게 한다.

2. 장르의 욕망과 소리/피부의 상징성

2.1 장르의 욕망과 정동(情動, affect)

〈마을〉은 장르상 '미스터리 스릴러 드라마'로 분류되어 소개되었다. 미스터리(mystery)는 일반적으로 살인을 포함하는 범죄 행위의 이유를 긴장감 있게 풀어가는 과정에 초점을 맞추고, 이 의혹을 풀어가는 인물을 강조한다. 또한 미스터리는 신비와 공포의 요소가 중요한 역할을 담당하게 된다.[10] 한편 스릴러(thriller)는 공포와 두려움의 분위기를 만들기 위해 복잡한 플롯을 통해 억압된 욕망이나 환상, 관음증적이고 성적(性的)인 요소들을 사용함으로써 주인공의 운명을 감싸고 있는 박진감이나 초조감 또는 서스펜스를 중

---

9   더글라스 켈너, 『미디어 문화』, 김수정·정종희 옮김, 새물결, 1997, 173쪽.

10   박성학 편저, 『세계영화문화사전』, 집문당, 2001, 294쪽 ; 「미스터리」, 『두산백과』.

심으로 전개되는 특징을 갖는다.[11]

그런 의미에서 〈마을〉을 '미스터리 스릴러 드라마'로 명명(命名)한 것은 비교적 무리가 없어 보인다. 왜냐하면 이 드라마에는 유령을 보는 인물들이 등장하며, 사자(死者)의 해원(解冤) 욕망에 의해 주인공이 사건에 연루되는 서사 방식을 취함으로써 '신비 또는 공포의 요소'를 보여주기 때문이다. 또한 이 드라마는 '범죄 사건을 중심으로 한 의혹과 반전의 중층적인 서사 구조'를 선택함으로써 스릴러의 장르 문법에도 충실하다. 〈마을〉의 다양한 장르 중 미스터리와 스릴러 및 수사극 양식은 이 드라마가 살인자와 과거를 추적한다는 의미에서 '기원/진실에 대한 탐사(探査)'라는 서사 구조를 띨 수밖에 없음을 말해준다.

주인공 한소윤(문근영 분)은 조각난 자료들을 통해 과거사를 복원시키고자 한다. 그녀는 사라진 언니의 행방을 찾는다. 땅에 암매장된 언니의 백골이 발견된 후 그녀는 언니를 살해한 범인을 추적한다.[12] 그녀는 수사관, 사회부 기자, 또는 '사회적 형사(social detective)'와 비슷한 포즈를 취한다. 여기에서 한소윤을 '사회적 형사'로 간주하는 것은 "다양한 개인이나 경험적 사건 그리고 배우들을 하나의 전체로서 사회적 질서의 징후가 되는 표상 양식으로 재조명하듯이, 사회를 판단하고 그 은폐된 본성을 폭로하기 위한 매개물"[13]로 해석될 수 있다는 점에서 중요하다. 경찰, 형사, 탐정의 신분이 아닌, 평범한 개인의 자격으로 참혹한 범죄의 기원을 추적하는 기능을 한소윤이

---

11 수잔 헤이워드, 『영화 사전(이론과 비평)』, 이영기 옮김, 한나래, 1997, 177쪽 ; 위의 책, 402쪽.

12 언니 김혜진은 남수만이 윤지숙을 강간하여 태어나 버려진 후 윤지숙의 친모인 뱅이아지매(정애리 분)에 의해 한소윤의 부모에게 불법 입양된다. 한소윤은 김혜진이 입양된 후 태어났다.

13 프레드릭 제임슨, 『지정학적 미학』, 조성훈 옮김, 현대미학사, 2007, 76~77쪽.

담당한다는 사실은 그녀의 선택과 행위가 '사회를 판단하고 그 은폐된 본성을 폭로'하는 효과를 발생시킨다는 의미에서 주목을 요한다. 한소윤과 그녀의 언니 김혜진(장희진 분)은 아치아라 마을에 틈입한 타자들이다. 이 타자들의 등장 이전에는 결코 이 마을을 감싸고 있는 '은폐된 본성'이 폭로되지 않는다. 한소윤이 추악한 과거를 밝히는 과정에서 드러나는 단서 중의 하나는 질병이다.

드라마 〈마을〉에는 질병으로 고통받는 인물들이 등장한다. 김혜진과 신가영(이열음 분)은 '파브리병(Fabry's disease)'을 앓고 있다. 모든 질병 이야기는 기원에 대한 문제를 내포한다. 질병 이야기는 "무엇이 그 질병을 야기했는가? 왜 그 일이 내게 일어났는가?"[14]와 같은 질문을 제기한다. 그렇다면 질병 이야기는 그 자체로 수사극의 장르적 질문을 내장(內藏)하고 있다. 이 장르적 질문 속에서 한소윤은 진실(또는 실재)을 찾아 헤맨다.

1화에서 한소윤은 야외 사생 대회 중 근처 야산에서 백골 사체를 발견한다. 땅을 뚫고 송곳처럼 솟아 나온 백골 손가락이 어딘가를 가리킨다. 백골 사체의 주인공은 한소윤이 찾고자 했던 언니 김혜진이다. 역시 1화에서 한소윤이 자신의 집에 돌아왔을 때 그녀는 이불과 베개 사이에서 기어 나오는 백골 손가락을 보고 경악한다. 물론 이 장면은 한소윤의 착시 현상에 불과할 수도 있다. 그런 장면은 4화에서도 등장한다. 운전하던 윤지숙(신은경 분)은 운전석 차창에 달라붙은 김혜진의 유령을 발견하고 질겁한다. 앞의 백골 사체 발견 사건은 수사극의 스릴러 효과를 위한 장치이지만, 나머지 두 장

---

14 아서 프랭크, 『몸의 증언』, 최은경 옮김, 갈무리, 2016, 155쪽.

면들은 초현실적인 장면을 제시함으로써 미스터리 판타지 문법에 따른 장치이다. 이 시각적 이미지들은 드라마 〈마을〉이 제공하는 '실재와의 대면'을 상상하게 만든다. 이 드라마에서 그 '실재'는 파국의 정동을 불러일으킨다. 정동(情動)이란 무엇인가.

> 그것은 이행(移行)이다. 정서는 어두운 상태이자 밝은 상태이다. 절단되는, 두 개의 연속적인 정서들. 이행은 한 상태에서 다른 상태로의 생생한 변이(變移)이다. 여기에서는 이 경우에 어떠한 물리적 변이가 일어나지 않음을, 오히려 생물학적 변이가 일어남을 주의하라. 또한 변이를 만들어 내는 것이 바로 여러분의 신체임을 주의하라.[15]

위와 같은 들뢰즈의 요청은 곧 드라마 〈마을〉의 요청이기도 하다. 〈마을〉은 시청자에게 정동의 이행(移行)과 변이(變移)를 요청한다. 이는 드라마가 보여주는 세상이 결코 가상의 판타지가 아니라 우리가 매일매일 대면해야 하는 끔찍한 '실재'임을 '신체'로 느끼고 반응하라는 요청이기도 하다. '실재'를 상징계 속에서 재현하기 위해 〈마을〉의 기본 플롯은 두 개의 형태로 병행된다. 기본 플롯은 김혜진 살해범 찾기이고, 이와 함께 대위법 형식으로 진행되는 플롯은 연쇄살인범 검거 과정이다. 두 개의 플롯이 얽히면서 반복되어 등장하는 키워드는 '괴물'이다.

---

15 질 들뢰즈, 「정동이란 무엇인가?」, 질 들뢰즈 외, 『비물질노동과 다중』, 서창현 외 옮김, 갈무리, 2014, 91쪽.

① 유나   우리 마을에 <u>괴물</u>이 있댔어요, 혜진 샘이.

　 소윤   <u>괴물</u>?

　 유나   그 <u>괴물</u>이 샘을 죽일 거라고 했거든요.

(3화)

② 아가씨   (김혜진에게) (前略) 그 여자, 진심으로 궁금했던 거예요.

　　　　　나 같은 놈을 낳은 우리 엄마 마음이 어떨지. <u>괴물</u>을 낳은 엄마 마음이요.

(4화)

③ 유나   훗, <u>괴물</u>이요?

　 혜진   내 소원은 사람들한테 그 <u>괴물</u>의 정체를 밝혀주는 거야.

　 유나   <u>괴물</u>은 어디에 있는데요?

　 혜진   너는 봐도 몰라. <u>괴물</u>도 자기가 <u>괴물</u>인지 모르니까.

(9화)

④ 주희   (윤지숙에게) (前略) 너는 뭔데? 넌 <u>괴물</u>이야!

(12화)

(대사정리 및 강조 인용자)

　위의 예문들은 드라마에 반복적으로 등장하는 '괴물' 대사 중 극히 일부분에 불과하다. '제13화'의 제목은 아예 〈괴물들〉이다. 이 드라마에서 발화(發話)되는 '괴물'은 공포를 자아내는 서사적 존재에 머물거나 선정적인 자극을 제공하는 형식 그 자체로 해석되기를 거부한다. 이는 과거와 현재의 끔찍한 사건들과 상황들을 통해 '괴물성'을 전경화함으로써 미래(未來)가 괴물이 될 수도 있다는 두려움과 공포심을 경고하기 때문이다.[16] 괴물, 유령, 강간, 연쇄살인, 기아(棄兒), 불법 입양, 수사 등으로 채워지고 있는 이 드라마의 내러티브는 '비밀의 폭로'와 "실제 모순의 상상적 해결"[17]을 위한 기제로 기능한다.

이 드라마에서 발화되고 있는 '괴물'이란, "큰 괴물(the Host), 즉 '사회'와 함께 살면서 각각의 '고유한 사람 되기'라는 힘겨운 과제를 포기하고 사회의 여러 조직들로부터 부여받은 역할과 자기 자신을 동일시하는 인간, 그래서 자신의 역할 수행에 대해 반성하지(reflect) 않는 인간"[18]으로 간주되는 것이 바람직하다. 스릴러, 미스터리, 공포스러운 판타지 등의 장르 형식은 우리 시대(실은 1980년대 경부터 모순이 지속되어 온 한국 현대사)의 정신병리학적 징후에 대한 알레고리 장치로 작동한다.

이 같은 장르 혼합 형식은 그 자체로 폭로되어야 할 시 시대 이 사회의 '비밀' 그 자체를 추궁한다. 이러한 장르의 문법은 "보다 심층적인 불안감, 즉 부르주아 사회가 해결하지 못했고, 실제로 해결할 수도 없는 생물학적인 충동과 사회적인 제약 간의 모순"[19]을 재현해 낸다. 그것은 거대한 음모, 가면을 쓴 군중들의 어두운 욕망, 또는 파국을 향해 달려가는 세계에 대한 불안과 공포의 정동을 발생시킨다. 이 혼합 장르 문법이 자아내는 정동은 "관계 맺음과 관계의 단절 모두에 걸쳐 축적되면서 '몸들' 사이에 흐르는 강렬

16 프랑코 모레티, 『공포의 변증법』, 조형준 옮김, 새물결, 2014, 20쪽.
17 프레드릭 제임슨, 『정치적 무의식』, 이경덕·서강목 옮김, 민음사, 2015, 96쪽.
18 정성훈, 『괴물과 함께 살기』, 미지북스, 2017, 198쪽.
19 에르네스트 만델, 『즐거운 살인』, 이동연 옮김, 이후, 2001, 26쪽.

함의 썰물과 밀물을 가로지르는 어떤 힘-마주침들의 양피지(羊皮紙)"[20]로 작용한다. 정동이 매우 특별하면서도 보편적인 '행동할 능력'으로 이해될 수 있다면,[21] 드라마 〈마을〉은 파국의 정동을 통해 시청자에게 '특별하고 보편적인' 이행(移行)과 변이(變移)를 요청한다. 〈마을〉을 시청하고 있는 당신들의 세상은 정말 '안녕한가?' 과거에서부터 반복되어 온 모순과 악마성을 어떻게 끝장낼 것인가? 시청자들은 이행과 변이를 요청하는 드라마의 욕망 앞에서 어떤 수행성을 보여주어야 하는가?

2.2 소리와 질병의 공간 정치학(Geographic Politics)

〈마을〉에서 공포감을 조장하는 요소 중 중요한 역할을 담당하는 것은 소리이다. 라이트모티프(Leitmotif, 主導 動機)[22]로서의 배경음악[23]인 구전동요 〈신데렐라〉와 연쇄살인범 아가씨(최재웅 분)가 손바닥으로 비비는 호두 소리가

---

20 그레고리 J. 시그워스·멜리사 그레그, 「미명(微明)의 목록 〔창안〕」, 멜리사 그레그·그레고리 시그워스 편저, 『정동 이론』, 최성희·김지영·박혜정 옮김, 갈무리, 2015, 15~16쪽.

21 안또니오 네그리, 「가치와 정동(Value and Affect)」, 위의 책, 172쪽.

22 라이트모티프(Leitmotif, 主導 動機)는 "통일성을 확립하기 위한 장치이며, 행동 중에 주어진 순간에 과거, 현재, 미래를 연결하는 역할을 한다." (조셉 칠더스·게리 헨치 엮음, 『현대 문학·문화 비평 용어사전』, 황종연 옮김, 문학동네, 1999, 256쪽.)

23 이 음악은 단조(短調, minor key)의 어둡고 슬픈 정동을 유발한다. 스릴러, 범죄극, 미스터리극 등은 "닥쳐오는 위험, 불안 또는 파멸 등은 끊임없는 반복, 반음계적으로 움직이는 음형, 불협화음" 등을 사용함으로써 긴장감을 고조시킨다. 또한 "주도 동기(Leitmotiv)를 통해 연결되는 음악은 한 인물을 동반하며, 모티브를 변형시키고 낯설게 함으로써 사건 전개의 각 단계를 음악적으로 암시"하기도 한다. (크누트 히케티어, 『영화와 텔레비전 분석』, 김영목 옮김, 연세대학교 출판부, 2007, 163~166쪽.)

그것이다.

우리나라에서 애창(愛唱)되었던 〈신데렐라〉는 작자 미상의 구전동요이다. 이 동요의 기원에 대해서는 정확하게 알려진 바 없다. 이 구전동요는 아동들이 자주 불렀던 애창곡이기도 하면서 민중가요 진영에서도 자유롭게 전유해서 불렀던 것으로 알려져 있다.[24] 드라마 〈마을〉의 작가인 도현정과 이용석 PD가 이 동요를 리메이크해서 사용되기를 처음부터 원했다는 사실은 이 드라마의 정동 효과를 이해하는 데 중요하다.

> '마을'의 음악을 지휘한 박세준 음악감독은 … 인터뷰에서 "처음부터 이
> 용석 PD와 도현정 작가가 '신데렐라' 동요를 리메이크하길 원했다. 처음에
> 는 동요를 편곡해 드라마 배경음악으로 사용한 적이 거의 없어 가능할까
> 싶었다. 그런데 가사를 빼고 선율만 넣어본 '신데렐라' 곡이 굉장히 무섭게
> 다가오더라. 바로 '이 곡이다' 싶었다."고 이유를 밝혔다.[25]

남수만(김수현 분)의 강간에 의해 김혜진과 신가영이 태어난 때가 각각 1983년과 1997년이라고 했을 때, 동요 〈신데렐라〉와 1980년대 초 및 1997년과의 관계, 그리고 〈신데렐라〉 배경음악과 〈마을〉의 시대적 메시지와의 관계

---

24 드라마 <마을>의 배경음악인 <신데렐라>는 "아아, 1970년대/1980년대/1990년대" 등으로 가사의 끝을 맺는 가사 변형 방식을 통해 한국 현대사에서 지속적으로 반복되고 있는 '딸/여성'들의 고난과 박해를 풍자, 비판한다. 동시에 야만적이고 폭력적인 시대상에 대한 항변으로도 활용되었다. 「신데렐라」, 『나무위키』 (https://namu.wiki/w/%EC%8B%A0%EB%8D%B0%EB%A0%90%EB%9D%BC)

25 조지영, 「'신데렐라'부터 '호두'까지 … 살 떨렸던 그 소리」, 『스포츠 조선』, 2015.12.04. (https://sports.chosun.com/news/ntype.htm?id=201512050100051310003326&ServiceDate=20151204)

에 주목하게 만든다. 도현정 작가는 인터뷰에서 "개인이든 사회든 우리 모두는 '기존의 질서와 평화를 유지하고 싶은 본성'을 가지고 있다. 때문에 묵인되고 덮어지는 작고 큰 범죄가 발생하고 그로 인한 파장으로 희생되는 사람들은 사회적 약자다. 아치아라 사람들처럼 과거의 침묵이 결국 부메랑으로 되돌아온다는 이야기를 담고 싶었다."[26]고 말했다. 라이트모티브 〈신데렐라〉가 〈마을〉의 정동(情動)을 관통하고 있다는 것은 작가의 의도처럼, 침묵 속에 묻혀 있던 과거가 이 배경음악을 통해 음울하고 불안한 분위기로 귀환하고 있음을 말해준다. 이번에는 아가씨의 호두 소리에 주목해 보기로 한다.

1화에서 소윤이 캐나다에서 한국으로 온 후, 아치아라로 향하는 버스 안에서 소윤은 불길하고 음습한 분위기의 호두 소리를 듣는다. 라디오 소리, 버스의 엔진 소리 등은 지워지고 클로즈업된 소윤의 얼굴 위에 호두 소리만 화면을 가득 채운다. 이는 '호두 소리의 클로즈업'이다. 밀폐된 장소 안에서건 개방된 공간에서건 소윤은 아가씨의 호두 소리로부터 도망칠 수 없다. 그녀는 호두 소리 속에 갇혀 있다. 1화에서 소윤이 방문한 동사무소 안, 4화에서 경찰서 앞에 서 있는 소윤, 11화에서 연쇄살인범 아가씨 집에 소윤이 방문했을 때 들리는 호두 소리는 시간과 공간에 구애되지 않고 디제시스 안을 가득 채운다. 말하자면 아가씨의 호두 소리는 한소윤을 포위하고 있는 음산하고 외설스러운 공기와 같다. '아치아라'라는 마을 이름이 '작은 호수'라는 순우리말이라면, 이 마을은 호수처럼 갇혀 있는 곳이다. 범죄로 썩어가는 호수의 폐쇄성과 소윤을 에워싸는 악마적인 소리의 포위는 환유(換喩)

---

26 정병근, 「'마을' 작가 "과거의 침묵이 부메랑 된다는 메시지"-종영까지 3회 남아, '마을'의 진실 정점으로 치달아」, 『조이뉴스 24』, 2015.10.06. (https://www.joynews24.com/view/930642)

관계로 묶인다. 한소윤과 시청자들은 고여서 썩어버린 호수(아치아라)가 뿜어내는 음산하고 불안한 정동 속에 빠진다.

클로즈업된 소리는 클로즈업된 시각적 대상과 달리 주변 공간과 단절될 수 없다. 그 소리는 시각으로 포착되지 않은 상태에서 공간을 가득 채우고 있으며 인물들은 그 소리를 거부할 수도 없다. "인간에게서 소리를 제거할 수는 있어도, 소리에서 인간을 제거할 수는 없다."[27] 따라서 이때의 소리는 소윤을 향한 악마적인 응시의 기능을 담당한다. 소윤을 가두는 클로즈업 소리는 '주관적 청점(主觀的 聽點, subjective point of listening)'에 속한다. '청점'의 문제는 "시점과 마찬가지로 위치 설정뿐만 아니라 〈누가 듣는가?〉의 차원에서도 제기"[28]되고, 텍스트에 의해서 제공되는 "다양한 현실적인 소리 사건에 대해서 관객은 어떤 위치에 있는가?"[29]를 질문한다. 다시 말해 '청점'의 문제는 디제시스 속에서 정체를 드러내지 않은 존재로부터 발신된 소리를 듣는 등장인물의 문제이자, 동시에 텍스트에서 발산되는 소리를 듣는 시청자의 문제이다.

의상 도착증자이자 연쇄살인범인 아가씨를 악마처럼 시각화하지 않은 것은 연쇄 강간범 남수만에게도 적용된다. 온순하고 친절한 인상의 남수만은 김세환의 〈토요일 밤에〉를 휘파람으로 불면서 마을의 여인(어린 소녀이건 주부이건 상관하지 않고)들을 연쇄 강간한다. 남수만에게 당한 피해자들은 그의 얼굴은 보지 못하고, 휘파람 소리와 비릿한 냄새만을 기억할 뿐이다. 브렌

---

27 조너선 스턴, 『청취의 과거』, 윤원화 옮김, 현실문화, 2010, 22쪽.

28 미셸 시옹, 앞의 책, 64쪽.

29 위의 책, 61쪽 ; 미셸 시옹, 『오디오-비전』, 윤경진 옮김, 한나래, 2006, 128쪽.

넌에 의하면, 화학적 비말동반(飛沫同伴, entrainment)[30]은 냄새, 즉 무의식적 후각에 의해 작동한다. 섹스와 공격성을 포함하는 호르몬의 상호 작용 속에서 비가시적인 냄새는 어떻게 우리가 환경을 느끼고 다른 사람의 억압을 어떻게 이해하고 대응하는지에 있어 매우 중요하다.[31] 냄새와 소리는 환경으로부터 오는 억압의 정동을 심화시킨다. 냄새와 소리는 시각적 대상처럼 공간에서 분절될 수 없다. 냄새와 소리 속에 갇힌 사람은 호수 속에 빠진 사람들로 치환 가능하다.

아가씨가 작성하고 있는 연쇄살인 일지(日誌)에는 "매혹과 혐오, 환희와 공포, 천국과 지옥"이라는 표현이 등장한다. 아가씨에게는 '삶/죽음, 남성/여성, 매혹/혐오, 환희/공포, 천국/지옥'의 경계선이 존재하지 않는다. 아가씨의 도착증은 "소멸, 인간성 상실, 증오, 파괴, 장악, 잔인성, 쾌락 등 뒤틀린 자유의 음울한 초상"[32]을 대변하며 "범죄나 근친상간 혹은 부절제 같은 위반이나 비정상을 지칭할 뿐만 아니라 자기혐오와 죽음의 매력, 무한한 쾌락의 저주로 표현되는 밤의 담론"[33]에 기댄다. 연쇄살인의 지속적인 반복은 공권력이 주민들의 안전을 보호해 주지 못한다는(또는 보호할 생각조차 없다는) 사실을 직설적으로 말해준다. 마을 안전망의 경계선이 위태롭게 무너져 내린 것에 대한 징후는 아가씨에서만 포착되지 않는다. 김혜진과 가영(이열음 분)의

---

30 비말동반은 "액체가 미소한 물방울로 되어 증기·가스와 함께 운반되는 현상"을 뜻한다. (http://terms.naver.com/entry.nhn?docId=661673&cid=50327&categoryId=50327)

31 Teresa Brennan, The Transmission of Affect, Cornell University Press(Ithaca and London), 2004, 9쪽.

32 엘리자베트 루디네스코, 『악의 쾌락변태에 대하여』, 문신원 옮김, 에코의 서재, 2008, 11쪽.

33 위의 책, 12쪽.

피부에서도 그 징후가 나타난다.

김혜진과 신가영은 남수만의 강간으로 태어났다. 이들은 파브리병을 유전병으로 물려받게 되고, 피부 질환과 이명증(耳鳴症)으로 고통받는다. 이들의 피부는 약간의 물만 접촉해도 엄청난 통증을 느껴야 하고, 이명증 때문에 작은 소리에도 고막을 찢는 듯한 극한의 통증을 겪어야만 한다. 그녀들의 피부/고막은 물과 소리로부터 자신을 보호하지 못한다. 이를테면 그녀들의 피부(또는 고막)는 완전히 훼손되어 있다. 디디에 앙지외의 주장대로 "소리로 가득 찬 환경은 더 이상 감싸주는 것이 아니라 불쾌한 성질의 것이 된다. 그것은 구멍 난 것이고, 구멍을 내는 것"[34]이다. 그렇다면 김혜진과 신가영의 훼손된 피부는 그녀들을 포함한 아치아라 마을의 주민들의 보호막이 심각하게 구멍 나고 균열되고 훼손당했음을 암시하는 상징으로 읽힌다. 김혜진과 신가영의 훼손된 피부는 '아치아라 마을'과 대한민국의 안전망 해체에 대한 제유(提喩)가 된다.[35]

남수만이 강간을 통해 자신의 파브리병 유전자를 자식들(김혜진, 남건우(박은석 분), 신가영)에게 물려주었다면, 아가씨는 직접 제조한 독약이 든 주사기의 바늘을 피해자의 피부에 꽂는다. 아가씨는 주사 바늘을 피해자에게 삽입함으로써 피부에 구멍을 낸다. 아가씨의 연쇄살인에 의해 피해자들의 피부는 외부와 내부의 경계선이 훼손당한다. 연쇄 강간과 연쇄살인에 대해 마을

---

34 디디에 앙지외, 『피부자아』, 권정아·안석 옮김, 인간희극, 2013, 268쪽.

35 "사회적 고통의 징후들과 그들이 겪은 변화는 살아온 경험의 문화적 형태이다. 그것들은 살아 있는 기억이다. (징후는) 사회적 제도와 몸-자아를 연결시킨다. 몸적 징후는 문화적 트라우마가 몸을 감싸는 것이다. 이러한 몸이 삶을 지속하고 역사를 창조함에 따라, 그 징후들은 그 역사의 사회적 공간으로 펼쳐진다." (아서 프랭크, 앞의 책, 81쪽.)

은 제대로 대처하지 못하고, 심지어는 대처할 의지마저 없다. 그런데 남수만과 아가씨의 악마성은 소리나 냄새로 감지될 수 있지만 서창권(정성모 분)-노정탁(이승철 분)이 꾸미고 있는 거대한 음모는 감각으로 포착될 수 없다는 점에서 문제가 더 심각하다. 이것이 마을 전체(또는 국가 전체)를 위협하고 있는 불안의 원인이다. 불안은 무엇이 불안을 발생시키는지 분명하지 않다는 바로 그 이유 때문에 두려움보다 훨씬 공포스러운 정동이다.[36]

서창권, 노정탁은 물론이고 아치아라 주민들은 극도로 폐쇄적인 분위기 속에서 이방인들을 경계하고 혐오하고 배척하면서도, 이 마을의 관광지화에 따른 이방인들의 도래에 대해서는 환영하는 표리부동한 모습을 지니고 있다. 그런 의미에서 아치아라 마을의 주민들은 고통받는 암살자들에 가깝다. 왜냐하면 부패한 자기중심주의(narcissism)에 종속된 마을 사람들은 사실상 "'현존의 느낌'을 갖지 못하고 존재하지 못함으로 인해 끔찍하게 고통받는 암살자로서의 '우리(a we)'"[37]에 불과하기 때문이다.

김혜진과 신가영이 파브리병 때문에 죽음에 이르듯이, 서창권-노정탁의 음모에 침묵하는 주민들에 의해 마을은 생명력이 꺼질 날을 재촉한다. 주민들은 새로 건설될 카지노 사업으로부터 소비자로 호명 받아 물신주의의 피해자로 추락할 위험에 놓여 있다. 그렇다면 주민들은 "이제 더 이상 '나(I)'이거나 '우리(we)'가 될 수 없다. 왜냐하면 그 또는 그녀는 단지 하나의 '그들

---

36 레나타 살레츨, 『불안들』, 박광호 옮김, 후마니타스, 2015, 44~45쪽.

37 Bernard Stiegler, Acting Out, Translated by David Barison, Daniel Ross, and Patrick Crogan, Stanford University Press(Stanford California), 2009, 39쪽. 대명사 we 앞에 단수를 나타내는 부정관사 a를 붙인 것에 주의하라. 아치아라 마을의 주민들은 내부적 차이와 변별성을 내포하고 있는 집합으로서의 '우리(we)'가 아니다. 그들은 '하나의 우리' 즉 개인적인 의견이나 취향을 주장하지 못하고 단일한 목소리로 봉합되는 '무리, 떼'에 불과하다.

(they)'"[38]로 전락할 것이기 때문이다. 그 때문에 아치아라 마을을 방어하고 보호할 수 있는 최소한의 경계선은 무너질 운명을 피할 수 없다. 마을의 안전망을 훼손하는 인물들은 정치 권력과 자본의 축적을 탐욕스럽게 추구하는 서창권과 노정탁 그리고 이들의 범죄에 대해 침묵하거나 의도적인 망각을 행하는 주민들이다. 주민들이 마을을 위험에 노출시킨다는 것은 결국 "공민(公民)과 방랑자, 시민과 범죄자, 법과 위반 사이에는 진정한 적대관계뿐만 아니라 기만적인 공모"[39]가 있음을 말해준다. 소리의 틈입, 강간에 의한 파브리병의 유전, 그리고 피부의 훼손은 마을 공간을 정치적으로 독해하도록 유도한다. 마을을 지키는 최소한의 경계선(안전망)이 해체되었다는 것이 그것이다.

3. 기억/애도의 윤리학과 파국적 상상력

3.1 집단기억의 (불)가능성, 애도의 윤리학

〈마을〉에서 김혜진에 대한 주민들의 기억은 어떤 양상을 띠고 있는가? 그녀는 '괴물, 악마, 탕녀, 화냥년, 불온한 이방인, 마음이 깊고 따뜻한 여인이자 선생님' 등으로 기억된다. 따라서 그녀의 정체성은 하나로 통일되지 않는다. 그럼에도 불구하고 주민들에게 김혜진은 없어져야 마땅한 호모 사케

---

38 위의 책, 41쪽.

39 테리 이글턴, 「자본주의와 형식」, 페리 앤더슨 외, 『뉴레프트리뷰』, 이택광 옮김, 도서출판 길, 2009, 517~518쪽.

르, 또는 비체(卑體, abject)로 호명된다. 더 정확하게 말하자면 아치아라 마을에서 김혜진은 퇴치되어야 할 불온한 '유령'이다. 그녀는 자신의 심리적 자아와 신체적 자아 사이의 분열을 앓고 있는 주체이다. '도래한 과거'[40]로서의 김혜진은 아치아라 마을에 처음 도착한 때부터 죽임을 당하는 순간까지 어둡고 우울한 표정을 버리지 못한다.

그녀의 "내적 근원은 그의 어머니와 그녀가 임신하고 있는 아이들의 죽음에 대한 소망이 그에게로 되돌아오는 것과 관련"[41]되는데, 김혜진이 어머니 윤지숙의 신장을 이식받아 치료 받을 수 있는 기회 자체를 거부함으로써 스스로 죽음 앞으로 다가가는 것은 이와 관련이 깊다. 정동의 전염(또는 이행)은 '어머니-아이'라는 원초적 소통 양식에서뿐 아니라 애인, 또래 친구, 사적이고 공적인 어른들 사이에서도 작동한다.[42] 이는 윤지숙과 김혜진의 관계가 마을 전체의 관계로 확장될 수 있음을 시사한다. 마을은 기억 지우기와 기억의 왜곡을 통한 일종의 '액막이'를 행함으로써 김혜진을 상징적으로 암매장(暗埋葬)한다. 드라마 후반부에서 윤지숙은 '임신 거부증(Pregnancy denial)'이라는 판정을 받는다.[43] 이는 윤지숙과 마을 공동체가 이미 '신경증적 사회'를

---

40 드라마의 내러티브 속에서 김혜진은 과거에 죽은 사람이다. 그리고 김혜진을 살해한 범인도 잡힌다. 그러나 드라마는 '또 다른 김혜진(들)'을 희생시킬 사회 시스템이 전혀 교정되지 않은 상태로 마무리함으로써 앞으로도 반복적으로 범죄가 벌어질 것이라는 암시를 내포하고 있다. '도래한 과거'라는 표현은 끔찍한 과거의 사건이 미래로부터 지속적으로 도래할 것이라는 의미로 사용하였다.

41 디디에 앙지외, 앞의 책, 291쪽.

42 Teresa Brennan, 앞의 책, 42쪽.

43 '임신 거부증' 환자에 대한 아래 기록은 윤지숙이 김혜진을 왜 '괴물'로 생각했는지에 대한 참조가 된다. "임신 거부증은 잠재적으로는 상징적인 영아살해 충동과 같고, 전혀 임신 징후가 나타나지 않는 것은 무의식 속에서 상징적인 방법으로 아기를 없애는 것과 같다. … 어머니는 아기를 지키고 싶은 욕망과 동시에 무의식적이거나 의식적인 난관들 앞에서 아기가 존재할 권리가 없다는 생각과 함께 감쪽같이 아기가 눈에 띄지 않기를 바라는 욕망을 품는다."(85쪽.) "그녀는 … 자신이 느꼈던 공포, 두려

넘어 '망상-분열적 사회'로 추락했다는 것을 암시하고 있다.

> 얼마 전까지 우리나라는 신경증적 사회였다면 이제는 망상-분열적 사회가 되었다. 모두가 타인에 대해 무관심한 정도를 넘어서 박해망상 속에서 타인을 조롱하고 공격하며, 나만 '좋은 엄마의 젖'을 먹겠다는 망상-분열적 상태가 되었다. … 사회적 차원에서 발생하는 이러한 도덕성과 죄의식의 부재, 타인에 대한 망상-분열적 공격과 착취, 그리고 망상-분열 상태에서 발생하는 극단적인 죽음의 공포와 불안을 이기기 위해서는(그리고 그것의 발생을 예방하기 위해서는) 사회적 차원에서 '(충분히) 좋은 엄마'가 필요하다.[44]

여기에서 '(충분히) 좋은 엄마'는 주민들의 삶을 보호할 수 있는 마을, 사회, 국가의 안전망 능력을 상징한다. 그렇다면 이 마을 주민들과 마을 자체는 '피크노렙시(picnolepsie)' 질환을 앓고 있는 존재이다. 피크노렙시가 "빈번한 중단, 사고, 장애, 시스템 오류, 시간 속에서 일어나는 사고, 기억 부재증"[45]을 의미한다면, 아치아라 마을은 '의도적인 기억 부재증', '중단, 사고, 장애, 시스템 오류'의 상태에 빠진 공간이다. 아치아라 마을은 간질에 의한 졸도 상태처럼 기억 능력과 공동체 시스템에 치명적인 장애를 지니고 있다.

아치아라 주민들은 자신들의 선택이 마을을 위한 것이라고, 마을을 한없

움, 직장에 나가지 못하게 된 사실을 말했습니다. 아기에 대해서는 '그것'이라고 언급했고, '그게 나왔다'고 말했지요. 모든 문장마다 뭔가가 빠져 있었어요. 바로 아기가 없었던 것입니다. 게다가 급기야는 이렇게 말했습니다. '그게 울었어요. 소리를 냈다고요.'"(114쪽.) (가엘 게르날레크 레비, 『나는 임신하지 않았다』, 문신원 옮김, 프리미엄북스, 2011.)

44 홍준기, 「불안」, 김서영 외, 『헬조선에는 정신분석』, 현실문화연구, 2016, 207쪽.

45 폴 비릴리오, 『소멸의 미학』, 김경온 옮김, 연세대학교 출판부, 2008, 28쪽.

이(infinitely) 사랑했을 뿐이라는 분열증적인 자기 암시를 한다. 그러나 주민들의 이러한 생각은 "하나의 허구에 불과하다. 무한한 사랑은 존재하지 않는다. … 이러한 허구(욕망의 허구로서의 기원에 대한 결여 없이는)가 없다면, '우리(we)'라는 것은 불가능해진다. 우리는 '야만인', 야수들, 야수들보다 못한 순수하게 파괴적인 권력보다도 못한 존재가 된다."[46]

김혜진은 1화에서 윤지숙의 유리공예 전시회에 들러 그녀 뒤에서 사진들이 들어있는 봉투를 건네준 채 사라진다. 윤지숙은 봉투를 준 사람이 누군지 모른 채 사진들을 꺼내 보고 경악한다. 딸 유나의 미술 과외선생이던 김혜진이 남편 서창권과 호텔에서 정사를 벌이는 사진들이었다. 사진 속 김혜진은 침대 위에서 '벌거벗은' 몸을 대충 이불로 가린 채 카메라(윤지숙과 시청자)를 노려본다.

누드(nude)가 벌거벗음(naked)과 달리 "보이도록 진열되는 것"[47]을 목적으로 한다면 벌거벗음은 "자신을 드러내는 것"[48]임과 동시에 "위장하지 않는다는 것"[49]을 의미한다. 그런 의미에서 김혜진은 미셸 페쇠(Michel Pêcheux)가 말했던 '나쁜 주체(bad subject)'의 한 전형이 된다. 이는 지배적 이데올로기나 체제에 대해 '반동일시(反同一視, counter-identification)'의 위치에 서는 주체이다. 이 주체 형식은 현실의 제도와 법규에 반대하지만, 타파해야 할 대상 자체에 개입하는 방식이 아니라 그것을 외면하고 그것에 대해 반항하고 반발하는 자

---

46 Bernard Stiegler, 앞의 책, 47쪽.
47 존 버거, 『어떻게 볼 것인가』, 하태진 옮김, 현대미학사, 1995, 64쪽.
48 위의 책, 같은 곳.
49 위의 책, 같은 곳.

세를 취한다.[50] '나쁜 주체'는 "거리 두기, 의심, 질의, 도전, 모반"[51]을 통해 대주체의 명령을 거부한다. 이는 대주체에 '동일시(identification)'되는 '좋은 주체(good subject)'와는 정반대의 모양인 것 같지만 실제로는 대조적 관계 속에서 '지배 내 구조'를 탈피하지 못한다는 의미에서 동일한 주체 위치에 선다.[52] 김혜진이 서창권(그녀의 새아버지)과 동침하는 것은 근친상간 금지라는 대타자의 법을 위반하는 것처럼 보이지만, 마지막 회에서 김혜진의 진짜 꿈이 정상적인 가족을 갖는 것이었다는 사실이 밝혀짐으로써 가족 이데올로기라는 '지배 내 구조'를 존속'시키는 것으로 귀결된다.

비록 김혜진이 '지배 내 구조'를 넘어서지는 못했지만, 그녀는 악의 실체를 밝혀내기 위해 치명적인 도전을 감행함으로써 마을의 심연 속에 웅크리고 있던 추악한 실재를 서서히 떠오르게 한다. 김혜진과 한소윤의 투쟁에 의해, 텍스트 〈마을〉은 "찬 말(full speech)"을 포기한 채 "빈 말(empty speech)"을 함으로써 진실을 망각하고 매장하려는 주민들의 모습이 수면 위로 떠오른다. 드라마는 이들을 통해 "대충 때우고 넘어가는 모든 일들은 반드시 폭력적으로 우리에게 다시 되돌아"오고 이에 따라 "현실은 그렇게 놓친 세부들의 얼룩으로 채워"[53]지고 있음을 섬뜩하게 재현한다.

우리가 복수극에 매료되면서도 불편한 감정을 느끼는 것은 "우리가 무심히 저질렀을 수많은 소소한 잘못들과 그것이 다른 이들에게 상처와 고통을

---

50 Michel Pêcheux, Language, Semantics and Ideology, translated by Harbans Nagpal, St. Martin's Press(New York), 1982, 158쪽.

51 위의 책, 157쪽.

52 강진숙, 『담론분석 방법론』, 이진출판사, 2005, 78쪽.

53 김서영, 「행복을 향한 삶의 방향성을 찾아서」, 『헬조선에는 정신분석』, 앞의 책, 228~229쪽.

안겨주었을 그 무수한 가능성을 떠올려야만 하는 자기 성찰적 시간을 강요 당하기 때문"[54]이다. 자신의 부모(남수만과 윤지숙)를 향한 김혜진의 복수 행위 와 한소윤의 진실 찾기는 억울하게 희생당한 자들의 과거에 대한 기억을 떠올려야만 한다는 윤리적인 요청에 다름 아니다. 또한 이것은 시청자들에게 억울하게 죽어간 사람들에 대한 고통스럽고 윤리적인 애도 행위를 요청하는 것이다. 그러나 김혜진 살인사건의 진실을 찾으려 고군분투하는 한소윤 은 마을 정자(亭子)에서 할머니들로부터 욕설을 듣고 물벼락까지 맞는다. 게다가 한소윤이 김혜진의 백골을 발견한 이후, 그녀는 학교 학생들로부터 '시체쌤'이라는 놀림을 받고, 담임을 맡고 있는 반 학생들로부터 김혜진이 '화냥년'이라는 말을 듣는다. 그들은 애도를 하지 못한다. 아니, 그들은 애도의 윤리를 모욕한다.

이 드라마는 사적(私的) 죽음에 대한 윤리적인 애도 행위로부터 사회와 국가와의 '권력을 둘러싼 투쟁'과 '윤리적인 분노'로 더 나아갈 것을 요청한다. 분노는 "통제하거나 없애야 할 것으로 보일지라도, 사회 변화를 촉발하는 데 없어서는 안 될 감정"이기 때문에, "분노를 없애려는 시도는 사람들을 길들이고, 그들의 관심을 사회적 문제에서 개인적 문제로 돌리는 또 하나의 방법"[55]이 된다. 드라마 〈마을〉은 시청자에게 이 드라마가 몇몇 개인의 비극에 대한 이야기가 아니라 우리 사회 전체에 대한 이야기라는 사실을 알아채라고 요구한다(want).

---

54 이하나, 「복수의 방정식」, 소영현·이하나·최기숙, 『감정의 인문학』, 봄아필, 2014, 91쪽.
55 레나타 살레츨, 『선택이라는 이데올로기』, 박광호 옮김, 후마니타스, 2014, 51쪽.

3.2 부재(不在)의 현존(現存)과 파국적 세계

드라마 〈마을〉은 장기미제사건(연쇄 강간과 불법 입양)에 대한 외면, 무관심, 침묵, 왜곡, 은폐 등을 신랄하게 비판하고 있다. 장기미제사건은 치안에 대한 무능력과 비윤리적 대응 태도를 상징한다. 사건 수사에 대한 직접적인 방해 세력은 서창권-노정탁 커넥션이다. 그러나 넓은 의미에서 보자면 이들의 부도덕한 권력 행사 때문에 수사를 진행하지 못하거나, 이들의 눈치를 보느라 감히 수사에 착수하지 못하는 경찰 조직과 언론 조직도 여기에 포함되고, 이에 대해 침묵하거나 외면하는 마을 주민들도 포함된다. 말하자면, 아치아라 마을은 '비정상성이 일상화'된 곳이다. "일상의 비정상이란 결국 폭로된 일상성 그 자체"[56]일 것이고 이는 곧 마을의 일상이 "실망과 환멸"[57] 그 자체가 되었기 때문이다. 그런 의미에서 드라마에서 재현되고 있는 '마을'은 이른바 '탈사회주의(postsocialist)' 시대의 공간 또는 '파국(catastrophe)'[58] 시대의 공간이라 할 만하다.

파국적 상황의 '탈사회주의적 조건'을 "대안적 질서에 대한 비전의 부재 … 그리고 그런 '조건들에 대한 조건'으로서 신자유주의라는 거대한 매트릭스의 형성"[59]으로 이해한다면, 드라마 〈마을〉의 상황은 이러한 조건에 근

---

56 앙리 르페브르, 『현대세계의 일상성』, 박정자 옮김, 주류·일념, 1995, 40쪽.

57 위의 책, 같은 곳.

58 '파국(catastrophe)'에 대한 설명은 다음을 참조할 것.이지행, 「파국과 영화: 21세기 영화에 나타난 파국의 감정구조」, 중앙대 박사학위논문, 2015, 11~12쪽.

59 손희정, 「혐오의 시대2015년, 혐오는 어떻게 문제적 정동이 되었는가」, 『여/성이론』 32, 도서출판 여이연, 2015, 20쪽.

접해 있다. 낸시 프레이저에 의하면, 이 시대의 중요한 키워드는 두 개의 'injustice(불공평/부정의(不正義))', 즉 '문화적 불공평'과 '경제적 불공평'이다. 문화적 상징적 불공평은 재현, 해석, 소통 구조에 기초하고 있다. 이를테면 문화적 지배, 인지하지 못함, 경멸(무시) 등을 들 수 있다.[60] 그런데 경제적 불공평과 문화적 불공평은 얽혀있다. 따라서 "문화적 불공평과 경제적 불평등의 지배를 받는 사람들은 인식(능력)과 재분배(실천)라는 두 가지를 필요로 한다."[61] 그러나 이러한 '인식'과 '실천'이 불가능할 때 마을 공동체는 자신을 위한 안전망을 보호할 수 없다. 아니, 스스로 그 안전망을 망가뜨린다.

이 드라마가 파국적인 이유는, 비록 결말에서 한소윤에 의해 모든 추악한 비극이 밝혀졌지만, 이러한 비극을 가능하게 만든 서창권-노정탁의 탐욕으로 인한 치안 부재와 안전망 해체와 같은 근본적인 사회적 모순이 건재하다는 점 때문이다. 〈마을〉은 엔딩신의 해피엔딩 장면을 제시함에도 불구하고 궁극적으로는 시적 정의를 위반한다. 이는 〈마을〉이 "시적 정의를 상실한 파국적 현실을 보여주는"[62] 동시에 "우리 사회의 구조적 모순을 적나라하게 보여"[63]줌으로써 파국적 세계의 비참함을 보여주는 것이라 할 수 있다. 서창권의 치밀한 계략으로 노정탁을 산 속에서 죽은 것으로 세상에 거짓말한 후, 은밀히 노정탁을 만나는 그의 모습에서 이 드라마의 비극이 전혀 해결되지 않았고, 앞으로 그 비극이 더 심화되거나 본격화될 것이라는 예상

---

60 Nancy Fraser, Justice Interruptus, Routledge(New York & London), 1997, 12~14쪽.

61 위의 책, 16쪽.

62 권양현, 「김지우·박찬홍의 '복수 3부작에 나타난 파국과 성찰」, 충남대 박사학위논문, 2015, 30쪽.

63 위의 논문, 같은 곳.

속에서 끝을 맺는다.

노정탁은 조정 대신들과의 야합을 통해 이윤을 남기려다 쫓겨나 낙향한 권세 가문의 양반처럼 재현된다. 서창권은 농사짓던 할아버지의 공장 건설 덕분에 자본력을 축적한 중인(中人) 계층으로 해석될 만하다. 5화에서 서창권이 노정탁의 안방에서 만날 때, 서창권은 노정탁과 겸상하지 못한다. 고풍스러운 한옥으로 된 노정탁의 집은, 지금은 중앙 권력에서 밀려났지만 아직도 권력과의 커넥션을 가지고 있는 지방 토호(土豪)의 구중궁궐, 또는 위세 당당한 권문세가(權門勢家)의 대가(大家)라는 이미지를 가지고 있다. 12화에서 서창권이 노정탁을 은밀하게 만나고 나올 때 노정탁의 고풍스러운 기와집이 화면을 가득 채운다. 서창권은 마을에서 가시적으로 권력을 휘두르는 리바이어던(Leviathan)이지만 그 위에서(또는 막후에서) 그를 조종하는 실세 노정탁은 사람들의 눈에 보이지 않는 대타자(大他者)로 군림하고 있다.[64] 서창권의 계략으로 노정탁은 죽은 사람으로 처리되었다. 마지막 회인 16화에서 서창권은 노정탁을 은밀하게 만난다. 서창권이 세상에는 존재하지 않는 사자(死者)인 노정탁과 만나는 장면은 '부재(不在)의 현존(現存)'의 불멸성을 보여준다. 결국 노정탁은 현실에서는 절대 가시화될 수는 없지만 텍스트가 남길 수밖에 없었던 파국적 '실재(real)'의 흔적이다.

---

64 "'음모이론'은 대타자의 영역이 일관성 없는 브리꼴라주(bricolage)가 아니라는 것을 보장한다. 그것의 기본 전제는 공공의 주인(Master)이 뒤에는 (물론 그는 사기꾼이다.) 사실상 모든 것을 통제하는 숨겨진 주인(master)이 있다라는 것이다." (슬라보예 지젝, 「"나는 눈으로 너를 듣는다", 또는 보이지 않는 주인」, 슬라보예 지젝·레나타 살레츨 엮음, 『사랑의 대상으로서 시선과 목소리』, 라깡정신분석연구회 옮김, 인간사랑, 2010, 165쪽.)

진보의 개념을 파국의 이념에 기초한 것으로 설명해야 한다. 사물이 '이렇게 계속' 진행된다는 것, 그것이 바로 파국이다. 파국은 임박한 무엇이 아니라 순간순간마다 주어지는 사물의 상태이다. 스트린드베리의 생각, '지옥은 다가올 무엇이 아니라, 바로 여기 이승의 삶이다.'[65]

〈마을〉에서 전경화된 복수, 추적 내러티브는 표면상의 메시지에 멈춘다. 노정탁은 중앙정부와 지방정부를 이용하면서 엄청난 이윤 창출을 위해 분주하게 움직인다. 악성 사채업자로 채무자들을 괴롭히거나 살인까지 저지르는 그가 카지노를 통해 이윤을 극대화하고자 하는 계획과 음모의 실체는 텍스트에서 자세하게 말해지지 않는다. 〈마을〉은 제대로 '말해지지 않은 것'을 통해 이 드라마의 비극성이 남수만과 아가씨의 변태적인 범죄 행위가 단지 이 마을의 몇 몇 사람들에게, 또는 '아치아라 마을'에게 국한되지 않음을 암시한다. 〈마을〉은 이 '말해지지 않은 것, 부재하는 것'을 통해 국가의 '피크노렙시(picnolepsie)' 즉 '기억 및 애도의 불가능성'과 총체적인 '시스템 오류'를 바로 보라고 요청한다. 그리고 파국적 상황이야말로 새로운 진보의 시작이라는 사실을 알라고 요청한다. 결국 드라마 〈마을〉은 시청자에게 '빈 말(empty speech)' 대신 '찬 말(full speech)'로 대답하길 원한다(want). 진보를 생산하기 위해서는 이미 존재하는 것으로서의 파국에서부터 시작해야 하기 때문이다.

---

65 발터 벤야민, 「중앙공원」, 『발터벤야민 선집4』, 김영옥·황현산 옮김, 길, 2010, 292쪽.

4. 봉합되지 않는 부재(不在), 또는 실재의 흔적

〈마을〉은 스릴러, 미스터리, 수사극, 판타지 등의 다양한 장르 문법을 통해 우울하면서 음습한 분위기를 재현하고 있다. 이 작품은 본격적인 수사극은 아니지만 주인공 한소윤이 김혜진 살인사건의 비밀을 파헤치면서 '기원, 실재'로 다가가는 수사극의 문법을 따라간다. 따라서 한소윤이 행하는 범죄 조사는 망각되거나 은폐된 과거의 진실을 밝혀내는 기억의 실천을 의미한다.

〈마을〉에서 불안과 공포의 정동을 불러일으키는 장치 중의 하나가 소리이다. 라이트모티브로 사용되는 동요 〈신데렐라〉는 이 드라마의 전체 분위기와 내러티브의 비극성을 극대화한다. 특히 아가씨의 호두 소리와 남수만의 휘파람 소리는 과거를 조사하는 한소윤을, 그리고 연쇄 강간범의 피해자들을 위협하고 있는 악마의 응시와 유사하다. 이는 또한 이 드라마를 감상하는 시청자에게도 비슷한 정동 효과를 생산한다. 악의 소리는 공간을 채우고 넘나든다. 따라서 이 소리는 경계선에 구멍을 내고 마침내는 무너뜨리는 힘을 지닌다. 이러한 경계선 해체의 징후는 파브리병으로 고통받고 있는 김혜진과 신가영의 훼손된 피부와 이명(耳鳴) 현상으로 상징화된다. 피부의 기능 장애는 곧 이 드라마의 공간 배경인 '아치아라 마을'의 안전망 해체라는 의미로 연결된다.

마을은 30여 년 전부터 반복적으로 발생한 연쇄 강간, 그리고 서창권의 독점적인 자본 증식과 권력 창출에 대해 애써 외면한다. 김혜진은 이 추악한 역사를 파헤치는 자이기 때문에 마을로부터 타자/괴물로 배척당한다. 김혜진의 진실 밝히기 투쟁은 그녀의 피살과 암매장으로 실패한다. 그러나 그녀의 유령은 한소윤과 서유나 앞에 출몰함으로써 과거에 대한 기억 행위가 결코 중단될 수 없음을 보여준다. 따라서 유령의 귀환은 억울한 자의 죽음에 대한 기억하기와 애도하기를 요청하는 역할을 담당한다. 이는 윤리적인 기억과 애도가 현실적으로 쉽지 않다는 현실 인식과 동시에, 그럼에도 불구하고 그러한 실천을 외면하거나 포기하면 안 된다는 메시지를 건넨다.

유령이 제공하는 단서들을 통해 한소윤은 김혜진 살해 사건과 그녀의 탄생에 대한 추악한 진실을 들춰낸다. 연쇄 강간, 기아(棄兒), 불법 입양과 같은 과거사가 밝혀지고 김혜진을 죽이고 암매장한 살해자들도 밝혀낸다. 또한 한소윤은 아가씨가 김혜진을 몰래 찍은 사진들과 여러 단서로 연쇄살인범인 아가씨를 검거하는 데 결정적인 역할을 한다. 결국 한소윤의 끈질긴 과거로의 탐색 과정에 의해 아치아라 마을에 묻혀 있던 추악한 진실들이 모두 드러난다. 그런 의미에서 이 드라마는 우울하지만 인과응보와 권선징악의 시적 정의를 구현함으로써 해피엔딩을 맞는 것처럼 보인다.

그러나 내러티브상 해피엔딩의 결말구조에도 불구하고 '봉합되지 않는 부재(不在), 실재의 흔적, 소리와 냄새처럼 공간을 채우고 있는 악마성'은 해결되거나 청산되지 않는다. 이는 아치아라 마을로 대표되는 공동체의 공간, 나아가 국가의 시스템에 심각한 오류가 발생했다는 경고이기도 하다. 드라마는 분석자의 질문과 분석에 의해 해명되는 대상이라기보다는, 오히려 분석자나 시청자에게 무엇인가를 요청하고 질문한다. 〈마을〉은 감상자에게 드라마가 무엇을 원하는지 질문한다. 드라마 〈마을〉의 욕망은 시청자들이 기억하기와 애도하기, 그리고 공동체의 윤리학을 실천하기 위해 무엇을 해야 하는지에 대한 답변과 대응을 원한다(want).

〈지옥〉(Netflex, 2021)
: 광신(狂信)과 신자유주의의 지옥도(地獄圖)*

박명진

---

1. 국가 안전망 해체와 드라마적 상상력

드라마 〈지옥〉[1]은 2021년에 넷플릭스에서 방영되자마자 큰 관심을 끌었다. 예기치 않은 천사의 도래와 그에 의해 고지(告知)되는 죽음의 예언, 그리고 고지받은 날에 지옥으로부터 온 사자(使者)들에 의해 처참하게 찢긴 다음 불에 태워 죽임을 당하는 상황 설정은 저승사자에 의해 생을 마감하는 기존의 서사 문법과는 차별점을 보였다. 우리에게 낯익은 내러티브 방식은 검은색의 갓과 도포를 갖춘 저승사자가 나타나서 인간의 삶을 거두고 저승으로 인도해 데려가는 것이었다. 이 드라마는 천사의 죽음 고지와 사자들의 끔찍한 처형이라는 생소한 소재를 충격적인 장면으로 제시하는데, 여기에서 중요한 점은 이러한 사건을 두고 정반대의 해석과 반응을 보이는 두 집단이 극단적인 갈등을 겪는다는 것이다.

〈지옥〉에 대해서는 이미 선행 연구가 진행된 바 있다. 이 드라마가 "신에

---

* 이 글은 아래 논문을 수정 보완한 것임.
박명진, 「<지옥>에 나타난 파국적 상상력과 실재의 일상화」, 『우리문학연구』 76, 우리문학회, 2022.
1 극본 연상호·최규석, 연출 연상호, 넷플릭스, 2011.11.19. (6부작)

관한 드라마가 아니라 종교에 관한 드라마로 신을 대신하는 인간들이 종교라는 명분 하에 신을 어떻게 왜곡하고 삭제하는지를 파헤치는 작품"[2]이라는 해석이 있다. 그런데 〈지옥〉이 사이비 종교와 그 광신자들의 재현을 통해 말하고자 한 메시지를 다른 시각에서 접근할 수도 있을 것이다. 〈지옥〉이 "새진리회에 야합하는 사람들과 권력에 침묵하는 사람들 모두 현실의 지옥화를 야기한 공범임을 주장"[3]하는 드라마라면, 이 지옥화(地獄化)의 기원이나 발생 맥락은 무엇일까에 대해서 고민해 볼 수 있다. 이와 더불어 〈지옥〉이 "희생양 메커니즘'이 작동하는 제의의 공간, 맹목화된 종교가 통제하는 '정치적 부족주의(political tribalism)' 사회"[4]를 재현하고 있다는 주장도 참조할 만하다. 이 글은 이러한 선행 연구를 참조하면서 이와 동시에 사이비 종교의 발생과 이 종교를 맹신(盲信)하는 사람들에 의해 구축된 지옥의 실재계가 신자유주의적 징후와 일정 부분 연결되어 있다는 가설에서 출발한다. 연상호의 이전 작품인 〈서울역〉, 〈부산행〉, 〈반도〉, 〈염력〉에서 아버지는 무능하거나 부재(不在)하거나 무의미하게 자책만 하는, 이른바 신자유주의 시대의 아버지로 읽힐 수 있다는 것은 주목할 만하다.[5] 연상호의 이전 작품에 등장하는 좀비들은 드라마 〈지옥〉에서 테러 집단인 화살촉으로 치환 가능하다.[6] 화살촉은 떼 지어 다니며 새진리회의 교리에 비판적이거나 순응하지 않

---

2 이다운, 「넷플릭스 오리지널 드라마 〈지옥〉 연구」, 『어문연구』 111, 어문연구학회, 2022, 214쪽.

3 위의 글, 220~221쪽.

4 안숭범, 「불공정 피로사회, 비상식 투명사회의 폭력구조-〈오징어 게임〉, 〈지옥〉론」, 『문화콘텐츠연구』 24, 건국대학교 글로컬문화전략연구소, 2022, 11쪽.

5 김형식, 『좀비, 해방의 괴물』, 한겨레출판, 2022, 226~240쪽.

6 3회에서 화살촉 무리가 경찰서 사무실 문을 열어젖히며 쳐들어오는 장면은 좀비들이 열차, 자동차, 건물 안으로 밀려 들어오는 장면과 환유적 관계를 맺는다.

는 사람들을 무자비하게 공격해서 부상을 입히거나 살해한다. 화살촉은 사유하지 않는다. 다만 공격의 대상을 향하여 폭력을 행사할 뿐이다. 그런 의미에서 〈지옥〉의 광신도들은 연상호 감독의 이전 좀비 영화에 등장하는 좀비와 그리 먼 거리에 떨어져 있지 않다. 시간이 지날수록 새진리회의 허위적인 교리와 화살촉의 증오 범죄는 인터넷을 통해 급속하게 사람들을 감염시킨다. 아니, 대중들은 인터넷이나 TV와의 접속을 통해 자발적으로 파국의 상황을 확대 재생산한다. 사이비 종교를 퍼뜨리는 새진리회, 새진리회의 증오 정동 전파에 적극적으로 나서는 광신도들이나 화살촉들, 이들에 대한 정보를 접하면서 잘못된 신앙을 내면화하는 대중들, 그리고 이들을 횡단시켜 주는 매체 각자는 "공-구성적(co-constitutive)"[7]인 관계에 놓인다.

'누구누구는 몇 날 몇 시에 지옥에 간다'고 고지(告知)를 받은 사람은 정해진 시간에 어김없이 사자(使者)들에 의해 비참한 죽음을 맞이한다. 이러한 초자연적인 현상은 인간의 능력 밖에 있는 것이기 때문에 방지하거나 지연시킬 수는 없다. 그러나 〈지옥〉은 고지받은 사람이 지옥에 간다는 사실에 방점을 찍지 않는다. 그보다는 초자연적 현상에 반응하는 여러 부류의 인간 군상들이 만들어가는 세상이 '생지옥' 그 자체임을 강조한다. 이 글에서 주목하고자 하는 지점은 '신의 의지'를 빙자하여 타자들에게 행사하는 폭력이 '통제되지(/통제하지) 못한다는(/않는다는) 것'이다. 화살촉의 물리적 테러, 고지받은 사람의 가족들 신상정보까지 유포시키며 없는 죄까지 덮어씌우는 화살촉 지지자들의 인터넷 폭력, 그리고 피켓을 들고 고지받은 사람의 집 앞

---

7 문규민, 『신유물론 입문』, 두번째테제, 2022, 84쪽.

에서 처벌을 요구하며 시위하는 군중들의 폭력은 국가 공권력, 특히 경찰이나 형사 집단에 의해 제어되지 못한다. 다시 말해 이 글에서 관심을 가지고자 하는 부분은 일상화된 폭력으로부터 일반 시민을 보호할 수 있는 국가 안전망이 해체되었다는 점이다. 그리고 기업화된 새진리회는 인터넷과 TV를 통해 타자 혐오와 증오를 부추기는데, 대중은 자발적이고 지속적으로 인터넷과 TV에 접속함으로써 자신들의 무임금 노동을 통해 적개심과 함께 새진리회의 자본을 증식시킨다. 자본의 증식 그리고 혐오 정동의 감염과 증식은 '공-구성적'으로 엮여있다.

2. 좀비에서 광신도(狂信徒)로 가는 길, 또는 파국으로의 도정(道程)

〈지옥〉은 〈서울역〉(2016), 〈부산행〉(2020), 〈반도〉(2020)에서 재현되고 있는 좀비의 알레고리를 인터넷 연결망 시대의 지옥도(地獄圖)로 심화시키고 있다. 육체적 접촉이 있어야 좀비로부터 전염된다는 서사와는 달리 〈지옥〉에서 전염의 확산은 대중들의 자발적인 인터넷 접속에 의해 진행되며 이는 시간과 공간의 제약을 초월한다. 인터넷에 수시로 접속하는 대중들은 두 가지 사건에 연루된다. 하나는 인터넷 접속을 통해 무임금 노동을 수행함으로써 새진리회나 유튜버의 자본 증식에 동원된다는 것이고, 또 다른 하나는 그러한 노동을 통해 혐오와 증오의 정동을 타인에게 전염시키거나 본인도 전염된다는 것이다. 인터넷 시스템이 보편화되고 일상화된 시대에 네트워크에 접속된다는 것은 노동에 참여한다는 의미가 되고, 이에 따라 접속한다는 것은 "노동, 신경 체계와 심리 에너지의 영구적 동원"[8]에 연루됨을 의미하기도 한다. 이 드라마에서 광신과 증오 범죄와 죽음 충동은 거의 아무런 통제를 받지 않는다. 심각한 것은 대중들이 언제 어디에서나 스마트폰이나 태블릿 PC, TV, 그리고 컴퓨터에 접속하면서 자신들이 증오와 공포라는 바이러스에 감염되고 있다는 사실 자체를 인지하거나 사유하지 못한다는 사실이다. 〈지옥〉에서 재현되고 있는 대중은 자신들의 행동이 자발적이라고 오해하고 있는 우중(愚衆)이나 광신도(狂信徒), 또는 뇌가 없는 '떼'에 불과하다. 이러한 군중 이미지는 연상호의 이전 작품들 〈서울역〉, 〈부산행〉, 〈반도〉에 등장하는 좀비를 인터넷 접속 시대의 보다 심화된 디스토피아적 버전으로 재해석한 것이라 볼 수 있을 것이다. 아래 글에서도 볼 수 있듯이 〈지옥〉에 등장하는 광신도들은 지독한 최면 상태에 빠져 있다.

사회 상태란 최면 상태와 마찬가지로 꿈의 한 형식에 불과하다. 즉 조종받은 꿈이며 활동하고 있는 꿈이다. 암시된 관념들을 갖고 있는 것에 불과한데도 그것들을 자발적인 것이라고 믿는 것, 이것은 몽유 상태에 있는 사람만이 아니라 사회적인 인간에게도 고유한 착각이다. … 그 사람들은 자동인형(태엽을 서로가 감은 것은 아니지만 그들의 조상, 정치 지도자, 예언자 등이 감은 자동인형)이었으면서도-그들은 이를 알지 못했으나 우리처럼 자율적이라고 생각하지 않았겠는가?[9]

---

8   프랑코 베라르디 '비포', 『프레카리아트를 위한 랩소디』, 정유리 옮김, 난장, 2013, 81쪽.
9   가브리엘 타르드, 『모방의 법칙』, 이상률 옮김, 문예출판사, 2012, 120~121쪽.

이들은 희생양과 속죄양을 발명하거나 생산하고, 폭력을 전염시키고 사회체와 구성원들의 내적 모순을 타자에게 전가한다.[10] 그런데 이들이 모르고 있는 사실이 있다. 고지받은 사람이 죽음을 맞이하는 원인이 그가 정의롭지 못하고 죄를 지었기 때문에 신의 의도에 따라 처벌되는 게 아니라는 사실이다. 그리고 고지를 받고 죽게 되는 사람이 소수의 특정 개인에게만 해당되지 않는다는 사실이다.

1회 오프닝 신은 도심의 길거리를 걷거나 운전하고 있는 사람들의 해골 모습을 비춰 준다. 사람들의 외형과 X-ray 사진이 겹쳐진 듯한 이 모습은 사자(使者)들의 주관적 시점으로 포착된 이미지이다. 사자들이 고지를 받은 사람들의 살을 찢어버리고 불로 태워 뼈만 남기고 죽여버리기 때문에 도심 속의 대중은 언제, 어디에서든 죽임을 당할 수 있는 존재들에 불과하다. 검은 그림자 모양의 사자(使者)들이 길거리의 대중들을 무차별적으로 공격하고 혼비백산하며 도망가는 사람들의 장면이 연출된다. 새진리회의 거짓 교리를 맹신하는 사람들은 고지받은 사람들에게만 신의 응징이 떨어질 것이라고 오해를 한다. 이 오프닝 신의 설정에서 알 수 있는 것은, 화면 속의 군중이 해골로 재현되는 것에서 알 수 있듯이 그 군중이 신의 고지를 받은 후 사자들에 의해 불에 태워 죽임을 당하는 특정인과 별개의 존재가 아니라는 것, 즉 사자들이 소위 천사의 고지를 받은 특정 개인에게만 달려드는 것이

---

10 "희생에 있어서 속죄양 만들기는 이분법적 대립(자아와 타자, 내부인과 외부인)과 밀접한 관련이 있다. 이 이분법적 대립이라는 것은 굉장히 순수한 것으로 가정되지만, 매우 불안정한 것이 될 수도 있다. '의심스러운' 내부인은 외부에 있는 존재로 보일 수도 있기 때문이다. 그리고 폭력은 (내부에서) 희생자나 희생자 무리를 선택하는 것을 통해서 자체를 보호하는 것처럼 보였던 공동체 내의 보호 관계, 바로 그것일 수도 있기 때문이다." (도미니크 라카프라, 「역사 쓰기, 트라우마 쓰기」, 김우민 옮김, 육영수 엮음, 『치유의 역사학으로』, 푸른역사, 2008, 197쪽.)

아니라 도심에 있는 모든 사람들을 무차별적으로 공격한다는 것이다. 사자들에 의해 폭력과 죽임을 당하는 현상은 보편적이고 무작위적이고 일상적이다. 물론 〈지옥〉에서 방점은 사자들의 집행에 있지 않고 광신도의 증오 범죄와 무차별 폭력에 찍혀 있다.

그들은 이미 항상 상실되었거나 결코 "존재한 적"이 없기에 애도될 수 없고 그들은 이런 죽음의 상태로 고집스럽게 계속 살아 있는 것처럼 보이기에 살해되어야만 한다. 폭력은 폭력의 대상이 소진될 수 없음이 명백하기에 계속 쇄신된다. "타자"의 탈실재화는 타자가 살아 있지도 죽지도 않았다는 것, 타자가 유령처럼 끝나지 않고 계속될 것이라는 점을 의미한다.[11]

위의 글에서처럼 〈지옥〉에서 죽음은 정상적으로 애도되지 못한다. 바람직한 방식으로 애도가 수행되기 위해서는, 그리고 개별적인 슬픔의 반복을 극복하기 위해서는 "우리 사회는 상흔의 희생자와 생존자들이 미래 지향적인 삶을 영위하도록 보장해 줄 적절하고 윤리적인 '공적 의례(public ritual)'를 준비하고 있는가?"[12]라는 질문에 사회정치적인 '찬 말(full speech)'[13]로 응답해

---

11 주디스 버틀러, 『불확실한 삶』, 양효실 옮김, 경성대학교 출판부, 2012, 63~64쪽. 원제(原題)인 『Precarious Life』에서 precarious에 대한 설명은 아래를 참조할 것. "이 단어는 '상황이 불안정한, 위태로운' 등의 뜻을 갖고 있는데, 이는 '불안정 노동자'를 의미하는 신조어(新造語) '프레카리아트(precariat)'의 어원이 된다. 이는 '불안(不安)'을 대표하는 'anxiety'와 '불안정(不安定)'을 대표하는 'precariousness'가 인접 관계에 놓여 있음을 짐작하게 해준다." 박명진, 「'기계/기술적 대상'에 대한 공포와 판타지의 정치적 무의식」, 『한국극예술연구』 52, 한국극예술학회, 2016, 229쪽.

12 육영수, 「기억, 트라우마, 정신분석학」, 도미니크 라카프라, 육영수 엮음, 『치유의 역사학으로』, 앞의 책, 395쪽.

13 "너무나 힘겨워 몸과 마음이 증상을 통해 그 고통을 전달하는데도 괜찮다고 거짓말로 진실을 회피하는 경우, 그는 '빈 말(empty speech)'을 하고 있는 것이다. 라캉은 그 대신 '찬 말(full speech)'

야만 한다. 그러나 〈지옥〉에서 죽음들은 애도되기는커녕 광신을 위해 관음증의 대상으로 전시되거나 상품의 교환가치로 변질된다. 드라마 속에서 빈번하게 등장하는 스마트폰을 들여다보는 사람들의 모습, 노트북이나 컴퓨터를 커서 인터넷에 접속하는 장면, 화살촉 수장 이동욱(김도윤 분)이 유튜브로 선동적인 방송을 하고 이를 많은 사람들이 접속해서 보는 장면 등은 좀비가 비유하고 있는 '혈액을 통한 전염'과는 달리 '인터넷을 통한 전염' 양상을 보여준다. 이는 지옥이라는 실재가 시뮬라크르로 전화(轉化)됨을 시사한다. "현실이 시뮬라크르로 승화되는 것이야말로 기호 자본주의, 즉 자본의 가치증식이 정보 흐름의 끊임없는 발산에 기반을 두는 오늘날 생산 체제의 정수이다. 심리영역에서 현실은 시뮬라크르로 대체된다."[14] 대낮에 도심에서 사자들에 의해 죽임을 당하는 장면이나 TV 생중계로 죽음을 전달하는 장면은 스마트폰이나 방송국 카메라를 통해 관음증적 이미지로 물신화된다. 인터넷이나 TV에 접속하는 사람들은 죽음의 이미지, 즉 현실의 시뮬라크르를 탐욕스럽게 소비한다.

마치 병원균처럼 범람하는 (상상을 통제하는 기계에 대한) 의존은 욕망하는 신체를 강제로 굴복시키며 집합적 상상을 무기력하게 만들어버렸다. 세계

을 해야 한다고 주장한다. 그것은 무의식의 진실을 전달하는 말이다. 라캉은 주체적 언어인 '찬 말'이 포기되는 지점에서 폭력이 시작된다고 말한다. 여기에서 폭력이란 말해야 하는 것에 대해 침묵하는 상황, 말해진 것을 듣지 않으려는 고집, 치밀하게 대비해야 하는 것에 대해 손을 놓고 있는 나태, 잊지 말아야 할 것을 망각하는 태만 모두를 아우르는 단어이다." 〈지옥〉의 정진수, 새진리회, 화살촉, 맹신 집단은 침묵, 고집, 나태, 망각을 통해 사회체를 지옥으로 만드는 원인이 된다. (김서영, 「행복을 향한 삶의 방향성을 찾아서」, 김서영 외, 『헬조선에는 정신분석』, 현실문화연구, 2016, 228~229쪽.)
14 프랑코 '비포' 베라르디, 『죽음의 스펙터클』, 송섬별 옮김, 반비, 2016, 36쪽.

화, 네트워크 테크놀로지, 사회적·영토적 이동성 덕분에 가능성의 연결망이 더 두터워질수록, 우리는 더욱더 개인의 선택을 지배하는 기계화의 덫에 잡힌 자신을 발견하게 된다. 요컨대 <u>기술적·금융적·정신적 자동화는 다중을 떼로 전락시킨다.</u>[15] (강조 인용자)

죽음과 증오를 소비하고 유통하는 대중들은 '다중을 떼로 전락'시키는 시스템에서 자발적 사디스트/마조히스트가 된다. 지옥에 가는 장면이 생방송으로 중계되는 연결망이나, 고지를 받은 사람들에 대해 증오의 정동을 생산하는 유튜브의 담론은 경계 없이 확산되면서 파국적 현실을 심화시킨다. 이 지옥의 현실은 푸코가 언급한 사회, "감금을 통해서가 아니라, 지속적 통제와 즉각적 전달을 통해서 기능하는 사회"[16] 즉 이른바 '통제 사회'를 통해 유지된다. 이제 유사 종교인 새진리회가 시장과 자본을 이용해 신비를 팔아먹는 것이 아니다. 오히려 시장과 자본 자체가 신비의 너울을 덮어쓰고 있다.[17]

기존의 종교와 정치 이데올로기가 해체되고 "마녀와 성자, 마귀와 천사, 사악한 악마와 신 등과 같은 검색어 쌍밖에 남지 않았다. 한때 피할 도리가 없이 지옥과 천상에서 각각 살았던 이런 존재들은 이제 사이버공간에서 정처 없이 떠돌이로 검색엔진의 간택만을 기다리고 있을 따름"[18]이다. 이는

---

15 프랑코 베라르디 '비포', 『프레카리아트를 위한 랩소디』, 앞의 책, 17~18쪽. 비포의 다음 설명도 참조할 만하다. "우리는 기호 자본이 지배하는 사회적 삶의 영역에서 삶은 떼가 되어가고 있다고 주장할 수 있을 것이다. 떼 속에서 '아니오'라고 말하는 것은 불가능하다."(213쪽.)

16 질 들뢰즈, 『대담 1972~1990』, 김종호 옮김, 솔출판사, 1995, 194쪽.

17 자비네 되링만토이펠, 『오컬티즘』, 김희상 옮김, 갤리온, 2008, 435쪽.

18 위의 책, 408쪽.

〈지옥〉에서 연상호의 이전 작품들보다 파국적 상황이 더 악화되었음을 시사한다. 그의 좀비 영화에서는 고속철 칸, 건물 안, 자동차 안에서와 같이 좀비들과 분리될 수 있는 공간 속에 있을 수 있다면 안전할 수 있었다. 그러나 〈지옥〉에서 광신, 혐오, 적개심 등을 중심으로 번져가는 정동의 전염은 무한대로 확장된다. 좀비로부터 물려 전염될 것이라는 인접 공간적 공포는 〈지옥〉에 와서 더 이상 숨을 곳도 없고 피할 수도 없는 탈 시공간적 공포로 심화된다. 무한대로 확산(또는 전염) 가능한 이 공포(anxiety)는 항시적이고 일상적인 '위태로움/불안정함/불확실함(precariousness)'에 빠진 인간들의 감정 구조를 드러낸다. 정진수와 새진리회, 그리고 화살촉이 운운하는 '인간의 죄에 대한 신의 의도'는 위선적인 담론이다. 지옥의 상황은 죄를 지은 인간과 그를 징벌하는 사자와의 인과성에서 오는 것이 아니라 거짓 담론을 강요하는 그들의 행태와 이에 동조하는 대중들의 반응에서 도래하는 것이다.

악마의 발현이라는 위기 상황에는 이중의 의미가 있다. 이 위기는 한 문화의 균형이 깨졌음을 폭로하는 한편 그 변화 과정을 가속화하기도 한다. 이것은 단지 역사적 호기심의 대상이 아니다. 여기서 무엇보다 확연히 드러나는 것은 한 사회가 기존의 확실성을 잃어가고 새로운 확실성을 만들려 하는 와중에 이 확실성들과 대면하는 과정이다. 모든 안정성은 불안정한 균형에 기초하고 있으며, 이 균형을 더 안정적으로 만들려는 모든 노력은 이 균형을 교란한다.[19]

---

19 미셸 드 세르토, 『루됭의 마귀들림』, 이충민 옮김, 문학동네, 2013, 11쪽.

〈지옥〉에서 드러나고 있는 일련의 파국적인 사건들, 즉 천사의 죽음 고지와 사자들의 살인, 그리고 화살촉의 전방위적 테러 행위를 어느 날 갑자기 도래한 것으로 보지 않는 것이 중요하다.[20] 화살촉 소속의 청소년들이 떼를 지어 다니며 시민들에게 무차별 폭력을 가하는 행위는 이들이 촉법소년이라는 이유 때문에 처벌되지 못한다. 이들은 공권력을 무시하고 경찰서에까지 난입해 형사들과 난투극을 벌인다. 형사 진경훈(양익준 분)은 아내가 처참하게 살해된 후 죄책감과 무기력 속에서 헤어나지 못한다. 그는 딸 희정(이레 분)에게 아버지다운 부권(父權)을 보여주지 못한다. 진경훈의 아내를 죽인 범인은 법의 한계 때문에 감형되어 출옥한다. 그 뒤 범인은 희정과 정진수에 의해 사적(私的)으로 화형(火刑)당한다. 게다가 진경훈의 후배 파트너인 홍은표(박정표 분) 형사마저 화살촉의 열성 회원이라는 사실에서 국민을 보호해야 할 국가, 아버지, 공권력의 권위가 토대부터 붕괴되었음을 짐작할 수 있다. 사회체는 이미 오래 전부터 "'평범한 재난들'로 가득한 '이상한 일상'"을 살아오고 있었다. 아버지, 공권력, 국가 기구 등으로 대표되는 소위 팔루스적 권위는 무너진 지 오래다. 국민의 안정과 재산을 보호하는 국가와 사회의 권위는 새진리회, 이를 따르는 광신도와 테러 집단이라는 폭력 집단의 권위로 대체되었다. 정진수, 새진리회, 화살촉이 죽음을 고지받은 사람들의 신상을 파헤치고 퍼뜨리며 이들이 무슨 죄를 지었는지, 왜 이들이 자신들의 죄업을 낱낱이 고백하면서 처벌을 받아야만 하는지를 추궁할 때 국가와 사회는 아

---

20 "우리는 '평범한 재난들'로 가득한 '이상한 일상'을 살고 있다. 오래전에 이미 망가져 버린 '이상한 일상'이 차곡차곡 쌓이다 가시화된 결과물로 드러난 자연스럽고 평범한 현상이 재난이다. 재난이 도래하기 전부터 일상은 처참히 파괴되어 있었다." (김형식, 앞의 책, 18쪽.)

무런 보호도 하지 않는다. 이는 사회체의 안전망이 뿌리부터 훼손되어 있음을 보여주는 것이다. 고백을 강요하는 이 세상은 지극히 잔인한 세상이다.[21]

> 오늘날의 세상은 너무나 헛되이 잔인한 세상이다. 잔인함이란 누군가의 개성을 침범하는 일, 이유 없이 온통 고백을 하고야 말도록 누군가를 조건 짓는 일이다. 그것이 만일 정해진 목적을 위한 고백이라면, 받아들일 수도 있다. 하지만 그것은 엿보기를 좋아하는 자, 그 어떤 악한의 연습일 뿐이다. 그러니 잔인하다는 것이다.[22]

리차드 세넷에 의하면, 시장(市場)의 전면화에 따라 '스스로에게 악마화' 되는 것은 "인간을 자기 내부의 가장 최상의 것, 즉 연민의 감정에 무감각하게"[23] 만드는 자기 파괴이자 황폐화를 의미한다. 새진리회와 화살촉은 사람들에게 "모든 죄의 원인은 바로 너다. 너는 죄인이기 때문에 죽어야 한다."고 강요하거나 고문하거나 살해(불에 태워 죽여버리는)한다.[24] 그런 의미에서 화살

---

21 "그들은 <고백>을 시작했다. 하지만 기독교였기 때문에 <고백>을 시작한 것은 아니다. 왜 항상 패배자만 고백하며 지배자는 고백하지 않는가. 그것은 고백이 왜곡된 또 하나의 권력 의지이기 때문이다. 고백은 결코 참회가 아니다. 고백은 나약해 보이는 몸짓 속에서 <주체>로서 존재할 것, 즉 지배할 것을 목표로 하고 있다." (가라타니 고진, 『일본근대문학의 기원』, 박유하 옮김, 민음사, 1997, 116쪽.)

22 질 들뢰즈, 『대담 1972~1990』, 앞의 책, 135쪽.

23 리차드 세넷, 『살과 돌-서구문명에서 육체와 도시』, 임동근·박대영·노권형 옮김, 문화과학사, 1999, 212쪽.

24 진희정은 정진수의 도움을 받아 엄마를 살해한 범인 김창식(홍민수 분)을 화형(火刑)에 처하고 그의 해골을 사자들에 의해 처벌된 것처럼 처리한다. 화살촉은 TV 프로그램에서 새진리회의 교리를 비판한 공형준(임형국 분) 교수, 그리고 소도 회원 김근배를 붙잡아서 불에 태우고 그들의 해골을 공형준이 재직하는 대학교 정문에 걸어둔다. 해골의 목에는 "신을 거역한 죄인 공형준"이란 팻말이 걸려 있다.

측은 일종의 도착증 환자들이다. 왜냐하면 도착증자는 "어떤 대타자 형상(신이나 역사로부터 파트너의 욕망에 이르기까지)에 직접 접근할 수 있다고 주장"[25]하는 자들이고 그 때문에 "일체의 언어적 모호함을 일소해 버리고 직접 대타자의 의지의 도구로서 행위 할 수 있다고"[26] 고집하는 자들이기 때문이다. 이들은 "내면성의 심연(深淵)이 아닌, 외재화된 열성이라는 불편한 사례"[27]를 드러낸다.

주체의 분열이나 분할은 어떤 종류의 정신병적 통합을 통해서가 아니라, 분열된 타자에 대한 낙인 찍기와 분열적 대타자(분노하는 신)에 대한 복종을 통해서 극복된다. 자신의 행위가 직접적으로 신의 의지를 수행하는 것이라는 도착증자의 전제는 그러나 너무나 자주, 그리고 너무나 쉽게 광신자에게 전가되는 일종의 정신병을 걱정할 필요가 없다는 점 역시 의미한다. 분열의 거부가 나름의 방식으로 대타자에 의해 매개된다는 점은 융합적 광신이라는 가설에 불리하게 작용하고, 도착증자가 가진 지식의 외재화 역시 자신의 신념에 흡수된 광신자-그들의 평범한 일상을 알게 된 우리를 그토록 당황스럽게 하는 이미지-라는 일반적 관점을 지지할 수가 없음을 의미한다.[28]

25 슬라보예 지젝, 『HOW TO READ 라캉』, 박정수 옮김, 웅진씽크빅, 2007, 179쪽.
26 위의 책, 180쪽.
27 알베르토 토스카노, 『광신』, 문강형준 옮김, 후마니타스, 2013, 278쪽.
28 위의 책, 같은 곳.

위의 인용문에서 볼 수 있듯이 '외재화된 열성'은 분열적 대타자에 대한 무조건적인 복종을 통해 광신(狂信)의 폭력성을 극대화한다. 그런데 여기에서 흥미롭게도 새진리회와 화살촉의 회유와 폭력이 강해지면 강해질수록 새진리회의 자본은 증식된다. 따라서 대중에게 죄의식을 내면화시키고, 사자들에 의해 죽음을 맞이하는 장면을 생중계로 마녀 사냥하듯이 전시(展示)하는 것은 결코 새진리회의 영업적 탐욕과 구분되지 않는다. "가장 오래된 공포가 분리의 공포, 타인이 궁지에 빠진 우리를 모른 척하고 내버려둘 지도 모른다는 공포이며, 가장 오래된 형벌이 추방, 집단에서 배척당하고 외면당하여 구석에 처박히는 것"29이라 한다면 새진리회와 화살촉은 가장 오래된 공포를 21세기의 한국에 일상화시키는 것이라 할 수 있다. 대중들은 "이용자, 생산자, 텔레비전 시청자 등 우리에게 특정한 역할을 할당하고 사회적, 생산적 기능을 지정하는 권력에 단층에 복종"30함으로써 새진리회와 화살촉의 거짓 교리와 테러리즘에 동의하거나 타자에 대해 비윤리적으로 무관심해진다. 이들이 사회를 통제하는 방법은 대중이 자기 스스로에게 죄가 많으며 그 때문에 처벌을 받는 것이 당연한 것이라고 인정하도록 강요하는 것이다.

나는 나쁘고 죄가 많다. 혹은 비합리적이고 우매하다. 내가 충분히 노력만 한다면 선한 것이나 합리적인 것에 도달할 수 있으며, 내 위에 자리 잡은 실력자가 쉬지 않고 나를 통제하고 보상하면 벌주면서 나를 도와줄

---

29 파울 페르하에허, 『우리는 어떻게 괴물이 되어가는가』, 장혜경 옮김, 반비, 2017, 19쪽.
30 마우리치오 랏자라또, 『기호와 기계』, 신병현·심성보 옮김, 갈무리, 2017, 53~54쪽.

것이다. 큰 집단(무신론자들)이 죄를 짓거나 우매(반동주의자들)할 때는 실력자들이 과격한 조치를 취해야 한다.[31]

위의 글에서 파르하에허는 죄의 발명과 처벌의 정당화가 어떻게 인간을 파괴하는지를 설명한다. 그의 책『우리는 어떻게 괴물이 되어가는가』의 부제(副題)가 "신자유주의적 인격의 탄생"이라는 것은 의미심장하다. 그는 신자유주의 체제가 감시탑이 텅 비어 있는 판옵티콘, 그 빈자리를 컴퓨터가 차지하고 있는 통제 사회임을 지적한다.[32] 그가 제시한 대안은 냉소주의를 배격하는 것과 유대감의 형성이다.[33] 문제는 〈지옥〉이 사회, 세계, 인간, 미래에 대해 냉소주의를 품고 있다는 사실이다. 〈부산행〉과 〈반도〉에서는 좀비와 맞서는 사람들의 연대의식을 부분적으로나마 엿볼 수 있으나 〈지옥〉에서는 그러한 일시적 차원의 연대의식도 찾아보기 어렵다. "죄책감, 불안, 그리고 서로를 도와 연대를 구축할 능력이 없다는 데서 오는 상호 원한"[34]만이 팽배해 있다면 그 상황은 외부에서 갑자기 도래하는 지옥이 아니라 사회체 내부에서 오랜 시간 동안 축적해 온 결과물일 것이다. 〈지옥〉에는 타자에 대한 연민, 폭력적인 사회에 맞서는 연대의식과 같은 희망적 서사가 들어설 자리가 거의 없다. 이는 〈지옥〉이 다음과 같은 파국적 징후들에 대해 실천적 투쟁 방안을 구축하지 못했음을 시사한다.

---

31 파울 페르하에허, 앞의 책, 82~83쪽.
32 위의 책, 243~244쪽.
33 위의 책, 251쪽.
34 프랑코 '비포' 베라르디, 『죽음의 스펙터클』, 앞의 책, 211쪽.

현대의 불확실성은 역사적 재앙과 관계없이 무시로 출몰한다는 특이성을 갖는다. 현대의 불확실성은 격렬한 자본주의의 일상 경험 속에 녹아들어 있다. 불안정이 정상적인 것으로, 슘페터적 기업인이 이상적인 보통 사람으로 치부되는 것이다. 아마도 인간성 훼손은 불가피한 결과일지 모른다.[35] (강조 인용자)

〈지옥〉은 위의 글에서처럼 '불안정이 정상적인 것으로' 된 세계를 그린다. 만약 신자유주의적[36] 시스템 하에서 "유연하고 파편화된 현실 속에서 일어난 일에 대하여 일관된 이야기를 만들어내는 것은 가능해 보이지만, 무슨 일이 일어날 것인가에 대해 예측하는 이야기를 만들어내기란 더 이상 가능하지 않"[37]다고 한다면 〈지옥〉은 '현실 속에서 일어난 일에 대하여' 자세하게 묘사하고 있지만 미래에 대한 비전을 자신 있게 내놓고 있지는 못한다. 죄와 악의 제거를 위해 페르하에허가 '연대감'을 대안으로 내세운 것처럼 세넷도 "보다 넓은 공동체 의식"[38]을 탈출구로 제시한다. 이에 비해 〈지옥〉의 서사에서 희망 메시지는 매우 희미하게 처리되어 있다. 인간의 현실 분석이나 미래 예측이 불가능해질 때 현재와 미래는 파국을 향해 나아간다. "신의 예정이나 분노에 의해 뜬금없이 닥쳐오는 그런 종류의 종말론처럼 종말의 징후를

---

35 리처드 세넷, 『신자유주의와 인간성의 파괴』, 조용 옮김, 문예출판사, 2002, 40쪽.

36 이 글에서는 〈지옥〉이 '신자유주의'에 대한 본격적인 재현물이라고 보지 않는다. 다만 이 글은 〈지옥〉에서 펼쳐지고 있는 다양한 사회 상황과 인간관계의 특징이 '신자유주의적(的)' 징후를 내포하고 있음에 주목하고자 한다.

37 리처드 세넷, 『신자유주의와 인간성의 파괴』, 앞의 책, 197쪽.

38 위의 책, 197쪽.

알아보지 못하는 둔감한 사고"[39]는 없다고 했을 때, 〈지옥〉이 보여주고자 하는 것, 말하고자 하는 것은, '종말론'이 아니라 '종말의 징후'이다. 그러나 '종말의 징후'에 대처하는 〈지옥〉의 감정 구조는 냉소적이다. 그런 만큼 〈지옥〉의 출구 전략은 우울할 정도로 희미하게 지워져 있다.

3. 무작위의 필연성, 또는 불안정성의 일상화

새진리회의 교주 정진수(유아인 분)와 그를 따르는 무리들이 인간은 죄를 지었기 때문에 지옥에 갈 수밖에 없다고 강조할 때, 이들의 인과응보 논리에 사회가 맹신하는 반응을 보여준다는 것에 주목할 필요가 있다. 정진수, 새진리회, 화살촉, 이동욱의 광적인 세계관에 호응해주는 일반 대중들의 자발적인 동의가 없이는 일상 속의 지옥을 벗어날 수 없다.[40] 이는 대중들이 타자에 대한 증오와 혐오 감정에 동일시를 느낌으로써 본격적인 지옥을 함께 만들어 왔음을 말해준다. 이 드라마는 광기의 무한정한 전염을 보여줌으로써 '지옥으로 향하는 사회'를 전경화한다.[41]

집단적인 광란과 어처구니없는 짓들에 대해서 내세울 수 있는 집단의

---

39 이진경, 『뻔뻔한 시대, 한 줌의 정치』, 문학동네, 2012, 307쪽.

40 이다운, 앞의 글, 220~221쪽.

41 〈지옥〉의 영어 제목은 Hellbound. 지옥이라는 뜻의 hell과 '~로 가는' '~로 향하는'이라는 뜻의 접미사 bound를 합친 말이다. 따라서 헬바운드(Hellbound)는 '지옥으로 가는' 정도의 의미다. 연상호 감독의 전작 〈부산행〉에 빗대 〈지옥행〉이라고 할 수도 있겠다. (박혜민, 「(번역기도 모르는 진짜 영어) Hellbound」, 『The JoongAng』, 2021.11.27.)

천재적인 행위가 있는가? 없다. 다음과 같은 진부하고 근거 없는 가정을 증거 없이 받아들일 때에만 있다고 대답할 수 있다. 그 진부하고 근거 없는 가정이란 언어와 종교가-이것들은 확실히 천재적인 성과이다- 대중의 자연발생적이고 무의식적인 창조물이었을 것이며 게다가 조직된 대중이 아니라 일관성 없는 다중(多衆)의 창조물이었을 것이라는 가정이다.[42]

위의 글에서 볼 수 있듯이 광기에 찬 언어와 종교가 자연발생적이고 일관성 없는 다중의 창조물이라고 주장하는 것은 진부한 가정일 수 있다. 기실 광신과 폭력은 조직적인 사회 시스템과 대중들의 반복적인 의식 작용과 관계 없는 결과물로 보기는 어렵다. 따라서 화살촉의 선동과 폭력행위, 그리고 이들에게 동의하거나 이들의 세계관과 폭력행위를 묵인해주는 일반 대중들이 깊이 연루되지 않았더라면 일상 속의 지옥은 펼쳐지지 않았을지도 모른다. 정진수, 새진리회, 화살촉이라는 집단, 그리고 이들에 대해 동의하거나 무관심한 집단, 이 다양한 집단은 '내적 상호작용(interaction)'을 넘어 '간-행(間-行, intra-action)'[43] 관계에까지 나아간다. 소위 '간-행'의 관계는 "얽혀있는 행위자들의 상호 구성"[44]을 전제한다. '간-행'의 관계는 "공간, 시간, 물질, 동역학(動力學), 작인(作因), 구조, 주체성, 객체성, 지식, 의도성, 담론성, 수행성, 얽혀

---

42 가브리엘 타르드,『여론과 군중』, 이상률 옮김, 이책, 2015, 169쪽.

43 "'Intra-Action'의 역어는 대체로 지금까지 '내부-작용'으로 쓰였다. … 'Intra'는 'IN(내부)'이 아니다. 따라서 '간-행'이라는 역어는 '내부-작용'과는 달리 내부와 외부의 '항'을 설정하도록 유도되지도 않으며, 오로지 '사이(間)'에서 발생하는 '운동(行)'을 드러내도록 한다." 이 논문에서는 박준영의 역어를 사용하기로 한다. (박준영, 「수행적 유물론이란 무엇인가?」, 몸문화연구소,『신유물론』, 필로소픽, 2022, 241쪽.)

44 Karen Barad, Meeting the Universe Halfway, Duke University Press(DURHAM & LONDON), 2007, 33쪽.

있음, 윤리적 참여"[45]등의 존재론적이고 수행론적인 문제를 전경화한다. 사이비 종교의 이데올로기와 이것을 추종하는 대중들은 어느 한쪽이 내부이고 다른 쪽이 외부인 것이 아니다. 이 두 존재의 '관계'에서 맹신과 광신과 폭력이 발명되거나 생산된 것이다.

> 우리는 존재의 자연적 차원과 사회적 차원이 지속적으로 역동적인 인과적 상호 작용 속에 있다는 것을 알아야 한다. 그러므로 많은 '자연적' 질병과 재앙이 사회적으로 생산될 뿐 아니라, 사회적 생산이 절대적인 자연적 한계와 조건을 가질 것이다.[46]

위의 바스카의 지적은 '간-행'의 동역학(動力學)과 의미론적 연계성을 가진다. 카렌 바라드의 '간-행'이 의미하는 바는 물질(matter)과 의미(meaning)가 분리된 요소가 아니라는 것, 내적 모순과 외적 환경이 끊임없이 상호작용을 일으킨다는 것, 즉 〈지옥〉에서 천사의 고지와 사자의 집행이라는 사건이 무작위적인 사건에 기초하고 있다는 점, 이 무작위적 사건이 이미 축적된 사회체의 지속된 붕괴 현상과 분리될 수 없다는 점, 정진수와 그를 따르는 광신도의 광기와 폭력은 이들에 대한 일반 대중의 자발적이고 무비판적인 승인과 동조 없이는 발생할 수 없었다는 점, 즉 이 두 존재가 공진화(共進化, coevolution)하고 있다는 점을 상기시켜 준다.[47] 여기에서 관찰하는 행위자

---

45 위의 책, 같은 곳.
46 로이 바스카, 『비판적 실재론과 해방의 사회과학』, 이기홍 옮김, 후마니타스, 2007, 21~22쪽.
47 연상호는 〈염력〉을 찍었던 당시의 심정을 다음과 같이 밝힌 바 있다. "당시 창작자로 흥미로웠던 지점은, 철거가 대다수의 국민의 지지에 의해 이루어진다는 것이었다. 가령 올림픽을 위해서 모

와 관찰되는 대상 사이에 고정된 경계선이 존재하지 않는다는 점을 아는 것이 중요하다. 왜냐하면 "대상과 행위자들 사이의 고정된 경계는 없"고 "비결정적이고 분리 불가능한 현상으로부터 대상과 주체를 오려내는 행위적 절단만이 있을 뿐"[48]이기 때문이다. 과격한 광신자 집단은 대중에게 그릇된 신념을 퍼뜨리고, 이 집단을 지켜보는 대중 역시 광신자 그룹의 형성과 성장을 촉진한다. 관찰의 행위자(일반 대중)와 관찰의 대상(극단적 광신자 그룹)은 '간행'된다. 우리는 정진수와 그의 추종자들이 구축하고 있는 "사회 법칙의 기본적인 구도를 '법 일반과 그 이면의 특수한 외설적 초자아(obscene superego)'라 묘사"[49]할 수 있다.

> '실재에 대한 열정'의 핵심은 권력의 더럽고 외설적인 이면과의 동일시-완전히 그것을 떠맡는 영웅적 제스처-이다. 이는 '누군가 그 더러운 일을 해야만 한다면, 그래 하자!'라는 영웅적 태도이며, 그 결과에서 자기 자신을 알아보길 거부하는 '아름다운 영혼'의 뒤집힌 거울상이다.[50]

정진수, 새진리회, 화살촉이 고지를 받은 사람들의 죽음 시연을 생방송으로 전파함으로써 죽음 자체를 미디어화하는 것, 다시 말해 "현실의 찡

두가 그래야 한다고 생각하는 것처럼 말이다." 연상호의 이러한 느낌은 <지옥>에서 보다 확실하게 구체화된다. (이화정, 「<염력> 연상호 감독, "결국 진짜 빌런은 보이지 않는 체제다"」, 『씨네21』, 2018.02.08. (http://www.cine21.com/news/view/?mag_id=89433)

48 문규민, 앞의 책, 235쪽.

49 슬라보예 지젝, 『실재의 사막에 오신 것을 환영합니다』, 이현우·김희진 옮김, 자음과모음, 2013, 41쪽.

50 지젝은 "꼭 해야 하는 더러운 일을 기꺼이 떠맡는 영웅들을 찬양하는 전형적인 우파적 태도에서도 이런 자세를 볼 수 있"다고 첨언한다. (위의 책, 47쪽.)

그림"[51]인 실재 자체를 상품으로 생산하는 것, 이것은 바디우가 지옥 같았던 20세기의 특징을 "실재에 대한 열정"[52]이라고 부른 것의 후기 자본주의적 판본이다. 이때 후기 자본주의적 판본이란 "상징적 공간을 '휘게 하는'(간극과 비일관성을 야기하는) 부동의 존재가 아니라, 이런 간극과 비일관성들의 효과"[53]로서의 실재가 무한 복제와 무한 증식하는 파국의 일상화이다. 실재는 "도달할 수 없는 현상계 너머(Beyond)가 아니라 단지 그 현상들의 배가(倍加, doubling), 서로 일치하지 않는 두 현상 간의 간극 혹은 관점의 이동"[54]이다. 따라서 "현실은 결코 동질적이거나 일관된 것이 아니라 언제나 자기-배가(倍加)에 의해 절단될 수밖에 없는 것이라면, 사물은 그런 현실의 틈새에서 출현하는 유령"[55]이다. 아래에서처럼 아타나시오우(Athena Athanasiou)가 신자유주의 체제의 비인간성을 지적하는 지점은 〈지옥〉이 그려내는 한국 사회의 상황과 그리 멀리 떨어져 있지 않다는 점에서 주목할 만하다. 〈지옥〉에서 한국의 사회체는 죽음의 그림자를 넓게 드리우고 있다.

사람들에게 살아 있는 시체들과 같은 지위를 부과하는 상황으로 그들을 내모는 전 지구적인 권력의 한 양상으로서 "<u>시신 정치(necro-politics)</u>"는 <u>누가 소모될 수 있고, 누가 소모될 수 없는지를 결정합니다.</u> 시신 정치는

---

51 슬라보예 지젝, 『그들은 자기가 하는 일을 알지 못하나이다』, 박정수 옮김, 인간사랑, 2007, 33쪽.

52 알랭 바디우, 『세기』, 박정태 옮김, 이학사, 2014, 95~113쪽.

53 슬라보예 지젝, 『그들은 자기가 하는 일을 알지 못하나이다』, 앞의 책, 36쪽.

54 위의 책, 33쪽.

55 지젝은 여기에서 '사물'을 '실재'와 동일시한다. "실재가 우리의 현실계에 끼어든 또 다른 차원이라면, 이 다른 차원을 신성한 사물(Divine Thing)이라고 불러서는 안 될 게 뭔가?"(33쪽.) (위의 책, 같은 곳.)

폐기 가능한 사람들을 폐기 가능하지 않은 이들로부터 구분해내고, 극적인 방식과 일상적인 방식 모두를 사용해서, 그리고 끈질기고도 교묘하게 이러한 작업을 하고 있습니다. 그런 맥락에서 박탈의 권력은 특정한 주체들, 공동체들, 혹은 사람들을 이해 불가능하게 만듦으로써, 그리고 그들로부터 삶과 "인간" 자체로서의 가능성들을 축출함으로써 작동합니다.[56] (강조 인용자)

〈지옥〉에서 "폐기 가능한 사람들"은 새진리회에 비판적이거나 저항하는 소수의 세력이고, "폐기 가능하지 않은 이들"은 새진리회, 화살촉, 이들에게 동조하는 일반 대중이다. 대중은 모바일 기기나 컴퓨터 또는 TV를 통해 시신 정치를 수행하고 소비함으로써 죽음을, 또는 더 나아가 실재를 물신화하고 교환가치화 한다. 상품으로의 변태(變態)를 감행한 죽음의 전경화는 인터넷을 통해 경계선이 없는 시장(市場)에서 무한정 복제되어 판매된다. 〈지옥〉의 화살촉 열성 지지자나 이에 동조하는 대중들은 쉴 새 없이 자발적으로 무임금 노동을 통해 새진리회의 교세와 자본을 증식시킨다.[57] 자본의 증식이나 생산은 "사회적 복종과 기계적 예속이 상호 교차하는 곳에서 작동"[58]한다. 이에 따라 "소위 '데이터 경제' 속에서 구체화되는 순수하게 컴퓨터적인

---

56 주디스 버틀러·아테나 아타나시오우, 『박탈』, 김응산 옮김, 자음과모음, 2016, 45~46쪽.
57 "우리는 개인으로 남아 있으려고 한다. 그런데 개인적 시간의 그러한 고용을 붙잡아둠으로써 완전히 컴퓨터화된 자본주의에 의해 생산되는 자동화되고 수행적인 집단적 파지(把持, retention)의 매개변수를 부양하고 강화하고 정하는 것은 점점 더 소비자의 무급 '노동'이 되고 있다. 그것은 노동이 아니라 무급 시간의 고용으로서의 가분체화(加分體化)이다." (강조는 인용자) (베르나르 스티글러, 『자동화 사회 1』, 김지현·박성우·조형준 옮김, 새물결, 2019, 408쪽.)
58 마우리치오 랏자라또, 앞의 책, 32쪽.

것이 되면서 앞의(자본주의의:인용자 주) 아포리아가 악화되고, 그와 관련된 모순이 '현실화되며', 그리하여 니체가 니힐리즘으로 명명한 바 있는 '미래 없는-되기'를 완성"[59]하게 된다.

정진수와 새진리회, 화살촉은 무작위적 사건을 자의적인 필연성으로 호도함으로써 '죄의식, 고백, 처벌, 인과응보, 신의 응징'이라는 개념을 강요한다. 〈지옥〉에서는 사자 셋이 괴물로 등장한다. 그러나 정확하게 말한다면, 소위 천사나 사자뿐 아니라 정진수, 새진리회, 화살촉, 그리고 이들에게 동의하거나 복종하는 대중이 괴물이라 할 수 있다.[60] 〈지옥〉이 설정해 놓은 세계는 현실과 환상, 이승과 저승 등이 경계를 서로 넘나들거나 혼종되어 있다. "경계 이월하는 욕망의 상상적 레퍼토리와 사회 구성체의 경제적이고 정치적인 모순이 단순하게 조응"[61]하지는 않는다고 할지라도 "그 두 가지는 언제나 깊이 연결되어 있다."[62] 〈지옥〉이 상상하는 지옥도의 정치경제적 모순과 사회 시스템은 경계를 이월하는 욕망들의 부정적 포텔셜(potential)에 연루되어 있는 것이다. 여기에서 괴물이 탄생한다.

'괴물'이란 사회 해체의 경험과 지배 질서 구축에 관한 신념 사이의 모순

---

59 베르나르 스티글러, 앞의 책, 70쪽.

60 〈지옥〉의 사자들에 대한 연상호의 인터뷰 답변이 하나의 근거가 될 수 있다. "지옥 사자의 근원에 대한 건 후속에서 나올 것 같다. 힌트를 드리자면 지옥의 사자라고 표현되지만, 저는 인간의 일종이라고 생각하고 있다." (강조는 인용자) (이은혜, 「넷플릭스 '지옥' 연상호 감독, 불확실성 위에 담은 휴머니즘에 대한 질문」(인터뷰), 『톱스타뉴스』, 2021.11.25. (https://www.topstarnews.net/news/articleView.html?idxno=14652574)

61 피터 스털리브래스·앨런 화이트, 『그로테스크와 시민의 형성』, 이창우 옮김, 커뮤니케이션북스, 2019, 53쪽.

62 위의 책, 같은 곳.

(이율배반)을 상상적으로 해소하는 예술 장치다. 그러한 상상의 핵심은 사회 시스템을 저변에서 가동시키는 생명정치의 진실을 드러내는 것, 특수하게는 호모 사케르(무질서화의 힘)와 주권자(질서화의 힘)가 샴쌍둥이처럼 결합한 괴물의 표상을 생산하는 일이다.[63] (강조 인용자)

새진리회와 화살촉은 고지를 받은 사람들의 생명을 철저하게 관리한다. 즉 고지받은 사람은 자기 마음대로 죽음을 맞이해서는 안 된다. 새진리회와 화살촉에 의해 생방송으로 죽음의 시연이 공개되어야 하며, 이들의 눈을 피해 혼자 죽음을 맞이하는 것은 허용되지 못한다. 그런데 새진리회와 화살촉의 생명 정치에 저항하는 소도 회원들도 고지를 받은 사람의 생명을 관리하는 것에 있어서는 새진리회와 동일하다. 새진리회와 소도는 고지를 받은 사람의 죽음이 '신의 의도'에 따른 징벌인가, 아니면 무작위적으로 도래한 사건의 결과인가에 대해 정반대의 견해를 가지고 있을 뿐 생명 정치의 시스템 속에서 움직이는 것은 큰 차이가 없다. 배영재(박정민 분) PD의 갓난아이가 고지를 받고 난 후 새진리회와 소도 사이에 아이 쟁탈전이 벌어진다. 죽음의 시연을 생방송으로 공개하려는 새진리회의 시도에 반대하여 고지를 받은 사람들을 몰래 혼자서 죽음을 맞이하게 도와주는 단체가 소도이다. 그러나 배영재의 갓난아이의 경우, 소도 측에서 먼저 생방송 공개를 제의하고 도모한다. 이 두 단체는 정반대의 이해관계에 놓여 있지만 '사회 시스템을 저변에서 가동시키는 생명정치' 내부에서의 갈등에 국한될 뿐이다. 결국 정

---

63 이창우, 『그로테스크 예찬』, 그린비, 2017, 63쪽.

진수, 새진리회와 이에 반대하는 소도의 투쟁은 죽음이라는 '실재(real)의 도 래'에 대한 '필연성 vs 무작위성'의 논리 투쟁이라 할 만하다.

인간이 간접적인 증명이나 사유를 통해 "모든 사물의 우연성의 절대적 필 연성"[64]을 구축하거나 확보할 수 있다면 이는 '무작위성'이 "우연도 결정도 개연적인 것도 아니고, 다만 발생적으로 비결정적"[65]임을 의미하는 것이다. 그렇다면 우리는 다음과 같은 사실도 알게 될 것이다. 우연이라 하는 것은 "필연적이며, 따라서 영원하다는 것, 우연만이 유일하게 필연적이어야 한다 는 것"[66]이 그것이다.[67] 이때 의도하지 않은 실재와의 만남은 '투셰(tuché)'[68]로 서 "주체의 지각과 의식 사이에서 일어나는 파열"[69]로 작동한다.

> 무작위란 반-자동적 자기-이동(semi-autonomous self-transport)의 운동이다.
> … 운동에 대한 결정론적, 개연적 또는 우연적 이론들과 반대로, 무작위란
> 바로 반복적으로 그 즉각적 과거와 연결되지만 그것에 의해 결정되는 것

---

64 퀑탱 메이야수, 『유한성 이후』, 정지은 옮김, 도서출판b, 2010, 104쪽.

65 크리스토퍼 갬블·조수아 하난·토마스 네일, 「신유물론이란 무엇인가?」, 박준영 옮김, 2019. (http://tigersprung.org/?p=2494)

66 퀑탱 메이야수, 앞의 책, 109쪽.

67 지젝의 다음 말도 주목해 보자. "유물론의 진정성은 어떤 숨겨진 의미의 지평에 의거하지 않고서 운명을 온전히 받아들이는 데 있다. - 이 운명의 이름은 우연성(contingency)이다." (슬라보예 지젝, 『그들은 자기가 하는 일을 알지 못하나이다』, 앞의 책, 66쪽.)

68 투셰는 "아리스토텔레스가 원인에 대해 연구할 때 사용한 용어로서, 실재와의 만남으로 번역된 다. 아리스토텔레스에 따르면 '투셰'는 어떤 선택적인 행위에 의해 우연히 목적이 실현된 경우에 그 원 인을 가리키고, '자동장치'는 목적이 실현되지 않은 반복적 행위의 경우에 그 원인을 가리킨다. 라캉은 후자를 자동적으로 펼쳐지는 기표 연쇄의 작용, 즉 상징적 질서와 연관시키고, 전자를 그 연쇄를 단 절시키는 파열적 만남의 순간, 즉 실재의 작용과 연관시킨다." (핼 포스터, 『실재의 귀환』, 이영욱, 조 주연, 최연희 옮김, 경성대학교 출판부, 2010, 212쪽.)

69 위의 책, 같은 곳.

은 아니라는 의미이다. 따라서 무작위라는 것은 불규칙하고 부분적으로
예측 불가능한 운동이지만, 그것이 제 멋대로(random)거나 개연적인 것은
아니라는 것이다.[70]

정진수가 말한 '신의 의도', 즉 천사가 나타나 '누구누구는 언제 지옥에 간
다.'라고 고지하는 사건은 무작위적인 현상일 뿐이다. 배영재 PD의 갓난아
이에게 천사가 고지하는 것이 그 결정적인 예이다. 갓난아이는 죄를 지은 적
이 없기 때문이다. 새진리회가 갓난아이의 죽음 시연을 방해하는 것은 '신의
의도'를 강조했던 그들의 교리가 거짓임을 폭로 당하지 않게 하기 위한 것이
다. 우리는 '우연성의 절대적 필연성' 또는 '무작위성의 수행성'을 '불안정성
(anxiety/precariousness)[71]의 일상화'로 번역해 이해할 수도 있을 것이다. 불안정
성의 일상화는 연상호의 전작인 〈서울역〉, 〈부산행〉, 〈반도〉 등의 좀비 영화
나 〈염력〉 같은 영화에서도 디제시스의 배경을 이루고 있다.

존재론적 필연성이나 보편적 결정론이 존재하지 않는 존재와 세계의 운
동 속에서 정진수와 그의 추종자들은 관념론적인 인과관계를 퍼트리고 강
요한다. 물론 이들의 의식화 교육은 이들에 대한 일반 대중들의 폭넓고 적
극적인 동의와 실천의 '간-행'에 의해 구축되어 간다. 죽음이라는 실재계의
도래는 무작위적이라는 점, 그러나 이 무작위적인 사건의 우발성은 주체와
객체, 물질과 의미, 존재와 사유, 응시하는 자와 응시된 자 등의 '간-행'에 근

---

70 크리스토퍼 갬블·조수아 하난·토마스 네일, 「신유물론이란 무엇인가?」, 앞의 글.
71 이데올로기소로 제시된 '불안/불안정'은 결여로 인한 욕망에 의해 발생한 정동이며, 이 불안의 정
동은 사회 시스템의 불안정성과 어떤 식으로든 접맥된다는 것을 설명할 수 있는 하나의 참조점이 될
수 있다. (박명진, 「'기계/기술적 대상'에 대한 공포와 판타지의 정치적 무의식」, 앞의 글, 228~229쪽.)

거한다는 점이 상기될 필요가 있다.

어떤 종교 이데올로기가 어떤 사회를 위한 강력한 방패의 역할을 할 수 있는 것은 이 이데올로기의 구조 자체에 의한 것이 아니라 이 구조가 사회에 의해 받아들여지고 있다는 사실 때문이다. 즉 이 구조가 사회에 군림하고 있다는 말이다. … 어떤 사상이 인간들의 정신 속을 파고들 수 있는 침투력은 인간 정신 속에 이미 존재하고 있는 구조들에 의해 좌우된다고 말해두자. … 어떤 신화적 설명에 대한 요구, 존재의 의미를 찾아 헤매도록 만드는 불안. 이러한 것을 우리는 이들로부터 계승한 것이다. 모든 신화와 종교, 모든 철학과 과학은 바로 이 불안으로부터 창조된 것이다.[72]

불안, 또는 불안정성은 〈지옥〉이 보여주는 21세기 한국의 내적 풍경이다. 이때의 불안정성은 "죽음이라는 진실에 노출된 벌거벗은 삶"[73]을 대변한다. 불안정성의 상황으로부터 벗어나는 것은 매우 힘든 일인데, 그 이유는 그것이 "우리에게 너무나 오랫동안 숨겨져 왔던 진실, 이제야 마침내 알게 된 진실"[74]이기 때문이다. 발명된 것으로서의 정진수와 새진리회의 교리는 대중들의 자발적이고 무의식적인 동조와 참여 속에서 정착된다. 이 드라마는 갑자기 천사가 나타나 지옥으로 갈 것이라고 고지하고, 고지된 시간에 사자들이 나타나 사람을 죽여 버린다는 사건 설정을 통해, 어느 누구도 이 숙명의 굴

72　자크 모노, 『우연과 필연』, 조현수 옮김, 궁리, 2010, 235~237쪽.
73　프랑코 베라르디 '비포', 『프레카리아트를 위한 랩소디』, 앞의 책, 74쪽.
74　위의 책, 같은 곳.

레에서 자유롭지 못할 것이라는 상황을 보여준다. 그러나 이러한 끔찍한 사건이 발생한 기원이나 이유에 대해서는 구체적으로 밝히지는 않는다. 비록 정진수가 '죄를 짓고 정의롭지 못한 인간들에 대한 신의 의도'라고 말하지만 이는 그의 자의적이고 주관적인 환상에 지나지 않는다.

인터뷰에서 연상호가 밝혔듯이 "결국 진짜 빌런은 보이지 않는 체제"[75]이다. 이는 사회체의 파국이 시스템에서 온다는 것을 시사한다. 그러나 그 시스템의 정체에 대해서도 상세하게 그려내지는 않는다. 분명한 것은 천사와 사자들에 의해 인간들이 마주쳐야 하는 것이 지옥이 아니라, 이러한 사건을 빌미로 거짓 선동을 유포하고 이에 동조하는 대중들의 맹신 때문에 형성되는 사회가 진짜 지옥이라는 사실이다. 이 지옥은 대중의 광기가 생산해 낸 지옥이다.[76] 소도의 지도자 민혜진(김현주 분)이 배영재의 갓난아이를 안고 택시로 도망가는 장면에서 택시 기사의 다음 대사는 일말의 희망을 보여준다. "저는 신이 어떤 놈인지도 잘 모르고, 관심도 없어요. 제가 확실히 아는 건, 여긴 인간들의 세상이라는 겁니다. 인간들의 세상은 인간들이 알아서 해야죠. 안 그렇습니까, 변호사님?"(6회) 마치 선지자(先知者) 같은 택시 기사의 무심한 듯한 말은 파국의 기원을 인간 외적인 것에서 찾아서는 안 된다는 메시지를 던진다.

75 이화정, 「<염력> 연상호 감독, "결국 진짜 빌런은 보이지 않는 체제다"」, 『씨네21』, 2018.2.8.
76 "이제는 더 이상 시간과 세계의 종말이 인간이 자신의 광기 때문에 그러한 종말을 맞이할 준비가 되어 있지 않다는 것을 퇴행적으로 보여주지는 않을 것이다. 오히려 광기와 광기의 은밀한 침투는 세계가 파국적 종말에 가깝다는 것을 보여준다. 말하자면 세계의 종말을 환기시키고 필연적인 것으로 만드는 것은 인간의 광기이다." (미셸 푸꼬, 『광기의 역사』, 김부용 옮김, 인간사랑, 1995, 29쪽.)

옛날의 결속은 깨어졌다. 인간은 마침내 그가 우주의 광대한 무관심 속에 홀로 내버려져 있음을, 그가 이 우주 속에서 순전히 우연에 의해서 생겨나게 되었음을 알게 되었다. 이 우주의 그 어디에도 그의 운명이나 의무는 씌여 있지 않다. 왕국을 선택하느냐 아니면 어둠의 나락으로 떨어지는 것을 선택하느냐 하는 것은 전적으로 인간 자신에게 달려 있다.[77]

배영재 PD의 갓난아이에게 죽음의 사자들이 왔을 때 배영재와 그의 아내가 아이를 몸으로 막고 대신 불에 타 죽음으로써 아이의 목숨을 건진다. 이 아이를 안고 도망치는 민혜진, 그리고 새진리회에게 사기꾼이라고 항의했다가 폭행을 당하는 아파트 주민, 이 주민을 폭행한 새진리회 유지사제(류경수 분)의 손목에 수갑을 채우는 경찰, 그리고 민혜진을 알아보고 인간의 권리와 의무에 대해 말하는 택시 기사 등은 〈지옥〉의 거의 유일한 희망의 불씨라 할 만하다. 그러나 이들은 파편화된 인물들에 불과하며 연대의식이나 단체적인 투쟁의식까지는 나아가지 못한다. 그렇다면 〈지옥〉은 감상자에게 단순히 장면들과 상황들을 보여주는 드라마라기보다는 감상자에게 질문을 던지는 드라마로 바라보는 것이 필요할 것이다.

〈지옥〉은 감상자에게 설명하거나 묘사하는 것에 그치는 것이 아니라 감상자로 하여금 '케 보이(Che vuoi?)'라는 질문을 던지게 한다. "너는 내게 그것을 말하지만 그것을 통해 도대체 무엇을 원하고 무엇을 겨냥하는 것인가?"[78] 한

---

77 자크 모노, 앞의 책, 257쪽.
78 이 질문은 다음과 같이 보충할 수 있다. "너는 나에게 어떤 것을 요구하지만 네가 진정으로 원하는 것은 무엇인가? 너는 이 요구를 통해 무엇을 겨냥하고 있는가?" (슬라보예 지젝, 『이데올로기라는 숭고한 대상』, 이수련 옮김, 인간사랑, 2002, 195~196쪽.)

국 사회와 21세기의 역사성이 무엇을 원하는지 우리는 질문해야 한다. 왜냐하면 그 질문에 대한 응답을 통해 주체가 선택과 실천을 감행할 수 있기 때문이다. 택시 기사가 건넨 말처럼 '인간들의 세상은 인간들이 알아서' 해야 하는 것이므로 우리는 대타자가 우리에게 무엇을 욕망하는지 알아야 하며 결연하게 환상을 횡단해야 한다. 환상은 "'케 보이?'에 대한 대답이다. 그것은 질문의 간극을 대답으로 메우려는 시도"[79]이다. 지젝의 표현을 살짝 바꿔 말하자면, 새진리회의 세계관의 경우, '사람들이 원하는 것은 무엇인가?'에 대한 대답은 '신의 의도'라는 환상이다.[80] 새진리회와 화살촉의 경우, 이들은 '신의 의도'와 '인간의 처벌'이라는 환상 공식만을 주인 기표로 내세운다. 환상의 횡단을 위해 "주인 기표의 변증화, 주체성의 재촉, 새로운 은유의 창조, 원인의 주체화나 '떠맡음'"[81]이 필수적이라 한다면 이 집단은 자폐증적일 수밖에 없다. 왜냐하면 이들은 "사실상 불가능한 하나의 혹은 단지 소수의 주인 기표들이 있는 사례"[82]만을 고집하기 때문이다. 상징계가 분열되고 그 균열 속에서 갑자기 실재가 돌출했을 때 불안에 떠는 인간은 그 상징계의 분열을 봉합하기 위해 환상을 동원시킨다. 환상이 불가능해질 때 자폐증이 발생한다.[83]

이 환상은 일반 대중에게 늘 죄의식을 가지게 만들며 새진리회의 자본 논리에 철저하게 승복하도록 강제한다. 이때 환상의 횡단이 요구되는데, 환상의 횡단은 "외래적 원인, 주체를 세계에 데리고 온 저 타자적 욕망은 어떤 의

---

79 위의 책, 200~201쪽.

80 위의 책, 201쪽.

81 브루스 핑크, 『라캉의 주체』, 이성민 옮김, 도서출판 b, 2012, 153쪽.

82 위의 책, 152~153쪽.

83 이병창, 『지젝 라캉 영화』, 먼빛으로, 2013, 65쪽.

미에서 내면화되고, 책임져지고, 떠맡아지고, 주체화되고, '자기 자신의 것'"[84]
이 된다. 〈지옥〉을 통해 환상의 횡단을 상상하는 것은 중요하다. 왜냐하면
환상의 횡단은 "주체가 외상을 주체화하는, 외상적 사건을 스스로 떠맡는,
그 향유에 대한 책임을 떠맡는 과정"[85]을 의미할 것이기 때문이다. 따라서 우
리는 'TV드라마 〈지옥〉/역사적·사회적 콘텍스트(context)/TV드라마 감상자'
사이의 '간-행'이 환상을 횡단할 수 있는 잠재력을 발휘할 수 있으리라 상상
할 수 있을 것이다. 물론 이때의 '간-행'은 상호 비판적이고 의미 생성적이며
현실을 분석하고 대안을 발명해 낼 미래 지향성을 지녀야 할 것이다.

〈지옥〉의 존재론적, 실천론적 질문은 정치 현실의 상징화로 향해 있다.
실재의 외상적인 침투가 일상화되고 폭력성이 무한 복제로 전염되는 사회
는 정치 현실의 상징화를 촉구하는 계기로서 작동하고 있다. 〈지옥〉에 내재
되어 있는 신자유주의적 징후와 죽음의 물신주의는 감상자에게 새로운 담
론의 창조와 정치적인 수행성을 요구한다. 죽음과 실재의 틈입을 통해 다가
오는 드라마에게 우리는 '케 보이(Che vuoi?)'라는 질문을 던짐으로써 정치적
상상력을 발명할 필요가 있다.

4. 마모되는 국가 시스템, 그리고 '간-행'의 정치학에 대한 고민

넷플릭스에서 방영된 드라마 〈지옥〉은 연상호 감독의 이전 작품들인 〈서

---

84 브루스 핑크, 『라캉의 주체』, 앞의 책, 127쪽.
85 위의 책, 같은 곳.

울역), 〈부산행〉, 〈염력〉, 〈반도〉이 제기하는 시대 감각의 연장선상에 놓인다. 이 작품들의 공통점은 가족, 사회, 국가 등이 국민의 안전을 보장하지 못하고 이러한 국가 시스템이 국민을 불안정성의 파국적 상황으로 몰아간다는 것이다. 〈지옥〉의 영어 제목인 〈Hellbound〉는 '지옥으로 향하는'이라는 의미를 가지고 있다. 이 드라마에서 '지옥'은 천사의 고지와 사자들의 처벌이라는 사건에 국한되어 있지 않다. 오히려 〈지옥〉에서 재현되고 있는 파국적 양상은 무작위적이고 자연적인 사건으로서의 죽음과의 조우를 빌미로 거짓된 신념과 정동을 퍼트리고 이를 맹신하는 사회 시스템과 깊이 연루된다.

　〈지옥〉은 신자유주의 사회 체제를 전경화하는 드라마는 아니다. 그럼에도 불구하고 이 드라마는 신자유주의적 시스템에서 마모되어 가는 사회와 인간 주체의 비관론적 징후를 내포하고 있다. 어떤 의미에서 우리 사회에는 "이제 '(자본주의적) 야만이냐 (야만적) 자본주의냐'라는 동어반복적 선택지만이 남아 있다. 그것만이 유일한 게임"[86]으로 존재한다. 〈지옥〉은 이 잔인한 게임 속에 함몰되어 있는 우리 사회의 파국적 상황을 알레고리화한다. 연상호는 이 드라마에서 인터넷이나 TV를 통해 증오와 파괴의 정동이 무한대로 전염되고 내면화되는 양상을 통해 이전의 좀비 서사보다 상황이 더욱 악화되었음을 보여준다. 죄를 발명해서 만인에게 공개적으로 고백하게 만드는 체제는 사회와 인간 주체를 황폐화시킨다. 그런 의미에서 〈지옥〉은 인간 주체가 깊이 사유하지 않고 무비판적으로 맹신과 광신에 빠져들 때 얼마나 끔찍하고 처참한 세계를 만들어나가는지를 보여주는 드라마이다. 따라서 우리

86　슬라보예 지젝·프랑크 루다·아곤 함자, 「서론」, 『다시, 마르크스를 읽는다』, 최진석 옮김, 문학세계사, 2019, 32쪽.

는 "아무런 도구도 없이, 작금의 현실을 '시대'나 '시대정신' 혹은 '체계'나 '현재 상황'과 같은 말로 표현할 수 있는 일관된 그 무엇이 존재한다고 더 이상 확신할 수 없는 상황 속에서, 감히 이 시대의 온도를 측정하고자"[87] 시도해야 한다. 이는 관찰 행위자(시청자)와 관찰 대상(《지옥》이라는 텍스트)의 관계가 시선의 정치학 내에 머물지 않고 이 두 개의 항이 '간-행' 속에서 '행위성(agency)'[88]을 생산해 내야 한다는 의미를 내포하고 있다.

인터넷망에 종속되어 있는 인간 주체는 자신의 접속 행위가 무임금 노동이라는 사실을 인지하지 못한다. 이들이 지속적인 접속을 통해 시공간의 경계가 없는 증오의 정동이 생산, 유통, 소비, 확대 재생산, 전염의 과정에 붙잡혀 있다는 사실에 주목할 필요가 있다. 그런 의미에서 이 드라마의 감상자들은 작품이 묘사하고 설명하는 상황에만 관계 맺는 것이 아니다. 오히려 〈지옥〉은 제어되지 못하는 증오의 정동, 맹신과 광신에 대한 비사유성(非思惟性)이라는 현상이 감상자들에게 어떤 질문을 던지고 있는지 고민하게 만드는 드라마라 할 수 있다. 따라서 우리에게는 이 드라마가 걸치고 있는 징후에 주목할 필요가 있다. 징후란 "기본적으로 건전한 체계가 빚어내는 부차적인 실패나 왜곡이 아니다. 징후는 그 체계의 핵심에 무엇인가 (적대적이고 비일관적인) '부패한' 부분이 있음을 알려 주는 지표"[89]라 할 만하다. 결국 〈지옥〉을 우리 시대, 우리 사회에 대한 징후로 받아들일 수 있다면, 이는 이 드

---

87 프레드릭 제임슨, 『포스트모더니즘, 혹은 후기자본주의 문화 논리』, 임경규 옮김, 문학과지성사, 2022, 11쪽.
88 이때의 행위성이란 "주로 잠재적인 행위 능력이나 역량이라는 뜻으로 쓰이지만, 맥락에 따라서는 실제 행위나 행위 주체성을 의미하기도 한다." (문규민, 앞의 책, 29쪽.)
89 슬라보예 지젝, 「마르크스, 객체 지향의 존재론을 읽다」, 슬라보예 지젝·프랑크 루다·아곤 함자, 앞의 책, 89쪽.

라마가 '케 보이(Che vuoi?)'라는 질문을 통해 드라마와 시청자 모두에게, 그리고 이 둘의 '사이'에서, 행위성을 어떻게 고안해 내고 수행할 것인지를 요청하는 행위자임을 인정하는 것이 될 것이다. 마모되어 가는 국가 시스템을 어떻게 사유하고 고쳐나갈 것인가의 문제는 텍스트와 시청자 사이의 '간-행'을 통해 풀어나갈 숙제로 남아 있다.

III장

징후(徵候)

〈주군의 태양〉 (SBS, 2013)
: 왜상(歪像)과 불안의 정신병리학*

김민영

---

1. 시각적 정신병리로 재현된 시대적 균열

환상은 그간 문학, 게임, 영상 등에서 자유로운 상상력과 비현실적인 특성 때문에 매력적으로 활용되었는데, 이는 그리 오래된 현상이 아니다. 판타지, 공상, 망상, 몽상 등의 용어로도 사용되는 '환상(幻想)'은 표준국어대사전에서 "현실적인 기초나 가능성이 없는 헛된 생각이나 공상"[1]이라 정의되고, 문학비평용어로는 "현실적으로 불가능한 소망들이 성취되는 장소이자 양식(예술)"[2]을 가리킨다. 이 같은 환상에 대응되는 것으로 서구에서는 'fantastic/fantastique'가 주로 사용되었고, 한자문화권에서는 대체로 '기이(奇異)함'으로 표현되는데 '기(奇)'는 환상적이고 놀라운 영역을 지칭하고 '이(異)'는 낯설고 이질적인 것을 말한다.[3] 이와 같이 환상은 초자연적이며 기괴한 가공의 세계에서 일어난 사건을 다루고 있기 때문에, 주로 "헛된 것, 부질없는 것, 현실

---

* 이 글은 아래 논문을 수정 보완한 것임.
김민영, 「환상서사에 나타난 시각적 정신병리 구현 양상 연구-TV드라마 〈주군의 태양〉을 중심으로」, 『한국극예술연구』61, 한국극예술학회, 2018.

1 국립국어원, 표준국어대사전. (http://stdweb2.korean.go.kr/search/List_dic.jsp)

2 한국문학평론가협회, 『문학비평용어사전』하, 국학자료원 새미, 2006, 1032~1033쪽.

3 최기숙, 『환상』, 연세대학교 출판부, 2003, 7~9쪽.

에 소용되지 않는 것임을 함의할 수밖에 없었고, 주변이나 잉여, 혹은 이단"[4]
으로 하향평가되었다.

그럼에도 환상 문학은 자신만의 영역을 구축하며 대중 서사의 한 축을
이루었고, 이에 환상 문학에 대한 연구는 상당히 축적되었다. 최초로 환상
문학의 정의를 내린 토도로프는 환상을 초자연적이고 초인간적이며 마술적
인 경이로움과 등장인물을 현혹시키려는 기괴함 사이에 위치시키며, 이것을
체계적으로 활용했을 경우 규정된다고 설명한다.[5] 그러나 장르론적으로 환
상 문학을 규명하고자 했던 그의 노력은 환상을 문학의 내재적 속성 중 하
나로 봤기 때문에, 결국 환상 문학 장르 자체가 성립될 수 없다는 모순을 스
스로 증명함으로써 빛이 바래게 된다. 로지 잭슨은 환상이 사회 전복의 매
개체로서의 역할을 할 수 있음에 초점을 맞추고, "'가능함'에 대한 '불가능
함', '실재'에 대한 '비실재', 명명될 수 없고 형태가 없는 것, 알려지지 않고 보
이지 않는 것"[6]이라 한다. 그의 논의는 통시적 관점에서 전복된 현실을 꿈꾸
는 환상의 기제가 변모된 양상으로 파악할 수 있다는 점에서 의의가 있다.
한편 캐스린 흄은 환상 문학을 장르론적으로 접근하지 않고 문학의 본질로
파악하며 논의를 전개하는데, 그는 문학이 미메시스와 환상, 이 두 가지 충
동의 산물이며 환상이 리얼리티를 구현하는 적합한 요소라고 제시한다.[7] 이
상의 포괄적이고 유연한 그의 정의에 따르면, 다양한 문학 작품들에서 모방

4   대중서사장르연구회, 『대중서사장르의 모든 것: 5. 환상물』, 이론과 실천, 2016, 7쪽.
5   츠베탕 토도로프, 『덧없는 행복:루소론, 환상문학 서설』, 이기우 옮김, 한국문화사, 1996,
    145~167쪽.
6   로지 잭슨, 『환상성-전복의 문학』, 서강여성문학연구회 옮김, 문학동네, 2002, 40쪽.
7   캐스린 흄, 『환상과 미메시스』, 한창엽 옮김, 푸른나무, 2000, 55~62쪽.

요소와 환상 요소는 특색 있게 혼합되고 동시에 고려될 수 있다.

서구의 환상 문학 이론이 1980년대 이후 한국에 정착하고 1990년대는 아날로그적 기술에서 디지털 기술로 변환이 되면서, 연재소설『퇴마록』, TV드라마 〈M〉(MBC, 1994), 영화 〈은행나무 침대〉(1996) 등과 같은 작품들이 대중들에게 소개되었다. 그뿐만 아니라 40여 년간 지속됐던 냉전체제의 종식으로 이분법적 경계에 대한 신뢰가 무너짐에 따라 환상적 요소들이 극적 재미를 위해 사용되는데 거부감이 없는 환경이 조성되었다.[8] 이상과 같은 복잡다단한 문화적 상황과 맥락 속에서 환상서사의 개념은 쉽게 단정지을 수 없지만, "우리에게 익숙한 세계의 법칙으로는 설명할 수 없는 비현실적인 사건이 발생하고 그 비현실성이나 불가해함이 텍스트의 끝까지 이어지는 이야기"[9]라고 정리할 수 있다.

최근 TV드라마에서 환상서사는 다양한 소재를 다루며 양적·질적으로 증가하는 추세를 보인다.[10] 환상서사에는 인간 외의 캐릭터, 즉 외계인, 초능력자, 반인반수, 괴물 등이 등장하는데, 그 중에서도 귀신은 현재까지도 각종 콘텐츠의 특성에 적합하게 변모되어 소환되고 있다. '귀(鬼)'와 '신(神)'을 아울러 칭하던 '귀신'은 현재 '신'이라는 기본적 의미는 희미해진 채 '귀'에 한정되어 쓰이고 있다. 특히 원귀(冤鬼)는 도덕적인 불명에 또는 그로 인한 억울한 피살이나 이루지 못한 사랑 등의 이유로 죽은 귀신을 가리킨다. 이들은 억

---

8 대중서사장르연구회, 앞의 책, 15~28쪽.

9 위의 책, 15쪽.

10 박노현은 1990년대부터 2014년까지 환상서사를 다룬 미니시리즈를 '인간(인간·초인간·반인간·비인간), 시간(시간여행·타임슬립·타임루프), 공간(현계·이계·외계)'의 화소로 나누어 1990년대 이후 환상물이 다양한 화소를 다루며 꾸준히 증가하고 있음을 밝혔다.(박노현, 「한국 텔레비전 드라마의 환상성 :1990년대 이후의 미니시리즈를 중심으로」, 위의 책, 629~660쪽.)

울하게 죽음을 맞닥뜨렸기 때문에 이승에 미련이 남아 이승을 떠나지 못하고, 산 자에게 나타나 신원(伸冤)을 하소연하거나 병귀(病鬼)로서 인간의 육체에 들어간다.[11] 이와 같은 귀신이야기는 1970~80년대 유일하게 판타지 장르를 담당했던 〈전설의 고향〉[12]을 통해 대중화되었다. 1977년 첫 선을 보인 〈전설이 고향〉은 "불합리한 상황에서 죽은 자가 자신의 억울함을 호소하기 위해 귀신이 되어 출현"[13]하는 원혼 서사가 중심이었기 때문에, "소복 입고 머리를 풀어 헤친 원한 맺힌 여자"[14]로 정형화된 귀신의 이미지가 탄생할 수 있었다. 이후 서사적 맥락과 상관없이 '긴 머리의 소복을 입은 여귀'가 귀신을 대표하는 이미지로 정착되었다.

〈전설의 고향〉은 한여름에 공포를 자아낼 목적으로 제작·편성되었는데, 2010년 이후 '원혼-해원' 서사를 주축으로 하더라도 공포물에 한정되지 않은 귀신 서사가 장르의 제한 없이 TV드라마에 등장한다. 이에 따라 귀신의 형상도 〈전설의 고향〉에 등장한 획일적인 이미지에서 탈피하여 점차 변모하기 시작한다. 〈내 여자친구는 구미호〉(SBS, 2010), 〈아랑사또전〉(MBC, 2012), 〈처용〉(OCN, 2014), 〈오 나의 귀신님〉(tvN, 2015), 〈싸우자 귀신아〉(tvN, 2016) 등과 여러 단막극에서 묘사한 귀신들은 흉측하고 기괴하게 형상화된 그것과는 사뭇 다르다. 이때의 귀신은 외양상 그것의 특성이 드러나지 않은 채, 대

---

11 조희웅, 「귀신의 정체」, 『한국학논집』 30, 계명대학교 한국학연구소, 2003, 36~37쪽.
12 〈전설의 고향〉은 KBS2에서 1977년 〈마니산 효녀〉를 시작으로 1989년까지 12년간 방송되다가 578회 〈외장녀〉를 마지막으로 종영된다. 1996년 여름 〈전설의 고향〉은 다시 제작되어 1999년까지 총 72편이 방영되었고, 2008년에는 〈구미호〉를 시작으로 8부작, 2009년에는 〈혈귀〉 등 10부작, 2010년에는 16부작 〈구미호-여우누이뎐〉이 방영되었다.
13 문선영, 「전설에서 공포로, 한국적 공포 드라마의 탄생」, 대중서사장르연구회, 앞의 책, 383쪽.
14 위의 글, 384쪽.

체로 평상복 또는 교복 등을 입고 살아있는 보통의 인간과 별반 다르지 않은 모습으로 재현됐다.

이와 달리 〈주군의 태양〉[15]에 등장하는 귀신들은 〈전설의 고향〉에서 볼 수 있는 정형화·도식화된 귀신의 모습도 아니고, 일상적인 모습도 아니다. 여기서의 귀신들은 완벽한 특수분장과 CG를 통해 등장만으로도 오싹하고 섬뜩하면서도 신비로운 분위기를 자아낸다.[16] 2000년대 〈전설의 고향〉에서도 정형화된 귀신의 이미지에서 탈피하기 위해 CG를 사용했지만, 사용 목적은 이전의 시리즈처럼 공포 효과를 부각하기 위함이었다. 반면 〈주군의 태양〉은 구구절절한 귀신들의 사연을 담아내기 위해 특수분장을 사용했고, 이는 각 서브 플롯에 최적화되어 CG보다 더 큰 비중으로 활용됐다.[17] 각양각색의 귀신들 사연에 초점을 맞추고 이를 반영한 특수분장 덕분에 귀신들은 무섭게만 나오는 것이 아니라 예쁘고 귀엽게도 그려진다.[18] 그 결과 이 텍스트는 귀신들이 품고 있는 한을 효과적으로 영상에 담아내기 위한 전략으로 특수분장을 적극적으로 활용하여 새로운 귀신 이미지를 구축했다. 즉 〈주군의 태양〉은 최초로 '로코믹호러'를 표방하고[19], 공포물의 장르적 특

---

15 극본 홍정은·홍미란, 연출 진혁, SBS, 2013.08.07.~2013.10.03. (17부작)

16 진혁 감독은 "한국 귀신이 한스러운 사연이 있고 소복 입고 머리를 기르고 있어 아주 무섭다. 그래서 드라마 상으로는 무섭기보다는 깜짝 놀라게 하되 신비로운 느낌을 주고 싶었다."라고 언급하며, 귀신을 표현하기 위해 CG와 특수분장에 많은 노력을 쏟았음을 밝혔다. (최보란, 「'주군의 태양', 오싹한 귀신비밀 "CG? 분장이 80%"」, 『스타뉴스』, 2013.08.05. (http://star.mt.co.kr/stview.php?no=2013080516451302924&type=3)

17 조예원, 「공포영상의 특수분장 사례연구 -주군의 태양 중심으로」, 성신여대 석사학위논문, 2014, 60~90쪽.

18 정시우, 「step by staff(6) '주군의 태양' 특수분장사 김봉천, "진짜 같은 가짜를 향한 열정"」, 『텐아시아』, 2013.10.08. (http://tenasia.hankyung.com/archives/171816)

19 제작진은 "인색하고 욕심 많은 유아독존 사장님과 음침하고 눈물 많은 영감발달 여직원이 무섭

성과 함께 로맨틱코미디의 장르적 특성이 혼합되어[20] 차별화된 귀신 서사의 가능성을 제시했다.

〈주군의 태양〉은 과거 납치 사건 이후로 난독증에 걸린 주중원(소지섭 분)과 불의의 사고를 겪고 깨어난 후에 귀신을 볼 수 있는 태공실(공효진 분)의 이야기이다. 여기에서 주목하고자 하는 것은 남녀 주인공이 '시각적 정신병리'를 겪고 있다는 지점이다. 난독증(dyslexia, 難讀症)은 우울증, 정신공황, 불안장애 등과 함께 흔히 볼 수 있는 증상 중 하나로[21], "신경학적 원인을 가진 특정학습 장애"이며 "정확한 또는/동시에 유창한 단어인지의 어려움, 빈약한 철자, 해호화 능력의 문제" 등이 나타난다.[22] 주중원은 외상 후 스트레스장애(PTSD)로 글자를 읽을 수 없게 됨에 따라 시각적으로 상당히 축소된 세계에 머물러 있다. 반면 태공실은 비가시적 세계에 속하는 귀신을 볼 수 있기 때문에 일반적인 사람들보다 확장된 시각 영역을 지닌다. 귀신을 본다는 것은 실재하지 않은 대상이 보이는 환시(visual hallucination, 幻視)의 일종으로, 이는 "다소라도 의식장애를 수반하고 있을 때에 나타나는 경우가 많"[23]다는

지만 슬픈 사연을 지닌 영혼들을 위령하는 로코믹호러"라고 작품을 소개한다. (〈주군의 태양〉 기획의 도. 공식홈페이지 참고.)

20 이여진, 「TV 판타지 드라마의 장르혼합 양상 연구 -〈너의 목소리가 들려〉와 〈주군의 태양〉을 중심으로」, 중앙대 석사학위논문, 2014, 82쪽.

21 이윤녕·이동현, 「〈난독증 집중취재〉 글자에 갇힌 아이들… "우리 아이를 도와주세요."」, 『EBS 뉴스』, 2014.04.14. (https://news.ebs.co.kr/ebsnews/allView/10210727/N)

22 International Dyslexia Association, About Dyslexia, http://www.interdys.org, 2002. (김용욱·우정한·신재한, 「난독증 연구에 대한 고찰」, 『특수교육저널:이론과 실천』 16-2, 한국특수교육문제연구소, 2015, 216쪽에서 재인용.)

23 환시는 "시각영역에 나타나는 환각의 일종으로 외계에 실재하지 않는데, 물체, 도형, 경치, 동물, 사람의 얼굴이나 모습 등이 보이는 것을 말한다." (대한간호학회 편, 『간호학대사전』, 한국사전연구사, 1996. https://terms.naver.com/entry.naver?docId=1615413&cid=50362&categoryId=50362)

점을 고려한다면, 환시는 시각적 정신병리의 일종이라 할 수 있다.

결국 상대적으로 보지 못하는 것들 때문에 시각적으로 능력 미달인 주중원과 상대적으로 더 많은 것을 볼 수 있는 태공실, 이들은 모두 시각적 정신병리를 겪는 존재이다. 전통적으로 눈(目)이란 '사유'와 떨어질 수 없는 신체 감각으로, 근대적 사유와 논리적 이성의 관점에서 눈은 이 세계를 바라보는 도구이다. 따라서 확장된 시선의 태공실과 제한된 시선의 주중원은 공존할 수 없는 세계에 머물며 상이한 대상을 바라볼 수밖에 없다. 이상의 논의를 토대로 이 글에서는 양립된 세계에서 대척적인 시각적 정신병리를 지닌 인물의 관계가 변화함에 따라 그들의 재구성된 관계 양상과 그 의미를 살펴보고자 한다.

2. 폐쇄적 혹은 과잉된 시선

주중원이 난독증에 걸린 이유는 15년 전 납치 사건 때문이다. 그에게 여전히 끔찍한 기억으로 남아있는 납치 사건은 그의 인생 전반에 큰 파장을 불러왔다. 범인은 주중원을 텅 빈 폐공장에 감금한 후, 그에게 30분마다 아가사 크리스티의 『그리고 아무도 없었다』를 읽게 한다. 이는 그가 살아있다는 것을 그의 아버지에게 알려 주중원 모친의 유품인 목걸이를 몸값으로 받기 위함이었다. 『그리고 아무도 없었다』라는 소설은 제목에서도 알 수 있듯이, '아무도 없을 때까지' 사람이 계속 죽어나가는 내용이다. 주중원은 책 속의 사람들이 다 죽고 이야기가 끝나면 본인이 죽을 차례가 될 것만 같은 공포심에 사로잡힌다.

설상가상으로 주중원은 납치에서 풀려나기 전에 그의 여자친구인 차희주(한보름 분)가 납치 사건의 공범 중 한 명임을 알게 된다. 첫사랑인 그녀를 믿고 사랑했던 만큼 그에게 배신감은 배가 되었다. 그러나 주중원은 차희주를 원망하지도 못하는데, 주중원을 풀어주고 몸값을 받은 공범이 차희주를 인질로 잡아 도주하던 중 그녀는 교통사고로 즉사했기 때문이다. '끔찍한 살인광으로 추측되는 미치광이'와도 같은 범인에게 주중원은 텅 빈 폐공장에 감금되고, 비록 납치 사건의 공범이기 했어도 첫사랑인 여자친구가 교통사고로 즉사한 것을 직접 목격한 이 사건은 주중원에게 거대한 외상사건[24]이 될 수밖에 없었다. 글자를 볼 때마다 떠오르는 악몽 같은 시간을 견뎌야 했고, 사랑하는 사람이 자기 앞에서 죽는 걸 무기력하게 지켜봐야 했던 그에게 납치 사건에 대한 증후가 남는 건 당연했다. 이 기억은 주중원의 무의식에 남아 유사한 상황이 주어지면 자동적으로 반응하여 그의 감각-지배 영역에 영향을 미쳤고, 결국 주중원은 외상 후 스트레스 장애(PTSD)로 난독증을 겪게 된다.[25]

---

24 "외상사건(traumatic event)은 실제적·위협적인 죽음이나 심각한 상해, 또는 개인의 신체적 안녕을 위협하는 사건을 본인이 직접 경험하거나 타인에게 일어나는 것을 목격한 경우, 그리고 그로 인해 극심한 공포, 무력감, 두려움 등의 감정을 경험한 경우를 말한다."(이상현, 「경찰공무원의 외상후 스트레스 장애」, 『국가법연구』 9-1, 한국국가법학회, 2013, 191쪽.)

25 소아청소년정신과 전문의 김성찬 원장은 "난독증이란 뇌 회로에 생긴 결함 때문에 일어나는 것으로 후천적으로 발생하는 일은 드물다"라고 설명한다.(이우종, 「난독증, 그들에게 글자는 뜻을 알 수 없는 기호」, 『인체기행』, 2014.01.06. https://terms.naver.com/entry.nhn?docId=3577558&cid=58946&categoryId=58977).
주중원이 글을 읽지 못하는 정확한 원인은 과거 끔찍한 기억 때문에 무의식적으로 글자의 의미를 파악하는 것을 거부하는 외상 후 스트레스 장애이다. 그렇기 때문에 엄밀한 의미에서 난독증이라 볼 수 없지만, 이 글에서는 작품 속에서 언급된 대로 주중원이 시각적 정신정리 병리 현상으로 난독증을 겪고 있는 주체라 보고 논의를 전개하고자 한다.

주중원	난 글이 안 읽어져. 그렇게 됐어. 그때 그 사건 이후로 그렇게 됐어. 갇혀 있는 동안 계속 책을 읽게 했어. 거기서 읽게 했던 책이 계속 사람이 죽어나가는 내용이었어. 한 줄 한 줄 읽으며 다음에는 누가 죽을까, 그 다음엔 또 누가 죽을까. 다 죽고 책이 끝나면 마지막에 죽는 게 내가 될 것 같았어. 그때 이후로 글을 보면 토할 것 같아. 글을 읽는 게 무서워.

(6회: 대사정리 인용자)

프로이트는 심인성 시각 장애의 한 유형으로 '히스테리성 실명'을 언급하며, 히스테리성 실명자들의 눈에 자극을 주면 의식적 차원에서는 반응이 없지만, 다양한 정서 반응을 일으킨다고 설명한다. 그들이 보지 못한다고 생각하는 것은 자발적인 암시로 인한 결과이며, "히스테리성 실명자들은 의식이 관여하는 한에서만 눈이 먼 것이며, 무의식 상태에서는 볼 수 있"다는 것이다.[26] 즉 무의식적인 자기 암시로 인해 의식적 시각 세계를 단절시키고 폐쇄함으로써 자아 본능이 발현된 것이라 할 수 있다.

이에 기댄다면 주중원은 일종의 '히스테리성 실명' 상태에 놓여 있다고 볼 수 있다. 주중원은 차희주가 사건의 공범이라는 것을 알고 있지만, 가족을 비롯해 사건 담당형사에게조차도 이 사실을 말하지 않는다. 아버지를 제외한 가족과 형사들은 차희주가 주중원과 함께 납치되었고 그녀가 그 대신 희생되어 억울하게 죽은 것으로 알고 있다. 이에 혼자 살아남은 주중원이 본인 때문에 그녀가 희생됐다는 생각에 상당한 죄책감에 괴로워하고 쉽게 그녀를 잊을 수 없다고 여긴다. 그러나 차희주가 공범임을 알고 있는 주중원

---

26 지그문트 프로이트, 「시각의 심인성 장애에 관한 정신분석적 견해」, 『정신 병리학의 문제들』, 황보석 옮김, 열린책들, 2007, 84~85쪽.

은 이 사실을 모르는 사람들에게 자신이 살아가는 자체가 본인 탓이 아니라는 처절한 몸부림으로 보일까 봐 끔찍해한다. 뿐만 아니라 아버지가 범인에게 자신의 몸값을 주지 않았기 때문에 차희주가 죽은 것이라 오해한 채 납치 사건 이후 아버지와 날 선 관계를 지속한다.

만약 차희주가 살아있었다면 주중원은 공범인 그녀를 찾아내 사건의 진상을 밝히고, 그저 고가의 목걸이에 눈이 먼 첫사랑에게 배신당했다는 분노만이 남아있었을 것이다. 하지만 자기 눈 앞에서 그녀가 죽는 것을 본 그는 그녀도 공범에게 이용만 당하고 버려졌다는 생각에 한편으로는 안쓰러운 마음도 갖고 있다. 이와 같은 주중원의 양가적 심리상태가 그를 '히스테리성 실명자'로 만들었고, 납치 사건 이후 주중원은 눈에 보이지 않는 사람의 감정 따위는 안중에 두지 않고, 본인의 눈에 보이는 것만 보고 믿고 싶은 것만 믿으며 철저히 '계산적인 인간'[27]으로 변모한다.

돈은 개인의 인격적 특성을 무시하고 모든 관계를 수량적 잣대로 환원하면서 인간관계를 사물화하며, 사물이나 사람의 고유한 가치를 획일적 잣대로 평가하는 비인간적 문화를 낳는 주범이기도 하다. 인간은 이제 문화의 창조를 통해 자신의 가치를 증가시키고 영혼의 풍요로움을 고양시키는 게 아니라, 돈이 부여한 교환 형식에 따라 움직이며 돈의 가치를 옮겨주고 실현시키는 부속품이 된다. 이런 탈인격화는 인간과 인간의 사회적 관

---

27 "거대한 복합쇼핑몰 '킹덤'의 사장. 인색하고 야박하고, 계산적인 인간. 얼마짜리, 그 정도 안 할 것 같은데, 이거 비싼 거, 그건 싼 거, 계산기가 입에 붙어 있다."(<주군의 태양> 주중원 인물 소개. 공식 홈페이지 참고.)

계를 착취와 배제의 관계로 변질시키고 그런 행위를 하는 인간 자신의 본질도 물화시키는 비인간적 소외현상을 낳는다.[28]

죽은 아내가 여전히 곁에 있음을 확신하며 킹덤 골프장 부지 매입 계약에 동의하지 않는 집주인인 남편 앞에서 주중원은 아내의 분신인 꽃을 망설임 없이 잘라버리고도 일말의 미안한 감정조차 갖지 않는다. 주중원에게 필요한 것은 부를 축적하기 위한 골프장 부지를 마련하는 것이지, 실재하지 않는 죽은 아내를 그리워하는 남편의 마음이 아니다. 오히려 그는 집주인에게 돈벼락을 맞았다며 박수를 쳐주며, 눈에 보이지 않는 죽은 아내의 의견을 따를 필요 없이 살아있는 자식들의 바람대로 계약서에 사인하라고 종용할 뿐이다. 또한 쇼핑몰 '킹덤' 모델인 태이령(김유리 분)과 축구선수 유혜성(진이한 분)의 결혼 준비 과정에서 주중원은 오로지 자신이 투자한 만큼 '킹덤'이 최대 광고효과를 누릴 수 있는지에만 관심을 쏟는다. 하지만 결혼 직전에 유혜성이 그동안 오해하고 있었던 죽은 애인의 진심을 알고 태이령과의 결혼을 포기함으로써 주중원이 기대한 광고효과는 수포로 돌아간다. 주중원은 죽은 사람 때문에 살아있는 사람의 일을 망쳐버린 유혜성을 이해하지 못한다. 유혜성은 현역 선수의 길을 이어가기 위해 결혼을 포기한 것인데, 나이나 체력 등 현실적으로 그의 선택은 실패할 확률이 더 높지만 진정으로 꿈꿔왔던 선수의 길을 이어가기로 하며 '나는 누구인가?'라는 질문에 답을 찾았던 것이다. 그러나 모든 것을 가시화할 수 있는 영역 안에서만 가치

28 김석, 「왜 한국인은 그렇게 돈에 집착할까?」, 김서영 외 8인, 『헬조선에는 정신분석』, 현실문화연구, 2016, 128쪽.

판단을 하는 주중원의 입장에서 이는 결코 이해할 수 없는 결정이다. 게다가 그는 킹덤 쇼핑몰 실적에 따라 점주들을 대하는 태도가 다르고, 심지어 아이들을 좋아하는 이유가 아이들이 소비를 불러일으키기 때문이라 이야기한다. "귀신보다 무서운 거인"인 경쟁사 '자이언트몰'이 킹덤의 1.5배로 세워지는 것을 망원경으로 수시로 관찰하고, 자이언트몰에 킹덤의 매출우수점포를 뺏기지 않기 위해 사력을 다한다. 자이언트몰이 세워진 후에는 오로지 자이언트몰과의 매출경쟁에서 반드시 이겨야 한다고 외칠 뿐이다.

이처럼 쇼핑몰 '킹덤'의 대표로서 주중원은 자기의 세상을 더 완벽하게 만들기 위해 킹덤의 모든 것을 어떠한 상처나 부정성이 없이 최적화된 매끄러운 것들로만 채운다.[29] 모든 낯선 것을 배제하고 부드럽고 거리낄 것 없는 매끈한 아름다움만이 존재하는 공간을 만들어두고, 스스로 구축해놓은 세계 안에 누군가가 합류하는 것을 거부한다. 주중원은 자신의 세계 밖에 있는 대상에 대한 느낌이나 감정에 대해 알려고도, 이해하려고도 하지 않음은 당연하고, 자신이 느끼는 감정조차도 온전하게 제대로 바라보지 못한다. 이는 "타인의 정서를 느끼지 못하고 나의 신체에서 느끼는 쾌락과 고통을 타인의 신체에 투영하지 못하는 무능력의 결과"[30]이다. 다시 말하면 "점점 더 피부, 감성, 두뇌에 와닿는 정서적 자극을 의식적으로 정교화할 수 없"는 "자폐적 행동"[31]을 함으로써, 나 이외의 사람과 끊임없이 거리감을 유지하게 됨에 따라 점차 공감능력이 상실된다.

29 한병철, 『아름다움의 구원』, 이재영 옮김, 문학과지성사, 2016, 9~39쪽.
30 프랑코 베라르디 '비포', 『프레카리아트를 위한 랩소디』, 정유리 옮김, 난장, 2013, 178쪽.
31 위의 책, 같은 곳.

'결속'이 아닌 '접속'된 신체들은 쾌락을 느끼지 못하기 때문에 감정의 정교화를 위한 시간이 필요 없다. 타인의 신체를 만지거나 느끼는 것 자체가 어려운 이 사회는 심리영역을 병리적으로 변화시킨다.[32] 외부인이 자신의 돈과 몸에 손대는 것을 제일 싫어하는 주중원은 태공실이 계속 달라붙으며 자신의 몸을 만지기 위해 다가오는데도 늘상 거리를 유지하며[33] 그녀의 세계에 깊숙이 관여하지 않으려 안간힘을 쓴다. 태공실은 주중원이 납치당했을 때 몸값으로 준 어머니의 목걸이를 찾을 수 있다고 판단한 후에야 비로소 그에게 가치 있는 사람이 될 수 있던 것이다.

한편 태공실은 불의의 사고로 3년 동안 의식불명 상태였다. 태공실이 병실에 누워있는 동안 그녀의 영혼은 육체로 돌아오는 대신 귀신으로 떠돌아다녔기 때문에, 의식을 찾은 그녀는 귀신과 소통하며 아무나 보지 못하는 세계를 볼 수 있게 된다. 귀신은 "구조적으로 명중시킬 수 없"고, "원천적으로' 표상 불가능함으로 의미"되기 때문에, "'실재'의 위상을 차지"한다[34]. 사회적으로 '정상'적 범주에 속하는 사람들은 '실재의 존재'를 직시하고 마주할 수 없지만, 태공실은 알고 싶지 않고 보고 싶지 않음에도 불구하고 눈에 보이는 귀신과 소통하며 현실과 죽음의 경계에서 "현실감을 상실"[35]한 채 "산 채로 죽음에 발을 담"고 있다[36].

---

32 위의 책, 180~183쪽.

33 "나랑 물리적으로 가까운 위치지만, 내 눈엔 잘 띄지 않고, 그다지 중요한 일도 아니면서, 다른 사람들 눈에도 잘 띄지 않는 그런 자리로 찾아보세요."(4회 주중원의 대사 중.)

34 맹정현, 『리비돌로지』, 문학과지성사, 2013, 266쪽.

35 위의 책, 246쪽.

36 "어릴 적 낙천적이고, 잘 웃고, 뭐든 시원시원 잘 해냈다. 누구나 사랑하는 아이였다. 별명으로 불린 '태양'처럼 딱 그렇게 환했다. 죽을 뻔한 사고를 당했고, 깨어난 후, 그녀에게 이상한 것이 보이기

사고 전 태공실은 소위 명문대학 출신으로 뛰어난 외국어 실력뿐만 아니라 운동대회에서 수상경력도 있고, 사교성도 좋아서 동창들 사이에서 '큰태양'이라 불릴 만큼 좋은 평판을 들었다. 하지만 예기치 못한 사고로 태공실은 이질적인 타자로 전락하고 만다. 태공실의 세계를 알지 못하는 대다수의 일반인에게 그녀는 그저 "미친 백수"이거나 잃어버린 신발 대신 "각티슈 끼고 다니면서 창피한 줄도 모르는 미친 여자"와 같은 나와 다른 '이방인'이다. 그녀는 귀신의 말에 귀를 기울이고 있는 것이지만, 이를 알 수 없는 보통의 사람들 눈에는 정신이 이상한 사람 혹은 그저 게으름 피우며 일을 하지 않는 해고 대상 1순위인 직원이다. 태공실과 같은 고시원에 살고 있는 꼬마들조차도 그녀가 평범하지 않다는 것을 알고 있지만, 일을 나간 엄마 대신 보호자가 필요하기 때문에 모른 척하고 있을 뿐이다. 때문에 태공실은 타인 또는 사회가 자신을 '이방인'으로 바라보는 시선에 따라 주변인으로서의 주체가 형성된다.

대부분의 이방인·신·괴물(다양한 유형과 도깨비, 분신들을 포함하는)은 인간심리의 심연에 존재하는 균열의 증거들이다. 그들은 우리가 의식과 무의식, 친숙한 것과 낯선 것, 같은 것과 다른 것 사이에서 어떻게 분열되는지 말해준다. 그리고 그들은 우리가 선택권을 가지고 있음을 알려준다. (1) 낯선 것에 대한 우리의 경험을 이해하고 그에 적응하든가 (2) 그것들을 배타적으로 배제하여 아웃사이더로 치부하면서 거부하는 것이다. 대개의 경우

시작했다. 너무 무섭고 섬찟한 것들, 다른 사람들은 아무도 못 보는 것들, 그녀는 귀신을 본다."(<주군의 태양> 태공실 인물 소개. 공식 홈페이지 참고.)

인간들은 후자를 선택해왔다.[37]

　주중원을 비롯해서 현실 세계의 사람들은 '사고 후 태공실'을 사회적으로 통용되는 정상의 범주에서 벗어난 주변인으로 몰아세운다. 태공실은 귀신 세계가 아닌 현실 세계에서 살기 위해 직장도 다니고 연애도 해봤지만, 불쑥불쑥 나타나는 귀신들 때문에 고시원 옥탑방에서 원치 않는 은둔 생활을 할 수밖에 없다. 대부분의 귀신은 시도 때도 없이 태공실을 찾아가 자신들의 소원을 풀어달라고, 본인의 이야기를 들어달라고 하소연한다. 그들은 살아 있는 사람처럼 태공실에게 양해를 구하지 않고 그녀가 자신들의 이야기를 들어줄 때까지 무작정 그녀 곁을 맴돌기 때문에 그녀는 일상적인 생활이 불가능하다. 그렇다고 귀신들이 자신의 이야기를 들어주는 대가로 상한가 칠 주식 정보나 로또 당첨번호를 알려주며 태공실에게 실질적으로 경제적인 도움이 될 정보를 알려주는 것도 아니다. 사회적으로 문제시되는 일을 해결하게 함으로써 영웅으로 치켜세워주는 것은 더욱 아니다. 그들은 그저 지극히 개인적인 요구사항만을 이야기할 뿐이다.

　소년 귀신은 커피가 마시고 싶을 때마다 불쑥 나타나고, 시아버지 귀신은 본인의 제삿날을 잊어버린 며느리에게 오늘이 제사임을 알려달라고 하고, 할머니 귀신은 술에 취해 길바닥에서 자고 있는 아들을 깨워 집에 갈 수 있게 해달라고도 한다. 한강에서 만난 육상선수 귀신은 달리기 시합에서 1등을 해보고 싶다고 조르고, 동네 슈퍼마켓 할머니 귀신은 자신이 운영하

37　리처드 커니, 『이방인·신·괴물』, 이지영 옮김, 개마고원, 2010, 15쪽.

던 가게 옆에 편의점이 생겨서 속상하다고 밤새 푸념한다. 이 때문에 태공실은 육상선수 귀신의 소원을 들어준 후 현실 세계의 사람들에게 미친 여자 취급을 받고, 할머니 귀신의 이야기를 들어주느라 밤잠을 설친다. 피아니스트 루이 장(정찬 분)이 자신의 욕심 때문에 죽은 아내 귀신이 태공실의 몸에 빙의할 수 있는 상황을 만들어, 태공실은 자신의 삶이 다른 영혼에 의해 가로채질 위험한 상황에 처하기도 한다. 심지어 뺑소니로 죽은 아이의 진범을 찾다가 죽을 상황에 놓이기도 한다. 귀신들의 이야기를 들어주고 그들이 원하는 것을 해줄 때마다 다른 사람들이 태공실을 바라보는 수상쩍은 시선들은 모두 그녀가 감당해야 한다. 귀신들 때문에 생기는 불편함, 수치심 등은 오롯이 그녀의 몫이다.

귀신의 세계를 보고 소통할 수 있다는 것 자체로 태공실은 뭇사람들에게 가까이 두기에 끔찍한 사람이다. 영매사(이용녀 분)는 태공실이 귀신과 소통이 가능하다는 것을 알아보고, 그녀가 환하게 빛이 나기 때문에 어둠 속에 있는 자들이 찾아와 부탁도 하고 하소연도 하는 것이라 일러준다. 그렇다고 해서 태공실이 현실 세계에서 이방인의 외피를 벗을 수 있는 것이 아니라, 오직 비가시적인 세계, 즉 죽은 자들의 시선에만 빛나보이는 것이다.

① 태공실   언제 눈이 마주치고 날 따라올지 모르는 사람들 때문에 항상 무서워. 고개를 똑바로 들고 다니기가 힘들어. 도망가서 숨을 수 있는 데가 세상 어디든 딱 하나만이라도 있었으면 좋겠어.

(1회)

② 태공실   제발 가. 따라오지 마. 귀찮게 하지 마요. 당신들 때문에 나만 미친 사람 취급

받잖아. 나 좀 살게 내버려 둬.

(1회)

③ 태공실　깨어났는데, 이렇게 이상해져 버려서 언니한테도 너무 미안하고. 고시텔 방에 처박혀서 숨어 사는 것도 너무 한심하고... <u>나는 귀신도 무섭지만, 귀신처럼 사는 내가 더 무서웠어요.</u>

(4회)

④ 주중원　애 엄만 죽은 아이가 안 보이잖아. <u>네가 죽은 아이를 본다고 하면 그 사람한테 넌 아주 끔찍한 사람이 되는 거야.</u> 아이가 어디 있는지 찾으면, 나서지 말고 경찰에 신고해.

(12회)

⑤ 주성란　너 들러붙어서 괜히 희주 떠올리게 하는 게 더 괴롭게 하는 거니까 떨어져.
　태공실　고모님, 제가 희주씨에 대해 얘기를 해주면 끔찍하게 하는 거예요?
　주성란　너 이제 말이 통하는구나, <u>그래, 끔찍한 거니까 떨어져.</u>

(12회)

(대사정리 및 강조 인용자)

대부분의 귀신은 현실 세계의 삶이 끝났지만, 이루지 못한 한이 남아 이승에 머무르며 태공실에게 자신의 이야기를 한다. 이와 달리 삶과 죽음의 경계에 머물러 현실 세계에서는 표출하지 못했던 욕망을 소환하는 영혼도 있다. "환상은 욕망에 관한 문학으로서 부재와 상실로 경험되는 것들을 추구"[38]하는 것이라는 잭슨의 의견에 따르면, 귀신은 현실 세계에서는 비이성

38　로지 잭슨, 앞의 책, 12쪽.

적이며 이해할 수 없고 경험할 수 없는 대상이지만, 태공실에 의해 가시화되면서 은폐되고 억압되었던 욕망을 소환한다.

실재계는 허구와 환상의 기만적 영역 밑에 놓여 있는 것으로서 직접 접근할 수 없다. 오히려 실재계에 접근할 수 있도록 해주는 것은 두 종류의 허구, 즉 본래의 상징적 허구와 유령 같은 환상 사이의 분리이다. 그들은 동일한 수준에 있지 않고 그들의 관계는 "뒤얽혀" 있다. 다시 말해 환상은 상징적 허구의 실패인 빈 곳을 채우기 위해 나타난다.[39]

이상의 지젝의 주장은 〈주군의 태양〉 서브 플롯 중 강길자(김희정 분)의 '빈 곳', 즉 욕망을 유추하는 데 적절하다. 깐깐한 시어머니, 술주정꾼 남편, 철없이 반항하며 대들기만 하는 딸을 가족으로 둔 강길자는 혼수상태인 채 병원에 있다. 그녀는 킹덤 호텔 숙박이벤트 당첨자 중 한 명이었는데, 호텔에서 매일 살고 싶을 정도로 행복했던 기억 때문에 몸은 혼수상태로 병원에 있지만, 그녀의 영혼은 호텔에 머물러 있다. 강길자의 영혼은 마치 살아있는 사람인 것처럼 호텔 수영장을 이용하고 스테이크를 먹고 호텔 로비에서 차 한 잔 즐기는 여유를 부리기도 한다. 태공실이 강길자의 영혼에게 계속 유령으로 있으면 진짜 죽을 수도 있으니 현실로 빨리 돌아가라고 하지만, 그녀의 영혼은 이 순간을 즐기며 현실로 돌아가길 거부한다. 실제 현실에서는 강길자라는 인간으로의 삶보다는 며느리, 아내, 엄마로서 주어진 역할을

---

39 슬라보예 지젝, 「"나는 눈으로 너를 듣는다", 또는 보이지 않는 주인」, 슬라보예 지젝·레나타 살레츨 엮음, 『사랑의 대상으로서 시선과 목소리』, 라깡정신분석연구회 옮김, 인간 사랑, 2010, 192쪽.

우선시하며 그들을 위해 자신이 양보하며 살아야 했기 때문이다. 그녀의 영혼은 살아있는 것도, 죽어 있는 것도 아닌 '유령'이 되어 힘겨운 현실을 벗어나 "한여름 밤의 꿈"과도 같은 시간을 누린다.

이는 태공실의 상황과 별반 다를 바 없다. 그녀가 주중원의 옆에 머무는 이유는 결코 일반적인 연인의 감정이어서는 안 된다. 그는 귀신으로부터 자신을 보호해줄 수 있는, 평범하고 일상적인 삶을 살아갈 수 있게 해주는 유일한 '방공호'이기 때문에, 시도 때도 없이 그녀의 삶에 끼어드는 귀신이라는 매개체 없이 그의 곁은 허락되지 않는다.

이처럼 귀신들과 공존하고 있는 태공실이 속해 있는 세계는 주중원이 속한 말끔하고 반듯한 세계와 전혀 다르다. 상처 하나 없이 깨끗하고 매끄러운 주중원의 세계와 정반대로 그녀의 세계는 언제나 귀찮게 달라붙고 무섭고 섬뜩한 것들이 득실거리는 세계이다. 매끈하게 반질거리는 고가의 대리석으로 뒤덮인 주중원의 세계 즉 '킹덤'과 대조적으로, 그녀의 유일한 은둔처인 고시원 옥탑방은 귀신들이 다가오지 못하도록 십자가, 마늘, 부적 등이 너저분하게 걸려 있다. 주중원과 첫 만남 이후 그와 함께 있으면 귀신을 보지 않을 수 있다는 것을 알게 된 태공실은 살기 위해 매끄러운 주중원의 세계에 침범하는 이방인을 자처한다. 그녀는 귀신들의 세계를 알고 싶지 않고, 듣고 싶지 않고, 보고 싶지 않아서 주중원이 그녀에게 '꺼져'라는 말을 수없이 해도 그녀는 한 줄기 빛과도 같은 '방공호'인 주중원에게 다가간다.

3. 고통의 현상학: 경계 너머의 진실을 마주하기

주중원이 태공실을 처음 만난 건 킹덤 골프장 부지 매입 계약서에 동의를 받기 위해 찾아간 집에서 죽은 아내의 분신인 꽃을 잘라버린 날이다. 귀신의 안내에 따라 주중원의 차를 타게 된 태공실은 그의 손을 스치던 순간 찌릿함을 느끼고, 주중원의 몸에 자기의 신체가 닿으면 귀신이 사라진다는 것을 알게 된다. 자기 몸을 만지는 것을 극도로 싫어하는 주중원에게 안전한 '방공호'라며 시도 때도 없이 매달리는 태공실은 낯선 것이며, 이방인이고, 울타리 밖에 존재하는 타자이기 때문에, 계산이 되지 않는, 될 수 없는 대상이다. 벼락은 피할 수 있을지 몰라도 태공실은 피할 수 없을 거라던 골프장 부지의 죽은 아내가 했던 말처럼, 주중원과 태공실의 찌릿한 만남은 '하나의 사건'이 되고, 태공실은 꾸준히 주중원의 세계에 침입해 평온하고 잔잔하던 그의 세계를 뒤흔들기 시작한다. 한병철은 '사건'에 대해서 다음과 같이 말한 바 있다.

사건은 자연적 사건과 마찬가지로 예측할 수 없이 갑작스럽게 일어난다. 그것은 모든 계산과 예상을 벗어난다. 이로부터 한마디로 완전히 새로운 상태가 시작된다. 사건은 어떤 외부적인 요소를 판 안으로 끌어들여, 주체를 열어젖히고 예속 상태에서 해방시킨다. 사건은 새로운 자유 공간을 여는 단절과 불연속성을 의미한다.[40]

---

40 한병철, 『심리정치: 신자유주의의 통치술』, 김태환 옮김, 문학과지성사, 2015, 108쪽.

주중원은 어느 누구도 섣불리 들어오지 못하는 안전한 자신만의 울타리에서 보이지 않고 들리지 않는 것은 무섭지 않다며 태공실을 받아들이지 않았지만, 태공실에게 빙의한 차희주를 대면한 뒤 태공실에게 백 억원의 가치를 부여한다. 태공실이 죽은 차희주와 소통할 수 있기 때문에 납치 당시 몸값으로 진범에게 준 목걸이를 찾을 수 있으리란 계산이 선 것이다. 목걸이의 행방을 찾는 것 말고도 주중원은 자신의 세계인 '킹덤'의 이익을 위해 "백 억짜리 레이더"를 활용한다. 태공실이 상해유통 왕회장의 죽은 손자가 그리워하던 첫사랑과 재회하는데 일조해서 '킹덤'이 상해로 발돋움하는데 도움 받기로 약속받았고, '킹덤' 호텔 수영장에 나타난 물귀신이었던 강길자를 설득해서 가족이 기다리고 있는 현실로 돌려보내서 '킹덤' 호텔 운영에 차질이 없게 한다.

항간에 떠도는 소문처럼 주중원은 죽은 차희주의 저주에 걸린 듯이 누구도 옆을 내어주지 않는다. 비록 "백 억짜리 레이더"로만 태공실을 옆에 있게 허락했지만, 그녀와 함께 하는 모든 순간이 주중원에게는 계산 밖의 일이다. 폐쇄적이고 밀폐된 세계에 갇혀 살던 주중원에게 태공실이라는 침입자가 나타나 평온하고 고요하던 그의 세계를 소란스럽게 만들며 무장해제하기 시작했기 때문이다. 여전히 이성적으로는 손익계산을 우선시하지만, 주중원은 이성과 감정의 불일치가 되는 경우가 빈번해지면서 '킹덤'에 실질적인 이익이 생기지 않아도 태공실과 함께 귀신이 해원할 수 있도록 돕는다. 부모에게 학대당하는 아이를 도와주고, '킹덤'의 막대한 손해를 감수하면서까지 경쟁사인 자이언트 회장과 아들의 오해를 풀어준다. 무장 탈영병에게는 그를 잘 따르던 안락사시킨 군견에 대해 마치 자기가 실제로 보고 있는 것처럼 태공실에게 들은 이야기를 전하며 탈영병의 자살을 막는다.

> 진통사회와 성과사회는 서로 조응한다. 고통은 약함의 신호로 해석된
> 다. 고통은 숨기거나 최적화를 통해 제거해야 하는 어떤 것이다. 고통은
> 성과와 병립할 수 없다. 고통의 수동성은 능력에 의해 지배되는 능동사회
> 에서 설 자리가 없다. 오늘날 고통은 모든 표현 가능성을 빼앗긴다. 고통
> 은 침묵을 선고받는다. 진통사회는 고통을 격정(Passion)으로 활성화하고
> 언어화하는 것을 허용하지 않는다.[41]

위의 글에 기댄다면, 주중원이 차희주의 죽음 이후 '킹덤'이라는 성벽에
갇혀 표면적으로 확인 가능한 성과만을 추구한 이유를 확인할 수 있다. 주
중원은 죽은 차희주를 애도하며 떠나보내는 시간을 갖지 않았다. "애도란
어떤 대상을 잃어버림으로써 느낄 수 있는 슬픈 감정"[42]인데, 그는 차희주와
의 관계를 정리하며 슬픔이나 분노 등의 감정을 마주하지 않았다. 그녀의
부재를 인정하고 극복할 수 있는 시간을 통해 애도하는 대신 스스로의 감
정을 철저하게 차단하고 제거해버린 채 이성적인 숫자로 증명할 수 있는 '킹
덤'이라는 가시적 성과에 전념했다. 그렇기에 "세상에 하나밖에 없는 방공
호"로 태공실에게 손을 내어준 행위는 주중원에게 치유의 행위가 되어, 고통
스럽던 납치 사건의 진실을 정식으로 마주하게 된 사건이 된다. 논리적·이
성적으로 계산이 되지 않는 태공실과의 공존으로 인해 주중원은 봉쇄된 자

---

41 한병철, 『고통 없는 사회』, 이재영 옮김, 김영사, 2021, 12쪽.
42 맹정현, 『멜랑꼴리의 검은 마술』, 책담, 2015, 36쪽.

신만의 세계의 벽을 무너뜨리고 15년 전의 납치 사건으로 인한 상처를 들여다볼 수 있게 된 것이다.

"유령은 존재하지 않거나 있더라도 저세상에 존재하는 것이 아니라, 살아남은 자들의 상처에 거주"[43]하므로, 살아남은 사람은 상처의 흔적을 지닌 채 살아가게 된다. 다른 사람들은 차희주가 주중원에게 저주라고 하지만, 태공실이 보기에 차희주는 주중원에게 '상처'이다. 이는 난독이라는 여전히 아물지 못한 상처로 발현되지만, 주중원은 납치 사건과 차희주를 들여다봄으로써 느낄 고통을 미연에 차단하며 이를 묵과한다. 상처를 치료하기 위해서는 누군가가 다가가야 하는데, 주중원은 혼자만의 세계에 스스로를 가둬두고 과거의 사건에서 벗어나지 못했던 것이다. 살아서 홀로 남은 사람은 상실의 슬픔, 슬픔의 상처를 치유해야만 한다. 그러나 상처를 치유할 면역이 형성되기도 전에 그는 외부와의 단절을 선택했다. 차희주의 죽음을 상징화하는 과정을 거치지 않은 주중원에게 그녀는 그저 돌아가신 어머니의 목걸이를 가지고 간 납치 사건의 공범인 "나쁜 년"으로만 기억될 뿐이다. 아울러 차희주도 진범에게 이용만 당하다가 버려지고 죽어서 안 됐다는 연민과 동시에 차희주가 교통사고로 즉사해버렸기 때문에 어떠한 변명의 기회도 듣지 못한 억울함과 원망 등 주중원은 이와 같은 양가적 감정만을 가질 뿐이다.

태공실   강우씨가 희주씨에 대해서 이상한 걸 발견했다고 했어요. 혹시 그거 물어봤어요?

주중원   알고 싶지 않아서 그냥 놔뒀어.

---

43   김동규, 『멜랑콜리 미학: 사랑과 죽음 그리고 예술』, 문학동네, 2014, 179쪽.

태공실	그것도 무서운 거예요?
주중원	그래, 그럼 네가 한번 감당해 볼래? (중략) 감당할 만해? 못하겠지? 감당 못 하는 건 건드리지 마.
태공실	건드릴 거예요. 그게 내가 제일 잘 하는 거니까. 그냥 놔두지 말고 알아봐요. 15년 동안 글씨도 못 읽고 그게 뭐예요. 이제 글씨는 읽어야 되지 않겠어요. 무섭다고 피하는 거 그거 창피하잖아요.

(12회: 대사정리 인용자)

주중원의 아버지가 찾은 증거와 김귀도(최정우 분)의 증언을 통해, 납치 사건 때 죽은 주중원의 첫사랑은 차희주와 쌍둥이였던 한나 브라운이었고, 납치 사건의 진범은 죽은 한나 브라운의 신분으로 살고 있던 차희주였음이 밝혀진다. 프로이트는 슬픔을 "보통 사랑하는 사람의 상실, 혹은 사랑하는 사람의 자리에 대신 들어선 어떤 추상적인 것, 즉 조국, 자유, 어떤 이상 등의 상실에 대한 반응"[44]이라 한다. 애도는 죽은 사람을 떠나보내는 일이다. 라캉의 "두 개의 죽음" 관점에서 보자면, 우리는 말 그대로 두 번 죽어야 한다. "실제(생물학적) 죽음과 그 죽음을 상징화하는 것"[45] 즉, 유기체적인 일차적 죽음과 죽었다는 것을 표상하는 이차적 죽음이 그것이다. 그래서 자연스레 대상이 잊히는 것이 아니라, 자아 본인이 노동이라는 고통스러운 작업을 거쳐야만 애도가 가능하다.[46] 주중원은 차희주를 자신을 배신하고 죽은 대상으로만 바라보고, 그녀가 왜 죽음에 이르렀는지, 왜 그를 납치했는지 등에 대

---

44 지그문트 프로이트, 「슬픔과 우울증」, 『정신분석학의 근본개념』, 윤희기·박찬부 옮김, 열린책들, 2014, 244쪽.
45 슬라보예 지젝, 『이데올로기의 숭고한 대상』, 이수련 옮김, 새물결, 2013, 219쪽.
46 맹정현, 『멜랑꼴리의 검은 마술』, 앞의 책, 50쪽.

한 사건의 전말을 깊숙이 묻어버렸다. 그녀를 잊기 위한 합당한 에너지를 쏟지 않았기 때문에, 주중원은 차희주로부터 자유로울 수 없었던 것이다.

① 한나　　왜 이제 와서 이래? 넌 네 상처 때문에, 한 번도 죽은 애가 왜 그렇게 된 건지, 알려고도 이해하려고도 하지 않았잖아. 그냥 알던 대로 두면, 편하게 살 수 있을 텐데?

주중원　　정말로 그 애가 나 때문에 죽었다는 거야?

한나　　그래. 너 때문에 죽었어.

(15회)

② 차희주　　중원아, 더 이상 내가 너한테 아픔이 아니었음 좋겠어.

주중원　　미안해. 아무것도 모르고 미워해서 미안해.

(15회)

(대사정리 인용자)

주중원은 첫사랑이었던 차희주가 죽은 이유가 진범이 자신을 죽이겠다는 협박 때문이었음을 알게 되고 난 후에야 납치 사건의 진실을 바로 마주하며 차희주를 온전히 보내준다. 주중원은 차희주가 죽어서도 지켜주고 싶어 했던 사람이 진범이라고 오해하고 있었다. 따라서 그는 차희주라는 상처를 그저 덮어버리고 납치 당시의 기억 때문에 무서워서 글도 읽지 못한 채 머물러 있던 것이다. 결국 주중원은 차희주라는 결여를 이끌어냄으로써 이를 매개로 자신의 고유한 영역을 구축할 수 있게 되었다. 즉, 그는 앞으로 여생을 살아가는 동안 차희주를 기억하고 태공실과 성숙한 사랑을 새롭게 할 수 있게 되었다. 출구도 없는 밀폐된 자신만의 세계에서 소외된 채 살아온 주중원이 진정으로 자폐적인 의식적 실명으로부터 벗어날 수 있는 방법은 "타자의 부재를 짊어진 주체의 위치를 바꾸는 일"[47]뿐이다.

전술했듯이 태공실이 귀신을 보고 그들의 이야기에 귀를 기울여주는 이유는 사고 후 의식불명인 채 3년 동안 병원에 있을 때 그녀의 영혼이 귀신으로 떠돌아다니며 했던 약속 때문이다. 태공실의 영혼은 자기가 이승으로 다시 돌아가면, 죽어서 아무런 힘이 없는 그 마음들을 들어주겠다고 다른 영혼들에게 약속을 했던 것이다. 이 같은 사실을 몰랐을 때, 태공실에게 귀신은 혐오스러운 것, 불편하게 하는 것, 심지어 나를 위협하는 대상이었다. 태공실은 평범하게 살고 싶은 그녀의 일상에 원하지 않는 귀신들이 나오고 자기에게 귀찮게 달라붙는 게 싫었기 때문에, 그녀는 예고도 없이 찾아와 무작정 자기 이야기를 하는 귀신들로부터 도망치거나 숨으며 그들을 피하기에 바빴다.

태공실   귀찮게 달라붙는 거 참, 싫죠. 그냥 눈 한번 마주쳤을 뿐인데 무섭게 따라오고, 나랑 상관없는 부탁이나 하고. 저도 그런 사람들이 많아서 얼마나 싫은지 알아요.

(1회: 대사정리 인용자)

태공실은 귀신들에 대해 알고 싶지 않아서 피하고 도망가지만, 그럼에도 불구하고 막상 그녀의 눈에 귀신이 보이면 그녀는 그들을 외면하지 않는다. 우리는 자신의 비통한 이야기에 귀 기울여 줄 사람이 있다는 자체만으로 큰

---

47 맹정현, 『리비돌로지』, 앞의 책, 283쪽.

위안을 받을 수 있고, 누군가가 자신의 이야기에 공감해준다는 사실에 짊어지고 있던 고통의 일부를 내려놓는다. 죽은 사람에게는 이승에서 자기가 원하는 바를 행동할 힘이 없는데 그렇다고 마음까지 없는 것은 아니다. 이를 알기에 태공실은 현실에서 자신이 이질적으로 보이는 것을 기꺼이 감수하면서까지 귀신들의 안타깝고 억울한 사연에 귀를 기울인다.

경청은 수동적 행동이 아니다. 특별한 능동성이 경청의 특징이다. 나는 우선 타자를 환영해야 한다. 다시 말해 타자의 다름을 긍정해야 한다. 그러고 나서 나는 그를 경청한다. 경청은 선사하는 것, 주는 것, 선물이다. 경청은 타자가 말을 수동적으로 좇아가지 않는다. 어떤 면에서 경청은 말하기에 선행한다. 경청은 타자로 하여금 비로소 말을 하게 한다. 나는 타자가 말을 하기 전에 이미 경청한다. 혹은 나는 타자가 말을 하도록 하기 위해서 경청한다. 경청은 타자를 말하기로 초대하고, 타자가 그의 다름을 드러내도록 풀어준다. 경청은 타자가 자유롭게 말하는 공명의 공간이다. 그래서 경청은 치유할 수 있다.[48]

위의 한병철의 설명처럼 태공실이 귀신의 이야기를 경청하는 순간 귀신은 현존하는 대상으로서 인정받게 된다. "경청은 타인들의 현존재에 대한, 그들의 고통에 대한 행동이자 적극적인 참여"[49]이기 때문이다. 본인의 병 때문에 어쩔 수 없이 이별 통보를 해야 했던 유혜성의 죽은 애인은 전광판에

---

48 한병철, 『타자의 추방』, 이재영 옮김, 문학과 지성사, 2017, 108~109쪽.
49 위의 책, 115쪽.

나온 유혜성을 바라보고 있었는데, 죽어서도 그를 잊지 못하는 그녀의 마음에 태공실은 함께 가슴 아파하고 그녀의 진심 어린 마음이 유혜성에게 전해지도록 돕는다. 가정폭력을 당한 아이를 구하기 위해 유치장에 가는 것도 마다하지 않고, 부모에게 학대를 받고 버림받은 채 죽은 아이들을 위해서는 어른들 대신 사과를 하고 안아준다. 남편의 외도를 알고 죽게 된 아내를 위해서는 뻔뻔한 남편의 진실을 밝히려 사람들의 구경거리가 되는 것도 감수한다. 유쾌한 일에는 누구나 쉽게 동조할 수 있다. 그래서 불쾌하고 마주하고 싶지 않은 일에 대해서 공감을 해주는 것은 당사자에게 더 큰 만족감을 줄 수 있다. 그렇기 때문에 아무도 봐주지 않고, 들어주지 않았던 귀신들의 처지를 이해해주고 원통한 하소연을 들어주기로 약속했던 태공실이 그들에게는 환하게 빛나는 태양과도 같은 존재라는 것은 당연하다.

태공실   깨어나서 갑자기 그들을 보고 듣는 내가 너무 싫고 무섭기만 했는데, 지금은 아니에요. 빛나는 태양이 되어 주기로 약속한 거였으니까. 그걸 지키고 있는 내가 싫지도 무섭지도 않아요.

(17회: 대사정리 인용자)

무섭고 두렵고 귀찮은 존재인 귀신을 피하기 위해 주중원에게 매달렸던 태공실은 살아가야 할 현실이 고통스러웠기 때문에 '방공호'라는 마취된 세계, 고통이 부재한 세계로 도망가기에 급급했다. 하지만 사회적 주변인으로 머물러야 하는 삶에서 벗어나기 위해서는 왜 보통의 사람과 다른 세계를 마주할 수 있는 것인지를 정면으로 맞닥뜨려야만 했기 때문에, 그녀는 자기 스스로를 되짚어보기로 한다.

이때 주목할 것은 태공실이 귀신의 이야기를 듣고 그들이 원하는 것을 들어주겠다고 하면 귀신의 형상이 변화한다는 사실이다. 태공실이 살고 있는 고시텔의 404호에 머무는 할머니 귀신은 태공실이 자기를 무서워한다는 것을 알고 있지만, 그녀가 자기를 봐줄 때까지 계속 나타난다. 할머니 귀신을 피할 수 없던 태공실은 404호에서 할머니 귀신과 눈이 마주치자 겁에 질려 자신의 방으로 도망을 간다. 태공실은 할머니 귀신이 자기 방까지 들어오지 못하게 현관문을 잡고 있었지만 무용지물이며, 결국 방에 들어와 자기를 지켜보던 할머니 귀신과 마주하게 된다. 태공실이 할머니 귀신을 마주하고 그녀의 이야기를 들어주기로 마음먹은 순간, 무섭고 기괴한 할머니 귀신의 얼굴에서 일반적인 할머니 얼굴로 변한다. 그녀는 할머니 귀신의 부탁대로 자신의 장례식장에서 자식들에게 통장을 전달하고 생전에 하지 못한 말까지 전한다. 더 이상 그녀에게 할머니 귀신은 두려움의 대상이 아니므로, 그녀는 할머니 귀신을 무서워하지 않고 마주할 수 있다. 그러자 자신이 원하는 바를 이룬 할머니 귀신은 살아있는 사람의 모습과 유사한 모습으로 변한 후 사라진다. 자식들에게 하고 싶은 말을 하지 못해서 속앓이를 하던 할머니는 태공실 덕분에 자식들에게 전하고자 하는 말을 하고 귀신들의 세계로 갈 수 있었던 것이다.

얼굴은 "타자성, 즉 거리를 요구하는 타자의 다름을 구성하는 본질적인 요소"[50]이다. 태공실은 귀신들이 자기 이야기를 안 들어주면 계속 괴롭힌다는 이유만으로, 마음이 내키지 않음에도 어쩔 수 없이 귀를 기울이는 것은

---

50 한병철, 『에로스의 종말』, 김태환 옮김, 문학과 지성사, 2015, 42쪽.

아니다. 태공실은 죽은 사람에게는 아무런 힘이 없지만 그들의 마음은 남아 있다고 믿으며 그들의 아픈 마음을 어루만져 준다. 비록 태공실이 직접 경험해보지 않은 일일지라도, 그녀는 상상을 통해 그들의 처지에 자신을 놓고 그들과 같은 고통을 느끼며 그들과 유사한 감정을 불러일으킨다. 차희주를 떠나보내는 주중원 대신 그녀가 눈물을 흘린 것은 주중원과 차희주의 아픔을 충분히 공감하고, 아무도 어루만지지 않고 오랜 시간 곪아있었던 주중원의 상처가 비로소 치료됐음을 알았기 때문이다. 정리하자면 자기들의 이야기를 들어주는 태공실의 마음가짐에 따라 귀신 얼굴의 형상이 달라진다는 것은 태공실 본인이 한 발 물러나서 귀신들이 자기와 다른 존재임을 받아들이고 그들의 이야기에 공감하고 경청했기에 가능한 결과라 할 수 있다.

4. 마음의 경계를 넘어서기

환상서사는 초자연적인 가공의 세계에서 일어난 사건 혹은 현실에서 있을 수 없는 사건을 다룬다. 간단히 말해 환상서사는 욕망에 관한 문학이다. 디제시스 안에서는 현실에서 불가능한 것들이 어렵지 않게 재현되는데, 이는 현실 세계의 욕망이 투영된 결과라 할 수 있다. 때문에 귀신이 등장한 해원서사는 여러 장르에 걸쳐 가장 대표적인 환상서사로 변모되고 소환된다.

TV드라마 〈주군의 태양〉은 시각적 정신병리 현상을 겪는 인물들, 즉 난독증과 환시를 겪고 있는 인물들이 등장하여 새롭고 신선한 귀신서사의 외피를 보여준다. 외상 후 스트레스 장애 때문에 난독증을 겪게 된 주중원은 타인과의 연대 없이 신체적 접근을 스스로 차단하고, 모든 것을 수치화하며 강박적 증세를 지닌다. 다른 세계와 소통이 불가한 밀폐되고 자폐적인 그의 세계에 태공실이라는 낯선 자가 침입하는데 그녀는 귀신을 볼 수 있고 귀신의 이야기를 들을 수 있다. 그녀는 깨끗하고 매끄러운 주중원의 세계에 틈입하는 이방인에 위치되지만 결국 끊임없는 그녀의 접촉으로 주중원은 단단한 세계의 벽을 허물고 자폐적인 공간에서 벗어나게 된다. 반면 태공실의 세계에는 일상적이지 않은 섬뜩한 귀신들이 존재한다. 태공실은 불쑥 나타나는 귀신이 무섭고 두려워 피하고 싶지만, 점차 그들의 존재를 인정하고 공감하기 시작하면서 스스로를 은둔시켰던 자신만의 세계를 허문다. 결국 대척된 세계에 위치한 주중원과 태공실은 자신과 다른 존재를 인정하고 공감하기 시작하면서 공존한다. 하지만 디제시스 안에서 실재계에 노출된 태공실이 시각적으로 근대적 남성주체에서 탈락한 주중원을 다시 근대 주체로 복귀시키는 일련의 과정은 '평강공주와 바보온달'의 서사를 변주한 것이라 봐도 무방하다. 즉 여타의 멜로드라마 작품들과 마찬가지로 기존의 장르 관습에서 벗어나지 못한 채, TV드라마라는 매체적 특성에 맞춰 상상적 해결을 통해 현실의 은폐된 모순을 쉽사리 봉합하고 있다는 점은 분명 이 작품의 한계이다.

그럼에도 불구하고 〈주군의 태양〉은 정형화된 귀신서사를 탈피했다는 점과 점차 타인과의 연대감·유대감이 퇴색하고 사라지는 이 시대에 진정으로 필요한 것은 타인을 맞대어 바라보고 그들과 동감(同感)하는 것임을 시각적 정신병리라는 시대적 징후로 그려내고 있다는 점에서 의미를 갖는다. '난독'과 '환시'라는 시각적 정신병리는 단순히 개인의 고통스럽고 힘겨운 문제로 치부할 수 없다. 사회적 균형에 틈입이 생겨 발현되는 다양한 병리학적 문제는 타자와의 관계의 균열에서부터 시작된다. 예외적 상황이 인정되지 않은 시대이기 때문에 사회에서 용인하는 공동 영역에 포함되지 못하는 '나'와 다른 사회구성원은 자연스레 경계 너머로 배제된다. 경제적 조건은 차치하더라도 제한적 혹은 확장된 시각 영역을 가진 주중원과 태공실은 사회적으로 규정된 정상의 범위에 포함되지 못한다. 결국 이들은 "타인과, 세계와의 연결, 공시적 이야기를 공유하는 공동체의 소속 여부를 보여주는 하나의 지표"[51]인 외로움을 수반한 불안한 주체이라 할 수 있다. 따라서 우리는 이들의 외로움과 불안의 원인과 본질이 무엇인지를 분명히 직시하고 이해할 필요가 있다.

---

51 권명아, 『무한히 정치적인 외로움』, 갈무리, 2012, 16쪽.

〈비밀의 문〉(2014), 〈붉은 달〉(2015), 〈사도〉(2015)
: 임오화변 모티브와 세대 담론의 길항*

김강원

1. 시대의 징후로서 '세대'의 담론화

역사드라마는 지난 이야기이지만 현재를 은유하여 재현할 수 있는 까닭에 선호되는 장르이다. 그렇기 때문에 그 '선호'의 양상도 현재의 징후를 투영하기 마련이고, 이것은 일련의 공시적 경향성을 드러내게 된다. 박정희 군사정권 시기에 무신 이순신의 영웅화 작업이나, IMF외환 위기를 겪은 후 능력 있는 통치에 대한 대중의 갈망이 정조라는 인물에 투영되어 그를 모티프로 한 작품들이 유행했던 사례들이 이에 해당한다. 그리고 최근에는 세대 간의 갈등, 특히 이를 보다 직접적으로 그리고 극적으로 드러낼 수 있는 부모와 자식의 대립을 모티프로 하는 작품들이 대중의 호응을 받고 있다. 역사드라마가 이러한 사실(史實)을 화소로 하게 된 것은 세대 갈등이라는 시대의 징후를 담아낸 것으로 볼 수 있다.

한국의 사회문화에서는 유교적 영향이 아직도 강하게 잔존하고 있었기

---

*   이 글은 아래 논문을 수정 보완한 것임.
김강원, 「임오화변(壬午禍變) 서사를 통해 드러나는 시대적 징후 고찰」, 『한국극예술연구』 50, 한국극예술학회, 2015.

때문에 세대 갈등의 문제가 상대적으로 늦게 공론화된 편인데, 표면화되는 것이 늦었던 만큼 그 안에 응집된 갈등요인이 누적되다보니 상당히 강하게 충돌하고 있다고 볼 수 있다. 억압이 강한 만큼 반발 역시 강하게 작용할 수밖에 없기 때문이다. '아버지와 아들이 일자리를 두고 다투는 상황'으로 대유되는 장기화된 실업문제와 경제위기로 인해 그동안 공고히 지속되어 온 가부장의 신화는 유래를 찾아보기 어려울 만큼 흔들리고 있다. 아버지로부터 물려받은 것은 지난 세대들이 누린 호황의 찌꺼기에 불과하다는 자각에서 젊은 세대들이 갖는 적대감은 시작되었다.[1] '아들'[2] 세대들이 드러내는 노골적인 비판과 반감은 '아버지' 세대들과의 대립구도를 촉발시켰다.

세대 갈등이 사회문화적으로 부상한 시기는 대략 2012년 무렵으로 볼 수 있다. 통상 지역 갈등이 핵심 이슈가 되던 이전의 대선(大選)들과는 달리 2012년의 18대 대선은 이례적으로 세대 갈등이 중요 쟁점으로 부상하였는데, 이러한 세대 갈등의 문제는 글로벌 트렌드와 맞물려 사회문화적 담론으로 확산되었다. 굳이 오이디푸스 컴플렉스를 예로 들지 않더라도 역사적으로 세대 간의 갈등은 인류의 역사 이래로 지속되어 왔지만, 최근에 와서는 일자리 등 경제적 측면과 더불어 정치와 문화 등 전방위적인 분야의 주도권을 놓고 구체적인 사건과 이슈에 대해 직접적으로 경쟁하고 갈등한다는 점

---

[1] "2030세대는 한국의 미래를 '지속 쇠퇴(continuous decline)'로 인식했다. 전함은 침몰하는데, 아군(我軍)은 없다. 도움 줄 세력도 없다. 2030세대의 현실인식은 '각자도생 생존사회', 딱 그것이다.", 송홍근, 「'퀀텀 점프'→'지속 쇠퇴' 낭만세대→난망(難望) 세대」, 『신동아』, 2015.10.20. (https://shindonga.donga.com/society/3/02/13/151345/2)

[2] 이 글에서 '아들'은 성적인 구분의 개념에서의 남성인 자녀를 의미하지 않는다. 성적 구분의 아들과 딸을 모두 포함하는, 부모와 구분되는 의미로 자녀세대를 포괄하고 상징하는 '아들'로 용어를 포괄함을 밝힌다.

에서 변별을 보인다. 2012년 대선을 치르며 촉발된 세대 갈등은 해를 거듭하며 정치문화의 영역에서 사회문화적 담론으로 확산되었고, 이와 더불어 아들과 아버지의 갈등을 다루는 선조와 광해군, 인조와 소현세자, 영조와 사도세자를 모티브로 하는 역사드라마들이 급격히 등장하기 시작했다.[3] 지난 세대가 누린 혜택의 결과로 남은 빚을 감당하느라 허덕이는 젊은이들과 서슬 퍼렇게 대드는 젊은 세대에 대한 위기감을 느끼는 기성세대 모두에게 '서로 칼을 겨누는 아들과 아버지'라는 역사적 모티프는 강하게 소구될 수 있었다.

그 중에서도 사도세자를 주인공으로 내세워 '임오화변(壬午禍變)'을 소환하는 역사드라마들은 이 시기에 처음 등장했다는 점에서 주목할 필요가 있다. 사도세자가 부왕(父王)인 영조에 의해 뒤주에 갇혀 사망한 임오화변은 그간 역사드라마에서 직간접적으로 자주 등장하여 이미 시청자들에게 익숙한 사실(史實)이었음에도 불구하고 영조나 정조를 다루는 이야기의 시작과 끝, 혹은 주요한 계기로 설정되어 있는 경우가 많았다. 정작 임오화변의 당사자인 사도세자를 주인공으로 한 역사드라마는 찾아보기 어려웠다. 광해군이나 소현세자와 달리, 사도세자는 영조와 정조로 이어지는 치세에 주변적 요소로 배치되는 경우가 일반적이었기 때문이다. 그런데 공교롭게도 세대 갈등이 본격화된 2014년과 2015년 즈음, 이에 대한 역사적 모티브를 재

---

3   2010년 대 당시 이러한 역사적 모티브를 재현하고 있는 대표적 TV드라마와 영화는 <궁중잔혹사-꽃들의 전쟁>(JTBC, 2013), <불의 여신 정이>(MBC, 2013), <삼총사>(tvN, 2014), <왕의 얼굴>(KBS, 2014), <징비록>(KBS, 2015), <화정>(MBC, 2015), <조선로코 녹두전>(KBS, 2019), <왕이 된 남자>(tvN, 2019)과 영화<광해, 왕이 된 남자>(2012), 영화 <대립군>(2017) 등이 있다. 시대적 배경이 다르기는 하지만 당시 천만 관객을 동원한 영화 <암살>(2015)도 아버지를 죽이는 살부계(殺父契)를 중요한 모티브로 하고 있다.

현하는 과정에서 이전과 달리 사도세자를 주인공으로, 임오화변을 중심사건으로 내세우는 역사드라마가 연이어 등장하였다. 때문에 이 글에서는 이를 주목할만한 이례적 현상으로 보고, 영조와 사도세자라는 인물을 통해 재현되는 시대의 징후를 살펴보고자 한다.

문학은 항상 사회문화적 토양을 바탕으로 창조되어왔다. 대중의 욕망을 반영하고 또 그것을 승화시켜나가는 것이 문학과 현실세계의 관계이자 가치였기 때문이다. 현실의 카오스를 카이오드적으로 재편하는 것, 그것이 문학이 시대의 길잡이를 해 주거나 혹은 시대의 욕망과 갈등을 드러내줄 수 있는 방식일 것이다.[4] 이것은 비단 문학에 해당하는 것만이 아닐 것이고, 이를 예술이나 문화 전반으로 확장시켜도 마찬가지일 것이다. 그러므로 지금 우리는 아버지와 아들의 가장 참혹한 관계를 재현하는 임오화변을 중심에 놓고 그것을 소환하고자 하는 현상을 포착하는 동시에, 이러한 현상에는 이 시대의 욕망이나 갈등이 내포되어 있음을 짐작할 수 있는 것이다. 이에 이 글은 지금의 시대가 임오화변의 역사적 모티브를 극화하는 과정에서 반영한 대중의 욕망을 분석하고, 그에 담긴 세대 갈등의 담론을 고찰해보고자 한다.

전통적으로 아버지와 아들은 정신분석학의 중요한 연구대상이었다. 흥미로운 것은 오이디푸스 콤플렉스를 주장한 프로이트의 정신분석학이 시작되던 시기가 세계의 흐름이 변화하면서 아버지의 위상이 정치, 종교, 가족이라는 전방위적 측면에서 몰락하던 시대였다는 점이다.[5] 이제 시대의 흐름은

4 　질 들뢰즈·펠릭스 가타리, 『철학이란 무엇인가』, 이정임 옮김, 현대미학사, 1995, 295쪽.
5 　필립 쥘리앵, 『노아의 외투 - 아버지에 관한 라캉의 세가지 견해』, 홍준기 옮김, 한길사, 2000, 44쪽.

다시 바뀌고 있고, 아버지와 아들의 문제는 새로운 담론으로 재정립될 필요가 있다. 그렇기 때문에 아버지의 상징에 대한 새로운 인식의 전환이 필요한 시점이라는 표현은 결코 과언이 아닐 것이다. 쥘리앵은 아버지의 몰락이라는 현상에 대해 '아버지란 누구인가'라는 대중들이 가지는 수준의 질문 대신 '아버지를 가지고 있었다는 것이 아들 또는 딸을 향해 던지는 의미는 무엇인가'를 화두로 두는 것이 바로 시대를 보는 정신분석학의 층위가 될 수 있음을 강조한 바 있다.[6] 프로이트와 쥘리앵에서 힌트를 얻자면, 지금의 우리 역시 급변하는 시대에 대한 아버지와 아들의 갈등은 무엇인가보다는 그러한 갈등이 의미하는 바, 그리고 버림받은 아들이 상징하는 시대의 징후에 대해 주목할 필요가 있다.

전술하였듯 비슷한 시기에 사도세자를 주인공으로 한 세 편의 작품이 등장하게 되는데, 〈비밀의 문-의궤살인사건〉(이하 〈비밀의 문〉)[7], 〈드라마스페셜-붉은 달〉(이하 〈붉은 달〉)[8]과 〈사도〉[9]가 그것이다. 〈비밀의 문〉은 24부작의 미니시리즈로 사도세자(이제훈 분)가 화원(畵員)의 살인사건을 추리하는 내용의 미스터리물이고, 〈붉은 달〉은 사도세자(김대명 분)의 광증을 장희빈의 귀신과 연관해 풀어 낸 공포물로 1회분 단막극이다. 〈사도〉는 영조와 사도세자(유아인 분)를 아버지의 아들의 관계에 초점을 맞춰 극화한 가족서사에 비중을 둔 영화이다. 이처럼 세 작품의 분량이나 장르 등은 차이를 갖지만, 그럼에도 불

---

6 위의 책, 70쪽.

7 극본 윤선주, 연출 김형식, SBS, 2014.09.22.~2014.12.09. (24부작)

8 극본 유영석, 연출 배경수, KBS2, 2015.08.07.~2015.08.07. (1부작)

9 감독 이준익, 2015.09.16. 개봉.

구하고 임오화변이라는 사실(史實)을 모티브로 사도세자 캐릭터를 강하게 부각시키면서 영조와의 극적 갈등을 강조하고 있다는 점에서 공통점을 보인다. 따라서 이 글에서는 이들 세 작품에서 영조와 사도를 중심으로 한 캐릭터를 형상화하는 방식, 그리고 인물 간의 관계, 특히 갈등구조의 전개를 통해 드러나는 시대 징후를 살펴보고자 한다.

2. 아버지의 부재와 국가의 상실

〈비밀의 문〉, 〈붉은 달〉, 〈사도〉는 공통적으로 극적 갈등의 중심을 아버지와 아들의 관계에 두고 있다. 이는 사도세자와 영조의 이야기가 그간 당쟁(黨爭)이라는 정치적 구도 속에서 해석되어온 것에 대한 비틀어보기의 시도일 수도 있겠고, 주로 정조의 이야기를 다루는 데 곁들여 언급되던 사도라는 인물을 중심에 놓고 보니 그의 아들이자 아버지로서의 자리가 새삼 강조된 탓일 수도 있겠다. 이유가 어찌 되었든 결과적으로 사도세자를 다루고 있는 작품들은 '가족'이라는 카테고리를 강하게 부각시키고 있음은 분명하다. 아버지, 어머니, 아내와 남편, 그리고 아들의 이야기들로 일반화할 수 있는 부분들이 강조되고 있는 것이다. 〈사도〉는 "역사를 재조명하고 부자간의 아픈 가족사에 대한 공감대를 형성, 현대사회의 가족 문제와 그 의미까지 되돌아보게 한다"라는 이유를 근거로 청소년 추천영화로 선정되기도 하였다.[10] 감

10 "영등위는 극 부문에 선정된 '사도'에 대해 "역사적 사실을 바탕으로 영조와 사도세자 간의 비극적인 8일을 기록한 영화"라며 "역사를 재조명하고 부자간의 아픈 가족사에 대한 공감대를 형성,

독인 이준익 역시 다수의 인터뷰를 통해 작품이 다루고 있는 아버지와 아들의 이야기를 강조한 바 있다.[11] 이처럼 최근의 역사드라마에서 재현되는 사도세자는 '왕에 의해 죽음을 당한 세자'보다는 '아버지에 의해 죽음을 당한 아들'이라는 개인적 측면이 부각되면서 임오화변의 잔혹함과 참담함은 더욱 가중되었다.

그렇다면 이렇게 끔찍한 아버지와 아들의 패륜적 살육에 왜 '지금'의 대중들은 '새삼' 주목하고 있는가? 그간 임오화변이나 사도세자를 중심으로 놓았던 역사드라마가 없었던 점을 환기하자면, '지금' 시기에 '굳이' 그 참혹한 사건을 소환하여 들여다보고자 하는 대중의 욕망을 단순히 극적 재미의 측면으로만 치부할 수는 없다. 그보다는 세대의 담론을 아우르는 보다 심층적이고 포괄적인 시대 담론이 내포되어 있다고 보는 것이 더 타당할 것이다. 사실 〈사도〉를 비롯한 〈비밀의 문〉, 〈붉은 달〉은 공통적으로 가족이라는 카테고리 안에서 아버지와 아들의 갈등을 다루고 있지만, 이것은 용어가 갖는 협의(狹義)의 개념으로 이해하기보다는 일종의 은유로 보는 것이 더 적합하다. 왜냐하면 이 작품들에서 등장하는 부자(父子)의 갈등은 단순히 가부장적 위계의

현대사회의 가족 문제와 그 의미까지 되돌아보게 한다"고 했다." 이종길, 「'청소년을 위한 좋은 영화'에 '사도'·'기적의 피아노'」, 『아시아경제』, 2015.10.16. (https://n.news.naver.com/entertain/article/277/0003604786)

11 "왕과 세자 이야기지만 자유민주주의 시대에는 모든 가정의 아버지가 왕이죠. 자식이 세자고요. 평등사회가 왔기 때문에 특별한 이야기로 느껴지지 않고 몰입해서 볼 수 있으실 것 같네요. (중략) 아버지와 아들, 엄마와 아들, 영조의 아들이기도 하지만 정조의 아버지, 불편한 감정들이 너무 많아요. 그걸 보면 관객들도 힘들 수 있어요. 저는 그 불편함을 정면으로 마주함으로 각자 안에서 느껴왔던 그 감정들을 치유할 수 있다고 봐요." 이준익 감독 인터뷰 중에서, 유지윤, 「이준익 감독 "'사도' 통해 일상 속 고통 치유할 수 있길"」, 『헤럴드경제』, 2015.09.22. (https://n.news.naver.com/entertain/article/016/0000857537) 기타 다수의 매체 인터뷰를 통해 이준익 감독은 이것이 보편적인 가족의 이야기, 개인의 이야기로 내면화될 수 있음을 강조하고 있다.

차원이 아닌 사회 전반을 장악하고 있는 신자유주의에 대한 개인의 불안과 공포에 대한 징후로 해석될 수 있기 때문이다.

통상 아버지란 남근(男根)으로 상징된다. 그리고 국가는 남근이 형상화된 아버지를 의미하기도 한다. 아버지가 아들을 보호하는 존재인 것처럼, 국가도 국민을 보호하는 존재가 되는데, 이는 국가가 발생한 역사 이래로 국가가 가진 가장 기본이자 최우선의 역할이었다. 이데올로기에 의해 세계가 재편되었던 냉전시대조차도 국가는 국민을 지키는 최소한의 단위이자 기준으로 유지될 만큼 그 테두리는 공고했고, 이러한 국가의 역할에 대한 국민들의 믿음 역시 강하게 유지되어 왔다. 그러나 신자유주의 시대에 이르러 국가는 아버지의 자리를 포기하게 된다. 국가가 가졌던 강력한 패권이 그 범위도, 형체도 가늠하기 어려운 금융자본주의라는 괴물에게로 넘어간 것이다. 신자유주의 체제 이후 국가의 안전망이 해체되면서 더 이상 국가는 국민을 보호해주지 않았다. 개인은 오롯이 개인 그 자체의 단위로 존재하게 되었고, 국가라는 보호막이 사라진 개인은 무리가 아닌 개체로서 무한경쟁의 사회로 내몰리게 되었다. 주체들은 국민이 아닌 파편화된 개인으로 수탈당하기 시작한 것이다.[12] 국가라고 할 수 있는 아버지는 부재하게 되었고, 국가의 가부장적 권위는 소멸되었다.

마치 아버지를 잃은 아이가 그러하듯, 국가의 보호막을 상실한 국민들의 불안감은 증폭될 수 밖에 없었다. 그리고 불안과 공포, 그 이면에는 증오의 감정이 복합적으로 동반되기 마련이다. 그렇기 때문에 자식을 포기한 아버

12　프랑코 베라르디 '비포', 『프레카리아트를 위한 랩소디』, 정유리 옮김, 난장, 2013, 70쪽.아이러니하게도 '파편화된 개인'이라는 점이 이들을 공동체로 묶을 수 있는 동질의 속성이 된 것이다.

지라는 존재에 대한 증오는, 아버지에 의해 죽음을 당한 사도세자의 서사로 강하게 이입될 수 있었던 것이다.

〈비밀의 문〉 포스터
(출처: SBS)

〈붉은 달〉 포스터
(출처: KBS)

〈사도〉 포스터
(출처; (주) 쇼박스)

포스터란 작품의 기획 의도를 가장 잘 드러내고 있는 이미지의 집약적 상징이다. 흥미롭게도 세 편의 작품은 포스터에서 공통된 아버지의 상징을 보여준다. 아버지는 아들의 목숨줄을 압박하거나(〈비밀의 문〉), 부재하거나(〈붉은 달〉) 혹은 외면한다(〈사도〉). 결국 세 가지 이미지는 모두 아비로부터 버림받은 아들, 즉 보호받지 못하는 아들의 모습이라는 점에서 공통점을 갖는다. 이것은 신자유주의로 인해 부재하는 국가와 국민의 관계를 은유하는 것이기도 하다.

실제로 이 무렵 국가의 보호막이 부재하는 현실에 대해 국민들이 자각하게 되는 사건이 발생하게 되는데, 바로 2014년의 세월호 사건과 2015년의 감염병 메르스(MERS) 확산에 대한 경험이었다. 연이은 국가적 재난 상황을 경험하며 국민을 보호하지 못하는 국가의 심각성에 대해 국민들은 각성하게 된다.[13] 〈비밀의 문〉은 세월호 사건이 발생한 날로부터 반 년이 지난 시점에 방영되었는데, 이 작품은 사도세자와 그 주변 인물들의 입을 빌어 세월호 이후의 사회상을 노골적으로 언급하고 있다.

① 지담 父   억울하게 죽은 피해자와 그 유족이 안타까워서 진실을 밝혀보겠다는 게 뭐가 문제야. 우리 지담인 문제없어. 문제가 있다면 자식 놈 귀한 뜻 하나 지켜주지 못하는 이 애비가 문제지. 진실이나 정의 따위는 관심조차 없는 이 험한 세상이 문젠 게지. 우리 지담인 문제 없어.

(3회)

② 세자   (전략) '백성을 하늘로 알고 섬겨야 한다' 이런 공허한 문구를 늘어놓겠다는 게 아니야. 적어도 백성의 목숨이 자신의 목숨만큼은 귀해야 하는 거 아니야? 그래야 정치할 자격이라도 주어지는 게 아니냐고!

(5회)

(〈비밀의 문〉 대사정리 및 강조 인용자)

사도세자를 비롯한 인물들의 대사는 세월호가 남긴 상처와 직접적으로 연관된다. 작품의 부제이기도 한 '의궤살인사건'의 과정에서 억울한 죽음을 당한 백성과 그 죽음으로 인해 고통 받는 가족들의 모습은 극의 중심인물이 아님에도 불구하고 구체적으로 상술되고 있다. 해당 사건에서는 사회적

---

13 물론 그 이전에도 삼풍백화점 붕괴사고나 감염병 사스(SARS) 등 유사한 재난 상황들이 있었고, 더 거슬러 가보더라도 금융위기 등 다양한 측면에서 국가적 위기는 여러 차례 있었다. 그리고 당시 정부의 대응에 대한 비판 역시 항상 존재하였다. 그러나 이 무렵 세월호 사건과 메르스(MERS) 감염병과 같은 일련의 국가적 재난을 통해 국가의 부재, 혹은 국가부처간의 갈등이 유래없이 강하게 표면화되어 그 민낯을 드러내었고, 그로 인한 국민들의 불안과 대립 또한 첨예하게 부각되었다. 그리고 코로나(COVID) 팬데믹을 지나고 있는 지금, 이러한 상황은 여전히 현재진행형이라고 할 수 있겠다.

신분만으로 따지면 미천하기 그지없었으나 그래도 집안의 가장이자 기둥이었던 아들이 죽은 후 병약한 노모와 꽃다운 여동생은 관비(官婢)로 끌려가는 상황을 보여준다. 또 다른 희생자인 백성의 죽음은 정신 지체를 가진 형과 늙은 노모, 그리고 연정을 나눈 기생의 사연으로 전개된다. 이와 같이 〈비밀의 문〉에서는 (아들이자 아버지였던)가족의 죽음 이후 남은 자들의 무너진 일상이 꽤 비중 있게 묘사되고 있다. 이처럼 (중심인물은커녕 조역도 아닌) 단역의 캐릭터가 느끼는 감정과 사연을 비중 있게 다루는 방식은 기존 드라마의 클리셰에서 벗어난 것인데, 이러한 이례적 작법을 통해 작품은 힘없는 백성(국민)들의 억울함과 상처를 강조하고 있는 것이다.

〈비밀의 문〉에서 극의 전반부에 의궤살인사건이 배치되었다면, 후반부에는 북벌(北伐) 에피소드가 등장한다. 그리고 의궤살인사건과 마찬가지로 여기에서도 국민을 지키지 못하는 국가의 모습은 반복된다. 이 시퀀스에서는 청나라 사신들이 와서 조선 수군(水軍)의 청나라 어선 공격을 빌미로 조선의 해서(海西,황해도) 연안에서 조업을 전면 허용할 것과 청나라 어선이 상시 귀항할 수 있는 귀향지를 마련할 것, 그리고 조선 내에서 발생하는 범죄에 대한 치외법권을 인정하는 것 등을 요구한다. 이러한 부당한 요구에 대해 영조를 비롯한 대신들은 치외법권만 지켜도 성공한 외교라며 각자의 당리(黨利)를 계산하기에 바쁜 모습을 보여준다. 그리고 이처럼 외세로부터 국민을 지키지 못하는 위정자의 모습은 중국불법어선 나포 중 사망한 해경의 사건을 비롯한 당시 외교 현안을 자연스레 연상시키고 있다.

극중에서 사도세자가 해서 연안을 비롯한 이 나라 백성들을 지키기 위해 싸워야 하는 대상은 청나라의 사신뿐 아니라 노회한 자국의 정치인들, 더 나아가 자신의 아버지 영조로까지 확장된다. 이들은 세자가 부르짖는 애민(愛民)을 "단 한 번도 도전받지 않은 권력"을 가진 세자가 "호강에 겨워 요강 깨는" 철없는 짓으로 치부하며, (적국인 청나라 사신과 같은 입장인) 적대적 위치에서 세자를 억압한다. 그들은 결국 모든 것은 "너 때문"이라는 논리를 반복하면서 세자를 탓한다. 영조는 "관용도 힘 있는 자가 갖는 것"이라며 항상 세자를 책망하는데, 공교롭게도 이것은 신자유주의적 사고와 지극히 닮아있다.

신자유주의의 시스템에서는 모든 것이 개인의 책임이다. 힘을 가지지 못한 것 역시 개인의 노력 부족이고 자기 관리가 미흡한 것으로 치부된다. 즉 개인은 성공을 통해 힘을 획득하게 되는 것이다. 〈비밀의 문〉에서 이러한 성격의 대사들이 북벌에 대한 논쟁에서 더욱 빈번하게 등장하는데, 세자의 심복인 채재공조차 세자에게 노론과 손잡을 것을 권유하며 "나쁜 놈들이지만 유능한 놈들"이라고 설득한다. 심지어 세자 스스로가 주장하는 북벌론 역시 그 논리는 "공격할 수 있다면 방어는 문제도 아니"라는 것이다. 이는 결국 백성을 보호하기 위해서는 '힘'이 필요하다는 입장에 근거한 것이다. 문제는 이 지점에서 〈비밀의 문〉에서 강조하던, 순수한 개혁의지를 가진 사도의 캐릭터가 붕괴된다는 점이다. 왜냐하면 이는 결과적으로 사도가 반발하고 대항하고자 한 영조의 힘의 논리와 동일한 것이기 때문이다. 나쁜 놈이지만 능력 있는 놈들을 이용하거나, 불쌍한 백성을 지키기 위해 힘을 길러야 한다는 것은 궁극적으로는 영조와 위정자들이 주장하던 내용과 다름이 없다. 그리고 이것은 개인의 능력을 강조하는 신자유주의의 논리이기도 하다. 앞서 거대 권력에 희생당한 개인의 중요성을 대변하던 세자의 논리와 상충되는 자가당착의 상황이 된 것이다.

한편 영조는 세 편의 작품에서 공통적으로 세자가 극복해야 할 안타고니스트로 등장한다. 흥미롭게도 세 작품 모두 영조의 강박을 캐릭터의 특징으로 중요하게 설정하고 있기도 하다. "강박이란 목적을 실현하지 못하는 의례를 자신의 의지와 상관없이 반복하는 것을 의미하는 것"[14]이다. 다른 이의 감정을 이해하려 하지 않는 자폐적 정신 상태는 신자유주의 이후 현대인의 정신병적 징후의 하나이다.[15] 제 앞가림에 바쁜 현대인들은 타인의 감정에 대한 이해를 시도조차 하지 않는 자폐적 정신 상태에 빠지게 된다고 보는데, 이러한 자폐적 정신 상태는 강박과도 연결된다. 실제 역사에서도 영조라는 인물은 핏줄에 대한 강한 강박이 있는 인물이었다. 천한 신분의 어머니를 둔 왕자로 뒤늦게 세제(世弟)의 자리에 앉게 되었으나, 그에게 왕위를 물려준 것은 아버지가 아니었다. 병약한 형 경종의 죽음으로 왕권을 물려받기는 하였으나 실질적으로 영조의 머리에 왕관을 씌워준 것은 노론이었다. 당파싸움의 방편으로 '선택'[16]된 왕이라는 기형적인 방식으로 주어진 영조의 불안한 왕위에는 설상가상으로 형을 독살하였다는 의혹까지 더해지게 된다. 〈비밀의 문〉이나 〈붉은 달〉이 자객에 의해 생명의 위협을 받는 영조의 장면, 영조나 사도세자의 얼굴 위로 뿌려지는 피(血)의 이미지로 작품을 시작하는 것도 이 때문이다. 그리고 〈비밀의 문〉이나 〈사도〉를 통해 그려지는 영조의 병적인 강박과 괴팍스러움, 혹은 〈붉은 달〉이 그리고 있듯 강한 왕권을 위해 아들을 외면하는 영조의 모습은 사도세자에게 있어 아버지라는 존

---

14 프랑코 베라르디 '비포', 앞의 책, 179쪽.

15 위의 책, 178쪽.

16 〈비밀의 문〉에서는 이를 '택군(擇君)'으로 표현하며, 영조의 강박적 불안의 원인으로 전제하고 있다.

재가 얼마나 불안정한가를 공통적으로 보여주고 있다. 그리고 불안정한 아버지의 강박을 아들 역시 물려받게 되며, 아버지를 극복하지 못한 아들은 아버지가 가진 것보다 더 심한 정신병증에 지배당하게 된 것이다.

사도세자의 광증(狂症)에 대한 이야기는 역사적으로 이미 입증된 사실이다.[17] 이러한 질환이 과연 사도세자를 죽일만한 이유였는가에 대한 의견이 나뉘는 경우는 있으나, 사도세자가 정신 질환을 가진 것은 물론이고, 그의 아버지인 영조 역시 어느 정도 병적인 신경증을 갖고 있었음은 분명해 보인다.[18] 〈비밀의 문〉은 그간 탕평(蕩平)의 군주인 영조의 이미지에 가려진 그의 신경증을 그리는 새로운 시도를 하면서도 이미 입증된 사도의 광증에 대해서는 외면하고 있다. 개혁군주로서 구태(舊態)에 맞서는 세자의 모습을 그리고자 했던 까닭에 결과적으로는 사도라는 인물이 갖는 실체(實體)는 사라지고 당시 역사의 공간에 이식된 새로운 인물이 창조된 것이다.

『한중록(閑中錄)』등에서는 사도세자의 주요 정신질환을 의대중(衣帶症, 옷 입기를 거부하는 강박증)과 화병 정도로 언급하고 있다. 그러나 『한중록』이라는 텍스트를 오늘날 서양의 정신분석학적 방법을 적용하여 분석하면, 불안 신

---

17 『한중록』을 비롯해 『영조실록』과 같은 실록, 그리고 『현고기』와 같은 야사에 이르기까지 이러한 내용은 두루 언급되어 있다. 물론 『사도세자의 고백』과 같은 팩션이 인기를 끌면서 세자의 광증이 조작된 내용이라는 주장이 일부 있었으나, 이는 역사적 근거는 부족한 것으로 학계에서는 인정하지 않는다. 정조는 『승정원일기』에서 사도에 대한 부정적 기록을 지웠다고 한다. 그런데 사도세자가 죽인 궁인이 무려 100여명에 이르렀다고 명기하고 있는 『대천록』의 경우 사도세자의 아들인 정조가 직접 읽고 흡족해하며 본래 제목이었던 '천유록'을 '대천록'으로 손수 고쳐주었다고 전해진다. 이를 통해 사도세자의 광증과 이로 인한 잔인한 행각은 그 이상이었음을 유추할 수 있다.

18 심지어 이러한 영조의 정신적인 질환이 선천적·후천적으로 사도세자에게 영향을 미쳤으리라는 주장도 있다. 손태수, 「『한중록』과 『붉은 왕세자빈』에 나타난 문화횡단성 연구-사도세자의 죽음을 중심으로 한 심층심리학적 고찰-」, 『정신문화연구』 31-1, 한국정신문화연구원, 2008. 참고.

경증, 공포증, 조울증, 강박증 등의 증상들로 진단할 수 있다.[19] 공교롭게도 이것은 신자유주의로 인한 정신병증의 증상과 닮아있다. 신자유주의의 이면에는 급박하게 돌아가는 스피디하고 스마트한 세상에 압도된 인간들이 공황상태에 빠지거나 혹은 통제되지 않는 정신병적 증상에 시달리는 모습이 존재한다.[20] 이는 앞서 언급한 사도의 모습과 연결될 수 있고, 그렇기 때문에 사도의 정신증은 현재로 소환되었을 때 더욱 유의미한 가치를 가질 수 있었던 것이다. 불안한 주체로서의 심리에 극적 갈등의 중심을 둔 〈붉은 달〉이나 〈사도〉의 경우에는 이러한 정신병증의 측면에 상당히 포커스를 맞추고 있는 것에 반해, 준비된 개혁군주로서의 극적 행위와 서사에 중심을 둔 〈비밀의 문〉은 이 부분을 외면하고 있다. 아마 젊은 개혁군주라는 위치가 강한 전형성을 갖고 설정되는 캐릭터의 성격상 정신병증이라는 요소를 포함하기는 어려웠을 것이고, 이로 인해 사실(史實)에서 가장 명확하고도 두드러지는 사도세자의 성격적 특성을 외면할 수밖에는 없었을 것이다. 〈비밀의 문〉은 이러한 정신병증에 대한 내용을 제외하면, 다른 역사적 사실의 고증에 있어서는 상당히 근거있는 재현을 하고 있다. 그럼에도 불구하고 이 지점이 실존 인물의 중요한 특징이었다는 점에서 이는 역사적 상상이라기보다는 왜곡의 우려가 큰 논점이자 사도세자 캐릭터화의 한계점이 된다.

이에 반해 〈붉은 달〉은 장르, 플롯, 캐릭터 등 극의 전방위적 측면에서 사

---

19 위의 논문, 250쪽.

20 "우리의 정신이 그 형태와 의미를 판단할 수 없을 정도로 세상이 너무 빨리 회전하기 시작할 때 카오스가 존재한다. 그 흐름들이 우리의 역량이 감정적으로 정교화할 수 없을 정도로 너무 강렬할 때 카오스가 존재한다. 이러한 속도에 압도되어 정신은 공황을 향해 표류하고, 정신적 에너지들의 통제되지 않는 전복은 우울한 불활성dipressive disactivaition의 전제[전 단계]로 표류한다." 프랑코 베라르디 '비포', 『노동하는 영혼·소외에서 자율로』, 서창현 옮김, 갈무리, 2012. 173쪽.

도세자의 광증을 정면으로 다루고 있다. 그의 광기에 초점을 맞추는 것에서 더 나아가 세자가 느낀 공포를 아예 극의 장르로 대입하여 표방하고 있는데, 이는 실록에 기록된 정사(正史)를 공포물로 그리고 있는 역사드라마가 드물다는 점에서 흥미롭다. 〈붉은 달〉은 장희빈의 혼령이라는 귀신을 직접 등장시켜 공포의 실체를 설정하고 있지만, 극의 본질적 측면에서 사도가 느끼는 공포의 근원은 아버지이다. 이 작품은 영조가 경종을 독살했다는 야사(野史)의 내용을 극의 기본 설정으로 두고 있다. 그렇기 때문에 〈붉은 달〉은 영조가 당시 여론을 무마하고 무고(無辜)를 증명하기 위해, 자신이 독살한 형 경종과 경종의 생모인 장희빈의 거처였던 저승전(儲承殿)으로 사도를 보낸 것에서 극적 사건을 발생시킨다. 아버지는 어린 아들을 귀신의 소굴로 밀어 넣었고, 이러한 아버지의 폭력적 양육은 사도를 미치게 만들었다.[21] 귀신이 나온다는 궁에 홀로 놓인 아들은 아버지가 죽인 귀신들에 의해 밤마다 시달리면서 미쳐간다. 광기로 인해 궁인(宮人)들을 살육함은 물론이고 제 아들 정조를 비롯한 피붙이들에게 칼을 겨누는 지경에 이르렀다. 그러나 그를 그렇게 만든 아버지는 아무것도 알지 못한 채, 사도의 부족함만을 책망한다. 마흔이 넘어 얻은 외아들이자, 태어난 이듬해 세자로 봉할만큼 귀한 존재였던 아들은 결국 아버지의 손에 죽게 된다. 그를 보호하고 지켜주지 못했던 아비가 오히려 그 죄를 물어 아들을 죽인 것이다.

---

21 대체로 역사적 인과는 어느 정도 시간이 흐른 후대에 정리되는 것이 일반적인데, 사도세자가 지나치게 이른 나이에 생모인 영빈과 떨어져 저승전에서 혼자 생활한 경험이 광증의 원인이라는 점은 당대의 한중록에서 이미 사도세자의 비인 혜경궁 홍씨를 통해 적시된 바이다. 이는 당시부터 현재에 이르기까지 크게 이견이 없는 타당성 있는 내용으로 통용된다. 당시의 기준으로도 지나치게 이르게 세자궁으로 독립한 사도세자의 경우는 상당히 이례적으로 받아들여진 것으로 보인다.

〈붉은 달〉에서는 사도를 뒤주에 가두기 위해 영조가 갑옷을 입고 활을 매어 무장을 하고 나서는 장면을 재현하고 있다. 이 시퀀스는 아들을 죽이러 나서는 영조를 마치 짐승을 사냥하러 가는, 혹은 적을 물리치러 출전하는 나가는 무장(武將)처럼 묘사한다. 이 장면에서 사도의 생모 영빈은 그간 사도의 패륜적 악행에 대해 고하고, 영조는 갑옷을 입고 종묘(宗廟)에 앉아 이야기를 듣는다. 영조는 아무런 대답도 반응도 없이 조상의 위패를 향해 시선을 고정하고 있고, 영빈은 위패를 응시하는 영조의 옆모습을 보며 이야기를 한다. 두 인물이 시선을 맞추지 않는 상태에서 영빈의 대사가 진행되도록 인물들이 배치되어 있는 것이다. 카메라가 두 인물을 보여주는 방식에도 이러한 공간의 배치와 동일한 성격의 미장센이 강조된다. 영조의 경우, 카메라가 그의 뒷모습과 옆모습만을 잡을 뿐이다. 영빈의 이야기를 듣는 그의 얼굴을 정면에서 보여주지 않는 앵글로 인해 시청자들 역시 그에게 외면당하는 입장이 되는 것이다. 이와 달리 영빈은 영조와 눈을 마주하지는 않지만 그녀를 정면에서 포착하는 카메라로 인해 시청자들과 눈을 마주할 수 있다. 카메라는 영빈의 눈빛과 표정을 시청자들에게 직접적으로 전달해 주고 있는 것이다. 이 사당씬은 〈붉은 달〉에 등장하는 불통(不通)의 존재로서의 아버지를 상징적으로 보여주는 미장센이다. 영조와 영빈이 한 공간에 있으나 시선의 외면으로 소통하지 않는 모습으로 그리고 있는 것에서 보듯이 영조는 단절된 인물로 등장한다. 카메라는 영조의 옆모습을 통해 시청자를 외면하는 모습을 보여줄 뿐만 아니라 극 중 다른 인물과 단절되어 있는 영조를 보여주는 것이다. 이처럼 영조는 작중 인물 중 누구와도 소통이나 교감을 하지 않는 평면적이고 단선적인 인물로 그려진다. '왕'이라는 강압적인 위치에 박제되어 있는 것이다. 극 중 사도세자가 영조가 총애하는 손자이자 자신의 아들인 어린 정조의 작은 모자(휘항)를 억지로 얹어 쓰고 나타나는 장면이 있는데, 이때 영조는 "미친놈"이라는 한마디로 이를 일갈한다. 아버지가 무서워 그의 눈에 들어 살아남아 보고자 했던 아들의 처절한 노력이 영조에게는 이해할 수 없는 미친짓에 불과했던 것이다. 그렇기 때문에 이러한 행동을 통해 자신의 공포와 불안을 아버지에게 토로하고자 했던 사도의 시도는 오히려 그의 죽음을 앞당기는 결과를 초래하였다.

아버지가 입고 있는 갑옷과 무기는 아들을 지키는 데 사용된 적이 없다. 그것은 그 자신 스스로를 위해 사용되어 왔고, 종국에는 아들을 죽이는 데 사용되었을 뿐이다. 강인한 아버지였지만 아들을 위한 아버지는 아니었던 것이다. 결국 강한 아버지는 허상이었을 뿐, 부재한 존재이다. 그리고 아버지를 잃은 아들은 불안함과 두려움으로 인해 미쳐버린다. 이것이 사도세자의 광증을 〈붉은 달〉이 설명하고 있는 방식이다. 이에 비해 영화 〈사도〉는 사도세자가 느낀 불안과 두려움 이면에 동반되었던 증오에 더 초점을 맞추고 있다.

〈사도〉에서의 사도세자는 스스로 무덤을 만들고 관 속에 누워 있는 모습으로 등장한다. 이는 마치 죽음을 받아들이는 모습으로 보이기도 한다. 그러나 사실 이러한 행동은 죽음에 대한 순응이라기보다는 오히려 자신을 외면하는 아버지에게, 그가 자신을 이미 죽은 아들 취급 하고 있지 않냐는 것을 보여주는 항거의 행위였던 것이다. 아울러 이는 아버지를 향한 증오와 분노를 스스로를 해치는 방법으로 표출했다는 점에서 일종의 정신적 자해(自害)이기도 하다. 초반에는 이처럼 무덤 속 관 안에 자신을 가두며 증오를

갈무리하던 사도는 이내 자신이 만든 관 속에서 벌떡 일어선다. 그는 그제야 비로소 무덤을 나와 칼을 들고 아버지에게로 향한다. 억수같이 내리는 폭우 속을 헤치고 아비를 죽이기 위해 칼을 들고 가는 세자의 모습이 영상을 채우는 동안 청각적 이미지는 〈옥추경(玉樞經)〉의 강렬함이 압도하고 있다.

〈옥추경〉이란 경객(經客)이 악귀를 쫓을 때 읽는 경문인데,[22] 사도가 관 속에 누워 옥추경을 읊어대며 쫓고자 했던 악귀는 자신의 내부에 자리 잡은 광증이었다. 그러나 아비를 죽이러 가는 길에 강렬하게 삽입되는 〈옥추경〉은 장면의 긴박함을 더해주는 미장센을 넘어 결국 그 악귀가 아버지 영조라는 것에 대한 세자의 자각을 상징하게 되는 것이다. 실록에 의하면 사도세자는 무기와 병법에 관심이 있었던 것으로 보이는데, 아버지에 대한 두려움과 증오감에 본능적인 오이디푸스 콤플렉스가 더해지며 '(강력한 권력을 가진) 왕으로서의 아버지'라는 대상에 대한 분노와 미움이 병기(兵器)에 대한 각별한 애착으로 발현되었던 것일 수 있다고 볼 수도 있다.[23] 이처럼 사도세자가 느낀 증오는 불안과 더불어 그의 삶을 지배한 가장 강렬한 감정일 수 있다. 그렇기 때문에 이러한 부분이 다소 약하게 그려진 〈비밀의 문〉이나 〈붉은 달〉에 비해 〈사도〉에서 사도의 감정선이 가장 드라마틱하게 그려질 수 있었다.

정신분석학적으로 볼 때 아들들은 '부친 살해(parricide)'를 통해 성장한

---

22 "조상경이라고 조상한테 외우는 염불이고, 옥추경이라고 실제 있는 것들입니다. 긴장감을 조성해주죠. 사도의 누적된 분노를 잘 표현해줄 수 있는 음악이었어요. 그 음악들은 작곡한게 아니라 천년이 넘은 음악들입니다. 영화를 보는 어머니 아버지 세대들은 익숙하실 것 같아요. 젊은 관객들은 조금 낯설 수도 있겠고요." 이준익 감독 인터뷰 중에서, 유지윤, 앞의 기사.

23 최용기, 「『한중록』에 나타난 갈등구조」, 『건국어문학』 15-1, 건국대학교국어국문학연구회, 1991, 239~240쪽.

다.[24] 아버지를 죽인 아들이야말로 아버지의 이미지를 극복하는 것이기 때문이다. 그러나 아버지에 의해 죽임을 당한 아들을 그리고 있는 세 편의 작품에서 부친 살해의 시도는 좌절 될 수밖에 없다.[25] 즉 아들들의 성장은 좌절된 것이다. 이것이 바로 임오화변의 모티브로 시대의 징후를 포착할 수 있는 중요한 지점이 된다. 부재한 아버지를 죽일 수 있는 방법은 없다. 아버지(아버지의 상징, 국가)는 사라졌다. 아버지를 넘어선 극복과 성장의 기회, 그리고 그러한 성장의 과정 자체가 동시에 사라져버린 것이다. 아버지를 죽이고 성장할 기회를 잃은 까닭에 유아기적 상태에 머물러 있는 아들은 아버지를 대신해 그 자리를 차지한 신자유주의의 질서로 편입되었고, 그 안에서 벌어지는 무한경쟁의 현실 속으로 내몰렸다. 현실의 고단함과 두려움은 잃어버린 아버지에 대한 증오로 발현되었다. 무책임한 아버지에 의해 버림받은 아들의 원망은 아들을 가장 참혹한 방식으로 죽인 아버지의 서사로 환유되었고, 이것은 미스터리(《비밀의 문》)나 공포(《붉은달》), 혹은 비극(《사도》)이라는 가장 감정적인 방식으로 재현된 것이다.

---

24 이것은 오이디푸스 컴플렉스를 의미하는 것으로 앞선 각주를 통해 첨언하였듯 이 글에서 언급하는 아들들은 성별의 구분으로서의 아들을 넘어 자녀를 의미한다. 아울러 살해 역시 실제 살해가 아닌 상징적 의미의 살해이다.

25 여기에서 '부친 살해'라 일컫는 것은 〈사도〉에서 처럼 직접 칼을 들고 부친을 죽기고자 하는 살인 행위와 구분되어야 한다. 사도세자가 영조를 향해 실제로 칼을 겨누거나 혹은 모반을 기획하는 작품의 내용이 등장하기 때문에 혼동의 여지가 있다고 보고, 이러한 내용의 구분에 대해 덧붙인다. 정신분석학적 측면에서의 부친 살해란 실재의 부친을 죽이는 범죄가 아닌 아버지의 상징을 죽이는 성장의 과정이기 때문이다.

3. 어머니로의 회귀와 역사적 상상

2000년대 이후의 역사드라마들은 더 이상 왜곡의 여부나 정도를 논하는 것조차 어려울 만큼 서사에 있어서는 작가적 상상, 미장센에 있어서는 예술적 영상을 빌미로 자의적으로 재현되고 있다. 그러나 이러한 역사드라마들의 경향과 달리 〈비밀의 문〉, 〈붉은 달〉, 〈사도〉는 영조와 사도세자의 캐릭터와 에피소드를 비롯한 일련의 사실(史實)들에 있어 고증에 충실하게 근거하고 있다. 그러한 고증을 바탕으로 재현하는 내용의 방점을 어디에 두었느냐의 차이는 있지만, 공통적으로 영조의 괴팍한 성향, 사도 세자의 나약하고 예민한 성품, 그리고 두 사람 사이에서 벌어진 일련의 사건들을 실록에 근거해 풀어내고 있음은 분명하다. 이에 반해 여성 캐릭터들에 대해서는 유독 사실(史實)에 대한 근거가 약화되어 있다.[26] 공교롭게도 이는 세 작품이 모두 공유하고 있는 특징이다.

『조선왕조 실록』과 『한중록』 등의 기록을 살펴보면 사도세자와 영조의 갈등에서 여성 인물들은 크게 도움이 되지 못한 것으로 보인다. 사도세자의 생모인 영빈은 사도세자를 영조에게 고변하여 임오화변이 발생하는데 일조한 인물이다. 아내인 혜경궁 홍씨 역시 열 살에 혼인한 사도세자와의 사이에서 아들 정조를 낳았으나 세자의 아내보다는 세손의 어머니라는 자리를 중시했고 친정인 외척(外戚)을 지키는 데 힘을 쏟은 인물이다. 임오화변 당시에

---

26 이는 실록의 기록에서 여성의 존재를 찾기 어렵다 볼 수도 있다. 그러나 임오화변의 경우 『한중록』이라는 작품이 존재하고, 심지어 저자가 사도세자의 아내인 혜경궁이다. 배우자가 직접 쓴 회고록인 만큼 당시 궁 안 여성들에 대한 내용이 충분히 언급되어 있다는 점에서 사료의 부족이 이러한 왜곡의 근거가 되기는 어렵다.

도 정조를 앞세워 사도세자를 구하기보다는 오히려 정조를 데리고 출궁해
버린 인물로, 후에 변명처럼 남긴『한중록』에서 남편 사도세자를 광인(狂人)
으로 묘사하는 것에 주저함이 없었다. 정조가 즉위한 직후, 자신의 외척인
혜경궁 일가를 몰살한 것 역시 이러한 혜경궁의 태도를 뒷받침하고 있다.
사도세자의 동복(同腹) 누이인 화완옹주 역시 영조의 총애 덕분에 청상과부
가 된 후 다시 궁으로 돌아와 살았지만 사도세자에게 큰 도움이 되었다고
보기는 어렵고, 화완옹주 세력이 후에 정조의 정적(政敵)이 된다는 점에서 사
도세자 일가의 냉혹한 피붙이 중 한 명일 뿐이다.

그러나 흥미롭게도 〈비밀의 문〉, 〈붉은 달〉, 〈사도〉에서는 작품에 등장하
는 대부분의 여성들이 인물의 비중과 무관하게 사도를 사랑하고 그를 지키
기 위해 애쓴다는 공통적 특징을 보인다. 앞서 언급한 대로 이는 사실(史實)
의 기록과는 거리가 있는 것으로 작가의 상상에 의해 의도적으로 왜곡되고
있는 부분이다. 그렇다면 왜 영조와 사도, 정조의 이야기는 실록의 기록에
충실하게 서사를 구성하면서 여성들에 관련한 내용들은 왜곡하고 변조한
것일까? 이는 작품에 등장하는 여성 캐릭터의 역할과 상징을 이해하는 데
있어 상당히 유의미한 초점이 될 수 있다.

영조는 중전이 아이를 낳지 못하자 후궁 영빈 이씨의 소생인 사도세자를
세자로 책봉하였다. 영조와 영빈, 두 사람 모두 당시 기준으로는 거의 노년
에 가까운 40대에 첫 아들인 사도세자를 낳은 까닭에 첫돌이 지난 사도는
상당히 이른 나이에 세자에 책봉되었다. 사도의 생모 영빈은 아들인 사도 이
외에도 다섯 명의 옹주를 낳았음에서 볼 수 있듯이, 세자의 모후라는 지위가
아니더라도 영조에게 상당한 총애를 받은 후궁이었다. 천한 궁녀 출신에 불

과하였고, 자신이 낳은 아들의 폐위와 죽음을 겪었음에도 후궁으로써 그녀의 지위는 흔들리지 않았다. 심지어 그녀가 죽자 영조는 매우 애통해하면서 후궁 중 최고의 예(禮)로 장례를 치르게 하였다고 한다. 이러한 영빈이 임오화변 즈음에 이르러 아들인 사도의 패륜적 행각을 영조에게 직접 고하였다는 것은 그녀가 아들이 아닌 남편을 선택한 것으로 짐작할 수 있다. 사실 생모이기는 하였지만 영빈이 세자를 양육을 했다고 보기는 어렵다. 사도세사는 출생 직후 원손으로, 그리고 두 살 때 세자로 책봉되었기 때문에 공식적으로 중전의 아들로 키워졌고, 세자교육을 이유로 세자전에 따로 떼어놓고 유모상궁들이 키웠기 때문에 세자가 성장해서도 두 모자(母子)는 그다지 정이 없는 상태로 지냈다고 한다. 저간의 이유로 그간 임오화변을 다루는 역사드라마에서 한중록의 저자인 혜경궁에 비해 영빈의 존재감은 미미했다. 그러나 〈붉은 달〉과 〈사도〉에서는 사도세자의 생모로서 영빈이 갖는 모성애를 영조의 부성과 대비하여 유달리 부각시키고 있고, 〈비밀의 문〉은 영빈을 대신하는 유모상궁이나 혜경궁를 통해 이러한 모성애, 혹은 모성적 사랑을 재현하고 있다. 물론 이는 명백히 사실(史實)과는 다른 허구이자 상상이다. 그렇기 때문에 우리는 오히려 그러한 상상에 내포된 욕망의 징후를 들여다 볼 필요가 있다.

〈사도〉는 사도의 성장과 죽음에 생모 영빈을 깊숙하게 연관시킨다. 〈사도〉에서는 영빈뿐만 아니라 또 한 명의 어머니인 중전, 할머니인 대비, 누이인 화완옹주와 아내 혜경궁이라는 여성인물들이 대부분 함께 등장하고 있고, 그들이 존재하는 공간을 영조와 사도가 갈등하는 공간과 계속 교차해 보여줌으로써 모성의 공간을 대비적으로 형상화시키고 있다. (할머니를 포함한) '어머니'들의 품, 그 공간에서는 언제나 영조가 그르고 사도가 옳다. 편협한 아비에게 시달리는 아들을 지키고자 어머니들은 항상 걱정하고 고민한다. 그리고 중전과 대비, 즉 어머니들의 죽음을 기점으로 영조와 사도의 갈등은 폭발하게 된다. 그 과정에서 영빈은 실록에 기록된 것처럼 영조에게 아비에게 칼을 겨눈 사도의 패륜을 고하지만, 그 의도는 전혀 다르게 그려진다. 더는 괴물이 되어가는 아들을 볼 수 없어서, 혹은 손자(정조)라는 또 다른 아들을 살리기 위해, 영빈이 단장(斷腸)의 심정으로 나설 수밖에 없었던 것으로 설명된다. 영빈의 고변이 사도를 죽게 하였다는 점에서 그 결과는 사실(史實)과 같지만, 그 의도는 사도와 정조를 향한 강한 모성에 기반한 것으로 그려진다. 그렇기 때문에 〈사도〉에서는 자신의 예상과 달리 아들이 죽게 되자 노모(老母) 영빈은 가슴을 끊어내는 울음으로 "아이고 내 새끼"를 반복하는 장면을 보여주고 있는 것이다. 신파적 감성으로 연출되는 이 장면에서 영빈은 왕가나 정치와는 무관하게 새끼를 잃은 어미의 모습으로만 강조됨으로써, 그 아들의 죽음이 어미로 인한 것이었다는 사실(事實이자 史實)은 지워진다.

이러한 캐릭터를 형상화하기 위해서인지 〈사도〉에서 영빈의 모습은 일반적인 역사드라마에서 후궁을 묘사하는 시각적인 방식과 다르게 그려지고 있다. 거무죽죽한 피부와 주름이 가득한 늙은 얼굴, 어두운 색채 위주의 투박한 의상, 다소 구부정한 태도와 행동거지의 노인으로 재현되는 영빈의 모습은 영조가 가장 사랑한 후궁이었다고 보기 힘들만큼 어둡고 초라하다. 후궁의 전형적 이미지에 어긋나는 이러한 분장과 연기는 조강지처(중전)의 자리를 차지하지도 못하고, 젊은 후궁(문숙원)에게 밀려나는 늙은 노모의 이미지를 상당히 효과적으로 형상화하고 있다. 덕분에 정비(正妃)인 중전에게만 치를 수 있는 예(禮)를 혜경궁과 세손 부부에게 강요하는 회갑연 에피소드나 세자가 입버릇처럼 내뱉는 "불쌍한 우리 어머니"라는 대사가 설득력을 얻을 수 있었던 것이다.

한 걸음 더 나아가 〈붉은 달〉은 어머니의 존재를 더욱 극적으로 묘사하고 있는데, 심지어 임오화변을 '어머니와 어머니의 싸움'으로 그리고 있다. 원래 임오화변이란 아버지와 아들의 갈등이다. 영조, 사도, 그리고 정조로 이어지는 아비와 아들의 역사이기 때문이다. 그러나 〈붉은 달〉에서 임오화변의 주축인 사도세자와 영조의 모습이 매우 약화되어 있다. 우선 영조는 역할 자체가 거의 생략되어 있다. 그는 극의 초반 세자를 장희빈의 혼령이 있는 저승전에 머물게 하는 억압적인 명령을 하는 모습으로, 그리고 극 중간에 세자를 압박하는 장면에서, 그리고 마지막에 이르러 갑옷을 입고 아들을 죽이는 모습으로 등장하는 것이 전부이다. 영조의 심리는 거의 묘사되지 않으며 그는 사도세자에게 가해지는 외적 압박으로만 상징된다. 앞서 언급하였듯이 상당히 평면적이고 단편적인 안타고니스트로 등장하는 것이다. 사도세자 역시 극의 주인공임에도 불구하고 내용적으로는 지극히 객체화되어 있다. 아버지의 명령에 의해 저승전에 놓인 이후부터 세자는 정신을 놓은 상태로 묘사된다. 귀신이 두려워 울부짖는 어린 아이가 귀신에 홀려 나인과 내시들을 죽이는 광인으로 성장하기까지의 과정은 생략되어 있다. 내적 갈등과 내면의 변화 과정에 대한 서사를 생략한 채 광기의 발단과 결과를 보여줌으로써 사도는 '광인'으로서의 단선적 캐릭터를 갖게 된다. 이러한 평면적이고 박제된 캐릭터 사이에서 끊임없이 고민하고 갈등하면서 극에서 입체적인 역할을 부여받는 것은 어머니였다.

아버지와 아들의 역사, 그 이면에 놓인 주체는 어머니가 된다. 그러므로 〈붉은 달〉에서는 경종의 어머니인 장희빈의 혼령과 사도세자의 어머니인 영빈이라는 두 명의 어머니가 직접적으로 대립하게 된다. 극은 영조가 경종을 독살한 것을 사실로 전제하며, 사도세자가 자란 '저승전'에는 실제 장희빈의 혼령이 있었던 것으로 설정하고 있다. 자신의 무고함을 세상에 보여주고자 영조는 자신의 아들을 장희빈의 처소에서 묵게 하는 정치적인 쇼를 하였고, 그로 인해 영조의 아들을 차지한 장희빈의 복수가 실현될 수 있었다. 〈붉은 달〉에서는 그간 숙종과 인현왕후의 관계에서 요부로 묘사되던 장희빈의 전형적 이미지를 생략한 채 경종의 어머니로서 위치하는 역할만을 강조하고 있어, 자신의 아들(경종)을 죽인 자의 아들(사도)을 향한 장희빈의 복수는 설득력을 가질 수 있었다. 이에 비해 영조는 형을 죽이고 자신을 지키기 위해 제 손으로 아들을 귀신에게 내어준 자일 뿐이다. 뒤늦게나마 그 귀신의 존재를 알고 아들을 지키고자 그에게 맞서는 것은 어머니 영빈이었다.

억울하게 죽은 아들의 복수를 하고자 한 장희빈, 그리고 아들에게 내린 저주를 막고자 싸운 영빈은 어머니들이었고, 그렇기 때문에 임오화변은 어머니들의 싸움이 될 수 있었던 것이다. 그러므로 작품의 엔딩은 사도세자의 죽음이 아니라 어머니들이 직접 맞부딪히는 그 이후의 이야기가 되는 것이다. 사도가 뒤주에 갇힌 뒤, 영빈은 기름통을 들고 장희빈의 혼령이 있는 세자의 처소 지하로 가 귀신을 마주한다. 사도의 죽음이 아닌 영빈이 불을 질러 장희빈과 함께 목숨을 버리는 이 장면이 클라이맥스이자 엔딩의 시퀀스에 놓인다. 물론 이 장면은 영빈이 사도세자 사후에도 생존하여 천수를 누렸다는 사실(史實)에 어긋나는 설정이지만, 그러한 왜곡을 통해 가장 극적인 어머니의 희생을 형상화하는 대단원을 완성할 수 있었다.

> 영빈 제 시아버님께옵서 희빈께 사약을 내리시었고, 제 남편인 상감께옵서 희빈의 아드님 경종대왕을 독살하였습니다. (중략) 헌데 말입니다. 저는 희빈 때문에 제 아들을 제 손으로 죽이게 되었습니다. 누구의 원한이 더 클 것 같습니까? 희빈일까요, 저일까요? 세손에게는 손대지 마십시오. (중략) 아들은 죽이는 어미입니다. 손자를 위해서 뭐든 못할 것 같습니까?
>
> <붉은 달> 대사정리 인용자)

시아버지, 지아비, 아들과 손자에 이르는 남자들의 전쟁을 마무리한 것은 여자들이었다. 아들을 잃은 어미와 역시 아들을 잃은 어미의 싸움에서는 지켜야 할 또 다른 아들(손자, 정조)을 가진 어미가 승리한다. 손자를 지킨 어미이기에 아들을 죽인 죄는 지워진다. '관(棺)'으로 상징되는 장희빈의 저주를 불태우고 의연하게 서있는 영빈의 뒷모습을 스틸로 잡은 컷이 <붉은 달>의 엔딩 장면이다. 이는 아비가 버린 아들을 어미가 지킨 것을 상징하는 동시에, <붉은 달>이 보여주는 임오화변에 대한 시각이자 사실(史實)과는 무관한 작가적 상상의 정점이기도 하다.

영빈의 모성에 대한 상상을 통해 그간 임오화변의 역사에서 배제되었던 어머니의 서사를 보여주는 <사도>나 <붉은 달>에 비해 <비밀의 문>은 영빈을 비롯한 어머니나 할머니가 등장하지 않는다는 점에서 차이를 보인다. 그러나 어머니의 역할이 다른 인물을 통해 재현된다는 점에서 어머니의 상징은 같은 맥락을 갖는다고 볼 수 있다. <비밀의 문>에서는 유모상궁과 아내인 혜경궁이 〈붉은 달〉이나 〈사도〉에서 영빈을 비롯한 여성 캐릭터와 유사한 역할을 수행하고 있다. 유모상궁은 선위파동이 시작되던 당시 영문도 모르는 다섯 살의 사도세자를 이끌고 석고대죄를 시키며 그 뒤를 지키는 모습으로 작품의 초반부터 상당히 비중있게 등장한다. 사도의 아픔과 꿈을 묵묵히 지켜주는 존재로 작품 전반에 걸쳐 등장하는 유모상궁의 모습은 어머니와 다름이 없다. 혜경궁과 대립하는 모습조차 시어머니와 며느리의 모습과 유사하게 그려진다. 〈비밀의 문〉에서는 영빈을 사실에 가깝게 재현한 대신, 유모상궁이라는 상상의 존재로써 모성을 재현하고 있는 것이다.

아울러 혜경궁 역시 다른 작품과는 달리 사도세자를 사랑하고 그를 지키고자 애쓰는 인물로 등장한다. 그간 임오화변과 관련해서 혜경궁은 영빈에 비해 훨씬 중심적인 인물로 다루어져 왔다. 『한중록』의 저자라는 존재감을 무시할 수 없었던 것이 가장 큰 이유이겠으나, 정조의 어머니라는 위치와 당시 정쟁의 중심에 놓였던 홍씨의 친정 등 여러 가지 요소들을 고려한다면, 혜경궁은 임오화변에서 중심적인 인물이 될 수밖에 없다. 그러나 그간 사도세자에 의해 피해를 입은, 혹은 그럼에도 불구하고 정조를 훌륭하게 키운 어머니로 그려지던 혜경궁의 모습과 달리 〈비밀의 문〉에서는 사도세자의 아내로서의 위치가 강조된다. 〈붉은 달〉이나 〈사도〉의 혜경궁이 지키고자 했던 것이 아들인 정조였던 것에 비해 〈비밀의 문〉의 혜경궁은 지아비인 사도를 지키고자 마지막 순간까지 애쓰는 동시에, 사도와 자신의 아들인 정조도 지키고 사랑하는 인물로 묘사된다. 이처럼 〈비밀의 문〉에서도 유모상궁과 혜경궁의 모성적 사랑이 일관되게 그려진다는 점에서 이는 〈붉은 달〉이나 〈사도〉에서의 재현된 모성에 대한 상상과 일맥상통한다고 볼 수 있다.

세 편의 작품들이 역사를 왜곡하면서까지 어머니의 존재를 강조하는 이유는 바로 상상적 모성으로서의 어머니에 대한 욕망으로 볼 수 있다. 버려진 아들을 지켜줄 존재로서의 어머니에 대한 상상은 그토록 강렬하게 극을 지배하고 있는 것이다. 흔히 아버지의 상징이 '국가'라면 이에 대비해 어머니의 상징은 '민족'이라고 구분하곤 한다. 어머니는 생명을 태어나게 하는 본질이자 상상적 개념이다. 남근이라 할 수 있는 국가가 해체되어 버린다면, 그 주체는 상실된 아버지의 자리를 채우기 위한 것을 찾게 되기 마련인데, 그것은 바로 어머니가 된다. 마찬가지로 상징인 국가가 와해되었을 때, 그에 대한 불안과 공포로 인해 어머니를 의지하게 되는 것이다. 이것은 사도세자의 경우에도 마찬가지였다. 극 중에서 아버지를 잃은 사도세자가 기대는 것은 혹은 사도세자를 지키고자 하는 것은 어머니였다.

프로이트에 의하면 어머니를 포기하면서 상상적 남근은 상징적인 대상으로 대체될 수 있었다. 이를 통해 거세 콤플렉스는 극복되고 욕망을 우회적으로 지속될 수 있는 것이다.[27] 어머니의 사랑, 어머니에 대한 사랑은 아버지를 극복할 하나의 동력이 될 수 있지만, 그것이 긍정적으로 작용하기 위해서는 아버지를 극복하여 상징적 아버지를 받아들일 수 있도록 하는 기제가 어머니의 사랑이 되어야 한다. 어머니의 사랑을 통해 아이는 '아버지의 이름'을 온전히 받아들일 수 있는 것이다. 그러나 임오화변을 다루고 있는 세 작품에서 어머니는 일그러져 있다. 그렇기 때문에 어머니는 아들의 성장을 위한 동력이 되지 못하고, 아버지를 극복하지 못한 아들의 피난처로만

---

27 쥬앙-다비드 나지오, 『정신분석학의 7가지 개념』, 표원경 옮김, 백의, 2002, 44~46쪽.

기능하고 있는 것이다. 그러나 그 피난처라는 것도 기실 위태롭기 그지없어 안정감을 주지는 못하였고, 결국 다른 아들(정조)를 지키기 위해 '나(사도)'는 버려진다. 이렇듯 어머니라는 위치가 갖는 긍정적 힘을 상실한 탓에 아들은 아버지를 극복하지 못하고 좌절하게 된다.

라깡에 근거한다면 민족이란 상상계의 차원이고 국가란 상징계의 차원이다. 본래 민족은 상상적이다. 인간이 지닌 언어의 숙명적 다양성에 자본주의와 인쇄술이 수렴된 것이 '국가(nation)'[28]를 준비하는 상상의 공동체이고, 그것의 시작이 민족이었다.[29] 즉, 상상의 공동체로서의 민족은 국가로 발전해가는 것이다. 어린아이가 상상적 단계에 있다가 사회체계에 들어서면서 상징의 단계로 들어선다는 것은 시민이자 국민으로서의 주체의 성장을 의미한다. 상징계 안에 있을 때, 우리는 상징계의 일부가 된다. 그러나 주체가 편입될 상징계를 무너뜨린 신자유주의 체제의 속성인 극한의 경쟁은 개인을 그 경쟁의 장으로 내몰고, 인간으로서의 존엄을 침탈한다. 상징계의 부재로 인해 몰아닥친 위기에서 불안한 개인이 선택하는 가장 손쉬운 방법 중 하나는 회귀이다.

향수로 남겨뒀어야 하는 어머니에 대한 기억이 집착으로 변질되는 것이다.[30] 민족(어머니)이란 상상적인, 허구의 존재이다. 그렇기 때문에 민족에 대

---

28 『상상의 공동체』에서는 이것을 상상적 차원의 민족과 구분하여 "근대 민족(nation)"이라는 표현을 사용하고 있으나, 이 논문에서는 본문 내용상 혼동을 초래할 우려가 있어 이를 "국가"라고 표기한다.

29 베네딕트 앤더슨, 『상상의 공동체』, 윤형숙 옮김, 나남출판, 2002, 65~76쪽.

30 흥미롭게도 자본주의의 상징적 국가이자 신자유주의의 헤게모니를 장악하고 있는 미국에서조차 금융위기 이후, 민족적 요소가 대두되고 있다. '민족'이라는 개념이 가장 희박했기에 신자유주의적 사고 방식이 가장 잘 어울렸던 미국에서 경제적 우위의 상실에 대한 대안을 민족에서 찾고자 한다는 사실은 아이러니한 지점이 아닐 수 없다. 이것은 미국의 헤게모니를 유지하기 위한 목적인 최우선에 둔 것으로 과거로의 회귀에 대한 퇴행적 욕망의 방편이다. 제라르 뒤메닐·도미니크 레비, 『신자유주의의

한 호소는 역사의식의 퇴행으로 볼 수 있다. 신자유주의의 불확실한 속성은 인간을 불안하게 만들고, 공동체에 대한 갈망을 불러일으킨다. 민족과 같은 공동체적 의미의 '우리'라는 것은 거짓된 미사여구이자 위험한 대명사이다. 왜냐하면 '우리'라는 말은 혼란과 위치 상실에 대한 방어 기제로 사용되기 마련인데,[31] 아이러니하게도 이 공동체에 대한 방어적 태도는 공격적 태도와 동일한 의미를 뜻하기 때문이다. 공동체의 바깥에 있는 사람에 대한 배타와 거부를 통해 공동체의 결속은 유지되고, 이로 인해 그 위험 역시 커진다.

이것은 현대사회의 정신병적인 증상으로도 연결된다. 상상의 단계로부터 상징의 단계로 이행해 가지 못하고 상상 단계에 머물러 있으려 하거나 그곳으로 되돌아가려는 시도, 그것이 바로 정신질환이기 때문이다. 신경증이 상징 단계에서 상상 단계로 되돌아가려는 시도라면, 정신병은 상상 단계에서 계속 머물러 있으려 하는 시도이다.[32] 신자유주의 국가관의 문제는 이처럼 상상계에서 상징계로 발전해나가는 성장이 불가능하기 때문에 현실에 존재하지 않는 상상계에 집착하는데서 비롯된다. 그렇기 때문에 어머니와의 동일시는 회고적이고 퇴행적인 것이다.

신자유주의의 금융자본주의란 탈영토적이다. 본질적으로 그 계급 역시 탈영토화 되어 있다. 그렇기 때문에 국가는 자연스레 붕괴된 것이다. 연대란 사람의 관계이지만, 영토적·물리적 관계에 기반한 것이기 때문에 국가의

위기』, 김덕민 옮김, 후마니타스, 2015, 472~449쪽.

31 리처드 세넷, 『신자유주의와 인간성의 파괴』, 조용 옮김, 문예출판사, 2002, 200~201쪽.

32 김종주, 『라깡 정신분석과 문학평론』, 하나의학사, 1996, 26쪽.

붕괴로 인해 연대가 어려워진 것이다.[33] 연대가 불가능하다는 것은 결국 개인의 파편화를 의미한다. 그리고 파편화된 개인의 불안은 심화될 수밖에 없다. 프랑코 베라르디가 신자유주의에서 촉발된 불안정함이 사회적 관계의 변화를 넘어 심리적 영역에도 깊게 관여하고 있음을 강조하였다시피,[34] 파편화된 개인은 공동체에 대한 망상에 집착하게 되는 것이다. 물론 이러한 연대가 망상적 차원을 넘어 실제적인 대안으로 작용할 수 있다면, 그것은 신자유주의 시대에 개인이 진정한 주체를 회복할 수 있는 열쇠가 될 수 있다. 그러나 문제는 이것이 발전이 아닌 회귀라는 잘못된 방향을 설정함으로써 회복의 대안이 되지 못하고 있다는 점이다.

4. 전제된 희망을 위해 강제되는 희생

사도세자의 이야기는 임오화변이라는 클라이맥스로 모든 이야기가 수렴되어야 하기 때문에 사도세자라는 인물을 다루는 작품에서 응당 가장 공을 들여야 하는 장면은 임오화변이라는 사건일 것이다. 그러나 아이러니하게도 임오화변이란 사도세자를 다루는 작품이 갖는 딜레마이기도 하다. 임오화변의 서사가 갖는 딜레마는 크게 세 가지 정도로 압축해볼 수 있는데, 우선 처참한 가족사를 공유한 두 사람임에도 불구하고 영조와 정조는 공히 조선시대의 르네상스로 불리는 시기의 왕이었다는 점이다. 백성을 다스리

---

33 프랑코 베라르디 '비포', 『프레카리아트를 위한 랩소디』, 앞의 책, 240~241쪽.
34 위의 책, 76쪽.

는 것, 즉 민생의 문제에 있어서도 이 시기는 다른 왕들에 비하면 평안했던 시대였음이 분명하다. 아들과의 대립이라는 점에서 영조는 인조와 비교되기도 한다.[35] 인조는 병자호란과 삼전도에서의 치욕이라는 공적 영역의 역사에서 뿐만 아니라, 사적 영역에서도 아들인 소현세자의 독살을 묵인하고, 며느리에게는 사약을 내렸으며, 자신의 손자들조차 가장 먼 땅인 제주로 귀양을 보내 죽도록 하였다는 점에서 지탄을 받는다. 그러나 영조는 아들인 사도세자를 잃긴 했지만 손자인 정조를 지키고 양위를 하였다. 또 그와 그가 지킨 정조의 치세를 생각해보면, 사도를 죽였다는 사실을 제외하고는 딱히 지탄받을 부분이 없다. 그러므로 혼군이었던 인조에 비하면 현군이었던 영조와 갈등하고 대립하는 사도의 모습을 〈비밀의 문〉이나 〈사도〉에서와 같이 구태(舊態)에 저항하는 모습으로 묘사하기는 어려워지는 것이다.

둘째, 사도의 광기와 기행은 역사적으로 입증된 사실이라는 점이다. 본인의 손으로 최소 100여명 가까이 되는 궁인(宮人) 등을 살해함은 물론이고 그 머리를 참수하여 들고 다녔던 참혹함과 자신의 아들을 낳은 후궁을 직접 죽인 패륜적 악행은 그의 아들인 정조조차 인정한 역사의 기록이다. 대리청정을 처음 맡았을 때의 영특함과 개혁적인 모습에도 불구하고 결국 그가 변해버린 모습의 참혹함을 볼 때, 그가 과연 왕위에 적합한 인물이었는가에 대한 의구심은 남는다. 〈비밀의 문〉은 이러한 사실(史實)을 철저히 외면하고 있고, 임오화변 역시 대의(大義)를 위한 세자 스스로의 결단, 즉 자결로 묘사한다. 그러나 사도세자의 광증은 그의 캐릭터와 임오화변이라는 사건의 의미를 이

---

35 일반적으로 소현세자의 독살을 묵인한 것을 인정하는 사관(史觀)이 인정되고 있고, 이 점에서 인조와 영조라는 두 왕은 조선 역사상 유일하게 세자인 친아들을 죽인 군주로 비교되고는 한다.

해하는 데 중요한 의미를 지니기 때문에 〈비밀의 문〉에서처럼 이를 누락하고자 할 때는 인물과 사건에 대한 해석의 많은 부분이 누락될 위험이 있다. 반대로 〈붉은 달〉과 〈사도〉은 세자의 광증을 적극 인정하고 그 원인이 아버지의 압박이었음을 보여주며, 결국 그 광증이 세자의 죽음을 재촉한 직접적 이유로 설명한다. 그것이 아버지로 인한 것이었기 때문이라 이해할 수도 있고, 혹은 "내 죄가 대체 무엇이냐?"는 〈사도〉의 대사처럼 죽을만한 죄였는가 라는 의문을 가질 수는 있지만, 결국 그로 인해 정조와 왕가의 안녕을 지킬 수 있었음을 부인할 수는 없기에 사도의 부성애를 최대한 강조하게 되는 것이다. 프로타고니스트로서 사도의 죽음은 극의 주체로 놓여야하는데, 임오화변이라는 역사적 상황에서 실제 사도의 죽음은 상당히 객체화되어 있었기 때문에, 그것을 극화하기 위해서는 이러한 왜곡과 미화가 발생할 수밖에 없는 것이다.

마지막으로 강렬한 극적 결말에 대한 부담감이다. 가장 참혹한 방법으로 아버지에 의해 죽는 아들이라는 결말의 이미지는 대중에게 강하게 각인되어 있다. 일반적으로 정사(正史)를 바탕으로 한 역사드라마의 경우 역사 그 자체가 일종의 스포일러가 된다. 그러나 '아버지인 왕이 직접 못질한 뒤주에 갇혀 여드레 동안 죽어가는 왕자'의 서사는 이야기의 힘 그 자체 뿐 아니라 그 장면이 갖는 이미지의 극적인 힘 역시 상당하다. 〈비밀의 문〉은 이러한 스포일러에 압도당한 대표적 예가 될 수 있다. 사도세자라는 인물을 미래지향적 개혁가로 묘사하고자 하였으나 결과적으로 다가올 죽음의 이미지가 지배하는 패배적 분위기를 떨치지 못하여 이러한 기획은 성공하지 못하였다. 적극적이고 능동적 캐릭터의 성공이 주는 카타르시스가 부재한 까닭에 캐릭터는 추진력과 설득력을 잃게 되었고 서사는 후반부로 갈수록 힘을 잃으며 무리수를 두게 되었다. 여기에 '미스터리 추리극'라는 장르를 표방한 탓에 역사적 결말의 강렬한 잔상은 추리 장르의 속성과 어긋나며 작품의 전개에서 균열을 유발하였다. 〈사도〉나 〈붉은 달〉 역시 이야기의 도입에서부터 임오화변이라는 클라이맥스를 예상하고 있는 관객이 극의 전개를 미리 앞서 나가지 않고 내러티브의 속도에 따라올 수 있도록 하기 위해 상당한 공을 들이고 있음을 알 수 있다. 이처럼 극작술의 측면에서 큰 부담감을 가질 수밖에 없다는 것은 임오화변의 모티브를 극화하는 데 딜레마가 됨이 분명하다.

벤야민이 인간에게 질서와 속도, 변화와 진보를 강요하는 자본주의 문명으로부터 각성하여 현재와는 질적으로 다른 유토피아적 과거를 재구성하고자 했던 것은 일종의 대안이었다. 그가 초점을 맞추었던 과거는 영웅이나 거시적 사건이 아니었다. 그는 과거가 가장 보잘 것 없는 모습으로 드러난 인간 실존의 폐물을 통해 일상과 기억을 결합하고자 하였다. 그것이 바로 미래가 될 수 있는 과거였다.[36] 그런 의미에서 임오화변이란 거시적 역사이고 왕족의 이야기이지만 다른 측면에서 새로운 미래로 환기할 만한 여지가 있는 역사이다. 왕과 왕자이기 이전에 아버지와 아들의 이야기이기 때문이다. 겉으로는 탕평의 성군이었지만, 아들을 여드레에 걸쳐 죽이는 잔인한 방식으로 살해한 아버지의 이야기는 가장 참혹한 인간 실존의 민낯일 수 있기 때문이다. 그리고 이러한 참혹한 역사를 소환하고자 하는 현재의 욕구는

---

36 N.볼츠, 빌렘 반 라이엔, 『발터 벤야민·예술, 종교, 역사철학』, 김득룡 옮김, 서광사, 2000, 108~111쪽.

이에 대한 각성이라는 점에서 유의미하다. 그렇기 때문에 이와 같은 각성이 이루어지는 방식, 그리고 그 방향성을 포착하는 것이 중요하다.

임오화변을 모티브로 한 작품들에서 사도세자는 영조와 정조에 비해 아들이자 아버지라는 이중적 위치가 공통적으로 투영된다. 대체로 작품의 초반에는 아들의 위치가 강조되는 반면 죽음에 가까워지며 점차 아버지로의 위치가 강요되는데, 작품의 주제나 장르, 캐릭터의 차이에도 불구하고 세 작품 모두에서 사도는 아들과 아버지의 자리로 타자화되어 있다. 〈사도〉와 〈붉은 달〉에서 뒤주 앞에 끌려온 사도는 과연 내가 당신의 아들이냐며 절규한다. 그는 '(영조의) 아들'이었기 때문에 지었던 죄값을 '(정조의) 아버지'로서 치뤄야하는 상황을 이해할 수도 받아들일 수도 없었기 때문이다.

① 사도   어린 시절 내가 아바마마를 위해 어둠으로 들어가지 않았습니까.
          또다시 저를 어둠 속으로 버리시렵니까.
          대체 당신에게 자식이란 무엇입니까?

〈붉은 달〉

② 사도   언제부터 나를 세자로 생각하고, 또 자식으로 생각했소!

〈사도〉
(대사정리 인용자)

아들 정조의 모자를 억지로 눌러쓴 상태로 힘없이 뒤주로 기어들어가는 모습(《붉은 달》), 혹은 뒤주 안에 갇혀 아들의 탄생을 축하하며 그린 그림으로 만든 부채를 보며 오열하는 사도세자의 모습(《사도》)은 그래서 더 안쓰럽게 그려지는 것이다. 아들의 자리에서 아버지의 자리로 성장하는 것이 순리이지만, 아버지에게 온전히 아들이었던 적도 없었던 까닭에 성장하지 못한 아이가 갑자기 아버지임을 강요받게 된 셈이다. 더구나 아버지로서 아들에게 해 줄 수 있는 최선은 그가 죽는 것이었다. 결국 사도에게 요구된 것은 아버지의 자리가 아니라 아버지로서 죽는 것이었다. 이때 한 인간으로서 사도가 보일 수 있는 가장 솔직한 반응은 좌절과 증오, 반항일 것이다. 그리고 이것은 실록의 기록에 상당 부분 근거하는 상황의 묘사이기도 하다.

〈비밀의 문〉에서도 영조는 사도세자에게 "송구할 것 없다. 내가 내 아들을 지키려 하듯 너는 저 아이, 니 아들을 어찌하면 잘 지킬 수 있을까 그것만 궁리하면 된다."라며 세자를 설득한다. 그러나 이 설득의 시점은 뒤주로 향하는 순간이 아니라 극의 중반부 사도가 개혁을 통해 영조에 맞서고자 하는 서사가 진행되는 도중이었다. 작품은 이러한 부성에의 호소를 긴 시간차를 두고 극의 마지막에 등장하는 세자의 죽음으로 무리하게 연결하면서, 새로운 세대의 개혁 군주의 이상적 모델로 구태 정치의 아버지를 위협하던 사도세자가 종국에는 아들을 지키기 위해 스스로의 목숨을 끊는 패배적인 모습으로 묘사되는 모순을 보인다.[37] 이것은 극작술의 측면을 넘어 그간 사도세자의 논의를 답습한 것이라는 점에서도 아쉬운 부분이다. 그동안 사도라는 인물에 대한 논의는 아버지의 손으로 죽일 수밖에 없는 골칫덩이 광인의 이

---

37 〈비밀의 문〉에서 전반부에서 영조의 괴팍한 기행과 정치적 무자비함에 대비되어 빛을 발해야 할 사도세자의 총명함은 어리숙함과 미숙함이 동반되는 바람에 그 효과를 반감시켰고, 후반부로 갈수록 오히려 영조의 부성이 강조됨으로써 사도세자의 개혁의지는 호강에 겨워 투정부리는 아들의 모습으로 퇴화하고 있다. 캐릭터를 제대로 살리지 못한 대본에 덧붙여 한석규라는 배우의 연기력으로 인해 화면과 서사에 대한 장악은 사도세자가 아닌 영조에게로 전도된다. 사도세자의 성장에 초점을 맞추고 있음에도 불구하고 사도세자는 여전히 평면적 인물에 머무르고, 오히려 영조가 훨씬 입체적인 인물로 그려져 아쉬움을 남겼다.

미지와 정쟁의 와중에 무고하게 희생당한 젊은 왕세자의 이미지로 양분되어 있었는데 〈비밀의 문〉은 이러한 과거의 논점으로 회귀한 것이었다. 〈사도〉와 〈붉은 달〉과 같이 최근 임오화변을 다루는 작품들의 의의는 사도의 광증을 실록의 기록으로 인정하면서도 왜 그가 미칠 수밖에 없었는가에 초점을 맞추고자 했다는 점에서 새로운 해석의 가능성을 열었다는 데 있다.

왜냐하면 이러한 사도의 광증과 그 원인의 이야기들이 현재의 내용과 상당히 유의미하게 연결되고 있기 때문이다. 현재 우리 시대의 지배적 병리는 과거 20세기의 리비도 억압이 유발한 신경증이 아니라 진취적 도전에 대한 강박이 낳은 정신분열증이다.[38] 프로이트 시대의 징후를 설명했던 억압과 욕망의 제거에 대한 내용은 오히려 정반대의 것들로 대체되었다. 하이퍼비전, 즉 가시성의 과잉으로 대표되는 정보의 과잉으로 인해 신경자극은 과부하에 걸리고 과잉의 표현들에 대한 병리적 징후는 새롭게 해석되는 것이다.[39] 사도세자의 병증을 영조의 교육방식과 연관하여 조기교육의 폐단을 보여주는 예로 언급하는 설명들 역시 조잡한 면이 있기는 하지만, 과잉에 대한 병리적 해석이라는 점에서 일맥상통하는 부분이 있다. 다만 이것은 좀 더 큰 틀에서, 그리고 세계관의 측면으로 확장하여 보는 것이 더 적합하다.

세계가 너무 빨리 움직이기 시작했고, 그에 수반되는 지나치게 많은 기호들이 해석을 요구함에 따라 우리의 정신은 더 이상 형태를 구분할 수 없게 됐다. 그렇기 때문에 오히려 대상을 더욱 과도하게 포괄하고 의미의 경계를

---

38 프랑코 베라르디 '비포', 『프레카리아트를 위한 랩소디』, 앞의 책, 186쪽.
39 위의 책, 190~191쪽.

확장함으로써 어떻게든 의미를 파악하려 노력하게 되는 것이다.[40] 사이버 세상, 월드와이드웹(worldwideweb)으로 대표되는 탈영토화는 국가의 상징적 붕괴를 의미하고 지나치게 확장된 경계는 현대인의 불안과 경계에 대한 강박을 야기하게 된다. 이것이 '지금'의 모습이다. 그렇다면 이러한 경계에 대한 복구 노력은 미래를 구원할 수 있을 것인가? 그것은 결국 주체의 문제와 연관된다. 불안정성이라는 조건 속에서 어떻게 연대를 형성할 수 있을 것인가는 현재를 극복할 수 있는 주체화의 과정에서 가장 핵심적인 문제이다.[41] 앞서 언급하였듯 배타적 상상의 공동체를 기획하는 연대가 아니어야 함은 당연한 전제일 것이다.

작품의 시작과 엔딩은 작가의 세계관을 이해하는 데 있어 중요한 포인트가 된다. 마찬가지로 여기에서 논의하는 세 작품의 엔딩을 살펴보는 것은 사도의 죽음 이후, 즉 임오화변 이후의 미래나 임오화변이 갖는 의미에 대한 작가의 강조점을 확인할 수 있는 의미가 있다. 이에 다시 극으로 돌아가 세 편의 작품이 희망하는 '사도, 그 이후'는 무엇인가를 생각해 보고자 한다. 〈비밀의 문〉은 사도세자가 정조에게 유언처럼 남긴 편지의 내용이 보이스오버 되고, 음성으로 들리는 내용 그대로 정조가 규장각을 짓고 그 안에서 서서 "나는 사도세자의 아들이다"를 선언하는 모습을 정면으로 보여주며 엔딩씬을 구성한다. 심지어 정조를 연기하는 배우는 사도세자를 연기했던 배우와 동일하다. 그리고 그 옆에 사도세자의 충신이었던 채재공이 위치함으로써 정조를 사도세자의 '재생'으로 보고 있다. 〈붉은 달〉은 앞선 장에서 언급했던

---

40 위의 책, 193쪽.
41 위의 책, 242쪽.

대로 사도세자의 처소 지하에서 사도 세자의 생모인 영빈과 경종의 어머니인 장희빈의 대립이 그려진다. 그리고 영빈이 불을 지르고 귀신과 함께 불타는 것으로 저주를 끊는다. 어머니의 희생으로 아들(손자)을 지킨 것이다. 〈사도〉는 장성한 정조가 혜경궁의 회갑연에서 춤을 추는 장면이 마지막에 꽤 긴 카메라 테이크로 이어진다. 정조의 손에는 사도가 정조의 탄생을 기뻐하며 그린 그림으로 만든 부채가 들려있는데, 그 부채는 사도세자가 뒤주에서 죽을 때 갖고 있던 부채이기도 하다. 모든 결말은 결국 현재의 '정조'로 모아지는 것이다.

세 편의 작품은 유독 살아남은 정조를 강조한다. 그렇다면 정조를 살린 것은 과연 사도세자였을까? 사도의 죽음으로 인해 정조가 살아남았다는 주장은 결국 정조를 살리기 위해 죽을 수밖에 없었던 사도세자의 모습으로 환언할 수 있고, 이것이 작품이 그리는 임오화변의 의미가 된다. 극 전반에 걸쳐 드러내고 있는 불안과 증오, 무력감에 비하면 이것은 매우 안일한 결말이다. 아버지의 부재에 대한 상실감, 그로 인한 강박에도 불구하고 갑자기 아들을 살리는 아버지의 희생으로 전도되는 사도세자의 모습은 정해진 결말에 끼워 맞춘 억지 해석에 불과하다. 해결된 것은 아무것도 없는데, 이 모든 것이 미래를 위한 것이라는 헛된 희망으로 포장하는 것은 참혹한 현실을 버티기 위한 손쉬운 위로일 뿐이다. 정조로 대유되는 다음 세대라는 미래와 희망은 결국 참혹한 현실이 해결될 수 없다는 사실의 확인일 수 있기 때문이다.

5. 여전히 유효한 '세대'의 문제

장기화된 실업문제와 경제위기로 인해 가부장제의 신화가 붕괴되기 시작한지 이미 꽤 오랜 시간이 흘렀다. 이러한 가부장의 붕괴 이후 세대 간의 갈등 문제가 사회문화의 전반에 걸쳐 심화되고 있고, 그 연장선에서 사도세자와 임오화변의 서사를 중심으로 다루는 작품들이 등장하기 시작했다고 볼 수 있다. 그러나 세대갈등이나 아버지와 아들의 대립은 인류의 역사와 함께 지속되어 온 문제로, 새삼 임오화변 서사의 소환을 세대나 가부장의 문제에 한정해 설명하기에는 부족함이 있을 것이다. 따라서 이 글에서는 사도세자를 주인공으로 하고 있는 세 편의 작품 〈비밀의 문〉, 〈붉은 달〉, 〈사도〉를 대상으로 임오화변의 서사를 통해 드러나는 보다 본질적이고 총체적인 시대적 징후를 고찰하고자 하였다. 그 징후는 2015년 무렵 일시적으로 등장하고 소멸한 것이 아니라 그 시기부터 현재에 이르기까지 여전히 유효한, 심지어 더 심화되었다고 보기 때문이다.

이를 설명하기 위해 크게 세 가지 측면에서 작품이 담지하고 있는 의미를 포착해 보았는데, 첫째는 남근의 상징인 국가의 붕괴에 대한 불안과 증오의 상징으로서의 사도세자이다. 국가라는 아버지의 보호를 받지 못하는 아들은 불안과 증오의 정신병적 징후를 보이게 된다. 두려움과 불안이 가중되다 자신을 보호해주지 못하는 아버지에 대한 증오로 이어지는 것이다. 이것이 사도세자의 광증과 함께 형상화될 수 있다는 점에서 임오화변의 서사는 유의미한 지점을 확보할 수 있었다.

한편 부친살해를 통해 성장하는 아들은 상징계의 차원으로 갈 수 있지만 아버지의 상징인 국가의 붕괴로 그것은 불가능해졌다. 따라서 아들을 아버지를 극복할 기회 자체가 주어지지 않은 채 유아기적 단계에 머무르게 된다. 바로 여기에서 상상의 어머니, 모성에 대한 욕망과 퇴행적 집착의 문제가 기인하는 것이다. 공교롭게도 임오화변을 다룬 〈비밀의 문〉, 〈붉은 달〉, 〈사도〉는 공통적으로 모성이 강하게 드러나고 있는데, 이것이 바로 모성에 대한 상상적 회귀와 맞닿아 있기도 하다. 아버지로부터 버림받은 아들의 안식처로 보이는 모성은 실은 허구의 존재에 대한 집착으로 역사의식의 퇴행이라는 점에서 문제가 된다.

보다 아쉬운 것은 세 작품이 모두 사도세자 이후의 미래와 희망에 대한 상징을 의미하는 '정조'에 대한 내용으로 결말이 수렴되고 있다는 점이다. 실재적이든 상징적이든 복합적 의미에서 아버지를 상실한 아들의 위치에서 그려지던 사도세자라는 인물에게 극 후반으로 갈수록 실재적 아버지의 위치가 강조된다. 그리고 그것을 아들(정조)을 위한 희생으로 연결시키고 있는 것이다. 사도세자가 아버지로서 아들을 사랑할 수 있는 유일한 방법은 그가 죽는 것이고, 이것은 선택의 여지가 없는 강요이자 억압으로 강하게 작용하고 있다. 세 편의 작품은 각각 다양한 시선과 방식으로 사도세자를 비롯한 역사적 인물의 캐릭터를 형상화하고 임오화변을 극적 갈등으로 중심에 놓고 있지만, 공통적으로는 임오화변이 또 다른 아들인 정조를 지키기 위한 피할 수 없는 비극이었음을 이야기하고 있다. 그것이 세자 본인의 자발적 선택이든 강요된 선택이든 간에 이를 통해 세손은 지켜지고, (사도가 아닌) 그가 미래가 된다.

그간 주변적인 소재로 다루어지던 임오화변의 서사를 중심에 놓은 첫 시도는 〈비밀의 문〉이었으나 작품의 기획이나 작가의 필력, 캐릭터의 문제 등으로 인해 큰 호응을 얻지는 못하였다. 〈붉은 달〉 역시 호평을 받기는 했으나 1회 분량의 단막극이라는 특성에서 비롯되는 극적 측면의 미흡함과 파급력의 부족으로 이슈화되지는 못한 채 새로운 시도의 가능성만을 인정받았다. 그러나 영화 〈사도〉는 가족사와 비극이라는 장르적 특성을 잘 활용하였고, 시간을 역순으로 구성함에 따라 임오화변의 역사가 갖는 강렬한 이미지의 스포일러를 오히려 서사의 힘을 더하는 장치로 사용하였다. 이외에 다양한 대중적 취향의 극적 요소까지 더해져 영화는 흥행에 성공하였고, 사도세자와 임오화변의 서사에 대한 대중의 폭발적 관심을 유도하게 되었다. 문제는 임오화변에 대한 극적 재현들이 아버지의 붕괴라는 신자유주의적 현실을 보여주면서도 이에 대한 위안으로 어머니에 대한 퇴행적 집착, 모성에 대한 상상과 같이 공동체에 대한 왜곡된 욕망으로 인한 배타적 연대를 지향하는 지점에 대한 우려이다. 혹은 비극적 현실에 대해 다음 세대에 대한 미래와 희망이 강요하는 희생적 태도로 문제를 봉합하고자 하는 것 역시 현재 우리가 임오화변의 서사를 통해 그릇된 위안에 빠질 위험의 여지가 있음을 주지할 필요가 있다.

현재의 세대 담론은 결국 신자유주의에서 촉발된 측면이 있다는 점을 환기할 필요가 있다. 이것은 기존의 세대 갈등 양상과 현저히 달라진 측면이기 때문이다. 그런 까닭에 임오화변의 모티브는 지금 시대의 세대 담론이 갖는 신자유주의적 징후를 재현하기 위해 소환될 수 있었던 것이다. 가부장적 국가관이 무너지면서 기성세대와 새로운 세대의 위계나 질서 등과 같은 기존의 규범들(그것이 긍정적이든 부정적이든 막론하고 존재하던 일련의 룰)이 붕괴될 수밖에 없고, 그 빈자리를 새로 채우기 위한 헤게모니의 투쟁이 발생하는 것은 자연스러운 흐름이다. 그리고 2023년 현재, 투쟁의 장은 여전히 진행 중이다.

〈킬미, 힐미〉(MBC, 2015)
: 다중인격과 자본의 분열증*

강성애

---

1. 멜로드라마에 등장한 시대적 질병

한국 TV드라마에서 정신병을 앓고 있는 인물이 중심에 놓이는 경우는 대부분 수사 드라마나 범죄 드라마였다. 그런데 2006년부터 남녀 주인공이 정신질환으로 고통받는 이야기를 다룬 TV 멜로드라마가 등장하기 시작했다. TV드라마는 시청률이 좋았던 작품들을 복제하면서도 동시에 변화를 꾀하는데, 그 변화는 TV드라마를 생산해 낸 당시 사회와 밀접하게 연관되어 있다.[1] 따라서 새로운 내용과 형식의 드라마가 등장하고, 그것과 비슷한 드라마들이 지속적으로 나와서 하나의 새로운 경향을 만들어 낸다면 그러한 현상에는 주목할 필요가 있다. 우리는 텍스트를 통해서 역사에 접근할 수 있으며[2] 사회를 통찰하고 바른길을 모색할 수 있기에 새롭게 형성된 TV드라마의 유형을 연구하는 작업은 유의미하다. TV 멜로드라마에 정신병을

---

* 이 글은 아래 논문을 수정 보완한 것임.
강성애, 「TV드라마 〈킬미, 힐미〉에 나타난 정신병리학적(精神病理學的) 모티프 연구(硏究)」, 『어문연구』 48-2, 한국어문교육연구회, 2020.

1 아놀드 하우저, 『예술과 사회』, 이진우 옮김, 계명대학교출판부, 2000, 38쪽.

2 프레드릭 제임슨, 『정치적 무의식』, 이경덕 옮김, 민음사, 2015, 41쪽.

앓고 있는 주인공이 등장한 변화는 이런 의미에서 주목을 요한다. 그러나 이러한 드라마들을 문화 텍스트로 보고 그 징후적 의미에 천착한 논문은 많지 않다. 강성애는 2010년 전후의 드라마인 〈황금 신부〉(SBS, 2007)와 〈시크릿 가든〉(SBS, 2010), 〈보스를 지켜라〉(SBS, 2011), 〈영광의 재인〉(KBS, 2011) 네 작품을 분석하면서, TV 멜로드라마에 나타난 불안증을 사회적 징후로 보았다.[3] 신주진은 〈괜찮아 사랑이야〉(SBS, 2014)와 〈하트 투 하트〉(tvN, 2015) 두 작품에 국한하여 정신병을 앓고 있는 TV드라마 주인공들이 상실과 폭력의 현시대를 상징하고 있다고 주장했다.[4] 이들 연구는 TV 멜로드라마에 정신질환을 가진 주인공들이 등장한 현상을 사회와 연관하여 살펴보고 있다는 데 의의가 있다.

한병철은 각 시대마다 고유한 주요 질병이 있는데 성공을 요구하는 시장 논리가 지배하는 시대에는 우울증이나 소진증후군 같은 심리적 질병이 생긴다고 주장한다.[5] 그의 주장은 사회의 어떤 점이 우리를 병들게 하고 있는지 살펴볼 수 있게 해준다는 점에서 의미가 있다. 들뢰즈와 과타리 역시 정신적 병리 현상은 개인적인 문제가 아니라 체제의 문제라 말한다. 자본주의 체제는 화폐자본에게 이익이 되는 욕망은 열어놓고 그렇지 않으면 강력하게 억압하는 분열증적 속성을 가지고 있어서 이런 체제에서 분열증 환자가

---

3 강성애, 「TV멜로드라마에 나타난 불안증 연구 - <황금신부>, <시크릿 가든>, <보스를 지켜라>, <영광의 재인>을 중심으로-」, 중앙대 석사학위논문, 2013.

4 신주진, 「이들은 왜 죄책감에 사로잡혔나: <괜찮아 사랑이야>와 <하트 투 하트>」, 『여성이론』 32. 도서출판 여이연, 2015, 199~200쪽.

5 그는 우리가 박테리아적 시대를 지나 신경증적 사회에 살고 있다고 말한다. (한병철, 『피로사회』, 김태환 옮김, 문학과지성사, 2012, 11쪽.) 모든 것이 비교 가능하고 측정 가능한 것으로 환원되고 시장의 논리에 종속된 사회에서는 심리가 착취의 대상이 된다. (한병철, 『심리정치』, 김태환 옮김, 문학과지성사, 2015, 47쪽.)

생기는 현상은 당연하다고 주장한다.[6] 분열증을 만들어 내는 사회이기 때문에 이 시대에 분열증 환자들이 넘쳐난다고 보는 이들의 주장처럼 자본주의 사회에서는 어떤 사회 현상의 원인을 먼저 '자본'에서 찾아볼 필요가 있다. 이 글은 이들의 의견에 기대어 자본주의와 분열의 관계에 집중하면서 TV드라마 〈킬미, 힐미〉[7]에 나타난 정신병리학 모티프를 분석하고자 한다.

〈킬미, 힐미〉는 2015년 MBC 연기 대상 시상식에서 올해의 드라마상을 받았고 서울 드라마어워즈에서 최우수 작품상을 수상했다. 휴스턴 국제 영화제에서 TV 부분 대상을 받기도 했다.[8] 이와 같은 다수의 수상 경력은 이 드라마가 뛰어난 작품성을 지니고 있음을 보여준다. 〈킬미, 힐미〉는 방영 내내 전체 TV 프로그램의 콘텐츠 파워 지수 순위에서 지속적으로 상위권에 있으면서 대중성도 인정받았다. 또한 다른 드라마들이 기획의도에서 정신 질환을 성격이나 마음 등으로 표현하고 있는 것과 달리 정신병을 핵심어로 사용하고 있어 정신병리학 모티프를 전면에 내세워 작품을 만들었음을 알수 있다.[9] 무엇보다도 〈킬미, 힐미〉에는 재벌 남자 주인공이 등장하여 자본과 분열의 상관성에 대해 고찰하게 한다는 점에서 주목할 만하다.

---

6   질 들뢰즈·펠릭스 과타리, 『안티 오이디푸스』, 김재인 옮김, 민음사, 2019, 71쪽.
7   극본 진수완, 연출 김진만·김대진, MBC, 2015.1.7.~2015.3.12. (20부작)
8   2015년 MBC 연기 대상 시상식에서 남자 주인공을 연기한 지성은 연예 대상과 최우수 연기상을 받았으며, 여자 주인공을 연기한 황정음은 최우수 연기상과 방송 3사 드라마 PD들이 뽑은 올해의 연기자상을 받았다. 서브 남자 주인공을 연기한 박서준은 우수연기상을 수상하고 지성과 함께 베스트 커플상을 받기도 했다. 박서준과 황정음은 인기상을 받았으며 지성과 함께 10대 스타상도 받았다. 이 드라마는 2015년 MBC 연기 대상 시상식에서 올해의 드라마상을 포함하여 무려 11개의 상을 싹쓸이하며 당시 최고의 흥행성과 작품성을 인정받았다.
9   다른 드라마 기획의도에서 정신병은 히스테릭하고 까칠한 정신질환이나 마음의 상처 등으로 표현된다. 정신 병명이 직접 노출되었다 해도 인물 소개에 그칠 뿐이다.

2. 돈을 향한 욕망과 다중인격장애

최근 조현병이 급증하였다. 1970년대 이전까지 조현병과 다중인격장애
가 동일하게 다뤄졌기 때문에 아직까지 이 둘을 같은 질병으로 인식하는 사
람들이 많다.[10] 다중인격장애를 소재로 한 TV드라마 〈킬미, 힐미〉의 출현을
조현병 환자 증가 현상과 연관시켜 보는 것은 일면 타당하다. 그러나 조현
병이 많아진 현상을 반영하여 다중인격장애를 가진 남자 주인공이 가장 대
중적인 매체인 TV드라마, 그것도 추리물이 아닌 멜로드라마에 등장했다는
사실을 확인하는 것보다 이 사회가 분열증 환자들을 만들어 내고 있음에 주
목해야 한다.

〈킬미, 힐미〉의 공식 홈페이지에서는 차도현(지성 분)을 "일곱 개의 인격을
가진 재벌 3세"로 소개하면서 그가 앓고 있는 병인 다중인격장애를 해리성
주체장애(DID: Dissociative Identity Disorder)로 소개한다. 드라마 안에서는 극중
인물 중 저명한 정신과 의사로 등장하는 석호필의 대사를 통해 자세하게 병
에 대해 소개해주기도 한다. 석호필의 설명은 실제 정신병리학의 정보를 바
탕으로 하고 있다. 해리성장애란 기억과 정체감에 대한 지각에 붕괴가 일어

---

10 아직도 많은 사람이 둘을 같은 병으로 혼동하기도 한다. 조현병과 다중인격장애(해리성 정체 장
애)는 분명 다른 질병이다. 과거 정신분열증으로 불렸던 조현증을 앓는 환자에게는 자신에게만 보이
는 세상이 있다. 그로 인해 현실을 올바르게 판단하지 못하며 감정을 통제하는 것과 의사를 결정하
는 데 어려움을 겪는다. 해리성 정체 장애는 한 사람이 여러 개의 인격을 가지는 것을 말한다. 문학 및
영상 작품에서 자주 등장할 뿐 현실에서 흔한 병은 아니다. (손우진, 「조현증이란? 제가 우울한 이유
를 모르겠어요」, 『뉴스프리존』, 2018.6.24.) (https://www.newsfreezone.co.kr/news/articleView.
html?idxno=66547) 박명숙의 경우 조현병과 다중인격장애를 같은 병으로 보고 논지를 전개하였다.
(박명숙, 「TV드라마에 나타난 선택의 스토리텔링 - 다중인격의 등장인물을 중심으로-」, 『한국문학논
총』 78, 한국문학회, 2018.)

나는 것을 뜻하며, 그중에 해리성정체장애가 있다. 해리성정체장애(다중인격장애)에는 둘 또는 그 이상의 구별되는 인격이 존재한다.[11]

　도현이 다중인격장애를 앓게 된 원인은 차건호(김용건 분)를 비롯한 가족 구성원들에게 있다. 부자간의 정보다 회사를 살리는 것이 더 중요했던 건호가 회사에 도움이 되지 않는 아들 준표(안내상 분) 대신에 능력 있는 며느리 민서연(명세빈 분)을 선택하면서 드라마의 모든 갈등과 비극이 시작됐다.[12] 회사를 위해 아들을 버린 건호의 행동을 통해 그가 자본의 논리에 완전히 잠식당해 있음이 드러난다. 자본은 끊임없는 축적 운동을 한다. 이를 마르크스는 자본의 운동에는 한계가 없다고 말했고, 지젝은 '광적인 활동'이라 표현했다. 가라타니 고진은 자본의 축적 욕동을 일종의 '반복 강박'이라 말하기도 했다.[13] 이처럼 많은 학자들이 자본주의의 멈추지 않는 특성에 주목했다. 자본의 이러한 특성은 매몰차고 냉혹하다는 특성을 지닌다.[14] 아들을 버

11　미국정신의학회, 『정신장애의 진단 및 통계편람 제4판』, 이근후 외 옮김, 하나의학사, 1995, 617쪽.

12　대기업 회장인 차건호는 회사를 운영하는 것을 최고의 가치로 둔 인물인데, 그의 하나밖에 없는 아들 차준표는 무능하다. 차건호는 회사를 위해 유능한 민서연을 자신의 아들과 결혼시켰다. 준표는 집을 떠나 방황하게 되고 서연은 원래 사랑하던 사람을 찾아 미국으로 가서 딸을 낳는다. 차건호는 그 딸을 호적에 올려주는 조건으로 민서연을 다시 회사로 데리고 들어온다. 차건호는 약속대로 민서연의 딸 차도현을 호적에 올린다. 후에 차준표가 신화란과 낳은 아들 차준영을 데리고 건호에게 오는데 그때 건호는 호적을 빌미로 준표를 압박하기 위해서 준영을 승진가 호적에 바로 올리지 않는다. 사고로 건호와 민서연이 죽고, 얼마 지나지 않아 준표 역시 식물인간이 되어 버리자 건호의 아내인 서태임은 도현의 호적의 성별을 남자에서 여자로 바꾼다. 그 후로 준영은 차도현으로 살게 되고, 민서연의 친구에게 입양 된 도현은 오리진이라는 이름으로 살게 된다. 이 글에서는 혼돈을 피하기 위해 차도현으로 살았던 오리진의 어린 시절에 대해 이야기할 땐 어린 오리진으로, 차준영으로 살았던 차도현의 어린 시절에 대해 이야기할 때는 어린 차도현으로 통일한다.

13　칼 마르크스, 『자본론 I(上)』, 김수행 옮김, 비봉, 2012, 196~198쪽; 슬라보예 지젝, 『이데올로기라는 숭고한 대상』, 이수련 옮김, 인간사랑, 2002, 99~101쪽 ; 가라타니 고진, 『트랜스크리틱』, 송태욱 옮김, 한길사, 2005, 355~357쪽.

14　인간적 자본주의, 온정적 자본주의 등은 있었던 적이 없다. 자본주의는 잔혹, 공포로 정의된다. (질 들뢰즈·펠릭스 과타리, 앞의 책, 615쪽)

리면서까지 자본을 늘리려는 냉혹한 건호는 '자본의 인물화'의 현현이다. 들뢰즈와 과타리는 건호와 같은 사람을 "가장 천한 노예보다 더 천한 노예요, 굶주린 기계의 우두머리 종이요, 자본을 재생산하는 짐승"[15]으로 표현한다. 이에 반해 준표는 자본의 속성에서 벗어난 인물이다. 일을 낚시나 책과 동급의 활동으로 여기고 있는 준표의 태도는 자본을 계속해서 늘리는 데 모든 것을 집중하고 있는 건호의 삶과 대비된다. 준표는 자본의 축적 운동 자장에서 벗어나 있다는 이유만으로 아버지에게 쓸모 없는 자식 취급을 받으며 살아간다. 아들의 자유로운 취미 활동 하나도 용납하지 못한 차건호는 자본의 논리에 완전히 종속된 돈의 노예이다.

마르크스는 자본가가 노동자를 착취하여 이윤을 늘려가는 구조를 파헤치며 주인인 자본가가 노동자를 노예처럼 지배한다고 했다. 그러나 들뢰즈와 과타리는 "더 이상 주인조차 없으며, 지금은 다만 다른 노예들에게 명령하는 노예들만 있을 뿐이다."[16]라고 말했다. 즉, 노동자뿐아니라 자본가도 자본의 종이기에 더 이상 주인은 존재하지 않는다는 것이다. 이들은 자본가와 노동자의 계급의 대립에 주목하지 않고 자본에 종속된 자본가와 자본을 주인으로 삼지 않고 사는 자의 대립에 집중한다. 준표와 건호의 갈등은 단순히 부자간의 갈등이 아니라 자본의 속성을 따르는 자와 그렇지 않은 자의 대립으로 볼 수 있다. 준표와 건호의 갈등은 둘에게서 끝나지 않는다. 아버지에게 인정 받지 못한 준표는 완전히 망가지고 주위 사람들을 위험에 빠뜨린다. 도현의 병도 준표의 폭력으로 인해 처음 나타나게 된다.

---

15 위의 책, 429쪽.
16 위의 책, 428쪽.

도현의 질병을 포함한 〈킬미, 힐미〉의 모든 갈등의 시작은 건호에게 있기 때문에 카메라는 지속적으로 건호의 초상화를 중심에 놓는다. 차건호가 죽고, 차준표도 식물인간이 된 상황에서 승진가의 회장이 된 건호의 아내 서태임(김영애 분)은 자주 자신의 집에 있는 서재와 회사의 회장실에 크게 걸려 있는 죽은 남편, 건호의 초상화를 바라본다. 이때 시청자들은 차건호의 커다란 얼굴에 먼저 시선을 뺏기는데 그것은 화면의 대부분을 서태임이 아닌 차건호가 차지하거나 서태임은 어둠 속에 있고 차건호의 얼굴만 빛을 받아 환하게 보이기 때문이다. 이를 통해 이 드라마의 카메라가 의도적으로 극적 대비(dominant cintrast)를 사용하여 시청자의 이목을 건호에게 집중시키고 있음을 알 수 있다.[17] 카메라는 계속해서 차건호의 얼굴에 집중한다. 이를 통해 강조되는 것은 차건호의 얼굴이다. 차건호가 맹목적인 자본의 속성을 체화한 인물임을 고려할 때 카메라의 강조는 차건호 한 개인이라기보다는 자본 그 자체로 볼 수 있다. 이 드라마의 모든 갈등의 기저에, 혹은 중심에 무자비하고 매몰찬 자본의 속성이 있음을 나타내는 것이다.

들뢰즈는 인간을 상대방의 표정을 해석해야만 소통을 할 수 있는 존재로 보았다. 고유한 기호를 부여할 수 있는 얼굴성을 가진 인간의 얼굴은 동물의 얼굴과 다르다. 그때 얼굴은 '하나의 지도'가 된다.[18] 서태임은 죽은 차건호의 얼굴을 보면서 그와 소통을 이어 나간다. 차건호의 얼굴을 통해 서태임은 계속 승진가를 지키고 자본이 충실히 굴러갈 수 있도록 모든 일을 행

---

17 사람의 눈은 대부분의 화면 속의 특수한 영역으로 향하게 되어 있어 뚜렷한 대비를 이루고 있는 영상 역역에 바로 시선을 뺏앗긴다. 극적 대비는 연출가의 의도가 반영된 중요한 지점으로 그 드라마의 주요 관심사를 반영한다. (루이스 자네티, 『영화의 이해』, 박만준·진기행 옮김, K-books, 2019, 68쪽.)

18 질 들뢰즈·펠릭스 가타리, 『천 개의 고원』, 김재인 옮김, 새물결, 2003, 326~327쪽.

하라 명령하는 건호의 목소리를 듣는다. 서태임은 이사회에 늦은 차도현을 데리고 회장실로 들어온다. 이때 카메라는 서태임과 차도현 사이에 있는 건호의 초상화에 주목한다. 서태임은 차도현의 따귀를 때리며 광기에 어린 얼굴로 승진가를 지키라고 명령한다. 따귀를 맞는 차도현 뒤로 차건호의 초상화가 보이면서 죽은 차건호가 서태임과 차도현을 지켜보고 있는 것 같은 효과가 나타난다. 차건호가 살아 있었다면 따귀를 때린 사람은 차건호였을 것이다. 서태임은 차건호의 충실한 대리인이다. 차도현은 차건호의 정신을 이어 받아 '승진가를 지키는 개'가 된다. 자본의 충실한 노예로 살았던 차건호의 삶이 서태임과 차도현으로 이어지는 장면을 카메라는 초상화를 통해 극적으로 나타냈다.

차도현의 어머니인 화란(심혜진 분)은 서태임이 승진가를 위해 손자를 '개'로 생각하는 것처럼 자신의 아들을 부를 얻는데 도구적으로 사용하는 문제적 인물이다. 차도현은 차건호와 서태임, 그리고 신화란을 위해 자본의 종이 되어야 했다. 들뢰즈는 "더 이상 주인조차 없으며, 지금은 다만 다른 노예들에게 명령하는 노예들만 있을 뿐이다."[19]라고 했다. 들뢰즈의 의견에 기댄다면 차건호와 서태임, 신화란은 차도현에게 명령하는 자본의 노예들이다. 차건호는 이미 오래전에 죽은 사람이나 유령과 같이 살아 계속적으로 승진가를 지배한다. 도현의 당숙부인 차영표(김일우 분)는 차건호가 빼앗아 간 회사를 다시 차지하기 위해 차건호와 민서연을 죽음으로 내몰고, 그 결과 민서연의 딸은 호적에서 제외되며 준표에게 학대를 받게 된다. 차도현은

---

19 질 들뢰즈·펠릭스 과타리, 『안티 오이디푸스』, 앞의 책, 428쪽.

아버지에게서 서연의 딸을 보호하기 위해 폭력적인 인격을 만들어 낸다. 이 모든 비극은 결국 자본에 종속된 차건호와 그를 따르는 사람들이 있었기 때문에 일어났다. 차도현의 가족이 자본주의 특질 안에 갇혀 있었기에 도현은 다중인격장애라는 질병을 앓게 된 것이다. 즉, 도현의 질병은 자본주의 사회로 인한 것이라 볼 수 있다.

3. 다양한 모습을 표현할 수 있게 된 주인공

건호와 서연이 죽자 준표는 어린 오리진(김에이미 분)을 학대하기 시작한다. 준표는 도현이가 피아노 연주를 하다가 틀리면 리진을 지하실로 데리고 가서 때렸다. 도현은 자신이 잘못하면 죄 없는 리진이 대신 맞는 상황에서 죄책감과 무력감을 느꼈고 리진이 맞는 것을 막기 위해서 필사적으로 잘 해야 했다. 앞에서 이미 언급했지만 신화란의 소원을 들어주기 위해서도, 무서운 건호와 태임을 위해서도 잘 해야 했던 도현은 리진을 살리기 위해 더욱더 "잘 해야 한다."라는 강박에 시달리게 된다. 이때 잘 한다는 것은 어떤 것일까? 회사를 물려받을 만한, 그래서 이사들의 눈에 들 만큼 도덕적이고 능력 있는 사람으로 살아가는 것이다. 도현은 가족이 원하는 기준에 맞는 틀 속에 자신을 가두었다.

알렉스   세상은 너무 불공평해.

차도현   갑자기 무슨 소리야?

알렉스	너 처음 봤을 때 말이지 청교도나 몰몬교, 아미쉬 셋 중에 하나라고 생각했거든. 난 몰몬교 쪽에 무려 100달라나 걸었고.
차도현	내가 그렇게 성령이 충만해 보였어?
알렉스	그런 뜻이 아니라. 너무 모범적이고 금욕적이고 정직한 인간이잖아. 근데 거기다 풋볼까지 잘해? 이거 너무 비현실적이지 않냐? 나 진심으로 궁금해서 물어보는 건데, 너 이렇게 사는 거 진정 안 피곤하냐?

- 중략 -

알렉스	너의 모범적이고도 금욕적이며, 이 범세계적인 친절이 어떤 폐해를 가지고 왔는지 도저히 안 느껴져? 넌 우리 학교 마이너들과 너드들에게 있어 마하트마 간디 같은 존재야.

(1회: 대사정리 인용자)

도현의 고등학교 때 친구인 알렉스(고온 분)는 도현을 "모범적이고 금욕적이며 정직한 인간"이면서 풋볼까지 잘 하는 비현실적인 학생으로 보았다. 도현은 "범세계적인 친절"로 학교에서 간디 같은 존재로 여겨지기도 했다. 이렇게 도덕적으로도 신체적으로도 훌륭한 도현의 삶은 "잘 해야 한다."라는 명령 안에 들어 있었다. 들뢰즈와 과타리는 탄압을 통해서만 고정된 주체가 생긴다고 말했다.[20] 차도현은 가족들의 탄압 속에서 고정된 주체를 가지고 있었다. 그가 용납할 수 있는 것은 가족이 가진 자본이 계속 축적 운동을 할 수 있는데 도움이 되는 모습들뿐이다. 그런데 억울한 일을 당하고 그 일을 해결하기 위해 세기라는 인격이 나타나면서 도현이 용납할 수 없는 부분들이 여러 다른 정신질환의 인격으로 나타나기 시작했다.

---

20 위의 책, 61쪽.

각각의 인격은 서로 대조되는 의미를 띠고 있다. 주인격인 차도현은 선, 신세기는 악, 안요섭은 남자/죽음, 안요나는 여자/삶, 페리박과 의문의 인격 X는 어른(아빠), 나나는 어린이를 의미한다. 성스러운 것은 분리를 통해서 온다.[21] 차도현은 가족이 원하는 성스러운 부분을 보존하기 위해 여러 인격들을 만들어 냈다. 즉, 인격들이 나타난 것은 차도현이 유동적으로 움직일 수 있는 주체를 가지지 못하고 탄압으로 인해 가족들(자본)에 의해 받아들여질 만한 성질만 고정시켜 주체화시켰기 때문이다.

다중인격장애로 인해 드디어 도현은 다른 정체성으로 이동하면서 살아갈 수 있게 된다. 그러나 3개월 후에 있을 주주총회를 앞두고 차도현은 신세기처럼 폭력적이어서도 안 되고, 요섭처럼 자살을 해서도 안 되며, 요나 같이 여자 같아서도 안 되고, 페리박처럼 한량이거나, 나나처럼 어린이 같아서도 안 된다는 강력한 억압을 받는다. 도현은 승진가의 주인이 되기 위해서 병을 감추는 데 급급하며 자신의 인격들과 싸우게 된다. 성과를 내야 하는 사람은 자기 자신과 전쟁 상태에 있다.[22] 도현은 승진 그룹을 지키는 성과를 내기 위해 자신의 욕망을 대변하는 여러 인격들을 미워하고, 억압하고, 감추고, 부인하며 인격들과 전쟁한다.

그는 인격들이 출현하지 않게 자신을 철저히 단속하면서 싸움을 이어간다. 잠을 자는 도중 인격 교체가 일어날 수 있기 때문에 집을 잠금장치로 철저하게 봉쇄하고, 집안 곳곳에 CCTV를 설치하여 자기 스스로를 24시간 감시한다. 항상 기계를 몸에 지니면서 맥박과 같은 몸의 컨디션을 체크하고,

---

21 위의 책, 같은 곳.
22 한병철, 『피로사회』, 앞의 책, 28쪽.

운동도 게을리하지 않는다. 마음을 다스리기 위해 명상하는 시간을 갖고, 회사 일에 부족함이 없도록 열심히 일한다. 엄기호는 남들에게 자신의 약점을 감추기 위해 철저히 자기 스스로를 단속하면서 살아가는 사회를 단속 사회라고 불렀다. 단속 사회는 누군가가 힘들어한다는 것을 알게 된 순간 그 사람에게 위로를 주는 것이 아니라 그 사람을 만만한 먹잇감으로 보고 우습게 보는 사회이다.[23] 도현은 자신의 약점을 들키지 않기 위해 자신의 모든 것들을 단속하며 살아간다. 그는 자기 스스로를 완벽하게 통제하기만 하면 자신이 설정해 놓은 높은 이상적 자아에 도달할 수 있고, 그렇게만 된다면 원하는 모든 것을 얻을 수 있다고 믿는다.[24] 이상적인 자아를 설정해 놓고 그것을 유지하기 위해 스스로 금지 조항을 많이 만들어 놓고 자기 자신을 관리, 통제하며 살아가는 것이다. 이때 성공에 방해가 되는 자신의 약점, 욕망들은 감춰져야 한다. 도현이 감추고 억압해야 하는 여러 인격들은 이러한 약점, 욕망의 상징이라 볼 수 있다.

차도현은 자신의 인격들을 자신으로 인정하지 않았다. 특히 폭력적인 욕망을 담당하고 있는 인격인 신세기를 가장 미워했다. 차도현은 신세기를 "개자식"이라 부르며 적대시했다. 신세기는 차도현에게 죽이고 싶은 존재다. 그러나 오리진(황정음 분)은 차도현과 신세기 모두와 사랑에 빠진다. 다른 인격들과도 친해지게 된다. 리진은 도현에게 생존 경쟁에서 살아남기 위해서 억압했던 부정적인 모습들이 그를 오히려 더 멋진 사람으로 만들어 줄 것이라고 이야기한다.

---

23 엄기호, 『단속사회』, 창비, 2014, 78~79쪽.
24 레나타 살레츨, 『선택이라는 이데올로기』, 박광호 옮김, 후마니타스, 2014, 31~58쪽.

오리진은 차도현의 인격들에게 "heal me"라는 요청을 보내라고 한다. 이때 리진이 말하는 치료의 의미는 현재 넘쳐나는 힐링과 차이가 난다는 점에서 주목을 요한다. 현재 넘쳐나는 힐링이란 키워드는 자신이 상품으로 팔리는데 방해가 되는 모든 기능적인 약점과 모든 정신적인 억압들을 치료를 통해 깨끗이 제거함으로써 자본주의 사회에 최적화된 자아를 이룬다는 것을 의미한다.[25] 그러나 오리진이 생각하는 힐링은 제거가 아니라 공존이다. 리진은 인격들이 언제나 차도현 안에 살아 있는 의미의 힐링을 제안한다. 그리고 그러한 힐링은 차도현을 더 멋진 사람으로 만들어 줄 것이라 믿는다. 리진의 말로 인해 차도현은 점차 자신이 만들어낸 인격들을 자기 자신으로 인정하게 된다. 원수로 여겼던 신세기까지도 자기 자신으로 인정하면서 통합의 길로 들어서게 된다. "니 기억은 곧 내 기억이야. 니가 감당했던 고통은 내 몫의 고통이야. 니가 했으면 나도 해. 왜냐면, 너는 곧 나니까. 다시 말해줘? 난 곧 너니까."(12회 중) 도현이 기억을 모두 찾고 과거의 상처를 직시하면서 인격들은 하나씩 사라지는데 오리진의 말처럼 죽는 것이 아니라 언제든지 돌아올 수 있는 상태, 그 가능성에 머문다.

도현은 떠나는 세기에게 필요하면 부를 테니 도와달라고 하고, 세기는 도현이 겁을 먹거나 나약해지면 다시 돌아올 거라고 말한다. 프로이트는 억압된 것들은 반드시 돌아온다고 말한다.[26] 의식에서 억압된 도현의 인격들은 언제든 회귀할 수 있다. 리진과 도현은 인격들과 우정을 쌓으며 헤어짐을 아쉬워한다. 특히 리진은 인격들이 사라질 때마다 많이 울면서 강한 파

---

25 한병철, 『심리정치』, 앞의 책, 47쪽.
26 S. 프로이트, 『정신분석학 입문』, 서석연 옮김, 범우사, 2003, 303~304쪽.

토스를 방출한다. 이런 장면들은 리진과 도현이 도현의 인격들을 모두 긍정하고 있음을 나타낸다.

들뢰즈와 과타리는 분리된 항들을 긍정하고, 한 항을 다른 항에 의해 제한하지도 않고 한 항을 다른 항으로 배제하지 않는 분리를 자본주의의 견고한 벽을 돌파할 수 있는 힘으로 보았다.[27] 차도현 역시 자신의 인격들을 긍정하면서 이런 존재가 된다. 이 드라마는 표면적으로는 분열증을 앓고 있던 남자 주인공이 여자 주인공을 만나 단일한 주체성을 갖게 되는 내용으로 보인다. 그러나 자세히 살펴보면 오히려 탄압으로 인해 단일한 주체성에 갇혀 있던 주인공이 여자 주인공을 만나 자기 속에 있는 수많은 부분들을 인정하고 언제든지 이동할 수 있는 상태로 변화되는 내용임을 알 수 있다.

차도현은 유동적으로 변화되는 정체성을 갖지 못한 인물이었다. 그는 집안에 흐르는 자본 축적에 대한 강박으로 인해 하나의 인격 안에 갇혀 살다가 다중인격장애를 앓게 되었다. 도현이 아픈 이유는 분열되었기 때문이 아니라 갇혀 있기 때문이었다. 도현이 고정된 정체성이라는 감옥에 있지 않았다면 인격들이 생길 이유가 없다. 인격들이 출현한 것은 원인이 아니라 결과에 불과하다. 진정한 문제는 도현이 스스로 자신의 정체성을 고정시킨다는 데 있다.

이 드라마의 마지막 장면은 도현이 완전히 병을 극복하고 승진 그룹의 회장이 되는 것으로 끝나지 않는다. 도현은 오리진의 집에서 나무 장작이나 패며 남들 눈에는 백수처럼 보이게 그냥 쉰다. 도현은 미국에 돌아가 본

---

27 질 들뢰즈·펠릭스 과타리, 『안티 오이디푸스』, 앞의 책, 142~143쪽.

격적인 치유를 받는 대신 리진의 집에 머물기로 결정했기에 드라마는 도현이 치료 중인 상태로 끝이 났다고 말할 수 있다. 도현이 스트레스를 받거나 술을 마시거나 어떤 특별한 상황에 부딪힌다면 언제든지 다시 인격들이 돌아올 수 있는 가능성이 큰 상황에서 끝난 것이다. 한병철은 효율과 성과라는 명목 아래 모든 약점을 깨끗이 제거하는 의미의 힐링은 킬링으로 귀결된다고 말한다. 이러한 치유를 받은 주체는 더 큰 성과를 위해 끝없이 노력해야 하는 강제 속에서 몰락해가기 때문이다.[28] 드라마의 마지막 장면은 도현이 성공한 자본가라는 고정된 정체성이 아닌 어떤 모습으로도 살아갈 수 있는 자유로운 상태를 성취했음을 보여준다. 도현은 킬링으로 귀결되는 힐링이 아니라 고정성을 탈주한 자유로운 힐링을 얻었다.

장-뤽 낭시는 폭력적이지 않은 삶을 위해서는 역동성이 중요하다고 말한다. 그가 꿈꾸는 공동체는 움직임이 가능한 미완성의 상태이다.[29] 도현은 언제든지 돌아올 수 있는 인격들을 소유함으로써 미완성의 상태에 머물게 되었고, 그것이 오히려 도현에게 폭력적이지 않은 삶을 가지고 왔다. 이 드라마가 해피엔딩인 것은 인격들이 다 떠나고 분열되었던 주체가 하나의 단일한 차도현이라는 인격으로 통합되었기 때문이 아니라 차도현이라는 단일한 인격에 갇혀 있던 주인공이 여러 인격으로 언제든 이동할 수 있는 자유를 얻었다는 데 있다.

〈킬미, 힐미〉는 차도현의 여러 인격들을 사라져야 할 대상이나, 허상, 혹은 질병으로 보지 않고 긍정함으로써 유동적인 정체성을 획득하는 해피엔

---

28 한병철, 『심리정치』, 앞의 책, 47~50쪽.
29 장-뤽 낭시, 『무위의 공동체』, 박준상 옮김, 인간사랑, 2010, 86쪽.

딩을 그렸다.

4. 사랑과 치유 서사에 나타난 모순들

〈킬미, 힐미〉의 공식 홈페이지를 살펴보면 이 드라마의 기획의도가 여자로 인해 치유받은 남자 이야기를 통해 디스토피아적인 세상에 유일한 해결책이 사랑임을 알리는 데 있음을 알 수 있다. 네그리와 하트는 우리가 살고있는 세계를 전쟁과 착취로 고통과 비참함이 가득한 곳으로 바라보며 "사랑을 통해 행동하면서 악과 싸울 힘을 가지게"[30] 된다고 주장한다. 제작진들역시 사랑으로 디스토피아를 유토피아로 만들 수 있음을 보여주고자 했다.언뜻 보기에 이 드라마는 기획의도처럼 다중인격장애를 가진 한 남자가 사랑하는 여자를 만나 치유를 받는 이야기를 하고 있는 것처럼 보인다. 그러나 작품을 분석해보면 곳곳에 존재하는 균열과 모순들을 만나게 된다.

모든 작품에는 그 작품을 이루는 다양한 요소들 사이에 필연적인 불일치가 존재하기 마련이다. 그 불일치 때문에 작품은 창작자의 의도를 온전히담을 수 없다. 문학 작품은 모순적이기 때문에 온전히 작가의 의도대로 만들어지지 않는다. 피에르 마슈레는 쥘 베른의 『신비의 섬』을 분석하면서 이소설이 말하고자 한 것은 과학의 진보성 찬양이지만, 결국 말하고 있는 것은 과학의 후퇴라고 분석한 바 있다.[31] 〈킬미, 힐미〉는 치료의 과정에 오직

---

30 안토니오 네그리·마이클 하트, 『공통체』, 정남영·윤영광 옮김, 사월의책, 2014, 286쪽.
31 피에르 마슈레, 『문학생산의 이론을 위하여』, 윤진 옮김, 그린비, 2014, 69~264쪽.

사랑이라는 재료만 사용되지 않게 그림으로써 사랑까지도 자본의 욕망을 토대로 하고 있음을 나타낸다. 사랑으로 인한 치유를 말하는 동시에 그 반대의 것도 말하고 있는 것이다.

오리진과 차도현의 사랑은 오리진이 비밀 주치의로 차도현과 동거를 하면서 본격적으로 시작된다. 도현이 제안한 주치의는 명백한 노예 계약이었고 리진은 그 사실을 정확히 인지하고 거절한다. 도현은 결국 리진에게 비밀 주치의가 되는 대가로 막대한 돈을 지불하게 된다. 처음엔 거절했던 리진은 돈의 액수가 올라가자 어쩔 수 없이 수락한다.

안실장   아시다시피 부사장님은 주총 전까지 매우 조심하셔야만 합니다.
              따라서 비밀 주치의가 되신 오리진 씨는 부사장님을 24시간 케어, 즉 이 집에서 함께 지내셔야 합니다.

오리진   그, 그럼 동거를 하란 말씀이세요?

차도현   세기와 페리는 밤 외출을 즐기고 요섭이는 또 언제 자살을 시도할 줄 모릅니다. 제가 잠들어있다고 해서 안심할 순 없습니다.

오리진   아니 내가 무슨 액받이 무녀야? 차군이 잠든 침전을 지키게?
              (중략) 죄송해요. 제가 생각이 짧았네요.
              전 그냥 1시간쯤 상담치료하고 응급상황에만 가면 되는 건 줄 알았거든요.
              동거를 하고 비서로 위장해야 된다는 사실은 미처 몰랐네요.

차도현   의사가 환자를 두고 도망가는 법도 있습니까?

오리진   이건 너무나 명백한 노예 계약이니까요.

                       - 중략 -

차도현   오리진 씨 계좌에 입금된 계약금 아직 확인 안 해보셨습니까?

	말했잖습니까? 내 비밀을 아는 사람은 모두 부자가 됐다고.
오리진	유치하게 지금 돈 자랑이에요?
차도현	비서 위장까지 해주신다면 두 배를 더 드리겠습니다.
오리진	이 사람이 진짜. 내가 사채 빚 때문에 위장 결혼해 주는 로코 여주인공으로 보여요? 사양하겠습니다. 사양은 사양하겠습니다.
차도현	그럼 세 배를 더 드리겠습니다.
오리진	아, 오해하지 마세요. 저 지금 이거 놀래서 그런 거 아니고 다리에 살짝 쥐가 나서 그런 거니까

(8회: 대사정리 인용자)

안실장(최원영 분)과 차도현이 오리진과 한 대화를 통해 알 수 있듯이 리진은 노예 계약을 선뜻 받아들일 만큼 차도현을 사랑하지 않았다. 주치의는 리진과 도현이 본격적으로 사랑을 이루게 되는 계기이지 리진이 도현을 사랑한 결과로 보기 어렵다. 리진이 말한 것처럼 도현이 제시한 주치의는 명백한 노예 계약이었다. 낯선 젊은 남자와 단둘이 집 안에서 지내야 하며, 24시간 돌봐야 한다. 도현이 발병할 경우 리진은 잠도 못 자고, 먹지도 못한다. 거기다 비서로 위장 취업까지 해야 한다. 정신과 의사가 부사장 비서일까지 겸해야 하는 것이다. 리진은 세 번이나 거절 의사를 밝혔다. 그러나 결국 도현이 돈의 액수를 세 배로 올리자 수락한다.

리진은 도현이 자신을 좋아하게 되면서 서로 사랑에 빠지지 않겠다는 계약을 위반하게 되자 엄청난 금액의 위약금을 받기도 한다. 도현은 사랑하기 위해 리진에게 돈을 지불한 셈이다. 리진은 돈을 받은 대가를 충실히 해낸다. 9화에 보면 도현의 인격이 하룻밤 동안 요나, 페리박, 요섭, 나나 등으로 계속 출현하는데, 리진은 페리박이 폭탄을 제조하는 것을 막고, 요섭이 자살하는 것을 막기 위해 온몸을 불사르며 쉬지 않고 최선을 다한다.

도현은 리진에게서 하룻밤 사이에 여러 인격들이 왔다 갔다는 이야기를 전해 듣고 직접 눈으로 확인한다. 여러 CCTV를 한 번에 확인하다보니 "분할 화면 프로세스(split-screen process)"[32] 효과를 가지고 왔다. 이 장면은 열렬하게 도현을 사랑하는 여자로서의 리진과 헌신적으로 환자를 돌보는 의사로서의 리진을 보여준다. 리진은 여러 인격들을 상대하면서 완전히 소진하고 만다. 비포는 사회적 착취와 정신적 고통은 연결되어 있으며 이것이 시장 이데올로기에 등장한 어두운 부분이라 말한다.[33] 비포의 말처럼 리진은 도현의 인격들이 주는 자극에 끊임없이 관심을 기울이며 점차 지쳐간다. 가족과 친구들과 맺는 애정에 쏟아부을 수 있는 시간은 줄어들고 의사의 위치에 있기 때문에 도현에게 자신의 어려움을 토로할 수 없다. 결국 누구에게도 마음을 나누지 못하고 혼자 앓던 리진은 쓰러지게 되고 잠시나마 휴가를 얻어 가족에게 돌아가기에 이른다.

리진은 육체적, 정신적으로 소진되는 것에서 나아가 세기로 인해 조폭들에게 납치를 당하고, 페리박이 제조한 폭탄이 터져 죽을 위기에 처하기도 한다. 세기가 직접 오리진을 납치해서 호텔로 데리고 간 적도 있는데 이때 리진은 제대로 된 보호도 받지 못한다. 세기에게 납치당해 어떤 일을 당했을지

---

32 김혜리 외, 『영화용어사전』, 영화언어, 1999, 83쪽.
33 프랑코 베라르디 '비포', 『프레카리아트를 위한 랩소디』, 정유리 옮김, 난장, 2013, 12쪽.

모르는 상황에서도 안실장은 승진 그룹이 우선이다. 이런 태도는 안실장이 승진 그룹과 차도현을 지키는 것을 가장 중요하게 생각하고 있음을 나타낸다. 그 역시 승진가가 보유한 자본의 축적 강박에 기여하고 있는 것이다.

이러한 자본의 폭력성은 다른 곳에서도 나타난다. 차도현에게 처음 주치의 제안을 받았을 때 리진은 망설임 없이 거절하는데, 이에 도현은 바로 리진을 백수로 만들어 버린다. "이사장님. 부탁드렸던 오리진 씨의 휴직 건 말인데요. 예정대로 진행해 주십시오."(6화 중) 이에 리진은 한순간에 의사 일을 하지 못하게 된다. 처음에는 어떻게 이럴 수 있냐며 화를 냈지만 승진 그룹이 병원에 막강한 재력을 행사하고 있다는 것을 알고는 도현이라면 그럴 수 있겠다고 생각한다.

리진이 스스로 돈 때문에 노예 계약을 받아들인 부분도 있지만 강압에 의해 끌려간 부분도 있으며, 정당한 보호도 받지 못하는 상황도 등장한다. 이런 모습들을 생각해 볼 때 오리진이 승진가와 도현을 위해 희생을 강요당한 피해자임을 알 수 있다. 드라마를 분석할 때 우리는 프로이트가 환자의 무의식을 탐구했던 것과 같은 작업을 통해 드라마의 무의식을 발견할 수 있다. 드라마가 말하고 있는 부분에 집중하는 것이 아니라 오히려 삭제함으로써 말하고 있는 부분에 주목하는 것이다. 무의식을 발견하려면 "작품 안에서 일어나는 파열"[34]에 집중해야 한다. "그러한 갈라짐은 작품을 차지해 버린 작품의 무의식"이기 때문이다.[35] 〈킬미, 힐미〉는 균열 지점이 분명하게 보이는 '사랑으로 인한 극복 서사'를 지니고 있는데, 그 균열 지점에서 이 드라

---

34 피에르 마슈레, 앞의 책, 138쪽.
35 위의 책, 같은 곳.

마의 무의식이 드러난다.

자본주의는 우리가 살아가는 토대이기 때문에 우리의 무의식 속에 들어 있다. 우리가 의식하지 못하는 순간에도 '돈'에 대한 욕망은 우리의 무의식 안에 자리 잡고 있다. 오리진이 돈 때문에 차도현의 주치의가 되었고 그로 인해 사랑을 하게 되었고, 그로 인해 치유가 일어나게 되었다는 내용 전개는 돈을 향한 사회의 무의식을 나타낸다.

〈킬미, 힐미〉는 남자 주인공과 여자 주인공의 관계를 고용인과 피고용인의 관계로 설정하고, 부당한 작업 환경과 엄청난 액수의 보상으로 인해 직업 환경에서의 돈의 위력을 나타내고 있다. 또한 이 둘의 사랑과 치유 서사의 원동력을 돈에 있게 함으로써 사랑과 치유마저 돈이 없이는 불가능함을 역설적으로 나타낸다. 이 드라마의 기획의도는 이 시대를 치유할 수 있는 유일한 것은 '사랑'임을 밝히는 것이었지만 이러한 모순과 균열 지점으로 인해 실패하고 만다. 프레드릭 제임슨은 "사회적이고 역사적이지 않은 것은 아무 것도 없으며, 모든 것은 최종 분석에서 정치적이다."[36]라고 말한다. 〈킬미, 힐미〉는 제임슨의 말처럼 사랑과 치유마저 자본주의 사회에 흐르는 돈을 향한 욕망이라는 커다란 토대 안에 있음을 나타냈다.

---

36 프레드릭 제임슨, 앞의 책, 22쪽.

5. 자본주의 사회의 징후로서의 분열증

〈킬미, 힐미〉에서 다중인격장애는 자본의 노예로 전락한 재벌가 사람들의 반인륜적인 선택으로 인해 생긴 사건과 갈등의 결과로 설정되어 있어 자본주의와 정신 병리학 모티프의 관계를 심도 있게 분석하는데 용이했다. 승진가의 비극은 자본에 종속된 차건호와 그를 따르는 사람들이 있었기 때문에 일어났다. 차건호는 회사를 위해 하나밖에 없는 자식인 준표를 버리고 승진가를 이끌어 갈 수 있는 능력이 뛰어난 며느리 민서연이 다른 사람과 낳은 아이를 자신의 호적에 올렸다. 승진가의 회장이 된 건호의 아내 서태임은 승진가를 지키는 것을 최우선의 가치로 두고 도현에게 아버지가 깨어날 때까지 승진가를 지키라고 명령했다. 도현을 통해 승진가의 재력을 누리려는 신화란 역시 도현을 압박했다. 건호와 서태임, 신화란은 자본의 강박적인 축적 운동에 일생을 바치고 차도현에게도 그렇게 살라고 강요한 자들로 노예에게 명령하는 노예이다. 차도현의 가족이 자본주의 특질 안에 갇혀 있었기에 도현은 다중인격장애라는 질병을 앓게 됐다. 즉, 도현의 질병은 자본주의 사회로 인한 것이라 볼 수 있다.

준표는 리진을 보호하고 싶으면 잘해야 한다고 도현을 압박했고 이로써 도현은 할아버지, 할머니, 엄마, 아빠 모두로부터 잘 해야 한다는 명령을 받고 살게 됐다. 도현은 고등학생 때까지 이 명령 속에서 거하는데 결국 도현이 억압한 부분들이 인격의 모습을 띠고 도현에게 돌아오게 됐다. 도현의 병은 도현이 탄압으로 인해 고정된 정체성을 가지려고 했기 때문에 생긴 것이었다. 〈킬미, 힐미〉는 도현의 질병이 완전히 나은 상태로 끝나지 않는데

이는 언제든지 도현의 인격들이 돌아올 것을 의미하고, 그것은 도현이 자유로운 정체성을 획득했음을 상징한다. 즉, 이 드라마는 표면적으로는 인격들이 사라지고 도현이 평화를 찾으면서 해피엔딩을 이룬 것 같아 보이지만, 실제로는 고정된 정체성을 고집하며 살았던 도현이 유동적인 정체성을 획득하면서 해피엔딩을 이루었다.

이 드라마를 언뜻 보면 사랑으로 인해 치유를 받는 남자에 관한 이야기를 통해 사랑만이 아픈 시대를 치유할 수 있다는 제작 의도가 성공한 것처럼 보인다. 그러나 리진이 도현을 돕기로 결심한 것은 사랑에만 있지 않았기에 그 의도는 좌절된다. 결혼을 하지 않은 젊은 여자 리진은 혼자 사는 젊은 남자 도현의 집에 24시간 거주했다. 회사에 비서로 위장 취업도 하면서 잠시도 환자와 떨어져 있지 않고 밀착 케어를 하는 노동을 했다. 밤새 인격들을 상대하다 온 힘을 쏟고 쓰러지는 지경에 이르는 등 과도한 업무 스트레스에 노출됐다. 도현 때문에 납치를 당하고 죽을 위기에 처하기도 했다. 그런데도 도현의 비서는 승진가를 위해 리진을 보호하지 않았다. 또한 도현은 자신을 치료를 하지 않겠다는 리진을 강제 휴직 시키는 등 강압적인 방법을 사용하기도 했다. 이런 상황들을 통해 리진이 승진가를 위해 희생을 당한 피해자임을 알 수 있다. 결국 이 드라마가 그리려 했던 '사랑으로 인한 치유'는 균열 지점을 가지고 있는 모순적 서사이다.

〈킬미, 힐미〉는 다중인격장애를 앓게 된 재벌 남자에 대한 이야기이다. 주인공의 비정상적 심리 현상은 자본의 증식을 가장 우선시했던 가족들로 인한 것이었다. 주인공을 치유하는 여성은 치유 과정에서 엄청난 피해를 감내해야 함을 알았지만 막대한 돈을 제안받자 수락하고 말았다. 즉, 병이 생기게 된 원인도, 병을 고칠 수 있었던 동력도 모두 돈에 있었다. 우리는 TV 드라마가 기획 의도대로 만들어졌다는 생각에서 벗어나 다르게 볼 수 있어야 한다. 드라마 제작 과정에서 숨겨진 것을 드러내 보이면서 비판적으로 사고해야 한다. 특히 TV드라마는 사회의 구조적 독특성 안에서 파악되어야 한다. 〈킬미, 힐미〉의 서사를 분석해 보면 이 드라마의 무의식에 숨어있는 것이 돈을 향한 욕망임을 알 수 있다. 이는 자본주의 사회의 무의식과 연결되어 있다. 이 드라마가 그리고 있는 자본주의 분열증은 자본주의 시대의 징후이며, '돈으로 인해 좌절된 사랑으로 인한 치유 서사'라는 드라마의 모순 역시 우리 사회의 징후이다.

〈사이코지만 괜찮아〉(tvN, 2020)
: 캐릭터로 전유(專有)된 사이코패스[*]

김강원

1. 캐릭터로서 사이코패스의 활용

2000년대 들어 언론을 통해 접하는 범죄의 수위는 매우 높아졌으며, 도저히 '정상(正常)'적인 인간의 범주에서는 설명할 수 없는 폭력성과 잔혹성을 띄는 경우들이 늘어갔다.[1] "악의 극단성과 일상성"[2]에 대한 불안은 사회적 현상을 넘어 동시대 문화예술의 범주에도 자연스럽게 반영될 수밖에 없었다. 특히 한국 영화는 새로운 장르물에 대한 시도로 캐릭터와 사건의 측면에서 사이코패스를 적극 활용하게 된다. 이와 같이 "하나의 사회적 징후로서, 동시대라는 역사로부터 강력한 공포의 힘을 부여받으며 탄생된 사이코패스는 오늘날 한국 영화의 공포코드"[3]가 되는 하나의 시발점이 되었으

---

* 이 글은 아래 논문을 수정 보완한 것임.
김강원, 「〈사이코지만 괜찮아〉, 사이코패스 캐릭터의 해체적 독해」, 『語文論集』 91, 중앙어문학회, 2022.

1 2004년 연쇄살인마인 유영철 사건으로부터 사이코패스라는 용어가 대중적으로 인지된 것으로 보는 것이 일반적이다. 오승현은 사회적 담론의 측면에서 사이코패스라는 용어의 시발이 된 유영철 사건을 모티프로 제작된 영화 〈추적자〉가 공교롭게도 한국 영화에서 사이코패스 캐릭터를 완성하게 된 지점이 된 것을 주목한 바 있다. 오승현, 「사이코패스 영화에 내재된 정치적 무의식 - 〈악마를 보았다〉, 〈김복남 살인사건의 전말〉을 중심으로」, 『문학과영상』 12-1, 문학과영상학회, 2011, 145쪽.

2 김화성, 「칸트의 근본악과 사이코패시」, 『칸트연구』 41, 한국칸트학회, 2018, 2쪽.

3 오승현, 앞의 글, 140쪽.

며, "사이코패스 캐릭터는 사이코패스에 대한 정의를 발판으로 관객의 편견이나 상상력을 자극하면서 극한까지 갈 수 있기 때문에 인간의 본성과 악의 본질에 대해 더 진지하게 탐구할 기회를 제공"[4] 할 수 있다는 점에서 유용한 가치를 가질 수 있었다.

물론 영화에서 재현되는 사이코패스를 병리현상에 대한 접근이나 기록으로 볼 수는 없기 때문에 영화적으로 전유되는 사이코패스에 대한 의미는 사회적·병리적 의미와는 차이를 갖는다. 영화적 차원의 사이코패스 담론은 "사이코패스나 그의 끔찍한 살인행위 자체가 아니라 사이코패스를 매개로 영화-텍스트와 관객-주체 사이의 주체상호적인 작용을 강화하여 다양한 의미를 창출"[5]하려는 것을 목적한다.

그러나 이러한 영화의 사이코패스 담론을 그대로 TV드라마로 옮겨 적용하기에는 무리가 따른다. 영화에 비해 공공성(公共性)이 강조되는 TV의 매체 특성상, 한국 영화가 사이코패스 캐릭터를 사용해 드러내던 범죄의 내용과 공포의 정서를 TV드라마에서 재현하기는 불가하기 때문이다. 그럼에도 불구하고 이 시기는 한국 TV드라마가 추리나 스릴러와 같은 장르물의 성장을 도모하던 때였기 때문에, 사이코패스는 놓칠 수 없는 중요한 화소였다. 그 결과 TV드라마에서는 사이코패스를 범죄/추리/스릴러 장르의 악역으로 축소해 활용하는 방식으로 나름의 타협점을 찾아 사용해 왔다. 이 과정에서 영화가 시도했던 다양한 담론의 의미는 휘발되었고, 사이코패스를 "심각한

---

4 이화정, 「스릴러 장르와 사이코패스 캐릭터의 관계 연구 - 최근 한국 영화를 중심으로」, 중앙대 석사학위논문, 2013, 3쪽.
5 박시성, 「영화 속 사이코패스에 관한 라깡 정신분석적 고찰 - 욕망과 위반의 담론」, 『현대정신분석』 11-2, 한국현대정신분석학회, 2009, 74~75쪽.

범죄자이거나 연쇄살인마"[6] 혹은 "영화적 상상 안에서 가장 극악한 존재로 형상화"[7] 하고 있는 오락영화의 선정적 시선만이 차용되었다. 화면 안의 사이코패스라는 절대악은 결국 선(善)의 가치인 주인공에 의해 단죄되었고, 그들의 실패를 통해 위험과 불안, 공포는 화면 너머로 사장(死藏)될 수 있었던 것이다. 이러한 드라마 클리셰를 전제하고 있기 때문에 '안전한' 공포는 '적당한' 긴장을 유발하였고, 시청자들은 마치 게임을 진행하듯 '재미있게' 작품을 시청할 수 있었다. 그리고 이러한 방식은 TV드라마에서 범죄/추리/스릴러 등의 장르가 안타고니스트로 사이코패스를 활용하는 전형이 되었다.

그러나 〈사이코지만 괜찮아〉[8]는 이러한 장르드라마들과 결을 달리한다는 점에서 흥미롭다. 전형적인 악역 캐릭터로서의 평면적 활용을 벗어나 "부가적인 독해의 가능성을 열어두어서 다른 층위의 담론으로 연결하는"[9] 보다 예술지향적인 영화의 스탠스를 확보하고 있다는 점에서 기존의 TV드라마와 구분되는 의미를 갖기 때문이다. 미국의 〈뉴욕 타임즈(The New York Times)〉는 이 작품을 2020년 12월, 'Best TV Show 2020'에 선정하면서 "한국의 마법사 같은 드라마 제작자들은 로맨틱코미디에 수많은 변주를 걸었다. 감정 장애로 위태로운 동화작가 여주인공이 정신병동 보호사인 남자주인공을 향해 펼쳐내는 애정을 재치 넘치게 풀어냈다. 이 드라마는 익살스러운 유머

---

6   위의 글, 72쪽.

7   오승현, 앞의 글, 143쪽.

8   극본 조용, 연출 박신우, tvN, 2020.06.20.~2020.08.09. (16부작)

9   박시성은 영화에서 사이코패스를 등장시키는 데 있어 '오락 매체로서의 영화적 관점'과 '예술지향적인 영화'는 그 지향에 있어 차이를 갖는다고 구분하고 있다. 따라서 이 영화들의 담론을 동일한 층위에서 분석할 수 없다고 전제하고 있다. 박시성, 앞의 글, 72쪽.

코드와 다소 어두운 톤의 동화 감성을 적절하게 버무린다"[10]고 평가한 바 있다. 이러한 호평은 2021년 미국 '에미 어워즈(Emmy Awards)'에서 미국을 제외한 국가의 작품을 대상으로 하는 '국제 에미상' TV무비/미니시리즈 부문 최종 후보로 노미네이트 되는 가시적 성과로 이어지기도 하였다.

〈사이코지만 괜찮아〉는 "버거운 삶의 무게로 사랑을 거부하는 정신 병동 보호사 강태와 태생적 결함으로 사랑을 모르는 동화 작가 문영이 서로의 상처를 보듬고 치유해가는 한 편의 판타지 동화 같은 사랑에 관한 조금 이상한 로맨틱 코미디"[11]를 중심 서사이자 장르로 표방하고 있다. 작품의 제목에서 명기한 "사이코"는 작품이 진행되면서 여러 가지 의미로 해석이 가능하지만 가장 큰 비중은 "태생적 결함으로 사랑을 모르는 동화작가 고문영"이라는 인물에 할애된다. 사이코패스인 문영(서예지 분), 트라우마를 가진 정신병동 보호사 강태(김수현 분), 강태의 형이자 자폐 스펙트럼(ASD)을 가지고 있는 상태(오정태 분)라는 세 사람을 중심인물로, 그리고 강태가 일하는 정신병동을 중심 공간으로 하여 서사를 진행해간다는 설정에서부터 기존의 TV드라마들에 비해 적극적으로 사이코패스를 다루고자 하는 의도가 명확하다.

물론 이 작품이 중심 콘셉트로 설정하고 있는 정신병증의 요소가 의학적 사례연구가 아니라 극적 갈등이라는 감정적 측면으로 해석되고 해소된다는 점에서 병리학적 근거보다는 극적 재현의 측면에서 접근할 필요가 있는데, 이는 대부분의 영화나 드라마에도 공통적으로 적용되는 부분이기도 하

---

10 안진용, 「김수현·서예지 주연 '사이코지만 괜찮아', 에미상 최종 후보」, 『문화일보』, 2021.09.29. https://n.news.naver.com/entertain/article/021/0002486961
11 〈사이코지만 괜찮아〉 작품소개.(공식홈페이지 참고)

다. 극적 재현의 과정에서 발생하는 다양한 의미가 동시대 한국 사회가 갖는 문화적 징후를 예민하게 드러내고 있다는 점에서 본다면, 이것은 TV드라마 연구를 통해 더 큰 의미를 발견할 수 있는 논점이 될 수 있다. 그러므로 이 글에서는 〈사이코지만 괜찮아〉를 통해 TV드라마라는 가장 대중적인 서사 플랫폼에서 사이코패스를 중심 캐릭터로 다루는 방식을 분석함으로써 그 의의와 한계의 지점들을 해석해보고자 한다.

2. '정상'과 '비정상'의 배타적 구분

푸코는 그의 저서 『비정상인들』에서 "괴물에서 비정상으로의 전이"[12]에 주목한 바 있다. 이는 당시의 시대상에 근거해 매우 유의미한 논점을 제시한 것이었다. 19세기 들어 정신분석학이 보다 체계적이고 과학적인 지식으로 정당화되는 과정에서 광기(狂氣)를 질병이나 위험으로 코드화하게 되었는데, 이것은 형태상 의학이라는 담론 안에서 일련의 위험들을 코드화하면서 동시에 공중 보건의 측면에서 권력의 문제와 연결시키게 된 것이기도 하다. 광기를 단순히 개인의 질병으로 보던 이전과 달리, 광기의 핵심을 환각이 아닌 완강함, 저항, 불복종, 반란과 같은 권력의 문제와 연관시키게 된 것이고, 이는 광기를 사회의 안전을 위협하는 위험의 요소로 인지하게 된 것을 의미한다. 이러한 관점의 변화에 따라, 광기를 가진 사람들을 정상의 기준에서

---

12 미셸 푸코, 『비정상인들』, 박정자 옮김, 동문선, 2001, 136쪽.

벗어나는 비(非)정상으로 범주화 시키거나 더 나아가 배척하는 것에 대한 사회적 합의가 이루어지게 되었다.

사회는 '정상'을 전제로 하고 있기 때문에 '비정상'은 사회를 위험하게 하는 요인이 된다. 그러므로 정상과 비정상의 구분은 매우 중요하고도 근본적인 문제가 되기 마련인데, 푸코는 바로 이러한 문제를 포착했던 것이다. 정상과 비정상을 나누는 기준, 그 준거가 명확하게 확립할 수 있다는 것이 전제되면, 그것을 근거로 구분하는 행위는 사회의 안전을 지키는 가장 일차적인 조치가 될 수 있다는 것이 당시 사회가 가진 객관적이고 합리적(이라 믿는) 전제였다. 그리고 19세기의 정신분석학을 통해 그 준거에 대한 과학적(그렇기 때문에 객관적이고 합리적이라고 맹신할 수 있는 절대적 근거가 되는) 기준이 확립될 수 있었다. 이와 같은 구분은 21세기에 이르기까지 여전히 유효하게 적용되고 있기도 하다. 이러한 사회적 인식을 근거로 정상과 비정상은 선과 악으로 치환될 수 있었고, 현대 장르물에서 절대악으로 등장하는 안타고니스트에게 사이코패스와 같은 정신병증을 설정하는 주요한 근거로 기능하기도 한 것이다.

이처럼 악역을 극적으로 활용하는 방식에는 좀 더 복잡한 장르적 계산이 개입되면서, 상반된 두 가지 방식으로 구분된다. 첫 번째는 선과 악의 구도, 즉 정상과 비정상의 구도가 명확한 경우이다. 이런 캐릭터를 기반했을 때, 오락을 목적하는 콘텐츠 특유의 클리셰에 부합하는 심플하고 강렬한 서사가 가능하다. 이것은 사회적으로 선과 악의 범주, 정상과 비정상의 범주를 구분하는 것과 동일한 태도이기도 하다. 이에 반해 두 번째의 경우는 선과 악, 정상과 비정상의 구분을 의도적으로 모호하게 처리하는 방식이다. 이때는 앞의 경우와는 반대로 비정상적 인물에 대해 선과 악의 경계를 모호하게 함으로써 보다 다중적인 설정으로 활용하게 되는데, 이런 방식의 작품은 한층 심오한 인간관과 세계관을 자극할 수 있는 깊이를 가질 수 있다. 이러한 태도는 사회적으로 정상과 비정상을 명확하게 구분하는 기존의 인식에 대해 의문을 제기하고 회의하는 입장이기도 하다. 그러나 이러한 차이에도 불구하고, 이 두 가지 입장은 상당히 중요한 공통점을 갖고 있다. 그것은 19세기 이후 정상과 비정상의 범주를 선명하게 구분하고 있는 담론을 전제하고 있다는 점이다. 이러한 공통적 전제를 바탕으로 '구분'에 대한 지배적 담론을 그대로 받아들이느냐, 혹은 그 담론에 대한 문제를 제기하는가에 대한 지점에서 차이를 갖게 되는 것이다. 이처럼 작품의 장르와 지향에 따라 정상과 비정상의 구분은 (매우 상반된 의미에서) 효율적으로 사용될 수 있었고, 이는 캐릭터 설정에 있어 중요한 요소로 작용하게 되었다.

보다 진지하게 선과 악에 대한 담론을 지향하는 작품들의 경우, 대체로 선과 악의 구분이 불분명한 설정을 선호한다. 왜냐하면 "선과 악에 대한 뒤바뀜, 혼재됨, 모호함 속에서 사이코패스 얼굴에 씌워진 악이 선을 가장하고, 선을 수호하는 자가 악을 처단하고자 악이 되는 상황의 아이러니를 통해 영화들은 우리가 속한 사회의 질서를 해체"[13]시킬 수 있기 때문이다. 또 이러한 작품들을 통해 대중들은 그간 그들이 믿어온 규정과 구분이 흔들리게 되고, 그 과정에서 이면의 것들을 고민해보고 드러내 볼 수 있는 해체적 독해에 대한 자극을 받을 수 있기도 하다. 〈사이코지만 괜찮아〉 역시 이러

---

13 오승현, 앞의 글, 158쪽.

한 정상과 비정상, 선과 악의 준거와 구분의 명확성에 대한 균열을 시도하고 있는 작법을 사용하고 있다.

이러한 이유로 〈사이코지만 괜찮아〉의 전반에 걸쳐 정상과 비정상의 구분을 매우 모호하게 제시하고 있는데,[14] 이때 비정상의 존재는 제목에서 지칭하듯 '사이코'로 호명된다. 그리고 회차가 진행되고 서사가 전개될수록 비정상의 존재들은 '이상한', '낯선' 존재로 순화된다. 이러한 순화는 비정상의 인물들과 정상의 인물들을 비교하는 방식에서 출발한다. 작품은 정신병증 증상으로 인해 비정상으로 분류된 고문영, 문상태와 같은 인물들에 비해 다른 인물들은 정상적이라 자신할 수 있는가의 문제를 지속적으로 회의하게 만든다. 예를 들면, 정신병증을 가진 형과 여자 친구를 보살피는 것처럼 보였던 강태가 드러내는 심리적 문제, 환자보다 더 정신이 나간 것처럼 보이는 정신병원 원장, 가장 정상적인 것처럼 보였던 능력 있는 수간호사가 사실 진짜 사이코패스인 설정 등을 통해 시청자들로 하여금 '무엇이 정상인가'에 대해 계속 회의하도록 유도하는 것이다. 이러한 혼란은 정상과 비정상에 대한 배타적 구분을 보다 해체적으로 보고자 하는 이 작품의 관점을 적극적으로 드러내고 있는 방식이기도 하다.

한편 사이코패스라는 캐릭터를 멜로드라마의 주체로 설정하고 있는 것 역시 〈사이코지만 괜찮아〉가 기존의 전형을 흔들고 있는 지점이다. 작품의 첫 화에서부터 주인공들의 로맨스가 중심 서사임을 노골적으로 드러내고

---

14 병원장마저도 환자와 별로 다를 바 없어 보이는 '괜찮은 정신병원'에서 가장 정상적인 인물이자, 병원의 균형을 잡아가는 인물이었던 수간호사가 결국 문영의 엄마임이 밝혀지면서 정상과 비정상의 구분, 환자와 환자가 아닌 사람의 구분은 더욱 모호해지고, 문제적인 화두가 된다.

있고, 이를 통해 시청자들은 어린 시절의 인연이 있는 주인공들이 다시 만나 운명적인 사랑을 할 것임을 쉽게 예측할 수 있다. 그렇기 때문에 제목으로 내세우고 있는 '사이코'는 여자 주인공인 고문영을 지칭하는 것임을, 그리고 '사이코지만 괜찮'다고 말하는 주체는 남자 주인공인 문강태라는 것은 멜로드라마의 장르 특징에 근거한다면 쉽게 인지할 수 있는 전제일 것이다.

그런데 흥미로운 것은 드라마의 도입부에서 이와 같이 멜로드라마의 장르 전형에 부합하는 설정을 보여주는 동시에 문영 캐릭터의 소개에 있어 멜로드라마 여주인공의 매력보다는 정신병증의 측면과 그에 대한 숨겨진 사연을 상당히 강조하고 있다는 점이다. 극의 오프닝에서부터 사이코패스와 같은 광증(狂症)을 보이는 폭력적인 문영의 모습을 보여주는 동시에 그녀가 혼자 있는 공간에서는 악몽에 시달리거나 과거의 기억으로 인해 두려움을 느끼는 장면들을 반복적으로 인서트하고 있다. 이는 시청자들에게 이 인물이 단순한 사이코패스가 아니라 무언가 감추어진 사연이 있을 것임을, 그리고 그 사연에서 사실은 가해자가 아닌 피해자였을 것임을 짐작할 수 있도록 유도하는 역할을 하게 되는 것이다.

이러한 기법은 연속물인 TV드라마 작법으로 매우 영리한 선택이 된다. '사이코'같은 여주인공을 내세움으로써 기존의 멜로드라마적 전형에 비해 신선한 요소로 주목을 끌게 만드는 동시에 어린 시절의 상처로 인해 저런 성격을 갖게 된 것이 아닐까 짐작하게 하는 복선을 극의 초반에 집중적으로 배치함으로써 멜로드라마의 캐릭터에 대한 호감도를 유지하도록 하는 장르적 핵심을 놓치지 않고 있기 때문이다. 젊은 여주인공은 멜로드라마의 미덕을 재현하는 장르의 전형이고,[15] 매력적인 등장인물은 관객들이 등장인물의 가치관이나 목적에 동조할 수 있도록 만드는 중요한 극적 요소이다.[16] "장애가 많은 연애 이야기"[17]라는 멜로드라마의 장르적 정의에 근거한다면, 문영의 '사이코'스러움은 '장애'가 될 것이고, 결국 두 사람의 '연애'를 통해 이것은 '괜찮아'질 것이기 때문이다. 이러한 전형적 클리셰가 전제되기 때문에 피와 칼로 재현되는 폭력성이 자극적으로 연출되는 극 초반의 문영에 대한 묘사는 거부감보다는 궁금증을 자아내는 영리한 작법으로 기능할 수 있었던 것이다.

중심인물인 문영의 경우에서 보듯, 정신의 병증은 비정상의 상태이지만, 이는 표현 그대로 병증, 즉 상처(트라우마)를 가진 환자의 상태이기도 하다. 〈사이코지만 괜찮아〉가 보여주는 '괜찮아'의 지점은 치유되고 회복될 수 있다. 그렇기 때문에 '사이코'에 비해 방점이 되는 '괜찮아'의 지점, 즉 치유의 가능성이라는 측면은 이 작품이 갖는 담론의 가장 핵심적인 부분이다. 강태의 형인 상태는 문영과 마찬가지로 극 중에서 정신적 병증을 가진 또다른 중심인물이 된다. 문영이 사이코패스로 짐작되는 모습을 보인다면, 형은 자폐증으로 병증이 적시된다. 그의 자폐증은 선천적인 것이기 때문에 문영과 달리 회복되거나 치유되는 것이 불가능하다. 그러나 극은 상태라는 인물의 자폐스펙트럼 설정에 덧붙여 엄마의 살해 현장을 목격한 트라우마를 설정함으로써 치유의 방향성과 목적성을 함께 내포하도록 한다. 즉 '괜찮아'질

---

15 피터 브룩스, 『멜로드라마적 상상력』, 이승희·이혜령·최승연 옮김, 소명출판, 2013, 71쪽.

16 루이스 자네티, 『영화의 이해』, 박만준·진기행 옮김, K-books, 2013, 7쪽.

17 대중서사장르연구회, 『대중서사장르의 모든 것-1. 멜로드라마』, 이론과실천, 2007, 13쪽.

수 있는 지점을 명확하게 설정해놓는 것이다. 여기에 더해 인서트 되는 과거 장면을 통해 시청자들은 상태의 트라우마가 문영의 그것과 연결되어 있음을 매우 쉽게 짐작할 수 있고, 상태와 문영의 치유는 굳이 구분될 필요가 없이 같이 엮어서 해결될 수 있는 것이다.

결국 중심인물이자 가장 대표적인 '사이코' 인물들이 서사의 핵심 갈등에 대한 심화와 해소를 함께 겪게 되면서 인물의 병증은 극적 갈등으로 동일시되는 것이다. 유년기의 상처로 인해 마치 사이코패스와 같이 폭력적이고 냉소적인 오해를 사게 된 문영과 달리 실제 선천적인 정신병증을 갖고 있는 상태조차도 훈련과 연습, 치료가 아닌 마음의 상처를 치유함으로써 '괜찮아' 지는 낭만적 서사를 보여주는 것이 이 작품의 핵심인 것이다. 이 과정에서 정신병증의 치유라는 설정이 갖는 오류나 문제의 지점은 휘발된다.

이러한 작품의 태도는 서사의 중심 공간이 되는 '괜찮은 정신병원'에서 발생하는 서브플롯의 에피소드를 통해 더욱 강화된다. 병원의 원장, 그리고 환자들의 사연이 독립적으로 혹은 중심인물들의 서사와 교차되는 이중 플롯의 에피소드를 통해 그들의 병증은 사연으로 치환된다. "미친 게 아니야. 그냥 그렇게 태어난 거지", "세상에는 환자복을 안 입은 환자들이 훨씬 많은 법이지"와 같은 대사들은 이들을 정신질환을 가진 병자가 아닌 개성을 가진 인간의 범주로 편입시키고자 하는 작품의 의도를 직접적으로 드러내고 있는 것으로 볼 수 있다.

이러한 서사와 주제의식은 영상적 재현을 통해서도 동일하게 확인할 수 있다. 작품 초반에는 영상의 미장센을 통해 비정상의 존재들은 구분되고 구획된다. 카메라는 장애물 너머로 그들을 관찰하는 방식과 같이 거리를 두는 위치를 유지한다. 창문이나 거울, 문이나 가려진 틈 사이로 구도를 쪼개어 그 안에 그들을 위치시키는 것 역시 이들의 느끼는 거리감을 시각적으로 표현하는 미장센이다. 그러나 서사가 진행되면서 이들은 하나의 공간 안에, 하나의 프레임 안에 동일하게 놓이며 극 초반의 구획과 구분을 무화(無化)시킨다. 앞서 〈사이코지만 괜찮아〉에서 비정상의 존재들, 정신병증을 가진 존재들은 상처받은 마음의 환자로 치환되어있음을 앞서 이야기한 바 있다. 이들이 가진 마음의 상처는 그 원인에 있어 공통성을 보이는데, 바로 관계, 특히 가족과의 관계에서 발생한 문제라는 점이다. 그렇기 때문에 중심인물인 문영, 상태, 강태는 물론 정신병원 환자를 포함한 사연을 가진 거의 모든 인물의 화두는 가족이 된다. 그리고 관계의 회복을 통해 상처를 회복하고 극복해가는 그들의 모습은 단절된 공간에서 하나의 공간으로 합쳐지는 영상적 메타포를 통해 시각적으로 설명되는 것이다.

주인공이자 작품의 실질적 화자인 강태는 정신병원에서 일하는 보호사로, 문영이나 상태, 그리고 정신병원의 환자들과 강한 대비를 이루게 설정되어 있다. 직업이라는 공적인 영역에서뿐만 아니라 가족관계라는 사적 영역에도 정신질환인 형을 보살펴야 하는 역할을 맡고 있다는 점에서 강태의 삶 자체가 보호사라는 역할에 중첩되고 집중된다. 그러나 강태가 보호하고 있는 정신질환자들, 즉 상태와 문영, 그리고 정신병원의 환자들은 오히려 진실을 들여다보고 그 진실을 들추면서 강태를 흔들게 된다. 그들은 의문을 제기하는 자가 되는 것이다. 그들의 질문을 통해 강태는 진실과 진심에 접근할 수 있었다. 비정상인인 사이코들이 결국 강태의 억압된 세계를 해체할 수 있는 열쇠가 되었고, 강태는 그들로 인해 비로소 자신을 억압하던 것들을 걷어내고 자유로워진다. 이것은 마치 "이방인이나 괴물처럼 우리에게 결코 환대받지 못하고 배척당하는 타자가 사실은 우리 자신의 또 다른 모습"[18]일 수 있다는 커니의 주장이 재현되는 듯한 부분이다. 그러나 기존의 시각들이 이러한 "이질적인 것으로 규정되어 정체성이 모호한 그것은 끊임없이 되돌아와 주체를 위협"[19]할 수 있다는 측면에서 공포와 불안의 요인으로 적대시했다면, 〈사이코지만 괜찮아〉는 이들을 보다 호의적으로 활용하고 있다. 주체를 흔들고 균열하게 하지만 그것은 주체를 위협한다기보다는 주체의 억압을 해체하고 발견하는 계기가 되어 줄 수 있는 모습으로 재현하고 있기 때문이다.

다만 여기에는 전제조건이 필요하다. 이들을 비정상의 범주로 구분 짓고 배척할 경우 이들은 삶의 위험이자 불안의 요소이지만, 그들의 이야기에 귀를 기울이고 삶의 공간을 공유하기 시작했을 때 비로소 이들은 삶의 순기능으로 작용하고 있다는 것이 바로 그것이다. 그리고 보통의 사람들처럼 그들의 이야기를 듣지 못했던 강태가 비로소 그들의 이야기를 들음으로써 이를 수행해 내게 된 것이다.

이처럼 문영이나 강태 형제, 정신병원 환자들이 결국 소통을 통해 치유될 수 있었다는 것을 작품은 역설하고 있고, 이것은 〈사이코지만 괜찮아〉가 휴머니즘에 기반한 가장 전통적이고 보수적인 TV드라마 담론을 보여주는 지점이기도 하다. 작품의 초반, 정상과 비정상의 구분에 대해 해체적인 화두를 던지며 서사되는 작품은 결국은 선과 악의 담론으로 치환되면서 치유를

---

18 리처드 커니, 『이방인, 신, 괴물』, 이지영 옮김, 개마고원, 2004, 12~13쪽.
19 오현주, 앞의 글, 138쪽.

통해 더 이상 문제적 행동을 하지 않게 됨으로써 '착한' 정상인이 되는 과정을 보여주는 것에 그치고 있기 때문이다.

〈사이코지만 괜찮아〉에서 실제 사이코패스는 문영이 아닌 문영의 엄마였고, 문영과 강태 형제는 이러한 사이코패스로부터 피해를 당한 아이들이었다. "상대방에게 해를 가하면서도 별로 감정적 반응을 보이지 않"[20]는 사이코패스의 모습은 문영의 엄마에게서 재현된다. 문영의 엄마는 (심지어 자신의 아이를 포함한) 세 아이들에게서 엄마의 존재를 빼앗아 간 셈이다. 그리고 원래 아버지가 없었던 강태 형제, 그리고 엄마로 인해 아버지와의 관계도 단절된 문영에게, 이것은 엄마 한 사람이 아닌 부모의 부재로 확대됨으로써 고아가 된 강태 형제, 그리고 고아나 다름없게 된 문영은 트라우마를 갖게 되었고 부재와 상실의 범위는 확대된다. 그리고 작품은 이것을 이들이 정상적인 어른으로 자라지 못한 핵심적인 이유로 강조하고 있다.

이 작품에서 지칭되는 '마녀', '괴물'은 사이코패스를 지칭하는 용어로 혼용되어 사용된다. 강태 형제와 문영의 근본적인 트라우마가 공통적으로 '엄마'로 연결되고 이 부분이 직접적으로 드러난다는 점에서 그들을 지배하는 마녀 혹은 괴물의 실체는 엄마와 겹쳐진다. 마녀나 괴물이 사이코패스를 의미하게 되는 것은 사이코패스를 다루는 서사들이 흔히 전제하는 방식이기도 하다.[21] 오승현은 이것이 인간과 구분되는 타자성에서 기인했다고 본다. 타자의 공간에서 사이코패스는 극악한 존재로 형상화되어 괴물, 짐승, 혹

---

20 임윤희, 「Psychopath : 반사회적 성격의 현황과 공감발달의 기독교적 접근」, 『한국기독교상담학회지』 18, 한국가족교상담심리학회, 2009, 240쪽.

21 오현주는 2000년대 한국 영화에서 괴물이 사이코패스로 등장하는 것이 중요한 특징이라고 주지한 바 있다. 오현주, 앞의 글.

은 악마로 지칭되는 것이다.[22] 문영의 엄마는 자신의 아이인 문영을 학대하였고, 학대를 말리던 가사도우미인 강태 엄마를 죽이는 등 작품의 가장 핵심적인 악행을 저지르는 인물이다. 이러한 악행은 과거에 한정되지 않는다. 문영과 강태 형제에게 트라우마를 남겼고, 다시 등장하여 범죄를 저지르고자 했다는 점에서 인물들의 삶을 지배하는 강력한 안타고니스트로 존재하는 것이다.

예쁜 나비를 아무렇지 않게 찢어버리는 마녀 같은 아이였던 고문영의 모습은 나비 브로치를 한 진짜 마녀인 엄마에 대한 아이 나름의 고발이었다. 아름다운 나비가 문영에게는 끔찍한 폭력의 상징일 뿐이었기 때문이다. 나비는 상태에게도 공포의 대상이 된다. 나비 브로치를 하고 엄마를 살해한 문영 모에 대한 기억은 상태의 삶을 지배하고 있다. 가장 아름다운 나비가 공포의 장치가 되는 미장센은 작품의 그로테스크함을 가중시킨다. 이 작품에서 아름다운 나비는 표면적으로는 미화된 모성으로, 그리고 그 내면의 잔혹함은 이 작품이 보여주는 모성의 괴물성으로 독해될 수도 있는 것이다.

이는 모성의 신화에 대해 해체적 시각을 가질 수 있다는 점에서 이 작품의 담론이 저항적 가능성을 갖는 중요한 지점이었지만, 아쉽게도 모성의 전형을 벗어난 문영 모의 캐릭터가 결국 '괴물'로 묘사되는 악역으로만 고착화되고 전형화 되면서 이 가능성은 확장되지 못한다. '엄마'의 역할임에도 불구하고 실제 극에서 엄마로서 갖는 관계나 역할의 특수성은 거의 그려지지

---

22 "사이코패스는 점차 '사람'의 울타리 밖, 저 멀리 '타자'의 영역으로 추방된다. 그렇게 철저히 순수 악이자 공공의 적으로 재탄생된 사이코패스는 영화적 상상 안에서 가장 극악한 존재로 형상화되면서 괴물이나 짐승, 혹은 악마로 불리게 되었고, 시간이 갈수록 더 빠르게, 더 강력한 이미지로 복제되고 있다." 오승현, 앞의 글, 142~143쪽.

않았기 때문에, 일상을 공유하던 사람의 악마성이라는 공포/스릴러 장르의 반전으로 일반화되면서 모성과 가족 담론에 대한 비판적 질문은 어려워진다. 오히려 아이들에게 초점을 맞추어 본다면, 작품의 주제는 어머니의 사랑을 받지 못한 아이들은 망가진 비정상의 인간이 될 수밖에 없다는 보수적 가족 담론의 재생산에 가깝다. 이는 문영과 강태의 서사를 대비하면 더 선명해진다. 진짜 악인(惡人)인 엄마로 인해 모성회복의 기회가 주어지지 않는 문영과 달리 강태는 극의 후반부에 이르러 엄마에 대한 오해를 해소하게 되는데, 자신의 오해를 깨닫게 되면서 강태는 엄마의 사랑을 이해하고, 그에 대한 트라우마에서 벗어난다.

극의 전반에 걸쳐 아픈 형만 챙기는 엄마의 뒷모습을 바라보며 남겨졌던 강태의 기억이 과거회상 씬으로 반복적으로 인서트 되었으나, 작품의 후반에는 그간 반복되었던 장면의 그 이후에 이어지는 새로운 장면이 이어진다. 이 장면은 강태가 미처 기억하지 못했던 순간이었다. 앞서 걸어가는 엄마와 형 뒤에 남겨진 강태의 모습만 반복되던 장면에 이어 걸음을 멈추고 뒤돌아 웃으며 강태를 부르던 엄마와 형의 장면이 더해지고, 잠자리에서 형을 향해 눕느라 등 돌렸던 엄마의 뒷모습 장면 뒤엔 잠시 후 다시 강태를 향해 돌아누우며 그를 마주 안고 울먹이던 엄마의 장면이 이어진다. 형과의 대화를 통해 엄마의 사랑을 기억해낸 강태는 오열하며 비로소 마음의 상처를 치유한다. 이후 강태는 단순히 보호사나 보호자의 위치에만 머물러 있던 것을 넘어 진정한 보호의 역할을 수행하고, 흔들리는 문영을 지켜내며 상태를 진심으로 받아들이는 변화를 보여준다. 엄마의 사랑을 기억해내는 것만으로도 강태는 치유가 된 것이다. 앞의 논의와 연관해 본다면 강태는 '사이코'들을 통해 내면의 소리를 듣게 됨으로써, 그들과 다시 구분되어 '정상'의 위치로 돌아오는 셈이 된 것이다.

이처럼 이 작품에서 모성은 한사람의 인간으로 살아가기 위해 반드시 채워져야 하는 영역이며, 회복되어야 하는 부분이다. 달리 말하면, 모성의 영역이 망가진 상태에서는 비정상의 인간이 될 수밖에 없다. 문제는 이것은 모성 신화의 환상과 동일시되는 상당히 위험한 시각이라는 점이다. 결국 〈사이코지만 괜찮아〉는 문영 모가 모성의 전형을 부정한다는 점에서 전통적 모성신화에서 벗어난 해체적 시도를 해 볼 수 있는 가능성이 있었음에도 불구하고, 이를 밀도 있게 서사화하지 못하고, 악역의 전형화에 포커스를 맞춤으로써 오히려 보수적 가족담론을 재생산하고 있다. 심지어 이 작품에서 가족이 핵심적인 화두라는 점에 비추어 본다면 이는 더욱 아쉬운 부분이다.

덧붙여 가족 신화에 따르면 '부모가 모두 존재하고 아들딸의 비례가 맞는 가족의 특정한 유형'이라야 단란한 가족의 정의에 포함되는 것이기 때문에 고아는 단란한 가족의 구성원보다 열등한 개인일 수밖에 없다. 따라서 이러한 배타적 가족담론에 기반한다면 고아는 고아끼리 가족을 이루어야 한다.[23] 부재하는 아버지, 상실한 어머니라는 문영과 강태 형제의 공통분모는 결국 '고아는 고아끼리'라는 배타적 가족담론을 재현하는 것으로 비춰질 수 있는 지점이기도 하다.

〈사이코지만 괜찮아〉는 작품의 도입에서 정상과 비정상의 준거를 공고히 하는 전통적이고 전형적인 담론을 해체하고자 시도하는 도발성으로 기

---

23 권명아, 『가족이야기는 어떻게 만들어지는가』, 책세상, 2004, 75쪽.

존의 TV드라마와 다른 차별의 지점을 가질 수 있을 것으로 기대되었다. 그러나 중심인물들의 비정상은 결국 정상의 범주 안에 들어오기 위한 갈등의 화소로 사용되었고, 모성신화의 전형을 탈피하는 시도 역시, 사이코패스 안타고니스트의 전형으로 이입되며 휘발되었다. 오히려 이를 통해 가족의 신화는 공고해졌으며, 결국 정상의 범주에 편입됨으로써 극적 갈등은 해소된다. 결국 작품이 도입을 통해 도발적으로 제시했던 화두들은 소실된 것이다.

TV라는 대중적 플랫폼 안에서 사이코패스라는 도발적 캐릭터를 멜로드라마의 주인공으로 다루는 것은 일종의 균열이다. 그러나 이 균열은 새로운 담론을 열 수 있는 기회가 될 수 있다. 문제는 이 기회라는 것이 시청률이라는 대중성에 근거하는 산업적 측면에서는 '위험 요소'으로 인식되기도 한다는 점이다. 〈사이코지만 괜찮아〉는 결과적으로 이러한 위험을 외면할 수 없었고, 미장센의 측면에서 새로움에 대한 시도를 적극적으로 보여주고 있는 것에 비해 주제적·서사적 측면에서는 안정성을 도모함으로써 나름 그 절충안을 마련한 것으로 보인다. "특이해서 신선하지만 특이해서 불편한 드라마이기도 했다 (중략) 드라마의 개성을 어느 정도 살리고 감추어야 할 지 고민이 컸다 (중략) 어딘가에 있는 적정선을 찾으려고 애썼다. 극중 상태가 승재한테 하는 대사 중에 그런 대사가 있다. '그럼 맹탕이지. 니 맛도 내 맛도 아니지'. 이게 저한테 하는 말 같아서 뜨끔하고 그랬다."[24]라는 감독의 인터뷰는 도발적 소재를 사용한 전형적 서사라는 모순의 이유를 설명한 것이기도 하다.

---

24 이송희, 「'사이코지만 괜찮아' 감독 "적정선 찾으려 애썼다…'맹탕이지' 대사에 뜨끔」, 『엑스포츠뉴스』, 2020.08.23. (https://www.xportsnews.com/article/1315557)

3. 잔혹동화의 메타포

'사이코지만 괜찮아', '괜찮은 정신병원', '예쁜 마녀'와 같은 아이러니한 용어의 조합들이 이 작품에서 자주 등장한다. 그런데 사이코, 정신병원, 마녀라는 단어는 함께 쓰이는 예쁘다, 혹은 괜찮다는 수식어나 서술어와 부조화를 이룬다. 이처럼 언어의 조합이 갖는 그 자체의 이질성은 사고의 균열을 유발하게 되는데, 이 균열을 통해 전통적이고 규범적인 가치는 해체될 수 있다. 그리고 그 해체를 통해 비로소 본질에 주목할 수 있게 된다. 작가 역시 이러한 이중성의 의미에 천착한 것으로 보인다. 악역 캐릭터를 설명하는 과정에서 그는 직접적으로 이 이중성이라는 표현을 사용한다. 이야기의 중심 캐릭터로서 악역을 설정하는 과정을 설명하는 인터뷰에서 작가는 "모두의 아픔을 어루만지고 공감하는 듯 보이지만 알고 보면 '약자'를 비웃고 조롱하는 이중적인 캐릭터가 필요했다. 병원 원장까지 속이는 기민하고 영특한 악인이지만 정작 '사랑의 힘' 앞에서는 한없이 무력한 '동화 속 악인' 같은 캐릭터가 필요했다. 우리가 벌벌 떨며 두려워했던 공포의 그림자는 알고 보면 별거 아닐 수 있음을 드러내는 설정과 캐릭터였다."[25]고 소회를 밝히고 있는데, 여기에서 '이중성'과 함께 '동화'라는 용어가 눈에 띈다. 〈사이코지만 괜찮아〉에서 잔혹동화는 작가가 중심을 두는 이중성을 가장 효과적으로 드러내주는 장치가 되기 때문이다. '잔혹동화'는 앞서 언급한 아이러니한 용어

---

25 이유진, 「'사이코지만 괜찮아' 조용 작가 "차기작은 치졸한 연애물 혹은 티격태격 가족극"」, 『스포츠경향』, 2020.08.23. (https://sports.khan.co.kr/entertainment/sk_index.html?art_id=202008231530003&sec_id=540201&pt=nv)

의 조합과 같은 성격을 갖는다. 기실 어린이들에게 들려줘야 하는 '동화' 앞에 '잔혹'이라는 단어가 붙는 것은 자연스러운 연결이라고 할 수 없기 때문이다. 그러므로 이러한 잔혹동화는 오히려 작가의 의지와 욕망이 더 강하게 작용할 수 있는 영역이 된다. 잔혹동화란 일종의 동화 다시 쓰기의 작업이다. "근대 동화문학에 내포된 '구태의연한 거짓', 삶의 방식으로 제시된 도덕주의적 동화의 허구성을 폭로하는 동시에 구전문학에 잠재된 잔혹과 매혹의 상상력을 복원"[26]하는 작업일 수 있기 때문이다.

문영이 극 중 처음 등장하는 시퀀스는 동화작가 문영의 팬이라는 어린아이를 울리는 장면이다. 이 장면에서 출판사 사장은 문영에게 "요새 애들한테 선입견 그게 호환마마 보다 훨씬 더 무서운 건데" 그걸 깨뜨려줬다며 빈정거린다. 극은 동화작가에 대해 흔히 갖는 선입견, 더 나아가 동화는 아름답고 낭만적인 이야기만 있을 것이라는 선입견을 해체하는 작업을 문영의 동화 작품들을 통해 구체적으로 보여주고 있다. 푸코가 비정상인들의 역사를 설명하면서 샤를페로의 동화 「엄지왕자」를 소환하였듯 동화는 사회의 전통적 가치와 담론을 은유하고 있는데, 공교롭게도 〈사이코지만 괜찮아〉 역시 금기와 비정상을 이야기하기 위해 동화를 활용하고 있다. 주인공인 고문영을 잔혹동화 작가로 설정하는 것을 넘어 작품의 매 회차 동화의 제목을 소제목으로 사용하며 직접적인 대사와 서사에 활용하고 있다.

심지어 작품의 오프닝 시퀀스는 클레이 애니메이션으로 전개된다. 중심

---

26 김영주는 앤젤라 카터의 동화를 설명하면서 이러한 표현을 사용했으나 이것은 잔혹동화의 특징을 드러내는 표현으로 확대하여도 무방하다. 김영주, 「잔혹과 매혹의 상상력 - 앤젤라 카터의 동화 다시 쓰기」, 『영미문학페미니즘』 18-1, 한국영미문학페미니즘학회, 2010, 33쪽.

인물들의 전사(前史)를 애니메이션을 통해 압축적, 상징적으로 보여준 오프닝 시퀀스의 마지막 장면은 애니메이션 캐릭터가 실사의 장면을 연기한 배우로 전환되며 마무리 된다. 애니메이션 캐릭터의 더빙 역시 실제 해당 캐릭터를 연기한 배우인 김수현과 서예지가 맡음으로써, 애니메이션과 실제 서사의 유관성을 더욱 높이고 있다. 마치 팀버튼의 작품을 연상시키는 기괴한 분위기의 클레이 애니메이션을 통해 재현하는 오프닝 시퀀스는 한 편의 잔혹동화로 볼 수 있다. 여기에 더해 이 시퀀스가 "제1장 악몽을 먹고 자란 소년"이라는 1화 타이틀이 바로 이어짐으로써 동화의 스토리와 실제의 경계는 더욱 모호해진다. 오프닝 시퀀스뿐만 아니라 극의 곳곳에서 동화의 CG를 실제의 공간과 함께 삽입함으로써 이러한 동화와 현실의 혼재는 지속적으로 강조된다.

동화작가인 문영은 자신의 동화에 대한 잔혹성을 비판하는 여론에 대해 "동화란 현실세계의 잔혹성과 폭력성을 역설적으로 그린 잔인한 판타지"라며 맞선다. 문영의 대사에서처럼 잔혹동화는 현실을 환상으로 가리거나 드러내는 장치가 된다. 그러나 동화를 통해 인물의 어두운 면들, 폭력적인 면들을 그리는 방식은 실사의 영상에 비해 시각적으로 왜곡될 수밖에 없고, 실제로 이 작품에서 실사의 장면과 동화의 장면이 혼용되는 시퀀스 역시 문영의 잔혹함에 가려진 상처를 상징적으로 시각화하는 지점들에서 사용된다. 기존의 사이코패스 안타고니스트들을 형상화하는 방식이 "괴물이 되어가는 과정은 생략되었고 우리는 다만 폭력성이 더욱 충만해진, 그래서 더욱 괴물화 된 대상을 만"²⁷나는 것이었음을 상기한다면, 인물의 전사(前史)를 설명하고 내면을 보여주는 시도는 차별적인 방식이라는 점에서 의미를 갖는다. 더구나 이를 동화와 결부시켜 보여주는 것은 매우 효과적인 전략일 수있다. 왜냐하면 동화나 애니메이션과 같은 장르를 접하는 독자 혹은 관객들은 장르적 특성을 전제하고 받아들이게 되기 때문이다. 이는 현실의 실사를보여주는 작품들에 비해 보다 넓은 동화적·만화적 상상에 대해 수용할 준비가 되어있다는 의미이기 때문이다. 〈사이코지만 괜찮아〉에서도 잔혹한 내용이 동화와 애니메이션을 통해 은유적으로 시각화됨으로써 덜 불편하게전달할 수 있었다는 점에서 이는 매우 효율적인 연출 기법이 될 수 있었다.물론 이것이 가해자의 서사를 설명하는 데 비중을 두고 있다는 점은 문제적인 지점일 수 있지만, 이 작품에서 문영이 실제로는 가해자가 아닌 피해자였다는 점을 상기해 본다면 이는 결국 피해자의 서사로 전환될 수 있었기 때문에 문제시되는 지점들을 피할 수 있었다.

오프닝의 애니메이션 이외에도 극중 문영의 창작물인 동화와 기존의 동화명이 회차의 부제로 사용된다. 극 중에서 동화작가인 문영의 창작 동화는 총 다섯 편이 사용되는데, 「악몽을 먹고 자란 소년」, 「좀비 아이」, 「봄날의개」, 「손, 아귀」, 「진짜 진짜 얼굴을 찾아서」가 그것이다. 강태나 문영이 동화의 내용을 직접 읽어 내레이션하는 경우가 빈번하게 등장한다. 또 동화의삽화가 애니메이션으로 삽입되거나 실제 동화 페이지를 클로즈업해서 보여주는 쇼트들이 종종 인서트되는 등, 동화는 직접적으로 극의 내용이나 미장

---

27 오승현, 앞의 글, 143쪽.

센에 반영이 된다.

「악몽을 먹고 자란 소년」은 1화에 가장 먼저 등장한다. 동화의 내용은 악몽에 시달리던 소년이 마녀에게 악몽을 꾸지 않도록 나쁜 기억을 지워 달라고 부탁하는 데서 출발한다. 마녀가 소원을 들어줘서 소년의 악몽은 사라졌지만, 여전히 그는 행복해지지 않았다. 소년은 계약대로 영혼을 거두러 온 마녀에게 "내 나쁜 기억은 모두 지워졌는데 왜, 왜 난 행복해지지 못 한 거지요?"라며 원망한다. 마녀는 이렇게 대답한다. "아프고 고통스러웠던 기억, 처절하게 후회했던 기억, 남을 상처주고 또 상처받았던 기억, 버림받고 돌아섰던 기억, 그런 기억들은 가슴 한구석에 품고 살아가는 자만이 더 강해지고, 뜨거워지고, 더 유연해질 수가 있지. 행복은 바로 그런 자만이 쟁취하는 거야. 그러니 잊지 마. 잊지 말고 이겨내. 이겨내지 못하면 너는 영원히 자라지 않는 어린애일 뿐이야." 마녀가 소년에게 건네는 이 설명적인 대사는 도입부에서 작품의 주제를 집약해 선포하고 있는 셈이 된다. 과거를 잊는 것이 아니라 그것을 마주해야 함을 이야기하는 동화의 주제는 〈사이코지만 괜찮아〉라는 극 전체의 주제이기 때문이다.

두 번째로 등장하는 작품은 「좀비아이」이다. 극 중에서는 '감정은 전혀 없고 식욕만 있는 좀비아이'에게 결국 온 몸을 내어주는 엄마의 이야기를 강태의 내레이션으로 들려준다. 강태의 내레이션과 함께 문영의 과거, 정신병원 환자인 국회의원 아들의 모습, 형인 상태만 챙기고 앞서가는 엄마 때문에 빗속에 남겨진 강태, 자리에서 상태를 향해 돌아누운 엄마의 등 뒤에서 안는 강태의 모습 등 부모로부터 외면당하는 인물들의 씬이 인서트 되면서 작품의 진행과 직접적으로 병치된다. 이처럼 인서트 되는 장면들에는 강태의 목소리로 읽는 동화의 내용이 몽타주되면서 좀비아이와 강태, 문영 등의 인물들이 동일시되는 것이다. 특히 조심스레 엄마의 등을 껴안은 어린 강태의 장면에서는 문영과 강태가 함께 읽는 보이스오버로 "엄마는 참 따뜻하구나."라는 동화의 대사가 겹쳐지면서, 문영과 강태의 동일시는 더욱 강조된다. 또 "아이가 원하는 건 먹이였을까, 엄마의 온기였을까?"란 내레이션 뒤에는 길가에 비를 맞고 홀로 있는 문영에게 달려가는 강태의 씬이 이어지는데, 이때 강태가 문영을 안아주자, 문영은 "따뜻하다, 배고파."라며 마주 안는다. 이러한 교차편집이나 두 사람의 보이스오버와 같은 효과를 통해 「좀비아이」의 문구는 문영과 강태, 두 인물에게로 대입된다.

온기나 욕구, 그 중 하나가 아닌 그 모든 것이 결국 아이가 엄마에게 필요로 한 것이었음을 두 사람의 서사를 통해 보여주고, 이를 통해 극중극(劇中劇)인 동화와 원래의 스토리는 같은 각각의 상황을 더 잘 이해하게 하는 서로의 보완재가 된다. 강태와 문영, 엄마(더 나아가 부모)가 부재하는 두 사람은 서로가 그것을 대신 채워줄 수 있는 것이다. 동화 「좀비아이」에서 자식에게 필요한 것을 먹이기만 하면 된다고 생각한 엄마의 오해와 〈사이코지만 괜찮아〉에서 문영과 강태가 갖고 있던 오해는 결국 비슷한 것일 수 있다. 그러나 강태가 자신을 사랑한 엄마의 마음을 미처 깨닫지 못했음을 알게 되면서 치유되는 것은 결국 「좀비아이」와는 다른 결말로 가는 핵심적인 요소가 된다. 온기가 아닌 먹이만 주는 것은 양육이 아닌 사육이다. 사육당한 아이들의 상실감은 앞선 장에서 논의한 모성의 결핍과 연결되는 지점이기도 하다.

「봄날의 개」와 「손, 아귀」는 주제적 측면 뿐 아니라 극의 플롯과 긴밀하게 연관되어 활용된다. 세 번째 동화인 「봄날의 개」는 자기 마음을 꽁꽁 잘 숨기는 어린 개에 대한 이야기로, 낮에는 '봄날의 개'라고 불릴 정도로 밝은 개가 사실은 목줄을 끊고 달려가고 싶은 마음에 밤만 되면 낑낑 운다는 내용이다. 이 동화는 묶인 지 너무 오래되어서 목줄 끊는 법을 잊어버린 봄날의 개처럼 되지 않기 위해 한 걸음을 나아가고자 하는 극중 인물들의 선택과 맞물리며 전환점이 된다. 다음에 등장하는 「손, 아귀」는 이러한 아이들의 시도를 결국 거세하는 것은 다시 엄마라는 점을 상징하며 극의 절정 구간에서 사용된다. 그간 존재가 감추어졌던 문영의 엄마가 '괜찮은 정신병원' 수간호사였던 사실이 밝혀지는 위기와 클라이맥스 구간에서 인용되는 이 동화는, 아이를 너무 사랑한 나머지 모든 것을 해주는 엄마로 인해 손이 퇴화해버린 아이가 결국은 아귀처럼 입만 남아버린 이야기이다. 아이를 이렇게 만든 엄마는 어느 순간 아이가 부담스러워지자 아이 탓을 하며 아이를 바다에 버렸다는 동화의 잔혹한 결말은, 엄마의 선택에 의해 한순간에 거둬질 수 있는 모성의 얄팍함에 대한 불편한 재현일 것이다. 이러한 불안정한 모성과 그에 대한 두려움은 결국 아빠와 엄마 모두에게서 죽음의 위협을 받았던 문영이 가진 불안함이기도 하다.

마지막 작품인 「진짜 진짜 얼굴을 찾아서」는 인물들의 어두운 측면을 드러내는 데 사용된 앞선 동화들과 다른 결을 갖는다. 이는 문영과 상태가 치유된 결말부에서 함께 만들어낸 결과물이자 작품의 대단원이기 때문이다. 「진짜 진짜 얼굴을 찾아서」는 이 인물들이 결국 자신의 진짜 모습을 찾는 해피엔딩의 이야기이다. 이 동화는 문영이 글을 쓰고 상태가 그림을 그린 협업의 결과물로, (잔혹동화가 아닌 보통의) 전형적 동화이다. 동화 그림 속 세 명의 캐릭터는 곧 문영, 상태, 강태의 모습이고, 이 동화의 낭독을 세 사람이 번갈

아 하는 등 동화의 내용을 넘어 연출의 측면에서도 대단원과 같은 기능을 명백히 하고 있다.

이처럼 문영의 동화는 이야기의 서사와 밀접한 연관을 맺으며 영상 연출 측면에서도 비중 있게 사용되고 있다. "동화가 꿈을 심어주는 환각제가 아니라 현실을 일깨워주는 각성제"가 되어야 한다는 대사는 이 작품이 동화를 차용하고 있는 목적에 다름 아니다. 그렇기 때문에 마지막, 대단원의 작품에서 "밤하늘의 별이 아닌 시궁창에 처박힌 달과 같은 내 현실을 받아들이는 순간, everybody be happy"와 같이 인물들의 입을 빌어 극의 주제를 보다 강하게 드러내고 있는 것이다. 처음 등장한 동화 「악몽을 먹고 자란 소년」에서 마녀가 말했던 현실에 대한 직면은 마지막 동화를 통해 다시 한 번 강조되는 것이다. 이로써 잔혹동화가 극 중 등장하는 (거의 대부분의) 인물들이 맞닥뜨린 폭력적인 현실에 대한 메타포라는 것이 더욱 명확해진다.

제시되는 동화의 순서가 갖는 흐름 역시 극 중에서 상당히 유의미하게 사용된다. 처음 등장하는 작품이었던 「악몽을 먹고 자란 소년」에서의 마녀는 단순하고 편협한 소년의 해결책을 비웃으면서도 그를 각성하게 도와주는 (혹은 독자들을 일깨우는) 역할을 하고 있다. 마음의 상처를 회피하기보다는 부딪히고 이겨내야 함을 역설하는 동시에 선입견에 대해 보다 새로운 시각을 가질 수 있도록 유도하는 역할이기도 하다. 그러나 뒤로 갈수록 이러한 존재는 사라지고, 전형적 동화의 캐릭터가 주어진다. 가장 마지막, 문영이 상태와 함께 쓰는 동화는 이전의 잔혹동화와 달리 어린이를 대상으로 하는 성장담이자 동화의 전형이 된다. 이는 〈사이코지만 괜찮아〉의 주제와 직결되는 매우 유의미한 지점이다. 문영이 쓴 잔혹동화는 문영이 상처받은 (비정상의) 상태에서 썼던 결과물이고, 치유가 된 (정상의) 문영은 그런 동화를 쓰지 않을 수 있게 된 것으로 하는 해석 될 수 있기 때문이다. 그렇기 때문에 전반부의 「악몽을 먹고 자란 소년」이나 「좀비아이」와 같은 작품들에서 시도한 해체적 동화와 비전형성의 진취적 태도가 후반으로 진행되며 그 의미가 약화되거나 상실되는 면이 있다. 또 배고픔에 굶주려 결국 엄마까지 잡아먹고 마는 「좀비아이」의 아이와 엄마가, 그리고 엄마의 지나친 사랑이 독이 되어 손을 쓸 수 없는 괴물이 되어버린 「손, 아귀」의 아이와 엄마가 어떻게 현실을 직면하고 극복하는 데 유의미한 방식을 보여주는 것인지 작품은 설명해주지 못하고 있다. 그 끔찍함이 현실과 유사하기는 하지만, 결국 아귀처럼 입만 남은 아이를 버리는 엄마, 배고픔에 엄마를 잡아먹은 좀비 아이의 결말은 무엇을 의미하는지 더 큰 의문을 남길 뿐이다.

결국 이 작품의 동화는 담론적 발화의 메타포 혹은 일종의 화두로 사용되는 것처럼 보이지만, 실제적으로 그런 역할을 하지 못하는데서 균열이 발생하였다. 그것들은 결국 이 작품이 보다 정신분석학적으로 심도있는 담론을 이끌어 내는 데 실패한 결정적인 원인이기도 하다. 동화는 몽환적인 분위기와 캐릭터의 전사(前史), 트라우마의 메타포를 매력적인 방법으로 시각화하는 연출로서는 가치를 가지지만, 한층 내밀하게 서사의 밀도를 들여다보면 동화가 기능하는 부분은 크지 않다는 점에서 아쉬움을 남긴다.

5. 사이코패스 캐릭터, 괜찮지 않은

〈사이코지만 괜찮아〉는 사이코패스라는 캐릭터를 프로타고니스트의 위치에 놓으면서 극의 도입부를 시작함으로써 기존의 전형적 안타고니스트로 사이코패스를 활용하던 드라마의 전형을 깨뜨린 작품으로 주목할 만하다. 사이코패스를 통해 기존의 담론에 대한 의문을 제기하고 해체적 독해를 가능하게 할 수 있다는 점에서 이러한 캐릭터 설정은 흥미로운 시도였다.

이 글은 작품의 이러한 가능성에 초점을 맞추어 분석하고자 했다. 문영과 강태, 상태와 같은 중심인물과 정신병원이라는 극적 공간에서 재현되는 극적 사건과 기타 인물들의 사연들은 (즉, 작품의 거의 모든 설정들은) 정상과 비정상의 구분, 그리고 비정상으로 구분되는 정신병증에 대한 회의를 하도록 하는 중요한 장치가 되었다. 아울러 중심인물을 동화작가로 설정하고, 이를 직업적 요소로만 활용하는 것을 넘어 그가 쓰는 잔혹동화를 극으로 직접적으로 연결시킴으로써 보다 풍성한 메타포의 활용, 그리고 시각적 연출의 다양성과 깊이를 더하고 있다는 점에서 〈사이코지만 괜찮아〉는 더욱 도발적이고 흥미로운 지점을 갖고 있다.

"잘 먹어서 이쁜 게 아니라, 좋아하면 먹는 모습도 이쁘"다고 환자를 위로하던 강태의 대사는 사이코지만 괜찮다는 의미의 제목과 동일한 의미이자 이 작품이 이야기하고 싶었던 핵심적 작의(作意)였을 것이다. 그러나 이 작품에서 '사이코' 그 자체를 '괜찮아'라고 받아들이는 것이 온전하게 구현되었다고 보기 어렵다. 비정상과 정상의 구분이 모호했던 까닭은 상처받은 이들이 트라우마로 인해 비정상적으로 감정을 표출했기 때문이었다. 트라우마가 치유된 뒤 그들은 정상적으로 행동하고, 타인을 받아들일 수 있게 되었다. 그러나 문영의 엄마가 절대적 악인으로서 선과 악의 범주로 구분되는 비정상적 사이코패스의 전형을 그대로 답습함으로써 이 작품이 구획하는 정상과 비정상의 영역은 여전히 선명하게 재현되고 있다. 또 동화 역시 문영의 트라우마와 비정상적 상태에서 쓴 잔혹동화가 문영의 치유를 통해 더 이상 잔혹하지 않은 희망의 동화로 변모함으로써 결국 잔혹동화가 가진 유의미한 담론들은 부정당한다. 이는 잔혹동화 역시 정상적이지 못한 동화로 치부되는 것이기 때문이다.

고문영이 자신의 동화를 읽는 아이들에게 요구하는 것은 공주가 아닌 '예쁜 마녀'가 되는 것이다. 그런데 왜 아이들은 '예쁜' '마녀'가 되어야 하는 것일까? 분명, 마녀로 불리는 고문영의 행동은 무례하고 폭력적이다. 그녀의 사정과 심리를 아는 사람에게조차도 그녀의 행동은 과하고 벅차게 받아들여진다. 예쁜 미모와 화려한 옷차림의 능력 있고 부유한 마녀이기 때문에 그녀의 행동은 매력적인 기행이 될 수 있었던 것일까? 이러한 맥락에서 방점은 '마녀'가 아닌 '예쁜'이라는 수식어에 놓일 위험이 커진다. 더구나 이것이 작품 안에서 고문영이라는 캐릭터가 시각화 되는 방식으로만 제한되었을 때(즉 형상figure으로서 서예지라는 배우의 피지컬 위에 입혀지는 화려한 의상과 공주의 성과 같은 주거 공간과 배치되었을 때) 예쁜이라는 수식어의 의미와 뉘앙스는 동화적 분위기를 통해 더욱 강화되고 강조될 우려는 더욱 선명해질 수 밖에 없다.

이처럼 TV드라마라는 가장 보수적인 매체 안에서 사이코패스는 캐릭터의 독특함이라는 개성의 한 요소로 전유된 것이다. 이 과정에서 작품 초반의 도발적 시도들이 작품의 결말에 이르는 서사의 흐름 안에서 약화되거나 휘발되었고, 해체적 접근은 깊이를 갖지 못한 스타일에 그치고 말았다는 점은 이 작품이 갖는 분명한 한계이다. 그러나 〈사이코지만 괜찮아〉가 TV드라마라는 대중적인 플랫폼 안에서 새로운 방식으로 사이코패스 캐릭터를 재현하고자 했던 시도, 그 자체의 의의를 부정하기는 어렵다. 서론에서 언급하였듯 〈사이코지만 괜찮아〉는 기존의 TV드라마들이 사이코패스 캐릭터를 평면적으로 활용하던 것을 넘어 실험적인 방식을 시도하였고, 이러한 시도는 현재 한국사회가 갖는 문화적 징후에 기반한 모색이기 때문이다. 작품이 거둔 일정한 성과는 '이후(以後)'를 가능하게 할 수 있다. 그러므로 이 작품 이후 TV드라마에서 사이코패스 캐릭터의 새로운 시도가 촉발될 수 있는 가능성을 보여주고 있음은 이 작품이 갖는 가장 큰 의미라고 할 수 있을 것이다.

참고문헌

<보그맘> (MBC, 2017): 기술적 대상으로서의 AI 로봇과 모성 이데올로기(박명진)

1. 기초자료

• <보그맘>, 극본 박은정·최우주, 연출 선혜윤, MBC, 2017.09.15.~2017.12.01. (12부작)
• <보그맘> 기획안, 『기승전결』(Creative Writing Cafe).

2. 저서

• 국립현대미술관·이플럭스 건축 기획, 『슈퍼휴머니티 : 인간은 어떻게 스스로를 디자인 하는가』, 문학과지성사, 2017.
• 노명우, 『텔레비전, 또 하나의 가족』, 프로네시스, 2008.
• 닉 다이어-위데포드, 『사이버-맑스』, 신승철·이현 옮김, 이후, 2003.
• 닐 포스트먼, 『죽도록 즐기기』, 홍윤선 옮김, 굿인포메이션, 2014.
• 레나타 살레클, 『사랑과 증오의 도착들』, 이성민 옮김, 도서출판 b, 2003.
• 로버트 M. 피어시그, 『선(禪)과 모터사이클 관리술』, 장경렬 옮김, 문학과지성사, 2014.
• 로제 카이와, 『놀이와 인간』, 이상률 옮김, 문예출판사, 2018.
• 마르틴 하이데거, 『강연과 논문』, 이기상·신상희·박찬국 옮김, 이학사, 2015.
• 마우리치오 랏자라또, 『기호와 기계』, 신병현·심성보 옮김, 갈무리, 2017.
• 맛떼오 파스퀴넬리, 『동물혼』, 서창현 옮김, 갈무리, 2013.
• 브루노 라투르 외, 『인간·사물·동맹』, 홍성욱 옮김, 이음, 2010.
• 브뤼노 라투르, 『판도라의 희망』, 장하원·홍성욱 옮김, 휴머니스트, 2018.
• 소포클레스, 『希臘 悲劇 소포클레스 篇』, 조우현 옮김, 현암사, 1982.

- 슈테판 헤어브레히터, 『포스트휴머니즘』, 김연순·김응준 옮김, 성균관대학교 출판부, 2012.
- 슬라보예 지젝, 『향락의 전이』, 이만우 옮김, 인간사랑, 2001.
- 슬라보예 지젝·레나타 살레츨 엮음, 『사랑의 대상으로서 시선과 목소리』, 라깡정신분석연구회 옮김, 인간사랑, 2010.
- 슬라보예 지젝 엮음, 『코기토와 무의식』, 라깡정신분석연구회 옮김, 인간사랑, 2013.
- 슬라보예 지젝, 『실재의 사막에 오신 것을 환영합니다』, 이현우·김희진 옮김, 자음과모음, 2013.
- 슬라보예 지젝, 『진짜 눈물의 공포』, 오영숙 외 옮김, 울력, 2004.
- 안숭범, 『SF, 포스트휴먼, 오토피아』, 문학수첩, 2018.
- 앤드루 굿윈·게리 훼널 엮음, 『텔레비전의 이해』, 하종원·김대호 옮김, 한나래, 1995.
- 에리카 피셔-리히테, 『수행성의 미학』, 김정숙 옮김, 문학과지성사, 2018.
- 이엔 앙, 『댈러스 보기의 즐거움』, 박지훈 옮김, 나남, 2018.
- 이종관, 『포스트휴먼이 온다』, 사월의 책, 2017.
- 이화인문과학원 & LABEX Art-H2H 연구소 엮음, 『포스트휴먼의 무대』, 아카넷, 2015.
- 제이 데이비드 볼터, 『튜링스 맨 – 컴퓨터 시대의 문화 논리』, 김상우 옮김, 커뮤니케이션북스, 2017.
- 존 버거, 『다른 방식으로 보기』, 최민 옮김, 열화당, 2014.
- 존 피스크·존 하틀리, 『TV 읽기』, 이익성·이은호 옮김, 현대미학사, 1997.
- 주디스 버틀러, 『안티고네의 주장』, 조현순 옮김, 동문선, 2005.
- 주디스 버틀러, 『젠더 트러블』, 조현준 옮김, 문학동네, 2015.
- 주디스 버틀러, 『혐오 발언』, 유민석 옮김, 알렙, 2016.
- 지그문트 바우만 외, 『거대한 후퇴』, 박지영 외 옮김, 살림, 2017.
- 질 들뢰즈, 『차이와 반복』, 김상환 옮김, 민음사, 2016.
- 질베르 시몽동, 『기술적 대상들의 존재양식에 대하여』, 김재희 옮김, 그린비, 2011.
- 캐더린 우셔 핸더슨·오셉 안소니 마제오 엮음, 『TV 속의 사회 사회 속의 TV』, 백선기

옮김, 커뮤니케이션북스, 2004.

• 크리스 그레이, 『사이보그 시티즌』, 석기용 옮김, 김영사, 2016.

• 프리드리히 키틀러, 『광학적 미디어』, 윤원화 옮김, 현실문화, 2011.

• 프리드리히 키틀러, 『기록시스템 1800·1900』, 윤원화 옮김, 문학동네, 2015.

3. 논문 및 평론

• 김영호, 「맑스의 '대상적 활동'과 시몽동의 '기술적 활동': 미래사회 노동소외 문제를 중심으로」, 『미래인문학의 양상들: 역사, 철학, 기술』(미래인문학연구소 봄 학술대회 자료집), 중앙대학교 영어영문학과 미래인문학연구소, 2018.5.11.

• 사카이 나오키, 「정동의 정치학」, 신현아 옮김, 『문화과학』 87, 문화과학사, 2016.

• 이광석, 「데이터 사회의 형성과 대항 장치의 기획」, 『문화과학』 87, 문화과학사, 2016.

• 이시연, 「The (Artificial) Mind Has No Sex?」, 『인공지능 시대, 인간성의 재해석』(제1회 인문콘텐츠연구소 HK+ 사업단 전국학술대회 자료집), 중앙대학교 인문콘텐츠연구소 HK+사업단, 2018.3.10.

<너도 인간이니?> (KBS2, 2018): '알파고' 이후, 한국 TV드라마 AI 담론(김강원)

1. 기초자료

• <너도 인간이니?>, 극본 조정주, 연출 차영훈·윤종호, KBS2, 2018.06.04.~2018.08.07. (36부작)

2. 저서

• 나이젤 섀드볼트·로저 햄프슨, 『디지털 유인원』, 강명주 옮김, 을유문화사, 2019.

• 다다 사토시, 『처음 배우는 인공지능』, 송교석 옮김, 한빛 미디어, 2017.

• 레이 커즈와일, 『특이점이 온다』, 장시형·김명남 옮김, 김영사, 2007.

• 제리 카플란, 『인간은 필요 없다』, 신동숙 옮김, 한스미디어, 2016.

• 제리 카플란, 『인공지능의 미래-상생과 공존을 위한 통찰과 해법들』, 신동숙 옮김, 한스미디어, 2017.

3. 논문 및 평론

• 김은혜, 「인공지능과 이어 밀리언 시대의 인간의 조건이란 무엇인가? - 카렐 차페크의 『로봇』과 영국 드라마 『휴먼스』를 중심으로」, 『동서비교문학저널』 44, 한국동서비교문학학회, 2018.

• 신선아·정지훈, 「SF 영화에 등장하는 인공지능 로봇의 분류체계」, 『PROCEEDINGS OF HCI KOREA 2016 학술대회 발표 논문집』, 한국HCI학회, 2016.

• 이지영·이재신, 「미국, 일본, 한국 드라마속 AI 휴머노이드 로봇과 인간의 갈등 유형 비교」, 『영상문화』 34, 한국영상문화학회, 2019.

• 이현정, 「드라마 〈퍼슨 오브 인터레스트〉 속 인공지능의 의미 연구」, 『한국콘텐츠학회논문지』 18-9, 한국콘텐츠학회 2018.

• 인수형, 「영화 속 인공지능의 역할 변화에 대한 연구」, 『영화연구』 72, 한국영화학회, 2017.

4. 기사 및 인터뷰

- 권영전, 「SBS, 2011년 국내최초 '로봇드라마' 방영」, 『연합뉴스』, 2009.12.11.

- 방은주, 「교황청, AI 윤리 백서 '로마 콜' 발표...6대 원칙 제시」, 『ZD NET KOREA』, 2020.03.01.

- 부수정, 「'너도 인간이니' 서강준 공승연…로봇-경호원 판타지 로맨스」, 『데일리안』, 2017.06.13.

- 이미지, 「서강준X공승연 '너도 인간이니' 촬영완료…韓최초 AI 휴먼로맨스」, 『헤럴드 POP』, 2017.11.27.

- 이유나, 「'보그맘' 측 "박한별X양동근 주연 확정…9월 첫 방송"」, 『스포츠조선』, 2017.08.08.

- 이지현, 「"역대급 AI드라마가 온다"…서강준X공승연 '너도 인간이니' 크랭크업」, 『스포츠조선』, 2017.11.29.

- 임혜선, 「SBS, 2011년 국내 최초 '로봇드라마' 방영」, 『아시아 경제』, 2009.12.11.

- 최윤나, 「'너도 인간이니', 글로벌 시장서 인정…150개국 동시 전송」, 『스포츠 동아』, 2018.08.07.

1. 기초자료

• WATASE Yuu,『피규어 DARLING 절대 그이』, 장혜영 옮김, 대원씨아이, 2005.

• <絶対彼氏—完全無欠の恋人ロボット—>, 일본 후지TV, 2008.04.15.~2008.06.24. (11 부작)

• <絶對達令>, 대만 FTV, 2012.04.08.~2012.07.01.(20부작)

• <절대 그이>, 극본 양혁문·장아미, 연출 정정화, SBS, 2019.05.15.~2019.07.11. (36부작)

2. 저서

• 가브리엘 타르드,『모방의 법칙』, 이상률 옮김, 문예출판사, 2012.

• 국립현대미술관·이플럭스 건축 기획,『슈퍼휴머니티:인간은 어떻게 스스로를 디자인 하는가』, 문학과지성사, 2018.

• 김현미,『글로벌 시대의 문화 번역』, 또 하나의 문화, 2005.

• 데이비드 건켈,『리믹솔로지에 대하여』, 문순표·박동수·최봉실 옮김, 포스트카드, 2018.

• 돈 아이디,『기술 철학』, 김성동 옮김, 철학과 현실사, 1998.

• 돈 아이디,『테크놀로지의 몸』, 이희은 옮김, 텍스트, 2013.

• 로지 브라이도티,『포스트휴먼』, 이경란 옮김, 아카넷, 2015.

• 마정미,『문화 번역』, 커뮤니케이션북스, 2014.

• 미셸 드 세르토,『문화, 일상, 대중』, 박명진 외 편역, 한나래, 1996.

• 슈테판 헤어브레히터,『포스트휴머니즘』, 김연순·김응준 옮김, 성균관대학교 출판부, 2012.

• 슬라보예 지젝,『신체 없는 기관』, 김지훈·박제철·이성민 옮김, 도서출판 b, 2006.

• 시르쿠 알토넨,『무대의 시간공유』, 정병언·최성희 옮김, 동인, 2013.

- 알랭 바디우, 『윤리학』, 이종영 옮김, 동문선, 2001.

- 앤디 클락, 『내추럴-본 사이보그』, 신상규 옮김, 아카넷, 2015.

- 이화인문과학원 & LABEX Art-H2H 연구소 엮음, 『포스트휴먼의 무대』, 아카넷, 2015.

- 제이 데이비드 볼터·리처드 그루신, 『재매개』, 이재현 옮김, 커뮤니케이션북스, 2011.

- 주디 와이즈먼, 『테크노페미니즘』, 박진희·이현숙 옮김, 궁리, 2009.

- 줄리 샌더스, 『각색과 전유』, 정문영·박희본 옮김, 동인, 2019.

- 차두원·김서현, 『잡 킬러-4차산업혁명, 로봇과 인공지능이 바꾸는 일자리의 미래』, 한스미디어, 2016.

- 크리스 그레이, 『사이보그 시티즌』, 석기용 옮김, 김영사, 2016.

3. 논문 및 평론

- 고인석, 「아시모프의 로봇 3원칙 다시 보기」, 『철학연구』 93, 철학연구회, 2011.

- 권두현, 「기계의 애니미즘 혹은 노동자의 타나톨로지」, 『상허학보』 47, 상허학회, 2016.

- 김수정, 「섹스 로봇의 현황과 그 규제에 대한 세 가지 입장」, 『한국의료윤리학회지』 23-3, 한국의료윤리학회, 2020.

- 김지현·조재경, 「휴머노이드 로봇의 언캐니(Uncanny) 이미지 연구」, 『기초조형학연구』 19-1, 한국기초조형학회, 2018.

- 김태경, 「리얼돌과 섹스 로봇의 상징성 문제」, 『과학철학』 23-3, 한국과학철학회, 2020.

- 노진아, 「인간과 기계의 공진화(共進化)-인공지능 로보틱스 아트 '제페토의 꿈'을 중심으로」, 『한국영상학회 논문집』 16-1, 한국영상학회, 2018.

- 박명진, 「AI 로봇 소재 드라마에 나타난 기술적 대상과 객체화의 재현 양상-TV드라마 <보그맘>을 중심으로」, 『문화와 융합』 41-1, 한국문화융합학회, 2019.

- 유희나, 「서사에 근거한 캐릭터 디자인 연구-무민(MOOMIN), 미키 마우스(Mickey Mouse), 철완아톰(鉄腕アトム, AstroBoy)을 중심으로」, 이화여대 석사논문, 2010.

- 이다운, 「포스트휴먼 시대의 텔레비전드라마<너도 인간이니?>를 중심으로」, 『대중서

사연구』 24-4, 대중서사학회, 2018.

- 이수안, 「테크노바디의 탈신체화와 재신체화에 대한 테크노페미니즘 분석」, 『탈경계 인문학』 13-2, 이화여자대학교 이화인문과학원, 2020.

- 이지영·이재신, 「미국, 일본, 한국 드라마 속 AI 휴머노이드 로봇과 인간의 갈등 유형 비교」, 『영상문화』 34, 한국영상문화학회, 2019.

- 최민아, 「피그말리온의 재현-텔레비전 드라마 <보그맘>과 <로봇이 아니야> 속 여자 로봇」, 『한국극예술연구』 63, 한국극예술학회, 2019.

- 황희숙, 「행위자-연결망 이론(ANT)과 페미니즘의 동맹 가능성-'테크노사이언스'의 행 위자 개념을 중심으로」, 『한국여성철학』 23, 한국여성철학회, 2015.

- González-González·Gil-Iranzo·Paderewski-Rodríguez. 「Human-Robot Interaction and Sexbots: A Systematic Literature Review」, 『Sensors』 21 Issue 1, 2020.

4. 기사 및 인터뷰

- 김기환·김준술·임지수, 「[한국의 미래 신산업① 로봇] 일본은 '아톰'의 꿈 이뤄가는 데…"」, 『중앙일보』, 2016.02.20.

- 인세현, 「비교 대상 많은 '절대 그이'는 그들과 무엇이 다를까」, 『쿠키뉴스』, 2019.05.15.

- 조소현, 「Living 섹스 로봇」, 『VOGUE』, 2016.07.13.

<승리호> (Netflex, 2021): 포스트휴먼에 대한 디스토피아적 상상(김강원)

1. 기초자료

• <승리호>, 각본 조성희/모칸(윤승민, 유강서애), 감독 조성희, 2012년 2월 5일 넷플릭스 공개.

2. 저서

• 김은주 외, 『디지털포스트휴먼의 조건』, 갈무리, 2021.

• 대중서사장르연구회, 『대중서사장르의 모든 것 5:환상물』, 이론과 실천, 2016.

• 라파엘 무안, 『영화장르』, 유민희 옮김, 동문선, 2009.

• 레이 커즈와일, 『특이점이 온다』, 김명남·장시형 옮김, 김영사, 2007.

• 로지 브라이도티, 『포스트휴먼』, 이경란 옮김, 아카넷, 2015.

• 몸문화연구소, 『포스트바디』, 필로소픽, 2019.

• 박영석, 『21세기 SF영화의 논점들』, 아모르문디, 2019.

• 브루스 매즐리시, 『네 번째 불연속: 인간과 기계의 공진화』, 김희봉 옮김, 사이언스북스, 2001.

• 신상규, 『호모사피엔스의 미래: 포스트휴먼과 트랜스휴머니즘』, 아카넷, 2014.

• 앤디 클락, 『내추럴-본 사이보그』, 신상규 옮김, 아카넷, 2015.

• 이화인문과학원 & LABEX Art-H2H 연구소 엮음, 『포스트휴먼의 무대』, 아카넷, 2015.

• 이화인문과학원, 『분열된 신체와 텍스트』, 아카넷, 2017.

• 질베르 시몽동, 『기술적 대상들의 존재양식에 대하여』, 김재희 옮김, 그린비, 2011.

• 최병구, 『포스트휴먼과 SF: 누구와 어떻게 접속할 것인가?』, 나남출판, 2021.

• 피터 브룩스, 『멜로드라마적 상상력』, 이승희·이혜령·최승연 옮김, 소명출판, 2013.

3. 논문 및 평론

• 김영목, 「신체, 지각, 죽음의 관점으로 고찰한 포스트휴먼」, 동국대 박사학위논문, 2022.

• 김익상·김승경, 「디지털기술을 사용한 한국영화 장르 확장성에 대한 연구: <승리호>의 제작배경과 VFX를 중심으로」, 『한국영상학회 논문집』 20-4, 한국영상학회, 2022.

• 김혜련, 「기계-인간 생성론과 포스트 모성」, 『한국여성철학』 9, 한국여성철학회, 2008.

• 남유정, 「시대 변화에 따른 SF영화의 발전 양상 및 한국 SF영화의 활성화 가능성 연구」, 중앙대 석사학위논문, 2022.

• 단소일·이미선, 「SF영화 <유랑 지구>와 <승리호>의 해외 관객 수용양상 비교 연구」, 『한국웰니스학회지』 17-2, 한국웰니스학회, 2022.

• 마신웨·차승재, 「OTT 시장이 영화산업에 가져온 영향의 양면성: 영화<경마>, <승리호>를 중심으로」, 『씨네포럼』 39, 동국대학교 영상미디어센터, 2021.

• 박세준·진은경, 「<승리호>와 미래 그리고 에코페미니즘」, 『문학과 환경』 20-2, 문학과 환경학회, 2021.

• 송현석, 「영화 <승리호> 제작보고서: 조명을 중심으로」, 중앙대 석사학위논문, 2021.

• 신성환, 「SF 영화에 나타난 '쓰레기 문명'과 공존의 윤리에 대한 상상력: <월-E>와 <승리호>를 중심으로」, 『현대영화연구』 17-2, 한양대학교 현대영화연구소, 2021.

• 신진숙, 「한국 SF영화를 통해 본 미래사회와의 조우 방식: <설국열차>와 <승리호>를 중심으로」, 『한국콘텐츠학회논문지』 22-2, 한국콘텐츠학회, 2022.

• 심현주, 「포스트휴머니즘의 기회와 위기: 포스트휴먼 시대의 생태적 대항담론 구성」, 『생명연구』 60, 서강대학교 생명문화연구소, 2010.

• 유재응·이현경, 「최근 한국영화 속 포스트-휴먼의 두 가지 양상: <승리호>(2021), <서복>(2021)을 중심으로」, 『The Journal of the Convergence on Culture Technology』 8-1, 국제문화기술진흥원, 2022.

• 윤미선, 「음성 자막과 음성 해설의 멀티모달 결속성 연구: 한국 영화 「옥자」, 「미나리」, 「승리호」 분석을 중심으로」, 『번역학연구』 23-2, 한국번역학회, 2022.

• 이지용, 「한국 SF에서의 똥/쓰레기들이 가지는 의미」, 『상허학보』 65, 상허학회, 2022.

• 진설아, 「2020년대 한국 SF의 가족주의 연구 <승리호>와 <고요의 바다>에 나타난 '포

스트휴먼 포섭 과정'을 중심으로」,『한국연구』12, 한국연구원, 2022.

4. 기사 및 인터뷰

• 김효은, 「[인지과학 패러다임] 인공지능로봇은 '인격체'인가?」,『전자신문』,
2017,10,12.

• 로봇신문사, 「안드로이드, 사이보그, 휴머노이드 차이는 무엇인가요?」,『로봇신문』,
2013.06.03.

• 추가영, 「'AI 로봇' 사고는 누구 책임?… EU '로봇 인격' 부여 놓고 논쟁 격화」,『한국
경제』, 2018.04.13.

II장 신자유주의와 권력의 담론

<상속자들> (SBS, 2013): 신데렐라 모티프와 계급담론(강성애)

---

1. 기초자료

• <왕관을 쓰려는 자, 그 무게를 견뎌라-상속자들>, 극본 김은숙, 연출 신효철·부성철, SBS, 2013.10.09.~2013.12.12. (20부작)

2. 저서

• 데이비드 하비, 『포스트모더니티의 조건』, 구동회·박영민 옮김, 한울, 1994.

• 루이스 자네티, 『영화의 이해』, 박만준·진기행 옮김, K-books, 2019.

• 슬라보예 지젝, 『이데올로기라는 숭고한 대상』, 이수련 옮김, 인간사랑, 2002.

• 에릭 올린 라이트, 『계급론』, 이한 옮김, 한울, 2005.

• 원용진, 『대중 문화의 패러다임』, 한나래, 2005.

• 유평근·진형준, 『이미지』, 살림, 2001.

• 최효찬, 『하이퍼리얼쇼크:이미지는 어떻게 세상을 지배하는가?』, 위즈덤하우스, 2011.

• 칼 마르크스·프리드리히 엥겔스, 『공산당 선언』, 강유원 옮김, 이론과 실천, 2008.

3. 논문 및 평론

• 강미정, 「TV드라마에 내재된 계급성 파악과 함축의미 연구-<상속자들>에 대한 기호학적 분석을 중심으로」, 성균관대 석사학위논문. 2014.

• 강성애, 「TV드라마에 나타난 계급의 영속성과 자본의 신격화 연구-<쓸쓸하고 찬란하神-도깨비>를 중심으로」, 『한국극예술연구』 63, 한국극예술학회, 2019.

• 김지혜, 「김은숙 드라마의 스토리텔링이 갖는 환상성 연구」, 『문학과영상』 15-3, 문학과영상학회, 2014.

- 임다빈, 「김은숙 신데렐라 드라마의 도식적 내러티브 분석 :<파리의 연인>, <시크릿 가든>, <상속자들>, <도깨비>를 대상으로」, 서강대 석사학위논문, 2019.
- 조다혜, 「한국과 미국 TV드라마에 재현된 커뮤니케이션 양상 비교 연구 :<상속자들>과 <가십걸>을 중심으로」, 한국외국어대 석사학위논문, 2019.

4. 기사 및 인터뷰

- 강명석, 「<상속자들>, 김은숙의 느린 변화구」, 『머니투데이』, 2013.10.30.

<풍문으로 들었소> (SBS, 2015): 시선 권력과 담론구성의 동역학(김민영)

1. 기초자료

• <풍문으로 들었소>, 극본 정성주, 연출 안판석, SBS, 2015.02.23.~2015.06.02. (30부작)

2. 저서

• M. 바흐찐·V.N. 볼로쉬노프, 송기한 옮김, 『마르크스주의와 언어철학』, 도서출판 한 겨레, 1988.

• 김홍중, 『마음의 사회학』, 문학동네, 2011.

• 닉 콜드리, 『왜 목소리가 중요한가』, 이정엽 옮김, 글항아리, 2015.

• 데이비드 마이클 레빈 엮음, 『모더니티와 시각의 헤게모니』, 정성철·백문임 옮김, 시각 과 언어, 2004.

• 맹정현, 『리비돌로지』, 문학과지성사, 2013.

• 백욱인 외, 『속물과 잉여』, 지식공작소, 2013.

• 사토 요시유키, 『신자유주의와 권력』, 김상운 옮김, 후마니타스, 2014.

• 서동욱 엮음, 『미술은 철학의 눈이다』, 문학과지성사, 2014.

• 스튜어트 홀, 『문화, 이데올로기, 정체성: 스튜어트 홀 선집』, 임영호 옮김, 컬쳐룩, 2015.

• 올리비에 르불, 『언어와 이데올로기』, 홍재성·권오룡 옮김, 역사비평사, 1995.

• 이진경, 『불온한 것들의 존재론』, 휴머니스트, 2011.

• 이창우, 『그로테스크의 정치학』, 커뮤니케이션북스, 2015.

• 자크 데리다, 『마르크스의 유령들』, 진태원 옮김, 이제이북스, 2007.

• 자크 라캉, 『자크 라캉 세미나 11권-정신분석의 네 가지 근본 개념』, 맹정현·이수련 옮 김, 새물결출판사, 2008.

- 제레미 리프킨, 『공감의 시대』, 이경남 옮김, 민음사, 2010.

- 주은우, 『시각과 현대성』, 한나래출판사, 2012.

- 질 들뢰즈·펠릭스 가타리, 『천 개의 고원』, 김재인 옮김, 새물결출판사, 2003.

- 크리스토프 도미노, 『베이컨』, 성기완 옮김, 시공사, 2008.

- 한병철, 『권력이란 무엇인가』, 김남시 옮김, 문학과지성사, 2016.

- 핼 포스터 엮음, 『시각과 시각성』, 최연희 옮김, 경성대학교출판부, 2012.

3. 논문 및 평론

- 김찬호, 「갑을관계의 감정사회학」, 『안과 밖』 38, 영미문학연구회, 2015.

- 목승숙, 「카프카의 유머: 카프카 작품의 '블랙 코미디적' 요소」, 『카프카 연구』 28, 한국카프카학회, 2012.

- 신예원, 「신자유주의 이데올로기에 대한 비판적 해석; 영화 <성실한 나라의 앨리스>를 중심으로」, 『씨네포럼』 23, 동국대학교 영상미디어센터, 2016.

- 이진혁, 「시각화의 권력관계 분석: 정보성, 매개형식, 시점」, 홍익대 박사학위논문, 2011.

- 이태훈, 「블랙코미디 장르 영화에 있어 아이러니 표현기법에 대한 연구: 코엔브라더스의 최근 영화들을 중심으로」, 『디지털디자인학연구』 14, 한국디지털디자인협의회, 2014.

- 최나영, 「블랙 코메디 영화의 장르적 특성 연구」, 한양대 석사학위논문, 2006.

4. 기사 및 인터뷰

- meditator, 「'풍문으로 들었소'가 남긴 의미심장한 메시지, 다른 삶은 가능하다! 어떻게?」, 『미디어스』, 2015.06.03.

- 김지영, 「'풍문으로 들었소' 안판석이 말하는 PD의 자격」, 『우먼동아일보』, 2015.06.01.

- 이현진, 「<풍문으로 들었소> 7억 세트장, 이런 비밀이…」, 『오마이스타』, 2015.03.13.

<마을-아치아라의 비밀> (SBS, 2015): 애도의 (불)가능성과 파국 정서(박명진)

1. 기초자료

- <마을-아치아라의 비밀>, 극본 도현정, 연출 이용석, SBS, 2015.10.07.~2015.12.03. (16부작)

2. 저서

- W.J.T. 미첼, 『그림은 무엇을 원하는가』, 김전유경 옮김, 그린비, 2012.

- 가엘 게르날레크 레비, 『나는 임신하지 않았다』, 문신원 옮김, 프리미엄북스, 2011.

- 강진숙, 『담론분석 방법론』, 이진출판사, 2005.

- 김서영 외, 『헬조선에는 정신분석』, 현실문화연구, 2016.

- 더글라스 켈너, 『미디어 문화』, 김수정·정종희 옮김, 새물결, 1997.

- 디디에 앙지외, 『피부자아』, 권정아·안석 옮김, 인간희극, 2013.

- 레나타 살레츨, 『선택이라는 이데올로기』, 박광호 옮김, 후마니타스, 2014.

- 레나타 살레츨, 『불안들』, 박광호 옮김, 후마니타스, 2015.

- 로타르 미코스, 『영화와 텔레비전 분석 교과서』, 정민영 외 옮김, 커뮤니케이션북스, 2015.

- 멜리사 그레그·그레고리 J. 시그워스 엮음, 『정동 이론』, 최성희·김지영·박혜정 옮김, 갈무리, 2015.

- 문규민, 『신유물론 입문』, 두번째테제, 2022.

- 미셸 시옹, 『영화와 소리』, 지명혁 옮김, 민음사, 2000.

- 미셸 시옹, 『오디오-비전』, 윤경진 옮김, 한나래, 2006.

- 박성학 편저, 『세계영화문화사전』, 집문당, 2001.

- 발터 벤야민, 『발터 벤야민 선집4』, 김영옥·황현산 옮김, 길, 2010.

- 소영현·이하나·최기숙, 『감정의 인문학』, 봄아필, 2014.

- 수잔 헤이워드, 『영화 사전』, 이영기 옮김, 한나래, 1997.

- 슬라보예 지젝·레나타 살레츨 엮음, 『사랑의 대상으로서 시선과 목소리』, 라깡정신분석연구회 옮김, 인간사랑, 2010.

- 아서 프랭크, 『몸의 증언』, 최은경 옮김, 갈무리, 2016.

- 앙리 르페브르, 『현대세계의 일상성』, 박정자 옮김, 주류·일념, 1995.

- 에르네스트 만델, 『즐거운 살인』, 이동연 옮김, 이후, 2001.

- 엘리자베트 루디네스코, 『악의 쾌락—변태에 대하여』, 문신원 옮김, 에코의 서재, 2008.

- 정성훈, 『괴물과 함께 살기』, 미지북스, 2017.

- 조너선 스턴, 『청취의 과거』, 윤원화 옮김, 현실문화, 2010.

- 조셉 칠더즈·게리 헨치 엮음, 『현대 문학·문화 비평 용어사전』, 황종연 옮김, 문학동네, 1999.

- 존 버거, 『어떻게 볼 것인가』, 하태진 옮김, 현대미학사, 1995.

- 질 들뢰즈, 『비물질노동과 다중』, 서창현 외 옮김, 갈무리, 2014.

- 크누트 히케티어, 『영화와 텔레비전 분석』, 김영목 옮김, 연세대학교 출판부, 2007.

- 페리 앤더슨 외, 『뉴레프트리뷰』, 이택광 옮김, 도서출판 길, 2009.

- 폴 비릴리오, 『소멸의 미학-시간과 속도의 여행』, 김경온 옮김, 연세대학교 출판부, 2008.

- 프랑코 모레티, 『공포의 변증법』, 조형준 옮김, 새물결, 2014.

- 프레드릭 제임슨, 『지정학적 미학』, 조성훈 옮김, 현대미학사, 2007.

- 프레드릭 제임슨, 『정치적 무의식』, 이경덕·서강목 옮김, 민음사, 2015.

- Brennan, Teresa., The Transmission of Affect, Cornell University Press(Ithaca and London), 2004.

- Fraser, Nancy., Justice Interruptus, Routledge(New York & London), 1997.

- Kittler, Friedrich A., The Truth of the Technological World, translated by Erick Butler,

Stanford University Press(Stanford, California), 2013.

• Pêcheux, Michel., Language, Semantics and Ideology, translated by Harbans Nagpal, St. Martin's Press(New York), 1982.

• Stiegler, Bernard., Acting Out, Translated by David Barison, Daniel Ross, and Patrick Crogan, Stanford University Press(Stanford California), 2009.

3. 논문 및 평론

• 권양현, 「김지우·박찬홍의 '복수 3부작'에 나타난 파국과 성찰」, 충남대 박사학위논문, 2015.

• 권양현, 「TV드라마 <마을-아치아라의 비밀>에 나타난 애도의 정치적 상상력」, 『한국 문예비평연구』 54, 한국현대문예비평학회, 2017.

• 손희정, 「혐오의 시대-2015년, 혐오는 어떻게 문제적 정동이 되었는가」, 『여/성이론』 32, 도서출판 여이연, 2015.

• 오현화, 「한국 드라마에 반영된 '징벌' 서사의 전통 수용 및 변이 양상-<마을-아치아라의 비밀>을 중심으로」, 『인문과학연구』 29, 대구가톨릭대학교 인문과학연구소, 2016.

• 이지행, 「파국과 영화: 21세기 영화에 나타난 파국의 감정구조」, 중앙대 박사학위논문, 2015.

4. 기사 및 인터뷰

• 「미스터리」, 『두산백과』.

• 「신데렐라」, 『나무위키』

• 정병근, 「'마을' 작가 "과거의 침묵이 부메랑 된다는 메시지" - 종영까지 3회 남아, '마을'의 진실 정점으로 치달아」, 『조이뉴스 24』, 2015.10.06.

• 조지영, 「'신데렐라'부터 '호두'까지 … 살 떨렸던 그 소리」, 『스포츠 조선』, 2015.12.04.

\<지옥\> (Netflex, 2021): 광신(狂信)과 신자유주의의 지옥도(地獄圖)(박명진)

1. 기초자료

• \<지옥\>, 극본 연상호·최규석, 연출 연상호, NETFLIX, 2021.11.19. (6부작)

2. 저서

• 가라타니 고진, 『일본근대문학의 기원』, 박유하 옮김, 민음사, 1997.

• 가브리엘 타르드, 『모방의 법칙』, 이상률 옮김, 문예출판사, 2012.

• 가브리엘 타르드, 『여론과 군중』, 이상률 옮김, 이책, 2015.

• 김서영 외, 『헬조선에는 정신분석』, 현실문화연구, 2016.

• 김형식, 『좀비, 해방의 괴물』, 한겨레출판, 2022.

• 도미니크 라카프라, 『치유의 역사학으로』, 육영수 옮김, 푸른역사, 2008.

• 로이 바스카, 『비판적 실재론과 해방의 사회과학』, 이기홍 옮김, 후마니타스, 2007.

• 리차드 세넷, 『살과 돌- 서구문명에서 육체와 도시』, 임동근·박대영·노권형 옮김, 문화과학사, 1999.

• 리처드 세넷, 『신자유주의와 인간성의 파괴』, 조용 옮김, 문예출판사, 2002.

• 마우리치오 랏자라또, 『기호와 기계』, 신병현·심성보 옮김, 갈무리, 2017.

• 몸문화연구소, 『신유물론』, 필로소픽, 2022.

• 문규민, 『신유물론 입문』, 두번째테제, 2022.

• 미셸 드 세르토, 『루됭의 마귀들림』, 이충민 옮김, 문학동네, 2013.

• 미셸 푸꼬, 『광기의 역사』, 김부용 옮김, 인간사랑, 1995.

• 베르나르 스티글러, 『자동화 사회 1』, 김지현·박성우·조형준 옮김, 새물결, 2019.

• 브루스 핑크, 『라캉의 주체』, 이성민 옮김, 도서출판 b, 2012.

• 슬라보예 지젝, 『이데올로기라는 숭고한 대상』, 이수련 옮김, 인간사랑, 2002.

- 슬라보예 지젝, 『HOW TO READ 라캉』, 박정수 옮김, 웅진씽크빅, 2007.
- 슬라보예 지젝, 『그들은 자기가 하는 일을 알지 못하나이다』, 박정수 옮김, 인간사랑, 2007.
- 슬라보예 지젝, 『실재의 사막에 오신 것을 환영합니다』, 이현우·김희진 옮김, 자음과모음, 2013.
- 슬라보예 지젝·프랑크 루다·아곤 함자, 『다시, 마르크스를 읽는다』, 최진석 옮김, 문학세계사, 2019.
- 알랭 바디우, 『세기』, 박정태 옮김, 이학사, 2014.
- 알베르토 토스카노, 『광신』, 문강형준 옮김, 후마니타스, 2013.
- 이병창, 『지젝 라캉 영화』, 먼빛으로, 2013.
- 이진경, 『뻔뻔한 시대, 한 줌의 정치』, 문학동네, 2012,
- 이창우, 『그로테스크 예찬』, 그린비, 2017.
- 자비네 되링만토이펠, 『오컬티즘』, 김희상 옮김, 갤리온, 2008.
- 자크 모노, 『우연과 필연』, 조현수 옮김, 궁리, 2010.
- 주디스 버틀러, 『불확실한 삶』, 양효실 옮김, 경성대학교 출판부, 2012.
- 주디스 버틀러·아테나 아타나시오우, 『박탈』, 김응산 옮김, 자음과모음, 2016.
- 질 들뢰즈, 『대담 1972~1990』, 김종호 옮김, 솔출판사, 1995.
- 퀑탱 메이야수, 『유한성 이후』, 정지은 옮김, 도서출판b, 2010.
- 파울 페르하에허, 『우리는 어떻게 괴물이 되어가는가』, 장혜경 옮김, 반비, 2017.
- 프랑코 베라르디 '비포', 『프레카리아트를 위한 랩소디』, 정유리 옮김, 난장, 2013.
- 프랑코 '비포' 베라르디, 『죽음의 스펙터클』, 송섬별 옮김, 반비, 2016.
- 프레드릭 제임슨, 『포스트모더니즘, 혹은 후기자본주의 문화 논리』, 임경규 옮김, 문학과지성사, 2022.
- 피터 스털리브래스·앨런 화이트, 『그로테스크와 시민의 형성』, 이창우 옮김, 커뮤니케이션북스, 2019.
- 핼 포스터, 『실재의 귀환』, 이영욱·조주연·최연희 옮김, 경성대학교 출판부, 2010.

- Karen Barad, Meeting the Universe Halfway, Duke University Press(DURHAM & LONDON), 2007.

3. 논문 및 평론

- 박명진, 「'기계/기술적 대상'에 대한 공포와 판타지의 정치적 무의식」, 『한국극예술연구』 52, 한국극예술학회, 2016.
- 안숭범, 「불공정 피로사회, 비상식 투명사회의 폭력구조- <오징어 게임>, <지옥>론」, 『문화콘텐츠연구』 24, 건국대학교 글로컬문화전략연구소, 2022.
- 이다운, 「넷플릭스 오리지널 드라마 <지옥> 연구」, 『어문연구』 111, 어문연구학회, 2022.
- 크리스토퍼 갬블·조수아 하난·토마스 네일, 「신유물론이란 무엇인가?」, 박준영 옮김, 2019.

4. 기사 및 인터뷰

- 박혜민, 「(번역기도 모르는 진짜 영어) Hellbound」, 『The JoongAng』, 2021.11.27.
- 이은혜, 「넷플릭스 '지옥' 연상호 감독, 불확실성 위에 담은 휴머니즘에 대한 질문」(인터뷰), 『톱스타뉴스』, 2021.11.25.
- 이화정, 「<염력> 연상호 감독, "결국 진짜 빌런은 보이지 않는 체제다"」, 『씨네21』, 2018.02.08.

<주군의 태양> (SBS, 2013): 왜상(歪像)과 불안의 정신병리학(김민영)

1. 기초 자료

- <주군의 태양>, 극본 홍정은·홍미란, 연출 진혁, SBS, 2013.08.07.~2013.10.03. (17부작)

2. 저서

- 권명아, 『무한히 정치적인 외로움』, 갈무리, 2012.

- 김동규, 『멜랑콜리 미학: 사랑과 죽음 그리고 예술』, 문학동네, 2014.

- 김서영 외, 『헬조선에는 정신분석』, 현실문화연구, 2016.

- 대중서사장르연구회, 『대중서사장르의 모든 것: 5. 환상물』, 이론과 실천, 2016.

- 로지 잭슨, 『환상성-전복의 문학』, 서강여성문학연구회 옮김, 문학동네, 2002.

- 리처드 커니, 『이방인·신·괴물』, 이지영 옮김, 개마고원, 2010.

- 맹정현, 『리비돌로지』, 문학과지성사, 2013.

- 맹정현, 『멜랑꼴리의 검은 마술』, 책담, 2015.

- 슬라보예 지젝·레나타 살레츨 엮음, 『사랑의 대상으로서 시선과 목소리』, 라깡정신분석연구회 옮김, 인간 사랑, 2010.

- 슬라보예 지젝, 『이데올로기의 숭고한 대상』, 이수련 옮김, 새물결, 2013.

- 지그문트 프로이트, 『정신 병리학의 문제들』, 황보석 옮김, 열린책들, 2007.

- 지그문트 프로이트, 『정신분석학의 근본개념』, 윤희기·박찬부 옮김, 열린책들, 2014.

- 최기숙, 『환상』, 연세대학교 출판부, 2003.

- 츠베탕 토도로프, 『덧없는 행복:루소론, 환상문학 서설』, 이기우 옮김, 한국문화사, 1996.

- 캐스린 흄, 『환상과 미메시스』, 한창엽 옮김, 푸른나무, 2000.

- 프랑코 베라르디 '비포', 『프레카리아트를 위한 랩소디』, 정유리 옮김, 난장, 2013.
- 한국문학평론가협회, 『문학비평용어사전』 하, 국학자료원 새미, 2006.
- 한병철, 『심리정치: 신자유주의의 통치술』, 김태환 옮김, 문학과지성사, 2015.
- 한병철, 『에로스의 종말』, 김태환 옮김, 문학과 지성사, 2015.
- 한병철, 『아름다움의 구원』, 이재영 옮김, 문학과지성사, 2016.
- 한병철, 『타자의 추방』, 이재영 옮김, 문학과 지성사, 2017.
- 한병철, 『고통 없는 사회』, 이재영 옮김, 김영사, 2021.

3. 논문 및 평론

- 김용욱·우정한·신재한, 「난독증 연구에 대한 고찰」, 『특수교육저널:이론과 실천』 16-2, 한국특수교육문제연구소, 2015.
- 이상현, 「경찰공무원의 외상후 스트레스 장애」, 『국가법연구』 9-1, 한국국가법학회, 2013.
- 이여진, 「TV 판타지 드라마의 장르혼합 양상 연구 -<너의 목소리가 들려>와 <주군의 태양>을 중심으로」, 중앙대 석사학위논문, 2014.
- 조예원, 「공포영상의 특수분장 사례연구 -주군의 태양 중심으로」, 성신여대 석사학위 논문, 2014.
- 조희웅, 「귀신의 정체」, 『한국학논집』 30, 계명대학교 한국학연구소, 2003.

4. 기사 및 인터뷰

- 국립국어원, 표준국어대사전.
- 대한간호학회편, 『간호학대사전』, 한국사전연구사, 1996.
- 이우종, 「난독증, 그들에게 글자는 뜻을 알 수 없는 기호」, 『인체기행』, 2014.01.06.
- 이윤녕·이동현, 「<난독증 집중취재> 글자에 갇힌 아이들… "우리 아이를 도와주세요."」, 『EBS 뉴스』, 2014.04.14.
- 정시우, 「step by staff(6) '주군의 태양' 특수분장사 김봉천, "진짜 같은 가짜를 향한 열정"」, 『텐아시아』, 2013.10.08.
- 최보란, 「'주군의 태양', 오싹한 귀신비밀 "CG? 분장이 80%"」, 『스타뉴스』, 2013.08.05.

<비밀의 문> (2014), <붉은 달> (2015), <사도>(2015)
: 임오화변 모티브와 세대 담론의 길항(김강원)

---

1. 기초자료

• <비밀의 문 - 의궤살인사건>, 극본 윤선주, 연출 김형식, SBS, 2014.09.22.~2014.12.09.
(24부작)

• <드라마스페셜 - 붉은 달>, 극본 유영석, 연출 배경수, KBS2, 2015.08.07.~2015.08.07.
(1부작)

• <사도>, 감독 이준익, 2015.09.16. 개봉.

2. 저서

• N.볼츠, 빌렘 반 라이엔, 『발터 벤야민 – 예술, 종교, 역사철학』, 김득룡 옮김, 서광사,
2000.

• 김종주, 『라깡 정신분석과 문학평론』, 하나의학사, 1996.

• 리처드 세넷, 『신자유주의와 인간성의 파괴』, 조용 옮김, 문예출판사, 2002.

• 베네딕트 앤더슨, 『상상의 공동체』, 윤형숙 옮김, 나남출판, 2002.

• 제라르 뒤메닐·도미니크 레비, 『신자유주의의 위기』, 김덕민 옮김. 후마니타스, 2015.

• 쥬앙-다비드 나지오, 『정신분석학의 7가지 개념』, 표원경 옮김, 백의, 2002.

• 질 들뢰즈·펠릭스 가타리, 『철학이란 무엇인가』, 이정임 옮김, 현대미학사, 1995.

• 프랑코 베라르디 '비포', 『노동하는 영혼 – 소외에서 자율로』, 서창현 옮김, 갈무리,
2012.

• 프랑코 베라르디 '비포', 『프레카리아트를 위한 랩소디』, 정유리 옮김, 난장, 2013.

• 필리프 쥘리앵, 『노아의 외투 - 아버지에 관한 라캉의 세가지 견해』, 홍준기 옮김, 한길
사, 2000.

3. 논문 및 평론

- 손태수, 「『한중록』과 『붉은 왕세자빈』에 나타난 문화횡단성 연구-사도세자의 죽음을 중심으로 한 심층심리학적 고찰-」, 『정신문화연구』 31-1, 한국정신문화연구원, 2008.
- 최용기, 「『한중록』에 나타난 갈등구조」, 『건국어문학』 15-1, 건국대학교국어국문학연구회, 1991.

4. 기사 및 인터뷰

- 송홍근, 「'퀀텀 점프'→'지속 쇠퇴' 낭만세대→난망(難望) 세대」, 『신동아』, 2015.10.20.
  (https://shindonga.donga.com/society/3/02/13/151345/2)
- 유지윤, 「이준익 감독 "'사도' 통해 일상 속 고통 치유할 수 있길"」, 『헤럴드경제』, 2015.09.22.
  (https://n.news.naver.com/entertain/article/016/0000857537)
- 이종길, 「'청소년을 위한 좋은 영화'에 '사도'·'기적의 피아노'」, 『아시아경제』, 2015.10.16.
  (https://n.news.naver.com/entertain/article/277/0003604786)

<킬미, 힐미> (MBC, 2015): 다중인격과 자본의 분열증(강성애)

1. 기초자료

• <킬미, 힐미>, 극본 진수완, 연출 김진만·김대진, MBC, 2015.01.07.~2015.03.12. (20부작)

2. 저서

• S. 프로이트, 『정신분석학 입문』, 서석연 옮김, 범우사, 2003.

• 가라타니 고진, 『트랜스크리틱』, 송태욱 옮김, 한길사, 2005.

• 김혜리 외, 『영화용어사전』, 영화언어, 1999.

• 레나타 살레츨, 『선택이라는 이데올로기』, 박광호 옮김, 후마니타스, 2014.

• 루이스 자네티, 『영화의 이해』, 박만준·진기행 옮김, K-books, 2019.

• 미국정신의학회, 『정신장애의 진단 및 통계편람 제4판』, 이근후 외 옮김, 하나의학사, 1995.

• 슬라보예 지젝, 『이데올로기라는 숭고한 대상』, 이수련 옮김, 인간사랑, 2002.

• 아놀드 하우저, 『예술과 사회』, 이진우 옮김, 계명대학교출판부, 2000.

• 안토니오 네그리·마이클 하트, 『공통체』, 정남영·윤영광 옮김, 사월의책, 2014.

• 엄기호, 『단속사회』, 창비, 2014.

• 장-뤽 낭시, 『무위의 공동체』, 박준상 옮김, 인간사랑, 2010.

• 주창윤, 『영상 이미지의 구조』, 나남, 2015.

• 질 들뢰즈·펠릭스 과타리, 『천 개의 고원』, 김재인 옮김, 새물결, 2003.

• 질 들뢰즈·펠릭스 과타리, 『안티 오이디푸스』, 김재인 옮김, 민음사, 2019.

• 칼 마르크스, 『자본론 I(上)』, 김수행 옮김, 비봉, 2012.

• 프랑코 베라르디 '비포', 『프레카리아트를 위한 랩소디』, 정유리 옮김, 난장, 2013.

- 프레드릭 제임슨, 『정치적 무의식』, 이경덕 옮김, 민음사, 2015.

- 피에르 마슈레, 『문학생산의 이론을 위하여』, 윤진 옮김, 그린비, 2014.

- 한병철, 『피로사회』, 김태환 옮김, 문학과지성사, 2012.

- 한병철, 『심리정치』, 김태환 옮김, 문학과지성사, 2015.

3. 논문 및 평론

- 강성애, 「TV멜로드라마에 나타난 불안증 연구 - <황금신부>, <시크릿 가든>, <보스를 지켜라>, <영광의 재인>을 중심으로-」, 중앙대 석사학위논문, 2013.

- 박명숙, 「TV드라마에 나타난 선택의 스토리텔링 - 다중인격의 등장인물을 중심으로-」, 『한국문학논총』 78, 한국문학회, 2018.

- 신주진, 「이들은 왜 죄책감에 사로잡혔나: <괜찮아 사랑이야>와 <하트 투 하트>」, 『여성이론』 32, 도서출판 여이연, 2015.

<사이코지만 괜찮아>(tvN, 2020): 캐릭터로 전유(專有)된 사이코패스(김강원)

1. 기초자료

• <사이코지만 괜찮아>, 극본 조용, 연출 박신우, tvN, 2020.06.20. ~ 2020.08.09. (16부작)

2. 저서

• 권명아, 『가족이야기는 어떻게 만들어지는가』, 책세상, 2004.

• 대중서사장르연구회, 『대중서사장르의 모든 것-1. 멜로드라마』, 이론과실천, 2007.

• 루이스 자네티, 『영화의 이해』, 박만준·진기행 옮김, K-books, 2013.

• 리처드 커니, 『이방인, 신, 괴물』, 이지영 옮김, 개마고원, 2004.

• 미셀 푸코, 『비정상인들』, 박정자 옮김, 동문선, 2001.

• 피터 브룩스, 『멜로드라마적 상상력』, 이승희·이혜령·최승연 옮김, 소명출판, 2013.

3. 논문 및 평론

• 김미라·배은경, 「가족과 젠더를 넘어 돌봄의 관계를 상상하기-드라마 「동백꽃 필 무렵」과 「사이코지만 괜찮아」를 중심으로」, 『여성문학연구』 54, 한국여성문학학회, 2021.

• 김영주, 「잔혹과 매혹의 상상력 - 앤젤라 카터의 동화 다시 쓰기」, 『영미문학페미니즘』 18-1, 한국영미문학페미니즘학회, 2010.

• 김화성, 「칸트의 근본악과 사이코패시」, 『칸트연구』 41, 한국칸트학회, 2018.

• 박시성, 「영화 속 사이코패스에 관한 라깡 정신분석적 고찰 – 욕망과 위반의 담론」, 『현대정신분석』 11-2, 한국현대정신분석학회, 2009.

• 오승현, 「사이코패스 영화에 내재된 정치적 무의식 - <악마를 보았다>, <김복남 살인 사건의 전말>을 중심으로」, 『문학과영상』 12-1, 문학과영상학회, 2011.

• 이화정, 「스릴러 장르와 사이코패스 캐릭터의 관계 연구 - 최근 한국 영화를 중심으로」, 중앙대 석사학위논문, 2013.

• 임윤희, 「Psychopath: 반사회적 성격의 현황과 공가발달의 기독교적 접근」, 『한국기독교상담학회지』 18, 한국기족교상담심리학회, 2009.

4. 기사 및 인터뷰

• 안진용, 「김수현·서예지 주연 '사이코지만 괜찮아', 에미상 최종 후보」, 『문화일보』, 2021.09.29.

• 이송희, 「'사이코지만 괜찮아' 감독 "적정선 찾으려 애썼다…'맹탕이지' 대사에 뜨끔"」, 『엑스포츠뉴스』, 2020.08.23.

• 이유진, 「'사이코지만 괜찮아' 조용 작가 "차기작은 치졸한 연애물 혹은 티격태격 가족극"」, 『스포츠경향』, 2020.08.23.